黄杉杉 著

一带一路

区域国别语言教育政策与语言学科建设研究

QUYU GUOBIE YUYAN JIAOYU ZHENGCE YU YUYAN XUEKE JIANSHE YANJIU

中国出版集团有限公司
世界图书出版公司
广州·上海·西安·北京

图书在版编目（CIP）数据

"一带一路"区域国别语言教育政策与语言学科建设研究 / 黄杉杉著. -- 广州：世界图书出版广东有限公司，2023.11
　　ISBN 978-7-5232-0268-5

Ⅰ.①一… Ⅱ.①黄… Ⅲ.①外语教学－教育政策－研究－中国 Ⅳ.①H09

中国国家版本馆 CIP 数据核字（2023）第 049915 号

书　　名	"一带一路"区域国别语言教育政策与语言学科建设研究
	"YIDAIYILU" QUYU GUOBIE YUYAN JIAOYU ZHENGCE YU YUYAN XUEKE JIANSHE YANJIU
著　　者	黄杉杉
策划编辑	刘正武
责任编辑	张东文
出版发行	世界图书出版有限公司　世界图书出版广东有限公司
地　　址	广州市海珠区新港西路大江冲 25 号
邮　　编	510300
电　　话	020-84184026　84453623
网　　址	http://www.gdst.com.cn
邮　　箱	wpc_gdst@163.com
经　　销	新华书店
印　　刷	广州市迪桦彩印有限公司
开　　本	787 mm × 1092 mm　1/16
印　　张	18.25
字　　数	358 千字
版　　次	2023 年 11 月第 1 版　2023 年 11 月第 1 次印刷
国际书号	ISBN 978-7-5232-0268-5
定　　价	65.00 元

版权所有　侵权必究
咨询、投稿：020-84460251　　gzlzw@126.com　　875936371@qq.com
（如有印装错误，请与出版社联系）

序

"一带一路"的宏伟倡议自 2013 年提出以来,已成为中国特色大国外交的一面旗帜,是中国统筹国内和国际两个大局,利用国内和国外两个市场,推进中外高水平交流合作,实现睦邻友好、和谐万邦,共建共享、共赢共荣的重要举措,对不同国家和地区语言生态、语言教育发展提出了新使命和新任务,彰显出中华文明的智慧。

"万物并育而不相害,道并行而不相悖"是中国先贤对包容精神的阐释。"一带一路之'道'"就是去探寻中国梦与世界梦的融通、中国智慧与世界文明交融之"道"。推动"一带一路"建设高质量、可持续发展,需从古丝绸之路辉煌灿烂的优秀文化遗产中汲取养分,从而筑牢"一带一路"建设的根基。古丝绸之路奏响了道路联通、贸易流通、文化互通、民心相通的历史序曲,加速推动了人类文明进步的进程,昭示了多元文化交流的必要性和必然性,揭示了不同文明之间互鉴交融的历史轨迹和历史规律,是人类历史上文化交流、文明互鉴、开放包容、求同存异的典范。

"一带一路"需要语言铺路,国家出行需要语言先行。实现"一带一路"互联互通,要求语言互通、文化交流和文明互鉴。只有了解语言蕴含的民族文化、宗教信仰、历史传统、价值观念和思维方式,才能够实现从"文字-语言"到"思想-文化"的演进,进而赢得民意实现"一带一路"深层次的民心相通。"一带一路"全境是世界上语言多样、文化多元、差异最突出的地区。做好"一带一路"语言战略规划,平衡沿线国家多元语言利益诉求,实现语言互通和民心相连,是共建"一带一路"必将直面的挑战,也是推动"一带一路"行稳致远的保障。"一带一路"倡议的实施,对语言教育、语言服务和语言人才培养的需求愈发凸显。这对中国外语教育教学工作者来说,既是研究挑战又是研究机遇。与此同时,"一带一路"倡议进一步加速了我国国别与区域研究工作的进程。

我国的国别与区域研究是随着 1978 年国家改革开放政策和外语教育的全面恢复而逐渐成长的,早期主要表现为国别研究。1979 年,北京外国语学院(今为北京外国语大学)英语系在美籍华人邓炎昌教授的倡导下成立美国研究中心,并于 1981 年开始招收"美国社会文化"方向硕士研究生，开创了外语学科国别研究的先河。1980 年，上海外国语学院（今为上海外国语大学）俄语系成立苏联研究所，主要以苏联的社会学和教育学为研究方向，这标志着我国的外语研究迈出由单一语言教学向国际问题研究跨越的重要一步。

2013 年国务院学位委员会出版的《学位授予和人才培养一级学科简介》，首次将"国别与区域研究"明确列为外国语言文学一级学科的 5 个研究领域之一（外国语言学、外国文学、翻译学、比较文学与跨文化研究、国别与区域研究）。2015 年，教育部颁发了《国别和区域研究基地培育和建设暂行办法》，进一步明确支持高等院校培育和建设国别和区域研究基地。截至 2023 年，全国约有 400 多个教育部区域国别培育基地和备案中心，形成了集"人才培养-学术研究-人文交流-资政服务"为一体的学术共同体。然而，国别与区域研究不能仅仅停留在外语学科上。百年之未有大变局加速演变进程中，区域国别学作为新兴交叉学科为语言学科发展注入了一股强心剂。区域国别语言学科建设任重道远。

强国必须强语，强语助力强国。黄杉杉博士的新作《"一带一路"区域国别语言教育政策与语言学科建设研究》，通过对"一带一路"区域国别语言教育政策的现状梳理，在深入分析和整体把握"一带一路"与语言互通、"一带一路"与区域国别语言教育、"一带一路"与中国区域国别语言学科建设三大主题基础上，系统回答了以下问题：如何应对"一带一路"背景下区域国别语言教育面临的机遇与挑战？如何探索并落实区域国别语言学科建设的实践路径？如何瞄准国家"一带一路"高质量发展需要来培养"高精尖缺"复合型、复语型外语创新人才？如何正确处理好"一带一路"建设和中华文化国际传播的关系？如何创新国际中文教育途径，突破国际中文教育、孔子学院在西方媒体的舆论困境，构建国际中文教育主流话语体系？如何在区域国别语言学科建设的实践中，探索"一带一路"框架下区域国别语言教育政策规划的战略前瞻？

语言教育与区域国别研究相结合，有助于加强多学科间的互动，促进区域国别研究范式的更新，而外语教育教学研究也将从区域国别研究中获得理解世界的新视角。区域国别语言学科的建设和发展关系到国家政治、经济、文化、科技、教育等现代化建设的方方面面，在经济全球化、世界政治关系复杂化和"一带一路"建设大潮的背景下讨论"一带一路"区域国别语言教育政策和区域国别语言学科建设与发展问题，其意义已远超出学科建设本身。

在共建"一带一路"高质量发展的新时代背景下，如何做好"一带一路"区域国别语言教育政策规划和语言学科建设，是一个全新的课题。从外语教育和区域国别语言发展角度，改善语言学科理论和实践体系，拓展语言学、国际中文教育、比较教育学、区域国别学等学科领域，黄杉杉博士做了一次创新性的探索，我为此感到高兴。同时，也希望出现更多的区域国别语言教育的探路者。

2023 年 11 月于华南师范大学

目　录

第一章　绪论 ··· 1
　　第一节　"一带一路"与语言先行 ·· 4
　　第二节　"一带一路"与语言规划 ·· 9
　　第三节　"一带一路"与区域国别语言教育 ································· 15
　　第四节　研究思路与研究方法 ·· 19
　　第五节　研究意义和研究创新点 ··· 20

第二章　"一带一路"全球化视野与语言教育政策规划 ···················· 23
　　第一节　再塑辉煌：从"丝绸之路"到"一带一路" ······················ 24
　　第二节　百家争鸣："一带一路"视域下语言教育政策理论研究 ······ 27
　　第三节　百花齐放："一带一路"建设和中华文化国际传播 ··········· 48

第三章　"一带一路"框架下区域国别语言（非通用语）专业建设的历时演进 ·· 67
　　第一节　历史溯源：中国古丝绸之路"非通用语"发展概况 ··········· 68
　　第二节　现实关照：新中国"非通用语"教育的演进脉络 ············· 70
　　第三节　管中窥豹：中国非通用语专业建设院校概览——以北京大学
　　　　　　和北京外国语大学为例 ·· 87

第四章　"一带一路"区域国别语言教育政策规划的机遇和挑战 ······ 117
　　第一节　迂回曲折：中国外语学科区域国别研究的历史沿革 ········ 118
　　第二节　大势所趋："一带一路"区域国别语言教育政策规划的现实机遇 ·122
　　第三节　勇毅前行："一带一路"区域国别语言教育政策规划面临的挑战 ·126

第五章　"一带一路"背景下中国区域国别语言学科建设的科学发展观 ········ 143
　　第一节　高屋建瓴：强化国家语言战略顶层规划和设计 ············· 143
　　第二节　守正创新："卓越"外语学科建设路径 ························ 153
　　第三节　博采众长：释放语言能量、加快建设国家语言人才库 ····· 172

I

第六章 "一带一路"背景下中国区域国别语言人才培养的新思维 …… 177
第一节 强国必须强语:"一带一路"区域国别语言人才培养的现实需求 ·· 177
第二节 强语助力强国:区域国别语言人才培养的关键维度分析 …… 184
第三节 众建贤才:"一带一路"区域国别语言人才培养的策略 …… 189

第七章 "一带一路"区域国别语言政策规划的战略前瞻 …… 203
第一节 聚智前行:全面提升国家语言能力 …… 204
第二节 科学"智理":语言治理助力国家治理 …… 209
第三节 智能驱动:语联网助力国家语言服务能力全面升级 …… 211
第四节 未雨绸缪:加快开展应急语言教育、建立国家应急语言服务团 … 222
第五节 咨政伐谋:培育创建中国特色语言智库 …… 228
第六节 汉传天下:创新国际中文教育途径、多元并举"一起向未来" … 236
第七节 与党同行:为讲好中国故事贡献外语力量 …… 242

结　语 …… 247

参考文献 …… 251

后　记 …… 281

第一章　绪论

当前，世界百年未有之大变局正加速演进，世界之变、时代之变、历史之变正以前所未有的方式展开，单边主义、保护主义甚嚣尘上，经济全球化遭遇逆流，世界经济饱受通胀、疫情、地缘冲突等因素影响，下行风险不断积聚。党的十八大以来，中国以前所未有的广度、深度、力度参与全球治理，为全球治理模式提供了"破解全球治理赤字的中国方案"和"丰富人类现代化路径选择的中国智慧"，中国国际影响力、感召力、塑造力显著提升。2022年10月，随着中共二十大的召开，"中国式现代化"成为国际社会愈发关注的热点话题，报告明确提出要"以中国式现代化全面推进中华民族伟大复兴，致力于人类和平与发展的崇高事业，"中国式现代化"强调维护生态、环境和人类利益，促进人与自然和谐共生，与可持续发展高度契合。[1]

"一带一路"与其说是"路"，倒更像是中国最重要的哲学范畴——"道"。"一带一路之道"就是去探寻中国梦与世界梦的融通、中国智慧与世界文明交融之"道"。[2] 比起政策文件，或许更应该把"一带一路"理解为一个"使命宣言"，它反映了中国对全球治理新理念的思考。2013年9月和10月，国家主席习近平提出了共建"丝绸之路经济带"和"21世纪海上丝绸之路"（即 The Silk Road Economic Belt and the 21st-century Maritime Silk Road，简称 The Belt and Road Initiative）的重大倡议。至今已逾10年，中国秉持共商、共建、共享原则，提出中国方案，积极开展全球开放合作建设、聚焦互联互通、实现互利共赢、推动构建人类命运共同体的中国方案，为引领中国融入世界经济洪流注入强大动能，为参与重塑国际经贸规则提供了经验。在全球层面，"一带一路"倡议聚焦"六廊六路多国多港"主体建设，同联合国2030年可持续发展议程有效对接，形成了促进全球共同发展的政策合力。在共商共建共享原则下，我国着力打造共商国际化平台与载体，"一带一路"国际合作高峰论坛成为"一带一路"框

---

[1] 中央纪委国家监委网. 胸怀天下的中国抉择：国际社会热议中共二十大将对世界产生深远影响 [EB/OL]. (2022-10-18) [2022-10-20]. https://baijiahao.baidu.com/s?id=1746953532932009464&wfr=spider&for=pc.

[2] 王义桅. "一带一路"为世界发展贡献中国智慧 [N]. 人民日报，2016-07-07.

架下最高规格的国际合作平台。在区域层面，"一带一路"倡议与《东盟互联互通总体规划》、非盟《2063 年议程》、欧盟"欧亚互联互通战略"等区域发展规划或合作倡议有效对接，达成促进互联互通、支持区域经济一体化进程的共识。在各方共同努力下，亚洲基础设施投资银行、丝路基金等多边金融合作机构相继成立，为"一带一路"建设和双多边互联互通提供投融资支持。截至 2023 年 9 月，亚投行的成员数量由启动运营时的 57 个增至 109 个，成员数量仅次于世界银行，覆盖亚洲、欧洲、非洲、北美洲、南美洲、大洋洲六大洲，已批准项目 235 个，累计批准融资总额超 448 亿美元，带动资本近 1500 亿美元。① 经过夯基垒台、立梁架柱，共建"一带一路"各种体制机制建设逐渐成形。截至 2023 年 8 月，我国已与 152 个国家、32 个国际组织签署 200 多份共建"一带一路"合作文件，共建"一带一路"朋友圈继续扩大。② 这充分体现了各国政府对"一带一路"倡议的强烈认同，释放出了愿意"共商、共建、共享"的积极信号。

古丝绸之路绵亘万里，延续千年，积淀了以和平发展、互利互惠、互学互鉴、互利共赢为核心的丝路精神。综观古丝绸之路发展史，追求和维护和平是其底色，和平交往、文明互鉴是其主流。③"一带一路"倡议秉持古丝绸之路形成的丝路精神，继往开来，以"平等互鉴、开放包容"的胸襟和格局，与沿线国家共建"一带一路"跨国经济带，其范围东牵亚太经济圈，西接欧洲经济圈，穿越非洲、环连亚欧，是世界上跨度最长、最具潜力的合作带，涵盖古丝绸之路行经的中国大陆、中亚、北亚和西亚、印度洋沿岸、地中海沿岸、南美洲、大西洋地区的国家。当前，共建"一带一路"正在向落地生根、持久发展的阶段迈进。通过"一带一路"共建共享，充分释放各国发展潜力，进而实现各国之间经济大融合、发展大联动、成果大共享。"一带一路"倡议是与"合作共赢、同舟共济、共同繁荣"的世界理想相辅相成的表达，致力于实现中华民族伟大复兴，符合中华民族历来秉持的"天下大同、四海一家、以和为贵、万国咸宁"的政治邦交原则，以及"礼尚往来、义重于利、顾全大局，协和万邦"的中华理念，顺应国际道义发展潮流。中华文明为"一带一路"的稳步推进和国际社会和谐建设增添了宝贵的中国价值和东方智慧。中国人民，正探索着如何在聆听世界精彩的同时，向世界展示自己厚重的历史底蕴，灿烂悠久的五千年文明，博大精深的东方智

---

① 央视网. 亚投行成员数量增至 109 个 [EB/OL]. (2023-09-28) [2023-10-28]. https://ydyl.cctv.com/2023/09/28/ARTIlAGShBJWvzkxq4myapkE230928.shtml.

② 新华社. 我国已与 152 个国家、32 个国际组织签署共建"一带一路"合作文件 [EB/OL]. (2023-08-24) [2022-09-10]. https://www.gov.cn/lianbo/bumen/202308/content_6899977.htm.

③ 滕文生. 人民要论：古丝绸之路与共建一带一路 [N]. 人民日报，2019-03-25.

慧，兼收并蓄而又生生不息的中华文化，向世界分享一个"历尽千帆、依然美丽"的发展中国家成功崛起的经验。"一带一路"倡议之所以取得了"振臂一呼、应者云集"的广泛支持，正是因为其反映了世界各国，尤其是广大发展中国家对和平发展、共同繁荣的愿望与追求。人类命运休戚与共，零和博弈已俱往矣。风雨同舟，同气连枝，携手共进乃全球大势所趋。尽管共建"一带一路"存在各种问题，同时也面临多方挑战，但于危机中寻机遇，于困难中求出路的信心依然坚定。"一带一路"是福泽人类的倡议，未来必将会持续走深、走实、走远。

"一带一路"倡议的实施，需要"语言"铺路，而区域国别语言教育政策的制定就是实现"一带一路"语言互通的重要组成部分。"一带一路"语言版图的改变、语言的兴衰会对全球治理体系产生影响。语言是促进国际沟通和国际理解的润滑剂，是构建国际话语体系的基础，有助于扩大中国话语传播，讲好中国故事，让世界了解一个"人文中国、智慧中国和开放包容的中国"。语言在"一带一路"建设中具有先行性、基础性、工具性和人文性的作用。"一带一路"建设拉动了业界和社会对不同层次五大语言人才的需求，包括"外方当地初通汉语人才、外方当地复合型双语人才、外方当地双通人才、中方双通人才、中方复合型人才"等。国际语言通事，官方母语通心。在"一带一路"沿线地区，真正能在跨国政治、经济中使用的国际"通事"语言，只有英语、俄语等两三种；真正能"通心"的各国本土官方语言，则有50多种。[1] 在这种背景下，世界各国都认识到了区域国别语言教育的重要性，把区域国别语言教育规划与政策的制定摆在了国家发展战略的高度。21世纪以来，全球一体化背景下的区域国别语言教育战略研究，一跃成为国家"软实力"的基本实证要素之一。[2] 语言软实力需要与"一带一路"沿线国家在政策、设施、贸易、资金等方面的互联互通密切配合，助力五通建设，才能接地气、扎根基、通民心。

2022年9月，国务院学位委员会、教育部关于印发《研究生教育学科专业目录（2022年）》《研究生教育学科专业目录管理办法》的通知，将"区域国别学"纳入第14类交叉学科一级学科目录，可授予法学、文学、历史学学位，从此区域国别研究进入正规学科建设和制度化保障阶段，也至此结束了长期以来"区域国别学"没有明确的学科归属的历史。目前，我国已有超过四百多个教育部区域国别培育基地和备案中心，分布在180多所高校，基本上做到了对世界各

---

[1] 周庆生. "一带一路"与语言沟通［J］. 新疆师范大学学报（哲学社会科学版），2018，39（2）：52—59.

[2] 陈章太. 语言规划研究［M］. 北京：商务印书馆，2005：19.

国、各地区研究的全覆盖。[①] 2022 年 10 月，北京外国语大学联合全国多所高校倡议成立"中国区域国别学共同体"；2023 年 9 月，国务院学位委员会（学位〔2023〕15 号）批准了中山大学成为全国首个区域国别学一级学科博士点单位。"区域国别学"作为一门新兴的交叉学科，关乎人文科学、社会科学、自然科学三大主干学科体系，涉及不同学科、方法、工具、理念的交叉碰撞和融会贯通，该学科的设立从很大程度上打通了国别和区域研究人才培养的"任督二脉"，畅通了"国别通""区域通"人才培养的途径。[②] "区域国别学"正迎来学科建设的春天，与此同时，全球一体化和区域合作的迅猛发展对区域国别语言教育和语言学科建设提出了新要求。在此背景下，探讨"一带一路"区域国别语言教育政策以及语言学科建设、非通用语种专业建设如何更好地服务国家战略、区域合作、社会进步和人类文明，如何更好地担当使命，服务于"一带一路"建设，切实回答好中国之问、世界之问、人民之问、时代之问，是学界面临的重要任务。

万物得其本者生，百事得其道者成。伴随着"一带一路"倡议具体实施成效的外显，曾经持质疑、观望态度的国家开始转而支持并积极参与到"一带一路"的建设中。通过对"一带一路"倡议下的区域国别语言教育政策进行反思和研究，理清中国区域国别语言教育政策的历史轨迹和清晰脉络，明确中国区域国别语言教育发展规划的科学规律和政策趋向，有助于为今后我国区域国别语言教育的精准定位和科学决策，以及中国区域国别语言学科（尤其是非通用语专业）建设提供一些可行性的经验和建设性的方案。

第一节 "一带一路"与语言先行

2022 年 5 月，中共中央宣传部、教育部联合印发《面向 2035 高校哲学社会科学高质量发展行动计划》，提出要"加强和改进国别与区域研究"。2022 年 9 月区域国别学被正式列为一级学科。国别与区域研究首先要过的就是语言关。"一带一路"建设，需要"语言先行、语言铺路"。在"一带一路"倡议大框架下，语言作为经济、文明的载体，作为"一带一路""五通"的基础，语言到哪里，经济、文化、生活就会到哪里生根发芽。语言铺路，铺就的是政策沟通之

[①] 王珩，王玉琴. 区域国别学如何担当智库使命［N］. 中国社会科学报，2022-05-19（002）.

[②] 朱献珑. 回答时代之问，区域国别学大有可为［EB/OL］.（2023-04-11）［2023-04-20］. 光明论坛. http://theory.people.com.cn/n1/2023/0411/c40531-32661241.html.

路、设施联通之路、贸易畅通之路、资金融通之路和民心相通之路。"一带一路"的互联互通项目推动了沿线各国发展战略的对接与耦合。民心相通是共建"一带一路"的根基和关键。

"语言铺路"不是单向的，而是多种语言互通交往铺就的。"一带一路"建设的实施展开，就使"语言铺路"在物质形态呈现出双向和多向的、发散和多元的特点。"一带一路"建设的基本理念是互利共赢，表现在语言理念上就是提倡平等互惠。"语言铺路"也应该是以平等的、和谐的态度进行。在各种语言文化的交流和互译过程中，应充分尊重各文化的语言使用习惯，尤其要注意能让更多的人看得懂、看着舒服。在"一带一路"建设过程中，使用通用语（如英语、俄语）通常只能满足于传词达意的需求，使用沿线国家本国语言（主体民族语言），可以有效增加亲和力，迅速拉近民众之间心理距离，使沟通合作更加顺畅。当今世界，中国已经成为世界第二大经济体，但不论是"一带一路"倡议，还是"引进来、走出去"战略的解读，世界看到的中国，是经过"外语"翻译过的中国。中国认识的世界，是"外语"翻译的世界。政策要用语言表述，协商制定区域合作规划和相关政策、法律、措施为民所知所用等环节，都需语言互通。语言不通，其他方面也难以畅通。[①]

20 世纪以来，随着世界政治多极化和经济全球化的迅猛发展，世界各国之间的联系和交流达到了前所未有的频繁与触碰，各国间的政治、经济、教育和生活日趋国际化，联系也日益紧密。面对 21 世纪的国际竞争和挑战，世界各国为抢占全球化信息知识的制高点，都格外重视本国区域国别语言教育政策的制定和执行。

一、语言互通之于"一带一路"建设的战略要义
（一）语言互通是实现"一带一路"互联互通的重要桥梁

语言是人与人沟通交流的工具，是国家间互联互通的桥梁，是不同文明互鉴的载体，是共建"一带一路"的重要软件设施。语言在共建"一带一路"中具有先导性、工具性和人文性的积极作用，语言互通为沿线国家人民、政府事业单位和各行各业间的沟通互动、文化交流和贸易往来提供了前提，为实现"五通"奠定基础。由于语言具有"承载与构建文化"和"标记国家与民族"的社会文化功能，语言不仅能汇通中外思想，超越文化藩篱，而且是推动文明创

[①] 赵阳."一带一路"背景下的多语种人才培养研究[M]. 北京：社会科学文献出版社，2017：22—26.

新、促进人文交流、实现民心相通的根本保障，更是服务文化互通的重要支撑。"一带一路"不仅仅是经贸通道，还是文明互鉴之路。国之交在于民相亲，民相亲在于心相通。民心相通的深层基础是不同语言文化的相互了解、相互交流、相互理解和相互融合。

（二）语言互通是"一带一路"建设的重要保障

语言是人类最重要的交际工具和信息载体，是文化的基础要素和鲜明标志，是了解一个国家的国情、语情、民生、民意、文化和价值认同最好的钥匙。随着"一带一路"国家重大战略的提出，语言的重要功能愈加凸显。"一带一路"建设的关键是政策沟通、道路联通、贸易畅通、货币流通、民心相通等五大领域的互联互通。"五通"实现的基础是语言互通。语言互通不仅是实现"民心相通"的根本保障，也是服务互联互通建设的重要支撑。

"一带一路"沿线六十几个国家，除了通用的官方语言外，还包含了200多种民族语言，这些语言大多都是非通用语种。"一带一路"各参与国的语言国情十分复杂，部分国家官方语言与通用语言并不统一。目前我国非通用语种的高端语言人才奇缺，语言服务滞后，远远不能满足"一带一路"语言互通的需要和"一带一路"语言服务的需求。泱泱中华有14亿人口，总需要有一部分人能够直接听懂对象国的语言，而不能长期依赖于英语、法语和其他通用语来转译和传递。因此，非通用语种是民心相通的重要媒介，是中国与"一带一路"国家交往、交流、交融、交心的重要桥梁。"五通"之中，民心相通是根本。或许"一带一路"建设可以用英语等作为通用语，但这种通用语只能达意、难以表情，只能通事、难以通心。欲表情、通心，需用本区域各国各族人民最乐意使用的民族语言。

（三）语言互通符合新时代中国扩大对外开放的远景规划

开放是当代中国的鲜明标识。中国建设特色社会主义新时代以来，党中央实行更加积极主动的开放战略，加快推进《区域全面经济伙伴关系协定》（Regional Comprehensive Economic Partnership，RCEP）、自由贸易试验区、海南自由贸易港建设，共建"一带一路"成为深受世界友人欢迎的国际合作平台。目前，我国已发展为140多个国家和地区的主要贸易伙伴，货物贸易总额居世界第一，形成更大范围、更宽领域、更深层次对外开放格局。根据世界银行公布的最新报告，2013年至2021年，中国经济对世界经济增长的平均贡献率约为38.6%，居世界第一，超G7总和（G7是指七国集团，包括美国、英国、法国、德国、日本、意大利和加拿大七个发达国家）。当前，地缘冲突层出不穷，全球通胀节节攀升，美联储激进加息强烈冲击全球经济，世界经济下行压力明显加大。在此背景下，中国稳住自身并不断向世界经济输送宝贵增长动能，续写世界经济发展史上的中国奇迹。①事实有力证明，中国不断扩大对外开放，不仅发展了自己，也造福了世界。

国家主席习近平同志曾在"加强互联互通伙伴关系"东道主伙伴对话会上阐述了互联互通对人类社会发展的重要意义和在"一带一路"建设中具有的基础地位、战略地位。在会上，习主席指出，自古以来，互联互通就是人类社会的追求。中华民族的祖先在极为艰难的条件下，创造了许多互联互通的奇迹。丝绸之路就是一个典范，亚洲各国人民堪称互联互通的开拓者。与此同时，习主席还指出，今天，我们要建设的互联互通，不仅是修路架桥，不光是平面化和单线条的联通，而更应该是基础设施、制度规章、人员交流三位一体，应该是政策沟通、设施联通、贸易畅通、资金融通、民心相通五大领域的齐头并进，而是全方位、立体化、网络状的大联通，是生机勃勃、群策群力的开放系统。"五通"实现的基础是语言互通，服务于"一带一路"的语言政策规划代表了新时代中国区域国别语言教育改革和发展的新方向。

二、"一带一路"背景下语言互通的挑战和瓶颈

（一）"一带一路"沿线国家非通用语种繁多

"一带一路"沿线国家和地区的语言多样、文化多元，很多地方的通用语言或官方语言都属于"非通用语种"。"一带一路"沿线国家复杂的语言环境给相关政府部门、企业机构、教育交流和民间交往造成一定的障碍。沿线国家语种繁多很大程度上阻碍了语言互通，为互联互通增加了一笔额外"语言交易成本"。从这个角度而言，语种繁多增加了互联互通的难度，这也更加说明了实现"一带一路"语言互通的意义和价值。"一带一路"沿线国家不同的国家历史、地理、文化传统和民俗民情，是导致沿线国家语种繁多、制度各异现状的要因。单纯依靠英语等通用语言难以在沿线国家之间实现有效沟通，因此，推动共建"一带一路"高质量发展，要求我们更加重视培养"牢记党的初心使命、具有全球视野、通晓国际规则、精通国际谈判"的新时代外语人才。

---

① 新华社.世行报告：中国经济十年对世界经济增长贡献率超 G7 总和［EB/OL］.（2022-11-28）［2022-12-01］.https://www.gov.cn/xinwen/2022/11/28/content_5729266.htm.

（二）高端"复合型、复语型"外语人才严重匮乏

共建"一带一路"需要大量复合型、复语型人才。语言人才是实现语言互通的关键，这对"一带一路"沿线国家语言人才的培养提出了迫切的需求。但是，当前我国面临的情况是"一带一路"沿线语种人才匮乏，实际掌握"一带一路"国家双语、多语的人才储备相对欠缺，语言人才供需矛盾制约了语言互通，难以满足"一带一路"建设的需求，加快与优化语言人才培养的必要性日益凸显。国际事务谈判、国际法庭申诉、中国海军索马里护航等都需要高端外语人才。2014年李克强总理出访希腊时，作为具有 14 亿人口的大国，竟然没有人能够担当希腊语翻译的外交重任，汉语-希腊语之间不能直译，只能通过英语转译。为此，国家留学基金委后来落实了李克强总理批准的希腊语人才培养方案，于 2015 年派出 70 人赴希腊留学，其中北京外国语大学希腊语专业综合改革试点项目成班派出师生 27 人。[①]

造成"一带一路"建设过程中语言人才匮乏的原因，包括沿线国家复杂的语言环境、语言需求与供给不均衡、语言政策支持力度不够等。沿线国家复杂语言环境给语言工作者带来较大的困扰，学习者需要掌握至少两门或以上的外语才能满足日常工作的需求，但是这些外语使用范围比较有限，一定程度阻碍学习者学习多语的积极性。共建"一带一路"对语言人才的需求与实际供给之间的矛盾也是导致了"一带一路"沿线语种人才匮乏，阻碍"一带一路"沿线国家的"语言互通"的重要原因之一。

（三）文化壁垒阻碍互联互通和文明互鉴

语言是国家文化的载体，文化影响和决定了语言的"性格"，两者相互影响。实现"一带一路"互联互通，要求语言互通；从更高层次而言，则要求文化互鉴。只有了解了语言背后的民族文化、宗教信仰、历史传统、价值观念和思维方式，才能实现从"文字-语言"到"思想-文化"的演进，进而实现深层次的民心相通、文化互鉴。

"一带一路"沿线国家之间的历史、政治、经济、文化和语言生态等方面存在较大的差异，现实交流过程中存在一定程度的文化壁垒，这给互联互通带来一定困难。导致沿线国家文化壁垒的原因既有历史原因，也有现实中的主动互联互通不足因素的影响。一个国家的文化会影响整个民族的性格，决定了该民族是开

[①] 国家语言文字工作委员会组编. 中国语言政策研究报告：2018［M］. 北京：商务印书馆，2019：109.

放或是保守，是互联互通或是"闭关锁国"。"一带一路"国家之间的文化差异，尤其是文化壁垒在一定程度上阻碍了沿线国家和地区之间的语言互通，制约了"一带一路"建设的顺利实施。

第二节 "一带一路"与语言规划

2014 年 11 月，习近平总书记在"加强互联互通伙伴关系"对话会上指出，"一带一路"和互联互通是相辅相成的，如果将"一带一路"比喻为亚洲腾飞的两只翅膀，那么互联互通就是两只翅膀的血脉经络。在共建"一带一路"过程中，无论是推动"硬联通"、"软联通"，还是增进"心联通"，都需要以语言服务作为支撑，也离不开建立在语言研究基础上的区域与国别研究。因此共建"一带一路"，必须重视区域国别语言教育政策规划。真正能在"一带一路"建设和交往中"表情通心"的语言人才，是指"语言+X"型的复合式外语人才。[1]其中的X，要么是另外一种或几种语言，要么是专业知识与技能。"一带一路"倡议是中国统筹国内和国际两个大局，利用国内和国外两个市场，调用一切积极因素，整合中国地缘政治与经济利益，实现睦邻友好，与周边国家共同发展繁荣的重要方略。服务于"一带一路"的语言规划应当统筹国内和国际语言生活两个大局，既要探讨国内语言生活、语言生态的变化趋势及其对策，又要分析沿线国家和地区的语言生活、双边和多边交流中的语言使用，更要思考旨在争取人心、赢得民意的人文交流对语言文字的需求。[2]

一、政策互通与语言规划

"政策互通"是"一带一路"建设的重要保障，沿线各国需要就经济发展战略和对策进行充分交流对接，协商解决合作中的问题，共同为务实合作及大型项目实施提供政策支持。在"政策互通"的"软联通"方面，截至 2023 年 10 月，《区域全面经济伙伴关系协定》（RCEP）已对 15 个签署国全面生效，中国与 28 个国家和地区签署了 21 份自贸协定，与 112 个国家和地区签署了避免双重征税协定。

---

[1] 贺宏志. 发展语言产业，创造语言红利：语言产业研究与实践综述［J］. 语言文字应用，2012（3）：9—15.

[2] 张日培. 服务于"一带一路"的语言规划构想［J］. 云南师范大学学报（哲学社会科学版），2015，47（4）：48—53.

在"政策互通"层面讨论"语言互通",涉及国家安全、国际社会语言交际、国家语言能力、国家语言形象等内容,这属于宏观层级的语言生活。[1]宏观层级语言生活最显著的特点是受到各国、各种国际组织通过国际公约、语言立法、语言规划等手段的直接管理和干预,因为这一层级的语言生活涉及到国家安全、国家同盟或对立关系等带有一定政治敏感性的方面,而国家法律、政策具有权威性,因此国家对宏观语言生活的管理具有强制力和强效性。国际组织成立之初,其首要考量之一就是语言选用,这不只是为了提高机构的管理效率而颁布政策文件规定语言的使用,更确切地说是一种外交博弈。[2]最典型的例子是20世纪法国的"法语保卫战"。二战后,法国接受美国"马歇尔计划"的战后援助,在进口各种美货的同时,大批英、美语词汇也涌入法国。为遏制英语、美语的"入侵",1975年12月31日,法国国民议会通过"巴斯-劳里奥尔法",规定商品名称、使用说明书、广告、合同、财产登记、新闻报道必须使用法语,禁止在这些领域使用与法语相对应的外来词,强制保护法语的纯净性。[3]

因此,在宏观语言生活层面讨论"语言互通",汉语所接触的对象是国家标准语,在汉语国际推广过程中,应将汉语定位为媒介语,在坚持语言平等基础上,努力提升汉语的语言服务能力,以"软方式"参与国际事务的沟通。

首先,规划语言服务产业的发展,提高语言服务的工具效能。语言服务产业包括语言翻译服务、语言教育服务和语言支持服务三大方面。在大力倡导语言平等、语言多样化的语境下,大型国际活动、国际会议语言翻译服务的需求更为凸显;与之相应的语言教育、语言支持服务,也面对如何培养翻译人才、开发翻译产品、提升个体与机器语言能力等问题,而非通用语种人才的培养和储备问题尤显突出。[4]"一带一路"覆盖的中亚、东南亚、南亚、西亚和东非5个地区的官方语言数量就有几十种,政府部门应做好相应区划语言规划,因地制宜地培养和储备非通用语种人才。各个与新丝路经济带有着特殊经贸关系以及科技、文化、教育合作的省、市、自治区可以考虑制定专门的中长期外语规划,划定具有区域特色的关键语言。例如,我国西北各省、市、自治区可以优先发展俄语、土库曼

---

[1] 卢俊霖,祝晓宏."一带一路"建设背景下"语言互通"的层级、定位与规划[J].语言文字应用,2017(2):67—73.

[2] 赵守辉,张东波.语言规划的国际化趋势:一个语言传播与竞争的新领域[J].外国语(上海外国语大学学报),2012,35(4):2—11.

[3] 张学强,张军历.论"一带一路"战略背景下的语言政策动力[J].西南民族大学学报(人文社科版),2017,38(8):179—184.

[4] 屈哨兵.我国语言活力和语言服务的观察与思考[J].学术研究,2018(3):155—160,178.

语、哈萨克语、乌克兰语等语言；西南地区则可以重点推广印地语、乌尔都语、越南语、泰语、马来语、泰米尔语等关键语言。培养双（多）语人才的目的在于提升语言服务的工具效能，实现汉民族与其他族群的直接对话与交流，进而提升汉语作为交际媒介语的影响力。[①]

其次，语言服务既服务于交流，也服务于交际。这要求我们的语言规划应借力语言工具，积极塑造良好的国家形象。一般来说，国家形象主要取决于两方面：一是国家实力，即国家的富强文明程度；二是别国对该国形象的主观感知和认识，即"别人怎么看我们"。因此，我国的对外交流应该充分了解、积极利用与别国相同的价值观，用他人能接受、能听懂并且有可能认同的话语方式讲好中国故事。"一带一路"沿线国家语言蕴含各有特色的文化观念、话语规则，它们属于各国语言生活中的意识形态范畴，国家形象的塑造应该贴近这些观念和规则。这些都向语言服务提出了新的要求，不仅是处理语言，还要预设听众、设计话语，在有效沟通基础上达到高效沟通。

二、设施联通、贸易畅通、资金融通与语言规划

习近平总书记指出，丝绸之路首先得要有路，有路才能人畅其行、物畅其流。设施联通是共建"一带一路"的优先领域。"一带一路"建设以经济走廊为依托，建立亚洲互联互通的基本框架。可以说，"贸易畅通"是"一带一路"建设的基点，而"设施联通""资金融通"则是这一基点的硬件、软件辅助。在经贸领域讨论"语言互通"，这属于中观层面的语言生活，其主要参与者是各行各业。[②]

目前，"硬联通"方面，丝绸之路沿线各国对于道路交通等基础建设都有了一定的规划，而中国方面也有着雄厚的资金和技术条件来实现设施联通。例如，在东非高原修筑铁路、在天山山脉穿凿隧道、在印度洋上铺设桥梁等；又如，中俄黑河和同江大桥的竣工，结束了黑龙江两岸中俄两国无桥相通的历史；新欧亚大陆桥、中欧班列的开通使中国与欧亚地区联系更加紧密；中老铁路、雅万高铁、匈塞铁路、比雷埃夫斯港等一批标志性项目的陆续建成并投运。在非洲马达加斯加，由中国援建的公路于2022年5月顺利竣工，此公路承载了该国近一半的鸡蛋运输量，此前泥泞崎岖的土路导鸡蛋运送途中破损率超过20%，公路的建成让当地的蛋农们从此告别了鸡蛋破损的烦恼，"鸡蛋路"也被非洲人民赞誉为"幸福路"。

---

① 陈章太. 论语言资源[J]. 语言文字应用，2008（1）：9—14.
② 李宇明. 语言竞争试说[J]. 外语教学与研究，2016，48（2）：212—225，320.

中观（经贸领域）这一层级的语言生活有两个特点，一是政府干预力度相对较弱，二是区域内的经济发展需要一个统一的工作语言。近百年来，第一语言的全球地理分布基本没有变化，但第二语言的全球地理分布却发生了巨变，这表明了近百年来语言竞争的主要领域在第二语言层面，从这个角度来说，汉语应当在第二语言层面有所作为。首先，经贸领域的语言生活，较少受到国家语言政策的强势干预，这为汉语传播与竞争腾出了巨大空间。其次，标准化是工业化大生产的特点之一，而单语制的推行也就是语言维度中标准化的实现，在经贸领域确定一种工作用语，有利于提高工作效率和经济效益。如，欧洲许多跨国公司都希望员工使用英语，法国通信企业阿尔卡特公司直接把英语确立为公司的官方用语。①

因此，在中观语言生活层面讨论"语言互通"，汉语所接触的对象是区域通用语。因此，应努力将汉语推广定位为国际经济组织、国际经贸往来的常用工作语言。学者魏晖就曾设想，中国作为世界多极化的重要一员，作为亚洲基础设施投资银行、"丝路基金"等的倡议者及最大投资方，应努力推动汉语成为亚投行等机构的主要工作语言。②故而，在全面推进"丝绸之路经济带"建设过程中，中国未来努力的方向将在加强同各沿线国家全面合作的同时，适当将精力转向重点国家和地区，抓紧落实一批重点项目和战略项目，落实已达成的合作协议，力争实现具有示范性效用的合作成果，细化和具体化"五通"进展；同时也应看到语言在基础设施和贸易服务方面的实际利益和工具效益，做好国家层面的语言政策规划顶层设计。

三、民心相通与"语言-文化共同体"构建

国之交在于民相亲。"民心相通"是"一带一路"建设的社会根基。丝绸之路经济带涵盖沿线四十多亿人口，涉及沿线65个国家（截至2023年10月），民族众多、文化多元、语言生活复杂，"民心相通"可以说是"五通"建设中最长远的一环，也是最艰巨的一环。在"民心相通"层面上讨论的"语言互通"，属于和个人、族群的生存、发展息息相关的微观语言生活范畴。

2023年10月，国务院发布的《共建"一带一路"：构建人类命运共同体的重大实践》白皮书中指出，"心联通"方面，中国和"一带一路"沿线国家的教育、科技、文化、旅游、体育、考古等多领域合作进一步深化，目前已与45个

---

① 李宇明. 语言竞争试说[J]. 外语教学与研究，2016，48（2）：212—225，320.
② 魏晖."一带一路"与语言文化交流能力[J]. 文化软实力研究，2020，5（1）：5—13，2.

国家和地区签署高等教育学历学位互认协议，与144个共建国家签署文化和旅游领域合作文件，设立了"丝绸之路"政府奖学金，打造了"鲁班工坊""光明行"等一系列合作品牌。

"民心相通"的目的是建立"命运共同体"，从"共同体"的角度看，丝绸之路经济带本身就是一个"经济-文化"共同体。起源于古代中国的"丝绸之路"，如同一条大动脉，沟通东西方，连接欧亚大陆。通过丝绸之路，中国的丝绸、香料、药材、瓷器、茶叶等商品传向西方；亚非欧各国的珍禽异兽、珠宝香料、农作物也进入中国。丝绸之路的开通，也为古老的中国文化、印度文化、波斯文化、阿拉伯文化、古希腊文化和古罗马文化搭建起一个对话平台。古代丝绸之路不仅促进丝路沿线各个民族、国家经济的发展，更极大地促进了东西文化的交流，推动了世界文明的进程。可以说，古代丝绸之路是在以"经贸-文化"为主要方式的族群互动基础上建立起来的"经济-文化"共同体。

在"命运共同体"的建设目的下，汉语的定位就不应再是其他民族的"外语"、而是"命运共同体"下各非汉民族的第二语言。要实现这一身份转型，意味着在微观语言生活层面的汉语国际教育事业不再仅仅是"教什么"和"怎么教"的问题，发挥汉语的认同功能是以建设"命运共同体"为目标的"语言互通"更深层次的命题。这一层级上的语言规划，应侧重在汉语国际教育过程中建立"语言-文化"共同体。[①]

"语言-文化"共同体的构建，需要学界对多语人才培养问题给予更多的关注。培养"一带一路"建设所需要的、善于在全球化竞争中能主动把握机遇，兼具家国情怀和国际视野、熟悉国际语言规则的国际化区域国别语言人才，是推进"一带一路"建设的必备条件。语种的多样需求和语言熟练程度的掌握，主要表现在"一带一路"沿线60多个国家彼此沟通的密切程度上。参与建设的国家越多，建设项目就越多，交流就越密切，对复合型、复语型高端语言人才的需求也就越大。

面对"一带一路"语言人才需求的现状，政府在政策层面科学合理的引导和规划语种的学习也是大势所趋的要务。复合型、复语型和多语型人才的培养，既要注意发挥人才市场和语种实力在资源配置中的决定作用，又要尊重个人意愿。语言教育规划相关部门应为语言学习使用者提供相应的预测和信息，做好不同语

---

① 胡范铸，刘毓民，胡玉华. 汉语国际教育的根本目标与核心理念：基于"情感地缘政治"和"国际理解教育"的重新分析[J]. 华东师范大学学报（哲学社会科学版），2014，46（2）：145—150，156.

言人才数量需求及语种熟练程度教育资源的梳理和统计。[①]共建"一带一路"不是中国一家的独奏,而是共建国家的合唱,"一带一路"倡议如今已经成为构建人类命运共同体的重大实践平台。

在培养方略上,应开展语言普查,或在人口普查中加入语言普查信息,建立国家语言人才库和语言人才市场,广罗国内外语言人才,努力实现关键语种合理布局和语言人才"培养、储备、足用"的理想机制。未来,有关高校应根据市场需求和国家需求,在已有的语种教育规划及专业设置上,新增"一带一路"沿线非通用语专业设置,以实现中国与"一带一路"建交国家官方语言、民族语言的全方位覆盖;及时培养"一带一路"建设所需要的区域国别语言人才,是国家语言教育政策的重要组成部分;个体语言能力的有效提升是共建"一带一路"语言共同体的重要途径,也是实现语言互通的主要途径。[②]

其次,伴随着人工智能、信息技术、云计算、数据挖掘等技术的快速发展,语音合成与文字信息自动化处理的语言资源库,使得海量翻译知识的自动获取和实时更新成为可能。通过语言智库内部语言加工机制的各种语言服务,来把"一带一路"的社会需求与现代信息技术的语言服务理念对接起来,就必须要有科学的语言规划。

随着中国经济的快速发展,中国正被推到国际事务的前台,越来越受到国际社会的高度关注。在"一带一路"全球化背景下弘扬民族性,有效地把中国的立场和观点介绍给世界的国际话语体系,并在本土化过程中,为国家制定"兼蓄世界性"的语言政策提供咨询建议。这不仅能为语言战略研究的积极倡导和推动工作做出贡献,还能为国家成功实现"走出去"战略提供国际循环的参与要素。在"一带一路"的建设构想中,中国正在由"本土型国家"向"国际型国家"转变,在此过程中,中西文化逐渐实现兼收并蓄,多元包容。[③]这种新的区域国别语言人才需求呼唤相应的紧贴语言生活实际与之相匹配。这里,"中体西用"思想中的某些积极成分突出体现在宏观视野和战略层面,面向国家的全面发展大局,对于以"一带一路"倡议为导向的语言教育决策研究、制定和实施极富启示意义。

---

① 胡范铸,刘毓民,胡玉华. 汉语国际教育的根本目标与核心理念:基于"情感地缘政治"和"国际理解教育"的重新分析[J]. 华东师范大学学报(哲学社会科学版),2014,46(2):145—150,156.

② 黄行,许峰. 我国与周边国家跨境语言的语言规划研究[J]. 语言文字应用,2014(2):9—17.

③ 黄行. 论国家语言认同与民族语言认同[J]. 云南师范大学学报(哲学社会科学版),2012,44(3):36—40.

随着中国日益走近世界舞台中央，中国与世界深度融合、相互激荡，讲好中国故事，传播好中国声音，向世界展现真实、立体、全面的中国，是外语学界、外语教育工作者的重要使命担当。当今区域国别语言人才的教育问题，不仅需要区域国别语言课程体系做铺垫，更需要整个民族教育观念的转变，民族教育思想上的进步和教育实践的推动。① 有鉴于此，为开启"一带一路"语言相通、民心相通之门，区域国别语言教育理念应与国际接轨，在学界专家学者们的群策群力下，把握时代机遇，积极开拓创新，服务于国家战略大局，提升语言教育政策的学术高度。

第三节 "一带一路"与区域国别语言教育

2022 年 9 月，"区域国别学"被纳入《研究生教育学科专业目录（2022 年）》第 14 类交叉学科一级学科目录，至此结束了长期以来区域国别学没有明确学科归属的历史。2022 年 10 月 23 日，北京外国语大学发起成立"中国区域国别学共同体"，并明确提出"共同体"的四项职能：一是成为服务国家战略的载体；二是成为推动学科发展的平台；三是成为服务社会发展的智库，为中国解决自身社会发展问题，促进社会治理现代化提供思想动力；四是成为贡献中国方案的窗口，为新时代全球治理提供中国方案。与会专家学者就厘清区域国别学学科的概念范畴，确立鲜明独立的学科属性，制定人才培养的目标定位和模式，构建区域国别学的理论体系，不断丰富和完善区域国别学的学科内涵，以新的研究方法、新的思维方式、新的学科定位助力发展等方面达成共识。②

区域国别研究因其自身的目标、内涵和特点而与语言具有天然的联系。区域国别研究和外国语言教育相得益彰，共同发展，但二者又各有侧重：前者注重知识创新，后者旨在培养语言能力。③ 语言规划是兼具理论性和实践性的社会治理活动，在国家发展战略中具有重要的地位和作用。"一带一路"倡议实施 10 年多以来，聚焦"一带一路"语言话题的语言规划研究是我国语言学界主动关注国家重大战略需求而形成的学术焦点，是学术研究对接时代和国家战略需求的应有之义。

---

① 霍建国."一路一带"战略构想意义深远［J］.人民论坛，2014（15）：33—35.

② "中国区域国别学共同体"成立大会在北外举行［EB/OL］.（2022-10-23）［2022-11-27］. https://www.sohu.com/a/595033631_243614.

③ 赵蓉晖，冯健高. 语言能力在区域国别研究能力体系中具有重要地位［M］// 语言生活皮书：中国语言政策研究报告（2021）. 北京：商务印书馆，2021：215.

一、区域国别语言教育和全球一体化进程

随着全球经济一体化进程的推进，世界经济活动超出了国界，世界各国和地区之间的经济活动相互依存，形成世界范围内的有机整体，这对语言服务、语言教育和语言人才培养的需求愈发凸显，这对中国语言学家和教育学家来说，既是研究挑战又是研究机遇。有鉴于此，区域国别语言教育政策研究也正日益受到学界的关注。加速前进的全球化也许是语言战略问题凸现的更为深远的背景。经济贸易全球化不可避免地导致了文化全球化，其主要特征是英语在世界范围内的广泛传播致使全球文化的"英美化"（Anglo-Americanization）。英语事实上已成为世界通用语，占据了极大的语言使用空间：目前全世界共有 200 多个国家和地区，语言共计 5000 多种，其中英语是 74 个国家的官方语言，其次是法语（39个）、阿拉伯语（25个）、西班牙语（21个）、葡萄牙语（9个）等。[1]目前世界上说英语的人数高达 15 亿，70%—80%的学术出版物用英文出版，英语几乎是所有国际组织与机构以及学术会议的工作用语，同时英语也是国际上外语教育最主要的语言。[2]英语在世界范围内的广泛传播导致了激烈的语言矛盾与冲突，这引发了学者们对外语教育政策与规划的深刻思考。早在 20 世纪 90 年代，就有学者从后帝国主义、后殖民主义理论视角剖析英语海外教育的本质特征，指出这是一种新形势下的"帝国主义"，即"语言帝国主义"，[3]英语海外教育是英帝国海外殖民的重要组成部分，因此接受英语教育者不可避免地面临"抵御语言帝国主义"的挑战。[4]这些思考实际上从理论高度提出了国家语言战略的问题。

语言是承载着人类历史和文化的轴心力量。鉴于语言具有承载与构建文化、标记国家与民族记忆的社会文化功能，语言战略对国家十分重要。长期以来，我国实行尊重世界各国和各民族语言的政策。一个国家的语言代表的不仅仅是本民族的文化，更多的是这个国家包括政治、经济等要素在内的综合国力，是融于本国文化竞争力之中的"文化软实力"。

全球化背景下的语言发展趋势主要有三种。一是本国家和民族采取有效措施保障本土语言的传承和发展，但同时以拒绝外来语言文化，甚至以脱离全球化为

---

[1] 杨亦鸣. 新时代语言能力建设服务国家需求大有可为 [N]. 光明日报，2018-01-14.

[2] Saran Kanpur Gill. Language Policy in Malaysia: Reversing Direction [J]. Language Policy, 2005 (3).

[3] Kevin Zi-Hao Wong, Ying-Ying Tan. Mandarinization and the construction of Chinese ethnicity in Singapore [J]. Chinese Language and Discourse, 2017 (1).

[4] Charlene Tan. Change and Continuity: Chinese Language Policy in Singapore [J]. Language Policy, 2006 (1).

代价。二是其他国家的语言逐渐代替本国家和民族的语言，导致本土语言走向没落与终结。三是本国家和民族既能够充分保障其语言文化的传承与发展，又能够紧跟全球化步伐，吸收其他国家和民族语言文化的营养，从而实现在经济全球化中的文化竞争力提升。三者各自代表着不同国家全球化的发展趋势。第一种是拒绝全球化，坚守闭关锁国状态；第二种是接受全球化，但对本土文化和语言的保护和传承不足，无法保障其民族语言文化与国际社会的接轨；第三种情况则是在接受全球化的基础上，实现本民族和其他民族的共赢。①

二、区域国别语言教育和语言多样性、语言生态的保护

在全球化进程中，语言多样化是最优选择。一般而言，保持语言文化的多样化的核心问题就是保护弱势语种（大部分是非通用语种）。第一，从系统论的观点出发，保持语言多样性更有利于整个语言系统的稳定。生物学的研究表明，物种越丰富，结构越稳定。国际著名的社会语言学家费什曼（Fishman）指出："当所有的人都说一种语言的时候，世界末日也就要来临了。语言是神圣的，当它消失时，生活中美好的东西也就随之而去。第二，从语言的功能上看，语言是保存和记录知识的工具，人类文明的许多经验和知识是通过语言传承的。与此同时，语言也是传递信息的媒介；再者，语言是思维的单位，辩证唯物主义认为，语言是思想的直接现实，意识的产生摆脱不了语言这一物质的外壳。语言本身没有优劣之分，保持语言的多样性有利于整个语言系统的稳定，有利于人类文明的传播和交流互鉴。②

全球化进程中语言多样化是最优选择。从语言承担的交际、符号双重功能来看，许多社会语言学家认定语言是"族群特征"的构成成分。人们有自发地保护本民族语言的民族情结，每一种语言都表明一种归属和标志，是区别于其他民族的主要方式。一个民族的智慧、宗教、风俗、历史都深深蕴含在他们的语言中。每一种民族语言，不论其使用人数的多少、使用范围的大小，都是那个民族灵魂的源泉、创造力的钥匙以及文明的承传载体，失去一个语种，就意味着伴随这种语种的民族文化传统和文明的消失。1992 年 12 月 18 日，联合国大会历经四十多年辩论，通过了《民族或族群、宗教和语言的少数群体成员权利宣言》，要求各个国家"采取措施，创造有利条件，以使分属不同少数民族的个人得以表达其

---

① 曹瑞冬. 全球化下的语言发展趋势探索：以全球中英文大热为例 [G] // 文化发展论丛（中国卷）. 北京：社会科学文献出版社，2016：303—308.

② 张瑾. 全球化进程中语言多样化发展的思考 [J]. 经济与社会发展，2007（11）：146—148.

特征，发展其文化、语言、宗教、传统和风俗习惯"[①]等。通过维持语言的多样性来保证世界的民主性，有利于构建一个公平健康的全球语言共同体。

通过实施区域国别语言教育，尽可能地扩大区域国别语言教学的语种范围，统筹分析沿线国家和地区的语言生活和人文交流对语言文字的需求及其对策，有利于保证我国区域国别语言教学水平与质量的整体提高，为培养"熟悉当地国情语情、了解当地历史文化、通晓国际规则、熟练运用外语、精通中外谈判和沟通，服务于'一带一路'建设的高精尖缺的语言人才提供强有力支撑。

三、区域国别语言教育和语言教育政策理论研究

（一）有利于区域国别研究的学科建设

近年来，"一带一路"的持续和深入发展，为"区域国别学"提供了丰厚的理论扎根实践的土壤，对"区域国别学"升级为一级学科有着直接的推动作用。与此同时，"区域国别学"的学科建设也为扎实"一带一路"研究，推进其高质量发展提供重要动力，这不仅为推进"一带一路"学术话语体系构建及国际话语权的建立提供重要支持，其学术特性也使得其将天然承担着服务国家战略的重要使命。[②]通过分析与总结"一带一路"背景下的区域国别语言教育规划的现状与动态，有利于增强国人对我国区域国别语言教育政策的现实性认识，树立正确理性的区域国别语言课程改革理念，努力践行区域国别语言语种的教育规模和实践范畴，以期能在区域国别语言教育政策的执行过程中，促进执行结果与政策内容、政策目标的相符相合，以服务于"一带一路"区域国别语言教育战略规划的社会业绩、国际效率和经济利益，进而全面促进我国区域国别语言教育事业的健康发展。

（二）有助于拓展语言教育政策理论研究的内涵和外延

区域国别语言教育政策研究在国际国内教育大环境下，既具有跨学科视角的特性，又具备宏观视野的特质。"一带一路"倡议背景下的区域国别语言教育战略规划与反思的相关研究尚处于初始阶段，它以丝绸之路和经济带发展各个时期的社会政治经济背景为历史依据，以人的发展心理、语言演变规律和区域国别语

[①] 冯小钉．关于语言多样性问题跨学科研究的综述［J］．安徽大学学报（社会科学版），2004（5）：69—72．

[②] 刘倩．"一带一路"视角下区域国别研究的学科建设［EB/OL］．光明网—学术频道．（2022-01-31）［2022-02-03］．https://www.gmw.cn/xueshu/2022-01/31/content_35489606.htm．

言教学规划为维度，从区域国别语言教育战略规划制定的主体、管理、社会应用、心理认同、教学法、语言政策以及师资建设等多个方面，深入研究中国 21 世纪以来的区域国别语言教育政策规划发展的优势与不足，揭示区域国别语言教育政策的未来去向，探索性地提出构建具有中国特色的服务于"一带一路"区域国别语言教育政策发展的设想，同时也涉足区域国别语言教育政策的制定、实施、评估与分析，有利于区域国别语言教育理论研究的丰富与发展，有助于拓展语言教育政策理论研究的内涵和外延。[①]

第四节 研究思路与研究方法

本书从语言学、语言政策学、教育学和教育政策学的视角出发，将静态的政策文本分析与动态的政策发展研究结合在一起，审视中国"一带一路"区域国别语言教育政策与语言学科建设研究现状，以期通过本著作丰富区域国别语言教育政策研究的理论与实践。

首先，在"一带一路"走向深化和高质量发展的阶段中，区域国别语言教育政策研究如何助力于"一带一路"建设？如何为中国区域国别语言（尤其是非通用语种）学科建设和区域国别高精尖缺"复合型、复语型"高端外语创新型人才培养提供启示和建议？

其次，在这一核心问题的基础上，本书通过对"一带一路"国家语言教育政策研究现状的梳理，在整体把握其样貌、研究走向和发展脉络基础上，探讨了"一带一路"全球化视野与语言教育政策规划的关系，分析了我国"一带一路"背景下中国区域国别语言教育面临的机遇和挑战，解读了"一带一路"背景下中国区域国别语言（尤其是非通用语种）学科建设和区域国别语言人才培养的科学发展观，最后提出区域国别语言教育政策规划的战略前瞻。

最后，在具体研究方法上，本研究综合运用文献研究法、历史因素分析法和案例分析法，对"一带一路"建设中语言教育政策相关理论和实践研究现状进行调查，客观呈现这一研究领域的整体研究现状并揭示存在的问题；与此同时，通过对中国区域国别语言教育，尤其是非通用语教育的历时演进脉络进行梳理，辅以国内最早开设非通用语教学的北京大学，以及目前国内亦是世界上开设语种最

---

① 郭龙生. 中国现代化进程中的语言生活、语言规划与语言保护［G］// 教育部语言文字应用研究所. 语言文字应用研究论文集：Ⅲ. 北京：语文出版社，2014：100—105．

多的院校——北京外国语大学（目前开设 101 个语种）为例，进一步加深对区域国别语言学科建设和"复合型、复语型"高端国际化外语人才培养的深入理解。

第五节 研究意义和研究创新点

一、研究意义

首先，"一带一路"区域国别语言教育政策与语言学科建设研究是一个肩负时代使命的科研命题。语言教育政策研究和语言文字事业是国家综合实力的重要支撑，语言文字国际传播能力和影响力则是国家综合实力的生活化呈现，本研究的开展可从学科建设的角度，促使中国语言教育政策的研究、语言学科的建设和语言文字工作的开展能从更广更深的层面融入到"一带一路"一体化发展格局中。鉴于此，如何将国家语言学科建设与"一带一路"的未来发展有机融合，进一步强化语言学科建设，尤其是强化非通用语种学科建设工作的"一带一路"意识，推动中国和沿线国家从语言命运共同体建构的角度进行一体规划、区别推动、资源共享、动态协调，是新时代国家语言文字工作、语言教育政策研究和"一带一路"建设新的结合点和着力点。

其次，学术研究对接国家战略，"一带一路"倡议下的语言教育政策和语言学科建设研究有助于拓展"区域国别研究"的研究对象、问题、方法和理论体系。

再次，研究有助于拓展语言学理论研究的外延，为研究"一带一路"沿线国家的不同语言，为语言教育理论、语言学理论，尤其是应用语言学、第二语言习得、第三语言习得、语言迁移等社会语言学领域提供了新的研究视角和理论发展空间。

最后，研究的开展，有助于从人类语言命运共同体的视野，借助"一带一路"的东风，推动中外语言互通、文化互启、文明互鉴、民心相通，在相互尊重的基础上，实现"一带一路"语言文化资源的共享共生。与此同时，研究也有助于讲好中国故事，增强中国文化软实力，促进中华文化的国际传播，努力实现中国语言教育和语言学科建设与沿线国家、世界各民族语言文化的融会贯通、多维交汇、切实服务于"一带一路"建设、服务于"人类命运共同体"的建构。

二、研究创新点

首先，问题选择的突破性。选择"一带一路"建设过程中的区域国别语言教育政策和区域国别语言学科建设作为研究的问题域，围绕服务"一带一路"建设的具体目标来调查和分析中国"一带一路"建设中区域国别语言教育政策规划存在的问题，面临的机遇和挑战，是对国家发展战略尤其是对国家语言文字事业发展规划的积极响应和创新回应。

其次，研究对象和内容的新颖性。选择中国"一带一路"区域国别语言（尤其是非通用语）学科建设和"复合型、复语型"国际化语言人才培养作为研究对象，聚焦"一带一路"视域下的语言学科建设实践和研究，深入挖掘和系统探索区域国别语言学科建设的科学发展观及其在"一带一路"建设中的作用，是"区域国别语言教育政策"研究和实践领域的全新尝试，有助于一定程度上推动该领域学术研究和具体实践的与时俱进发展。

最后，研究领域的拓展性。通过将语言教育政策研究和"一带一路"非通用语言学科建设研究相结合，不仅能够拓展区域国别语言教育政策自身的研究领域，为国家语言文字事业的研究和实践带来新思想和新内容，更能够形成可持续可拓展的研究领域，进而生发出"一带一路"语言教育政策，语言学科建设研究和外事外交、外贸学科、国际法治、国际金融、语言服务、语言智库、语言智能、应急语言教育、应急语言抚慰等新领域、新学科交叉融合、创新发展的研究新支点和新可能。

第二章 "一带一路"全球化视野与语言教育政策规划

丝绸之路开辟了古代中国探索多元世界文明的通道，是中华文明融入世界的历史见证。丝绸之路承载的意义已远远超过"路"的地理范畴和"丝绸"的物质范畴。璀璨辉煌的丝绸之路为古往今来的东西方政治经济、科教文化、科学技术、文学艺术的交流互鉴树立了一个独一无二、举足轻重的实践典范。两千多年前，勤劳勇敢的中华民族筚路蓝缕，穿越茫茫戈壁、沙漠荒原，开辟出联通亚欧非大陆的路上丝绸之路；而后，善良智慧的华夏儿女们又扬帆远航，穿越鲸波鼍浪，闯荡出连接东西方的海上丝绸之路。珍藏于陕西历史博物馆的千年"鎏金铜蚕"，以及印尼出土的千年沉船"黑石号"等，都是这段历史的见证。丝绸之路绵亘万里，"丝路精神"延续千年。当今世界正经历着"百年未有之大变局"，世界经济重心正逐渐发生变化：原来经济中心在大西洋两岸，现在经济中心向太平洋两岸开始转移。世界政治格局也在悄然发生着重大的变化：传统的 G7 集团（即美国、英国、法国、德国、日本、意大利和加拿大 7 个发达国家）统领世界的格局正在发生变化，G20（即中国、阿根廷、澳大利亚、巴西、加拿大、法国、德国、印度、印度尼西亚、意大利、日本、韩国、墨西哥、俄罗斯、沙特阿拉伯、南非共和国、土耳其、英国、美国以及欧洲联盟等 20 个国家）发挥的影响更大、更广泛、更深远。伴随着这种趋势，全球化的进程也逐渐发生重大的变化：一些国家退群、脱欧，逆全球化的现象开始频频出现，[1]世界经济格局正经历着深刻调整，各国面临着严峻的发展问题。在世界经济一体化、金融市场全球化大背景下，任何一个国家经济出现危机，其他国家必然无法独善其身全身而退。世界各国必须寻求新的、非常规的全球通道来互帮互助，满足和谐共生、共同发展的美好愿景，有鉴于此，"一带一路"的倡议应运而生。

2014 年 11 月，中国领头发起建立亚投行和丝路基金；2017 年 3 月，中国发布《推动共建丝绸之路经济带和 21 世纪海上丝绸之路的愿景与行动》报告。"一

---

[1] "国史讲堂"系列理论视频之"党史微课"系列：如何理解"百年未有之大变局"［EB/OL］. 人民网—中国共产党新闻网．（2021-05-25）［2022-03-02］. http://dangshi.people.com.cn/n1/2021/0525/c436975-32112281.html．

带一路"逐渐从最初的中国外交新动议转化为拥有纲领性文件的世界外交新行动。"一带一路"方案为中国全方位开放的格局奠定了基础，将中国的经济成果惠及沿线国家，为沿线国家带来经济增长的新动力。在上述报告中，中国重点强调"一带一路"为世界和平发展、为全人类福祉而奋斗的目标。古丝绸之路是"一带一路"的灵感来源与精神内核，而"一带一路"是古丝绸之路的当代体现与创新，不止是从历史地理区划至政策规划蓝图，更是从中汲取精神营养，是人类历史上超大规模的经济合作方案[①]。昔日古通道，今日复兴路。"一带一路"的提出与推进，不仅是推动构建人类命运共同体之所需，更是中华民族伟大复兴之所需。作为中华民族的文明名片和智慧结晶，"一带一路"必将推动我国的社会主义现代化建设，重振昔日丝路之辉煌，为人类灿烂的历史文明添砖加瓦。

第一节　再塑辉煌：从"丝绸之路"到"一带一路"

丝绸之路是人类最早的全球化路线。"丝绸之路"的概念曾在历史荒漠下掩埋了上千年，直到近代才被发掘出来。1870年德国地理学家李希·霍芬（Ferdinand von Richthofen）到洛阳考察后，于1877年发表专著《中国——亲身旅行和据此所作研究的成果》。在第一卷中李希·霍芬首次将从洛阳到撒马尔罕（今属乌兹别克斯坦）之间的古老商路命名为"丝绸之路"（即 The Silk Road）。1936年，瑞典学者斯文·赫定（Sven Hedin）将其关于中亚探险的著作命名为《丝绸之路》，这一概念才逐渐广为人知。汉唐时期，长安和洛阳，是世界上最大和最繁荣的都市。丝绸之路穿越欧亚大陆，在农耕与游牧时代，实现了世界上的主要文明在中亚地区的交汇。现如今，"丝绸之路"作为一个后世建构的概念，已成为学界的共识。

汉武帝建元三年（公元前138年），张骞肩负和平友好使命，两次出使西域，开启了古代中国同中亚各国友好交往的大门，开辟出一条横贯东西、连接欧亚的丝绸之路。汉通西域，虽然起初是出于军事目的，但西域开通以后，其影响远远超出了军事范围。从西汉的敦煌，出玉门关，进入新疆，再从新疆连接中亚、西亚的通道横贯东西，畅通无阻。张骞出使西域促进了汉族与边疆少数民族之间的第一次文化交融[②]。丝绸之路是文明交流之路，在源源不断的东西交往洪

[①] 吴浩，欧阳骞. 高质量共建"一带一路"的理念与路径探析：基于全球治理视角[J]. 江西社会科学，2022，42（7）：197—205.
[②] 中国国家主席习近平在哈萨克斯坦纳扎尔巴耶夫大学重要演讲，2013.

流中，沿线地区实现了互联互通、经济繁荣，促进了多方文明的交流互鉴。西域的香料、药材、玻璃等传入中国，成为我国人民生活的必需品[①]；西域的小麦、葡萄、苜蓿、石榴、胡豆（今称蚕豆）、胡桃（今称核桃）、胡荽（今称芫荽）、胡蒜（今称大蒜）和胡瓜（今称黄瓜）等十几种植物，逐渐在中原栽培；龟兹的乐曲和胡琴等乐器，丰富了汉族人民的文化生活；中国的丝绸、陶瓷、造纸术、印刷术也被介绍到了西方，推动了西方社会生产力的迅速发展。东西方的音乐、舞蹈、绘画、雕塑等艺术的碰撞交融，反映了丝路沿线地区文化的整体风貌，也影响了东方人和西方人的文化、哲学、思维方式和世界观[②]。丝绸之路是一条滋养全人类的共享之路，它为世界各大文明交汇提供历史平台，沿途广大人民都曾享受过它提供的资源和财富，丝路昔日辉煌或虽不再，但丝路文明和丝路精神却穿越时空，传承千年，生生不息。丝绸之路所带来的，不仅有物质文明遗产财富，更是有平等互利、和平交往、包容共享、协作共生的宝贵精神财产[③]。在全球化迅速发展、各国亟待发展的今天，丝绸之路所展现的宝贵理念熠熠生辉，具有独特的时代价值。

古代丝绸之路策源于中国，绵延于世界，由陆地到海上，延续数千年，成为人类文明发展史上多民族、多区域的第一次全球化行动，也是世界众多族群文化的大交流和大创造。丝绸之路是人类命运共同体的生动展示和世界和平发展的历史实践，充满深刻丰厚的人文精神。丝绸之路开创了"化干戈为玉帛"、以经贸全球化来推动人类文明和平发展的新模式，以"和"为魂，以友好、尊重、平等、包容的心态展开区域、民族间的交往、交流与交融。中华民族为古代丝绸之路的建设做出了重大贡献，积累了和平发展的丰富经验，"以和为贵""天下为公""以人为本""海纳百川""有容乃大"的思想理念得到推广与实践。古代丝绸之路为人类文明的和平发展与健康发展提供了有益借鉴，也为实现中华民族伟大复兴的"中国梦"提供了深刻启示[④]。

历史押着相同的韵脚，但其内涵已经大不相同。"丝绸之路"文化中的全球化基因在两千多年后的今天"复活并生动起来"，实现了"一带一路"沿线所有国家和地区的无缝连接与分工，最终实现共赢共荣，中国提倡的"一带一路"，

---

① 赵洋，张瑶，崔希栋. 做一天马可·波罗：发现丝绸之路的智慧［M］. 北京：北京科学技术出版社，2021：1—3.

② 程金城. 丝绸之路艺术的意义与价值：兼及"丝绸之路艺术学"刍议［J］. 兰州大学学报（社会科学版），2017，45（2）：63—68.

③ 马曼丽，李丁. 丝绸之路发展史［M］. 北京：中国社会科学出版社，2021：1—3.

④ 郑倩茹，杨庆存：丝绸之路与人文精神：兼论人类命运共同体与世界和平发展［J］. 中国文化研究，2022（3）：64—72.

正是全球化继续推进的路线图。

当前，中国正推动新一轮的全球大连接。截至2023年10月，中国已建立全球里程最长的高铁和高速公路网络，向整个欧亚大陆开放和延伸。高铁技术让欧亚大陆在全球地缘政治与地缘经济中的核心地位重新确立。中国是全球制造业中心，也是全球最大的消费市场，全球吞吐量最大和最先进的港口就在中国，中国从全球进口原油和原料，出口工业品和消费品；海陆贯通的交通体系，将加快形成一个分布全球的供应链体系，利益惠及"一带一路"所有参与国[①]。

"一带一路"也是一个全球数字经济的基础设施。除了在地理上的连接，中国还在推动全球互联网的连接，为亚洲、欧洲、非洲提供最先进的移动通信技术，建立弹性高效的数据处理平台。这些欠发达地区的人口通过移动网络、电子商务和移动支付，实现了向新技术的跨越和数字经济基础设施的全覆盖。"一带一路"也是人民币国际化之路。中国正在将其全球最高的储蓄率以及全球最大规模的外汇储备投资于"一带一路"。亚洲基础设施投资银行和丝路基金，投资规模足以媲美世界银行和亚洲开发银行等国际金融机构。早在2017年5月的北京"一带一路"国际合作高峰论坛开幕式上，中国就宣布向丝路基金新增资金1000亿元人民币，中国国家开发银行、进出口银行也分别提供2500亿元和1300亿元等值人民币专项贷款，用于支持"一带一路"中的基础设施建设[②]。

"一带一路"一路自东向西，穿越戈壁、沙漠、绿洲、草原。"高铁、互联网、人民币"构成了新一轮全球化中鲜明的中国因素。"一带一路"建设是中国推动构建人类命运共同体的重要实践平台。10余年来，"一带一路"建设从理念到行动，逐步发展成为实实在在的国际合作，取得了令人瞩目的成就。未来，中国将积极凝聚各方共识，规划合作愿景，扩大对外开放，加强同各国的沟通、协商、合作，推动"一带一路"建设走深走实、行稳致远，更好造福各国人民[③]。

"一带一路"反映了"中国智慧"、体现了"中国品牌"和"中国担当"。作为一种精神、理念与实践，"一带一路"是对过去500年大国崛起"追求独大"的历史规律的修正，是对西方现实主义国际关系理论"零和博弈"理论的更新，也是对数千年人类文明史中冲突惯性的扭转。在此时代背景下，讲清"一带一路"倡议正在重塑中国在世界经济版图中的角色与位置的故事意义深远。正因

---

① 第一财经. 一带一路引领全球化新时代[M]. 上海：上海交通大学出版社，2017：9—10.

② 第一财经. 一带一路引领全球化新时代[M]. 上海：上海交通大学出版社，2017：11—13.

③ 习近平. 习近平谈"一带一路"[M]. 北京：中央文献出版社，2018：218.

此，对"一带一路"区域国别语言教育政策规划和区域国别语言学科建设的研究显得意义深远。聚焦"一带一路"区域国别语言教育政策和规划，尤其是中国外语非通用语种学科建设和"高精尖缺"外语国际化人才培养的研究是我国语言学界、教育学界主动关注并对接国家重大战略需求而形成的学术热点。

第二节　百家争鸣："一带一路"视域下语言教育政策理论研究

"一带一路"倡议被视为中共中央总书记习近平"大国外交"战略的核心组成部分[1]，中国共产党第十九次全国代表大会通过了《中国共产党章程（修正案）》的决议，推进"一带一路"建设被写入党章。"一带一路"已从国家倡议、政府规划、政策行动拓展成了党的意志，也将为中方与各方携手共建"一带一路"，推动构建新型国际关系，共建人类命运共同体注入强劲动力。2018年8月，习近平主席在推进"一带一路"建设工作5周年座谈会上发表重要讲话中指出，过去几年共建"一带一路"已完成了总体布局，绘就了一幅"大写意"，今后要聚焦重点、精雕细琢，共同绘制好精谨细腻的"工笔画"。"一带一路"不仅是中国古丝绸之路的现代延续之路，更是中华文化走向复兴的辉煌之路；"一带一路"倡议，融中国于世界，从世界观中国，正是对习近平主席提出的"从历史走向未来，从延续民族文化血脉中开拓前进"指导方针的精准呈现。建设"一带一路"既是中国国家战略，又是中国向世界发出的构建人类命运共同体的倡议，"一带一路"超越了其传统的地理概念的边界，成为"和平发展、合作共赢、和谐天下"的发展理念。"一带一路"是具有深远国际国内影响的长远重大战略，所面临的不仅有机遇还有挑战，推进"一带一路"建设需要进行长远布局，从战略的高度进行安排与规划。

2013年以来，国内外学界对"一带一路"区域国别语言教育、语言教育政策的研究取得了显著进展，学界专家就热点话题展开讨论，观点碰撞，思想交锋，开创了"一带一路"视域下语言教育政策理论研究"百花齐放，百家争鸣"的局面，既出现了一批有价值的研究成果，也涌现出一大批学术机构为该问题的研究提供了良好的学术平台。例如，《国别和区域研究》是国内首本国别和区域研究学科集刊。该刊物作为北京语言大学、教育部国别和区域研究基地秘书处组

---

[1] 安蓓，谢希瑶，温馨. 共建通向共同繁荣的机遇之路：习近平总书记谋划推动共建"一带一路"述评［EB/OL］.（2021-11-19）［2022-05-18］. http://www.chinanews.com.cn/gn/2021/11-19/9612031.shtml.

织编撰的集刊，旨在推动学术发展和加强咨政服务，力争成为国家和区域政治、经济、文化、教育、社会全方位综合研究的思想性平台，常设栏目有"主题报告""国别研究""区域形势"等。此外，关于"一带一路"研究的机构或智库有：2015 年由中共中央对外联络部牵头，联合国务院发展研究中心、中国社会科学院、复旦大学联合成立的"一带一路智库合作联盟"；2015 年由兰州大学发起，8 个"一带一路"沿线国家和地区的 47 所高校联合成立的"一带一路"高校战略联盟；2019 年由新华社研究院联合 15 家中外智库共同发起的"一带一路"国际智库合作委员会；2021 年由浙江师范大学牵头，联合浙江省内其他 15 家国别区域研究机构共同成立的"一带一路"研究智库联盟；此外，还有西北大学丝绸之路研究院（2013 年）、暨南大学 21 世纪丝绸之路研究院（2014 年）、华侨大学海上丝绸之路研究院（2014 年）、北京第二外国语学院的中国"一带一路"战略研究院（2014 年）、上海外国语大学丝路战略研究所（2015 年）、广东外语外贸大学 21 世纪海上丝绸之路协同创新中心（2015 年）、非洲研究院（2016 年）、兰州大学"一带一路"研究中心（2017 年）、北京大学"一带一路"研究中心（2018 年）、浙江外国语学院环地中海研究院（2019 年）、北京语言大学"一带一路"研究院（2020 年）等等。这些"一带一路"研究机构直接为"新丝绸之路经济带"和"21 世纪海上丝绸之路"国家战略服务，通过搭建广阔的国际合作交流平台，以"一带一路"研究简报、"一带一路"蓝皮书、"一带一路"国际论坛、"一带一路"课题等形式重点服务中央和国家部委及"一带一路"沿线国家大使馆和领事馆。相关研究成果也为本论题的研究提供了丰富的文献资源和思想启示。

  语言教育政策作为教育政策和语言政策的重叠部分，既有教育政策的因素，又有语言政策的因素，是一个国家在一定时期内为实现政治治理目标或者发展目的而制定的有关语言教育的计划和措施。它反映了政府对国内各语言的定位以及态度。因而，了解"一带一路"区域国别语言教育政策的相关研究，通过对已有研究成果的梳理，向读者展示与研究主题和内容相关的核心论断，通过文献综述，为本研究的进一步开展提供重要的理论支撑。鉴于此，本文按照综（检索、阅读、筛选）、述（分类、归纳、纪述）、评（分析、比较、评论）三个主要环节，对"一带一路"区域国别语言教育政策研究的相关文献进行综合梳理、归类分析和阐述评论。

一、区域国别语言教育政策研究
(一) 区域国别语言教育政策的理论和相关问题综合研究

关于区域国别语言教育政策的研究，部分学者从外语教育政策的实证研究出发，探讨了国别与区域语言教育政策视角下如何建构外语教育政策研究的分析框架，对中国外语教育政策的发展规律，以及区域国别语言教育政策研究的重要性等问题展开一系列的讨论。例如，《国别与区域语言教育政策比较研究》一书，以语言学、教育学理论为指导，结合公共政策学和语言政策理论分析框架，以人的发展规律、语言发展规律和外语教学规律为维度，对新时期的外语教育政策进行实证研究，提出了构建具有中国特色的基础教育外语教育政策发展的方略[①]。有学者指出，对区域国别语言教育政策规划缺乏考虑或者考虑不当，会对区域国别语言教育政策产生负面影响，如20世纪50年代的俄语教育因缺乏科学的语言教育规划就造成过较为严重的后果。此外，也有学者从区域国别研究的属性和特点出发，探讨了区域国别的知识体系，以及区域国别语言规划与语言政策的问题。例如，早在2003年，周庆生主编的《国家、民族与语言——语言政策国别研究》就曾对世界五大洲的22个具有代表性的多民族国家，如苏联、美国、英国、越南、秘鲁等国家所推行的语言政策和语言模式进行语言政策个案研究。[②]郭树勇于2020年发表的专著《新编区域国别研究导论》一书系统地介绍了区域国别的知识体系，主要回答了区域性国别研究是什么，其主要特点和主要的理论与方法有哪些，中国和外国间有何知识与方法上的不同，如何认识美俄等大国，如何认识欧盟、东南亚等区域等问题[③]。学者王缉思认为，区域与国别研究的学科基础可分为四个维度：(1) 空间维度，包括地理、环境、领土、网络等按照地域和空间划分的维度；(2) 历史维度，基于世界各个民族、国家和地区历史经验确立的维度；(3) 文化维度，包含语言文字、宗教、文化等人文学科领域；(4) 社会维度，包含政治、经济等社会科学领域，与此同时，作者还指出这些维度在区域与国别研究中相互交融，难以截然分清。[④]王立非2023年出版了《京津冀长三角、粤港澳大湾区语言服务竞争力报告》，首次对京津冀、长三角、粤港澳大湾区等经济区开展语言服务现状和竞争力进行调查和跨区比较，为国内语言服务行业发展、语言服务人才培养和语言服务研究提供了重要

---

① 龙洋. 国别与区域语言教育政策比较研究 [M]. 重庆：重庆出版社，2019：1—3.
② 周庆生主编，国家语言文字工作委员会政策法规室编. 国家、民族与语言：语言政策国别研究 [M]. 北京：语文出版社，2003：1—3.
③ 郭树勇. 新编区域国别研究导论 [M]. 北京：高等教育出版社，2020：1—5.
④ 王缉思. 中国的区域与国别研究缺什么？[N]. 澎湃新闻，2018-12-27.

29

参考与启示。①谢倩的专著《外语教育政策国际比较研究》②从宏观层面对中外外语教育政策进行了比较研究。冯增俊、姚侃等学者基于全球化加速背景下各国重视语言教育战略以强化本国发展的大势，从比较教育视角提出在把握全球语言教育政策总体走向下，中国应制定新时代能面对国际挑战且不断开放多元、面向未来的语言教育政策，以策应"一带一路"倡议，培养有创新意识、国际视野的时代人才③。王烈琴分析了全球化背景下的语言观及其对国家语言教育政策的影响④；仲伟合考察分析了"一带一路"视域下中国的外语教育战略⑤。周玉忠、王辉的专著《语言规划与语言政策：理论与国别研究》从理论分析和国别研究的维度，探讨了中国语言规划和语言政策研究的历史以及未来的发展方向⑥。蔡基刚的《外语教育政策的冲突：复合型人才还是英语专业人才培养》一文就我国外语教育政策进行反思，并提出相应的对策⑦。李宇明指出，我国对世界各国语言规划情况的了解和研究不够，对各种国际组织语言规划的关注和参与不够，对国际语言规划学成果的引介还不足。⑧郭龙生指出，我国国别语言政策研究视野不够开阔、借鉴成果有限，研究国家过于集中，重复研究问题显著。⑨张宝林认为，2014年之前我国对许多国家的语言政策研究尚未展开，已有研究未能全面收集各国语言政策的相关资料，研究深度有待加强，特别是最新的第一手资料是限制我国语言政策研究开展的原因之一。⑩戴曼纯指出，国别语言政策研究的发展取决于学科导向、研究人才队伍建设、成果发表和经费支持等众多因

---

① 王立非．京津冀长三角、粤港澳大湾区语言服务竞争力报告［M］．北京：对外经贸大学出版社，2023：1—3．

② 谢倩．外语教育政策国际比较研究［M］．武汉：华中科技大学出版社，2013：1—2．

③ 冯增俊，姚侃．比较教育视角下新时代中国语言教育政策的战略走向［J］．比较教育研究，2018，40（2）：89—95．

④ 王烈琴．全球化背景下的语言观及其对国家语言教育政策的影响［J］．外语教学，2013，34（5）：61—64，69．

⑤ 仲伟合，张清达．"一带一路"视域下的中国特色大国外语教育战略的思考［J］．中国外语，2017，14（5）：4—9．

⑥ 周玉忠，王辉．语言规划与语言政策：理论与国别研究［M］．北京：中国社会科学出版社，2004：1—3．

⑦ 蔡基刚．外语教育政策的冲突：复合型人才还是英语专业人才培养［J］．东北师大学报（哲学社会科学版），2019（4）：1—6．

⑧ 李宇明．语言也是"硬实力"［J］．华中师范大学学报（人文社会科学版），2011（5）．

⑨ 郭龙生．它山之石，可以为错：语言政策国别研究学习感言［J］．语言政策与规划研究，2014（1）：16—23，72．

⑩ 张宝林．"'世界各国语言政策数据库'建设与研究"总体设计［J］．语言规划学研究，2015（1）：38—44．

素，其中研究人才是关键。现有研究存在考察时间跨度较短、文献来源较为单一、专门的定量分析缺乏等不足。①郭凤鸣认为尽管我国的外语教育政策与规划现已取得了可喜的成绩，但在维护和坚守国家文化安全的引领和带动方面还有一些不足，在国家大力推动"一带一路"倡议、推动中华文化走向世界和世界走进中国的关键时刻，讲好中国故事，外语教育政策与规划还有很重的任务要去面对。②王辉、史官圣认为我国区域国别语言政策研究分为4个类别："一带一路"沿线国家语言状况和语言政策研究，澳大利亚、欧盟外语教育政策研究，美国语言教育政策研究和加拿大双语教育政策研究。③

（二）区域国别语言教育政策与国家认同、民族认同和语言认同研究

陈新仁的《全球化语境下的外语教育政策与民族认同》评价了国外区域国别语言教育政策对国家认同、民族认同的影响。④黄杉杉的博士论文《国家认同视域下新加坡语言教育治理研究》综合"治理理论"和"国家认同理论"，创新性地构建了语言教育治理的分析框架，对不同时期新加坡语言教育治理的问题、理念、主体、手段进行系统的阐释，分析不同时期语言教育的治理模式、价值基点和治理成效，并在此基础上揭示语言教育治理对新加坡国家认同建构的推动作用。⑤黄行指出，我国与周边国家跨境分布约50种语言，在语言身份认同、文字书面语体系的创制和完善、语言社会使用活力等级等方面，绝大多数都呈现出"外高内低"的态势；我国媒体的国际传播实力仍处于绝对的弱势地位，境外敌对势力利用少数民族语言文字媒体对我国的宣传和渗透的力度不断加大，我国所占话语权非常有限。⑥郭龙生指出，境内外跨境语言宣传实力的严重不对称，严重威胁着国家的安全、民族的团结、文化与经济的健康发展。⑦王瑜、刘妍在《语言规划取向下双语教育政策价值逻辑分析》中对"一带一路"沿线的印度和

---

① 戴曼纯．国别语言政策研究的意义及制约因素［J］．外语教学，2018（3）：6—9．
② 郭凤鸣．中国外语教育政策演进历程与未来规划［J］．西南科技大学学报（哲学社会科学版），2020，37（6）：81—87．
③ 王辉，史官圣．我国区域国别语言政策研究的文献计量分析（2000—2020）［J］．浙江外国语学院学报，2022（3）：53—64．
④ 陈新仁．全球化语境下的外语教育与民族认同［M］．北京：高等教育出版社，2008：1—3．
⑤ 黄杉杉．国家认同视域下新加坡语言教育治理研究［D］．广州：华南师范大学博士学位论文，2023：1—5．
⑥ 黄行，许峰．我国与周边国家跨境语言的语言规划研究［J］．语言文字应用，2014（2）：9—17．
⑦ 郭龙生．媒体语言中的跨境语言规划研究［J］．文化学刊，2014（3）：5—11．

新加坡双语教育政策价值逻辑做出分析，并提出双语教育政策制定应具有"强调国家核心意识主导""注重多元民族文化整合"和"关注学术认知语境建构"等特征，即以国家文化安全与利益为根本前提，以促进主流文化整合与认同为内容，以培养教育者的跨文化理解与创新能力为目标。[①] 谢倩从中亚五国语言变革的背景出发，对中亚各国语言政策变革对语言民族化进程、民族身份和民族认同的关系，以及对我国新丝绸之路民族语言政策规划的影响进行剖析，进而得出结论：俄语在中亚失去了官方语言的优势地位，新的语言次序格局正在形成。与此同时，作者还提出要促进新丝绸之路各国少数民族语言权利和谐发展，构建多元化和谐区域语言策略需要重新定位区域语言教育政策积极培育高等教育阶段跨境双语教育，建立以跨境民族语言为基础的战略语言人才培养基地，不断丰富我国与中亚各国语言文化交流的内涵和形式，实现从单纯语言教育向文化教育的转型[②]。

（三）外语教育政策与规划研究

张辉对朝鲜1392—1910年的"朝语言"国家规划进行研究。[③] 张蔚磊对非英语国家外语教育政策与规划的焦点问题进行了分析，探讨了语言学习时间、本国外语教师培训、外语教学资料的来源（本土化还是国外引进）、外语教学方法、国际援助的语言教育项目、基础教育阶段实施早期外语教育等方面是否和语言政策实施的成效相关的理论问题，为中国外语教育政策与规划提供参考[④]。此后，作者张蔚磊于2022年提出了外语教育政策研究的理论基础与参考框架。[⑤] 关于"一带一路"区域国别语言教育研究的现状、我国区域国别研究的进展等方面，任晓、孙志强的《区域国别研究的发展历程、趋势和方向——任晓教授访谈》对当前世界范围内区域国别研究的现状，我国区域国别研究所处的阶段、取得的成就以及未来努力的方向，尤其是如何正确看待区域国别研究与国际关系研究的关系和异同、如何优化区域国别研究的人才培养机制和挖掘人才培养途径等进行深

---

① 王瑜，刘妍．语言规划取向下双语教育政策价值逻辑分析［J］．比较教育研究，2018，40（11）：98—105．
② 谢倩．外语教育政策国际比较研究［M］．武汉：华中科技大学出版社，2013：141．
③ 张辉．朝鲜朝（1392—1910）语言规划研究［J］．语言战略研究，2023，8（2）：87—96．
④ 张蔚磊．非英语国家外语教育政策与规划的焦点问题探究［J］．外国中小学教育，2018（11）：36—43．
⑤ 张蔚磊．外语教育政策研究：理论基础与参考框架［J］．西安外国语大学学报，2022，30（3）：55—60．

入的分析和解读[①]。

(四)"一带一路"核心区跨境语言规划研究

阎莉从语言生态学的视角探索了"一带一路"核心区跨境语言规划的问题,指出"一带一路"核心区的建设推进构建了我国与周边中亚国家间新的语言生活,凸显了新疆核心区少数民族语言生活中的跨境语言现象。在"一带一路"倡议的时代背景下如何开发核心区跨境语言的资源价值,增强其社会功能,并使其成为构建国家周边语言能力的要素等便成为我国"一带一路"语言规划研究中的新研究焦点[②]。王烈琴、于培文等研究者认为,将汉语发展为"一带一路"沿线国家和地区交流的通用语是解决语言问题的需要,是共享语言资源的需要,也是实施语言权利的需要。加强国内汉语教育,发展"一带一路"沿线国家的对外汉语教学,是经济发展、合作的需要,也是汉语国际化的必由之路。构建和实施多语种的外语教育政策是全球化外语教育发展的趋势,这将有力地推动"一带一路"建设[③]。

目前,国内也出现了关于区域国别研究、区域国别语言教育政策研究的相关学术期刊。例如,2015年创办的《语言政策与语言教育》期刊,就是由国家语言文字工作委员会设立的首家科研基地——上海外国语大学中国外语战略研究中心主办的关于"语言政策研究""语言教育研究""语言生活调查""语言生活动态"等方面的学术期刊。此外,如北京语言大学创办的《国别和区域研究》、暨南大学主办的《华文教学与研究》和《东南亚研究》、北京第二外国语学院主办的《阿拉伯研究论丛》、浙江师范大学主办的《非洲研究》、商务印书馆主办的《语言战略研究》等学术期刊或集刊,也对区域国别语言教育和教育政策的相关研究给予了很大的关注。

二、"一带一路"沿线国家的语言教育政策研究

关于"一带一路"沿线国家的语言教育政策研究,部分学者们从语言规划研究的相关理论出发,深入剖析了"一带一路"沿线国家语言教育政策的相关问题。例如,宋红波、沈国环系统地从"一带一路"沿线国家的国内外环境,教育

[①] 任晓,孙志强. 区域国别研究的发展历程、趋势和方向:任晓教授访谈[J]. 国际政治研究,2020,41(1):134—160.

[②] 阎莉. 语言生态学视角下"一带一路"核心区跨境语言规划研究[D]. 成都:西南大学,2018:1—2.

[③] 王烈琴,于培文."一带一路"发展战略与中国语言教育政策的对接[J]. 河北学刊,2017,37(1):185—189.

政策框架，国情与外语教育政策，以及教育政策在实施中的困境、原因、应用能力等方面，分析和探讨了"一带一路"共建国家的语言教育问题，进而提出了应在语言战略观指导下，重新修改制定我国的外语教育政策，为我国参与全球治理和国际文化交流储备外语人才，为"一带一路"和新时期"走出去"战略提供重要支撑和保障[①]。

关于"一带一路"沿线某个区域、某个国家的语言教育政策研究方面，部分学者从区域国别的角度出发，对"一带一路"沿线某个区域，如东南亚、东盟等区域，或者某个国家的语言教育政策进行深入的理解和分析。例如，刘泽海的《东南亚国家语言教育政策发展研究》以公共政策学、语言学、教育学等学科相关理论为基础，根据东南亚国家语言构成特点，从语言政策历时演进与语言类型两个维度分析东南亚国家的语言教育政策的特征，运用政策分析"要素-过程-价值"三维度对各国语言教育政策进行分析，全面研究东南亚国家语言教育政策的发展过程及其与国家建构的关系[②]。莫海文的《东盟国家语言教育政策研究》[③]、刘振平的《东盟国家语言教育政策与规划》[④]系统梳理了东盟国家的教育政策历史演变及现状，从多维度出发探索东盟国家教育政策的相关问题，涉及东盟国家的学前教育、基础教育、职业教育、高等教育等各个阶段的语言教育政策及相关的社会、经济、文化等问题。张荣建的《卢旺达教育、语言政策与社会发展研究》一书，基于历时和共时的视角，对被誉为"非洲的心脏"和"千丘之国"的卢旺达的教育、教育改革、双语教育、教育模式和教育语言政策、社会的发展和未来的趋势，以及卢旺达国民的语言态度与语言维护，语言与社会态度和认同，语言政策与语言规划等进行全面的剖析和解读[⑤]。美花对"一带一路"沿线国家哈萨克斯坦国家语言教育政策进行研究，并从国际合作的角度，分析了汉语在哈萨克斯坦的地位，中哈两国的文化和教育领域深层合作关系，并针对"一带一路"背景下哈萨克斯坦语言教育政策现状问题及其成因，提出哈萨克斯坦国家语

---

① 宋红波，沈国环."一带一路"共建国家语言教育政策研究[M].武汉：武汉大学出版社，2020：1—2.

② 刘泽海.东南亚国家语言教育政策发展研究[M].北京：社会科学文献出版社，2018：1—2.

③ 莫海文.东盟国家语言教育政策研究[M].长沙：中南大学出版社，2019：1—2.

④ 刘振平.东盟国家语言教育政策与规划[M].延吉：延边大学出版社，2019：1—2.

⑤ 张荣建.卢旺达教育、语言政策与社会发展研究[M].北京：中国农业大学出版社，2018.

言教育政策的改进路径[1]。尹少君和易红波分别对越南[2]和泰国[3]的语言政策及其对中国外语教育政策的影响和启示进行剖析。邹长虹从菲律宾[4]和文莱[5]语言政策的历史演进出发，探讨两国的语言政策对中国外语教育政策的启示。值得一提的是，部分研究者从语言服务的角度探讨了服务"一带一路"的语言建设和语言教育的问题，如《语言服务与"一带一路"》着重对服务"一带一路"的国家语言规划、"一带一路"沿线国家语言国情、面向"一带一路"的语言学术服务、服务"一带一路"的区域语言建设等方面进行深入浅出的剖析[6]。此外，生态语言学的学者，以中国即"一带一路"倡议国、美国即"一带一路"未参与国以及俄罗斯、新加坡和澳大利亚即典型"一带一路"沿线国的主流媒体，即 China Daily、The New York Times、TASS、The Straits Times、The Australian 等媒体关于"一带一路"建设的英语新闻报道作为语料，结合新闻框架理论和及物性系统、评价系统、主位系统分析并比较五国媒体"一带一路"新闻框架设置及其新闻话语表征的生态性。在此基础上，对五国媒体新闻话语生态性的异同点进行总结并阐释动因，以期为我国媒体"一带一路"生态有益性新闻框架设置和新闻话语表达提供启示[7]。

国外学者关于"一带一路"沿线国家的语言教育政策研究方面，具有代表性成果及其核心观点如下：学者 Yasemin Kirkgöz 分析了全球化对于西亚国家土耳其语言教育的影响，并指出因为英语的全球主导地位，土耳其政府不得不在宏观政策层面加大对英语的支持与推广，现实层面而言，土耳其大、中、小学阶段的语言教育政策（尤其在微观组织制度层面）的实施存在显著的政策目标与政策实

---

[1] 美花."一带一路"国际合作中哈萨克斯坦国家语言教育政策研究［D］.沈阳：沈阳师范大学，2019.

[2] 尹少君，邹长虹.越南语言政策及其对中国外语教育政策的启示［J］.广西师范学院学报（哲学社会科学版），2014，35（3）：105—108.

[3] 易红波.泰国语言政策对我国外语教育政策的启示［J］.成都师范学院学报，2017，33（3）：50—54.

[4] 邹长虹，尹少君.菲律宾语言政策及其对中国外语教育政策的启示［J］.社会科学家，2016（4）：157—160.

[5] 邹长虹.文莱语言政策及其对中国外语教育政策的启示［J］.社会科学家，2019（3）：152—155，160.

[6] 赵世举，黄南津.语言服务与"一带一路"［M］.北京：社会科学文献出版社，2016：1—5.

[7] 刘佳欢.中、美、俄、新、澳主流媒体"一带一路"新闻话语生态性比较研究［D］.北京：北京外国语大学，2022：1—2.

践不一致的"虚化"问题[①]。学者 Kevin Zi-HaoWong 和 Ying-Ying Tan[②]以及新加坡南洋理工大学教育学院的 Charlene Tan[③]对新加坡的汉语教育政策进行研究并指出，新加坡汉语政策变革呈现出三个特征：即运用了灵活与个性化的汉语教学方法；制定了培养双元文化精英核心群体的计划；强调培养多数学生的口语表达与书面阅读能力。Saran K. Gill 在 *Language Policy in Malaysia: Reversing Direction* 中提出，尽管马来西亚从 1957 年建国以来便不断尝试巩固马来语的国语地位，但受到国际化和全球化发展的影响，马来西亚政府不得不在各级各类教育中加大英语推广[④]。

三、"一带一路"国际中文教育政策研究

"一带一路"国际中文教育政策和规划研究。针对"一带一路"国际中文教育政策的研究，部分学者们从宏观角度对"一带一路"视域下国际中文教育政策和规划的相关问题，意义和价值进行探讨和解读。学者王辉的《"一带一路"国家语言状况与语言政策》[⑤]、《区域国别中文教育：内涵、演进与展望》[⑥]对"一带一路"国家语言状况与语言政策进行研究、以区域国别为视角，探讨了特定国家或区域的中文教育内涵、演进、问题与展望，并指出了区域国别化是国际中文教育发展的新趋势。《"一带一路"国家语言状况与语言政策》是"一带一路"倡议实施以来国内首部全面集中对"一带一路"国家语言政策及语言教育政策进行分析的著作，该书对沿线国家中的阿联酋、吉尔吉斯斯坦、东帝汶、菲律宾和马来西亚等国的语言状况、语言政策及语言教育政策进行了全面的历史梳理和现状分析。肖甦时、月芹对"一带一路"视域下中国与中亚五国教育交流合作 30 年发展历程进行审思，指出由于中亚地区复杂的民族历史文化因素和多变的地缘政治环境，双方合作的可持续性和务实性发展尚面临缺乏中长期战略规划、中国教育

---

① Yasemin Kirghiz. Globalization and English Language Policy in Turkey [J]. Educational Policy, 2008 (3).

② Kevin Zi-Hao Wong, Ying-Ying Tan. Mandarinization and the construction of Chinese ethnicity in Singapore [J]. Chinese Language and Discourse, 2017 (1).

③ Charlene Tan. Change and Continuity: Chinese Language Policy in Singapore [J]. Language Policy, 2006 (1): 41-62.

④ Saran Kanpur Gill. Language Policy in Malaysia: Reversing Direction [J]. Language Policy, 2005 (3): 241-260.

⑤ 王辉."一带一路"国家语言状况与语言政策（第三卷）[M]．北京：中国社会科学文献出版社，2019．

⑥ 王辉．区域国别中文教育：内涵、演进与展望［EB/OL］．南京大学 120 周年校人文社科高端前沿座．（2022-06-20）[2022-06-21]．https://www.bilibili.com/video/BV17m4y1F7Je/．

品牌意识不强、复合型人才培养不足等问题。[1]姚喜明、张丹华等学者的《"一带一路"背景下的汉语国际教育》从汉语国际教育作为"一带一路"文化交流的基础和桥梁的意义出发，探讨了"一带一路"视域下国家汉语教育的新机遇，并对"一带一路"沿线国家和地区孔子学院公共外交战略问题、"一带一路"背景下的"互联网+"汉语国际教育模式、汉语人才的培养、汉语教育体系的构建和汉语国际教育专业发展进行深入的研究[2]。吴坚从粤港澳大湾区独具的东南亚地缘优势出发，探讨了大湾区国际中文人才培养的机遇、挑战与对策等问题，指出了国际中文教育不仅是中国与东南亚国家人文交流的重要载体，更是促进构建中国-东盟命运共同体的重要推动力。[3]李宝贵、尚笑可在《"一带一路"背景下汉语国际传播的新机遇、新挑战与新作为》中指出，汉语国际传播要实现新作为，应立足"五通"建设需要，优化沿线国家汉语传播资源配置方式；充分发挥多元主体作用，构建多样化、立体的汉语传播新格局；适应多样化受众需求，为"一带一路"建设提供人才智力支撑；创新传播方式，拓宽传播渠道，加速推进汉语国际传播力建设。[4]赵双花以汉语国际教育专业本科生为例，对来华留学生语言能力发展与教育规划的相关问题进行研究。文章采取混合方法研究设计，采用质性-量化-质性的研究思路，运用"顺序探索性设计"和"顺序嵌入式设计"，同时参考"并行性三角验证设计"，按照从个体到群体再到个体的步骤，分析和回答了三个问题，即汉语国际教育专业来华留学生的语言能力如何？影响因素有哪些？来华留学生汉语教育的规划路径有哪些？[5]黄方方从"一带一路"沿线国家的汉语教育情况各异的角度出发，分析了其汉语教育政策面临"关注多、立法少"的问题；汉语教育推广机构面临"官多、民少"的问题；汉语教育资源面临"重'一带'、轻'一路'"的问题；汉语教育"两教"面临"中多、外少"的问题；汉语教学面临"重经贸、轻文化"的问题[6]。

---

[1] 肖甦，时月芹."一带一路"视域下中国与中亚五国教育交流合作30年审思[J].比较教育研究，2022，44（12）：3—15.

[2] 姚喜明，张丹华，等."一带一路"背景下的汉语国际教育[M].上海：上海大学出版社，2019.

[3] 吴坚.粤港澳大湾区国际中文人才培养：机遇、挑战与对策[J].广州大学学报（社会科学版），2023，22（1）：45—48.

[4] 李宝贵，尚笑可."一带一路"背景下汉语国际传播的新机遇、新挑战与新作为[J].辽宁大学学报（哲学社会科学版），2018，46（2）：121—130.

[5] 赵双花.来华留学生语言能力发展与教育规划研究[D].上海：上海外国语大学，2021.

[6] 黄方方."一带一路"沿线国家汉语教育状况探析[J].河南师范大学学报（哲学社会科学版），2017，44（3）：102—106.

区域、国别华文教育政策研究。部分学者从区域国别的角度对单一国家的华文教育政策进行研究。例如，梁秉赋的《新加坡华文教育研究》[①]、王晓明的《新时期华文教育研究》[②]等专著详细论述了新加坡华文教育的历史和现状，具体介绍了新加坡华文学校的起源、发展和转型历史，华文教育在新加坡的整体教育生态中所做出的历史贡献等情况，分析了从华文教育到华文教学这一转折出现的背景，折射的内涵，并对新加坡华文教学模式进行了理性、客观的评价。也有学者从比较的角度出发，对"一带一路"沿线不同国家的国际中文教育进行比较研究，如《区域国别研究背景下的中东欧四国中文教育比较研究》回顾了中东欧四国——匈牙利、拉脱维亚、波兰、克罗地亚的中文教育的发展历程，总结其中文教育的发展现状，并对中东欧四国中文教育现状特征进行比较分析[③]。

语言文化外交、共同体与语言关系研究。从"语言文化外交""共同体与语言关系"的角度对国际中文教育进行研究的学者也比较多。例如，戴蓉将以孔子学院为代表的国际中文教育研究置于语言文化外交的框架下，重点探讨了其在"文化""软实力"方面的贡献[④]。沈骑对构建人类命运共同体视域下的中国外语战略规划进行描摹和深层次的解读[⑤]。黄湄立足于马克思主义立场，从马克思、恩格斯、列宁等经典作家著作出发，讨论了共同体与语言及其跨母语群体交流的基本关系；提出了"共同体交往实践"对语言及其跨群体交流起到基础制约作用，以及语言作为交往实践中最重要的媒介工具，从物质与精神利益旨归上助力共同体构建，语言与共同体统一于人的自由全面发展的本质。[⑥]龚洪基于文化认同视阈，对新疆实施双语教育政策的实效性做了调查研究[⑦]。

国际中文教育走出去所面临的外部风险和规避策略研究。在以上研究的基础上，部分学者对国际中文教育走出去所面临的外部风险和规避策略给予了关注。朱瑞平系统论述了国际中文教育走出去可能面临的内部和外部风险，前者包括内驱动力不足、市场供需不平衡、国内舆论环境不佳等，而后者则以世界语言文化

---

① 梁秉赋．新加坡华文教育研究［M］．北京：北京语言大学出版社，2020：1—3．
② 王晓明．新时期华文教育研究［M］．长沙：中南大学出版社，2019：1—5．
③ 刘洋．区域国别研究背景下的中东欧四国中文教育比较研究［D］．沈阳：辽宁师范大学，2022：2—5．
④ 戴蓉．孔子学院与中国语言文化外交［M］．上海：上海社会科学院出版社，2013：1—3．
⑤ 沈骑，魏海苓．构建人类命运共同体视域下的中国外语战略规划［J］．外语界，2018（5）：11—18．
⑥ 黄湄．共同体视域下的国际中文教育发展研究［D］．北京：中共中央党校，2021：2—5．
⑦ 龚洪．文化认同视阈下新疆双语教育政策实效调查研究［D］．重庆：西南大学，2016．

竞争为首，包含了市场拉力不足风险、发展伴随式风险、跨文化交流风险等[①]。林迎娟从安全化视角剖析了美国孔子学院遭受误解打压背后的生成机制与运行模式，并对化解制约因素进行分析和提出相应的策略[②]。

语言传播学视角下的国际中文教育研究。部分西方学者在探讨国际中文教育的发展时，将语言传播与宏观国际语境结合起来研究，识到语言的交往实践功能充分施展将对社会整体福祉的积极意义，例如美国学者 Lien 等从数据量化的角度，论证了开设孔子学院对海外对华贸易增长的切实促进，而且此促进作用在发展中国家表现得更为显著[③]。Hartig 将孔子学院作为国际中文教育机构的兴盛置于中国崛起的宏观语境中展开讨论，并试图建立二者之间的因果联系[④]。但是，也存在部分西方学者，仅从软实力出发对国际中文教育领域的意识形态进行过多解读，因此得出的结论蕴含较为明显的政治色彩，有些西方学者将国际中文教育解读为中国政府意志的政治行为，例如，Starr 提出孔子学院是中国政府推进全球软实力和海外政策目标的工具[⑤]。

四、"非通用语"教育政策和学科建设研究

李宇明指出，"非通用语种"是当前我国外语教育和外语生活中面临的大问题。非通用语种的发展，关系到国家在世界各地的顺利行走。[⑥]目前很多学者从非通用语教育的历史发展出发，系统总结、梳理了我国非通用语学科的发展概况和历史成就，对现阶段服务国家需求，积极开设"一带一路"急需语言，科学布局非通用语专业点提出了自己的看法；部分学者从理论层面和实践层面对"非通用语"专业建设和人才培养提出了自己的见解，如关注内涵解读、实施路径探究及具体非通用语种课程的思政功能探索；围绕非通用语教学和人才培养的相关研究，就其发展历史与现状、取得的成绩、面临的困难、存在的问题及解决方案等

[①] 朱瑞平. 论汉语国际传播的风险规避策略［J］. 云南师范大学学报（哲学社会科学版），2021，53（1）：54—61.

[②] 林迎娟. 美国孔子学院发展与教育议题安全化：解析误解的生成机制［J］. 前沿，2020（2）：19—26.

[③] Donald Lien, Chang Hoon, W. Travis Seamier. Confucius institute effects on China's trade and FDI: Isn't it delightful when folks afar study Hanyu? [J]. International Review of Economics and Finance, 2011 (21): 147-155.

[④] Hartig Walk. Confucius Institutes and the Rise of China [J]. Journal of Chinese Political Science, 2012 (1): 53-76.

[⑤] Starr Don. Chinese Language Education in Europe: The Confucius Institutes [J]. European Journal of Education, 2009 (1): 65-82.

[⑥] 李宇明. 提升国家语言能力的若干思考［J］. 南开语言学刊，2011（1）：1—8，180.

进行了深入探讨等。《语言政策与规划研究》《语言政策与语言教育》《语言规划学研究》辑刊和《语言战略研究》期刊先后于 2014 年、2015 年和 2016 年相继创办，外语教育界、语言政策与规划界对"非通用语"研究的旨趣大致包括以下几个方面。

非通用语专业建设研究。汪波[1]在评述韩国非通用语发展新战略《特殊外语教育振兴相关法》的基础上，提出对我国非通用语教育的启示。孙芳[2]基于北京外国语大学"俄语+中亚语"专业建设的探索与思考，提出了培养非通用语创新人才，服务"一带一路"倡议的建议。杨丹[3]对"十四五"期间北京外国语大学聚焦"全球语言、全球文化、全球治理"三大学科领域创新发展的重大标志性项目——"101 工程"非通用语振兴计划进行深入解读，进而剖析了非通用语振兴计划的时代价值、战略目标、实施路径和合作机制，对非通用语振兴计划彰显人类语言共同体理念，助力提升国家语言能力和构建人类命运共同体的重要性给予了充分的肯定。

非通用语人才培养现状和途径研究。孙琪、刘宝存[4]对"一带一路"倡议下非通用语人才培养现状与发展路径进行研究。丁超[5]提出了关于非通用语种人才培养机制变革与创新的若干思考。栾栋[6]探讨了英国高等院校复语人才培养并提出对我国复语人才的启示。董希骁对我国欧洲非通用语种人才培养提出个人的思考和建议，通过对人才需求和师资队伍建设两方面问题的分析，提出在语种结构日趋完善的情况下，应将欧洲非通用语教育规划的重点从"做多"向"做强"转移，并给出了三点建议，即：厘清需求类型，确定培养规模和模式；强化师资队伍，建立人才储备机制；优化学科设置，提高资源使用效率。[7]部分学者对非通

---

[1] 汪波. 韩国非通用语发展新战略评析：韩国《特殊外语教育振兴相关法》对我国非通用语教育的启示 [J]. 外语教育研究前沿，2020，3（4）：26—31，90.

[2] 孙芳. 培养非通用语创新人才，服务"一带一路"倡议：北京外国语大学"俄语+中亚语"专业建设探索与思考 [J]. 中国俄语教学，2020，39（4）：68—75.

[3] 杨丹. 以"101 工程"非通用语振兴计划服务国家语言能力建设 [J]. 外语界，2022（1）：8—13.

[4] 孙琪，刘宝存. "一带一路"倡议下非通用语人才培养现状与发展路径研究 [J]. 中国高教研究，2018（8）：41—46.

[5] 丁超. 关于非通用语种人才培养机制变革与创新的若干思考 [J]. 中国外语教育，2018（1）：3—9.

[6] 栾栋. 英国高等院校复语人才培养研究与启示 [J]. 兰州教育学院学报，2018，34（4）：138—140.

[7] 董希骁. "一带一路"背景下我国欧洲非通用语种人才培养刍议 [J]. 中国外语教育，2017，10（2）：8—15，95.

用语种专业国别区域人才培养体系和模式进行探索，朱蒙对上海外国语大学泰语系在区域国别研究的人才培养模式进行深入分析，针对目前存在的以单一语言教学课程为主，缺乏将区域国别研究和教学有机结合以及本科学生区域国别研究参与度不足的现状，提出把海外实践课堂活动纳入培养课程体系的看法[①]。丁超对加强非通用语种人才培养提出了颇具建设性的建议：（1）将非通用语种人才培养与国家外语能力建设紧密结合，做好中长期规划，规避风险和重复建设，尽快建立国家外语非通用语种人才动态数据库和供需信息平台。（2）分类指导，分工协作，集中优势资源更好地服务于国家战略和地方经济社会发展。（3）深化教学改革，推进内涵式发展。（4）充实队伍，鼓励教师发展，投身非通用语人才培养事业。（5）树立学科生态意识，保持多样，尊重差异，实现可持续绿色发展[②]。

非通用语种专业单独招生研究。 鲁成志对我国非通用语种专业单独招生的背景，以及部分高校非通用语种专业招生情况进行了描述和介绍。[③]2005年12月，教育部公布了2006年可以在部分外语专业实行提前单独招生的试点高校名单，共19所，如北京大学、中国人民大学、对外经济贸易大学、北京外国语大学、北京语言大学、中国传媒大学、外交学院等，这些高校可自行组织命题、单独考试录取非通用语种专业的学生。按照规定，各高校非通用语种专业的报考人数和招生录取人数的比例必须高于2∶1[④]。

特殊领域（军队、国防）非通用语种教学研究。 学者钟智翔对军队院校非通用语种国情类教材建设问题进行研究，并总结出国情类教材编写的科学性、实用性、倾向性、兼顾性原则。国情系列教材是以服务于非通用语教学为目的的，是以非通用语言为传授工具的；其次教材在内容上是反映对象国国情的。因此，非通用语种国情系列教材编材的重点，不在于非通用语言的词汇、语法、句子结构，而是其主题内容，即通过非通用语来教授对象国的情况内容[⑤]。

非通用语教育存在的问题与对策研究。 存在的问题方面：杨晓京等[⑥]、王雪

[①] 朱蒙. 区域国别研究视域下泰语专业人才培养模式探究[J]. 外语高教研究, 2020（0）：87—92.

[②] 丁超. 非通用语种人才培养现状与对策建议[G]//全国教育科学规划领导小组办公室. 全国教育科学规划教育成果要报汇编：第1辑. 北京：教育科学出版社有限公司, 2016：257—262.

[③] 鲁成志. 高校自主招生运作实务全书：第1卷[M]. 2008：1—5.

[④] 鲁成志. 高校自主招生运作实务全书：第1卷[M]. 2008.

[⑤] 刘曙雄, 张玉安, 张光军. 军队外语非通用语教学研究[M]. 北京：军事谊文出版社, 2008：1—10.

[⑥] 杨晓京, 佟加蒙. 中国非通用语人才培养现状及发展对策研究[J]. 世界教育信息, 2008（5）：58—62.

梅[①]、张天伟[②]、董希骁[③]、文秋芳[④]、张喜华、常红梅[⑤]、毛延生、田野[⑥]等学者指出的问题主要聚焦在下面几点：非通用语专业设置布局缺乏全国性的顶层规划、非通用语专业建设、课程设置与非通用语人才需求不匹配、语言资源配置不均导致非通用语人才紧缺、师资队伍与非通用语人才培养规模不协调、非通用语高端人才培养乏力；语言教育规划滞后导致汉语国际传播乏力、语言服务能力薄弱导致非通用语言需求难能满足；非通用语专业培养模式科学性有待加强；非通用语教学资源建设，以及师生国际化水平较弱；全国各非通用语专业缺乏协调统一的招生制度等。学者董希骁还指出，一些新增语种存在前期论证不够充分、准入机制不够完善、增设布点急于求成、培养模式不够清晰，部分语种设置涉及对象国的国家政治认同问题，具有外交风险。[⑦]

非通用语专业发展和人才培养的对策研究。部分学者对"非通用语专业发展和人才培养"对策进行了拓展性阐发。贾春燕[⑧]基于"一带一路"背景，对新疆高职院校非通用语人才培养现状、专业设置、课程设置、师资状况和实训基地进行了调研和分析，提出了"加大跨境语言人才培养的目标；强调打破院系壁垒，加强课程的模块设置、灵活修学年限；创新教学模式，积极开展国际联合办学以及改善师资结构；加强教材建设等对策及建议"。王辉、夏金铃[⑨]全面调查统计了 2014 年以来全国普通高校"一带一路"非通用语人才培养高校及地区分布、专业数量、涉及语种、招生数量等数据，并通过 Python 编程采集招聘网站发布

[①] 王雪梅. 从"一带一路"视角探索我国高校非通用语种专业建设现状：以传统外语类院校为例［C］//. 上海市社会科学界联合会. 治国理政 新理念 新思想 新战略：上海市社会科学界第十四届学术年会文集（2016 年度）. 上海：上海人民出版社，2016.

[②] 张天伟. 国家语言能力视角下的我国非通用语教育：问题与对策［J］. 外语界，2017（2）：44—52.

[③] 董希骁. "一带一路"背景下非通用语教育规划面临的问题与对策［Z］. "语言产业研究"公众号，2017-02-05.

[④] 文秋芳. 国家语言能力的内涵及其评价指标［J］. 云南师范大学学报（哲学社会科学版），2016（2）：23—31.

[⑤] 张喜华，常红梅. 高职非通用语专业人才培养存在的问题与对策［J］. 教育与职业，2020（20）：103—107.

[⑥] 毛延生，田野. "一带一路"背景下面向东盟的语言发展体系构建研究［J］. 广西社会科学，2023（3）：54—60.

[⑦] 董希骁. "一带一路"背景下非通用语教育规划面临的问题与对策［Z］. "语言产业研究"公众号，2017-02-05.

[⑧] 贾春燕. "一带一路"背景下新疆高职非通用语应用型人才培养现状及对策研究［J］. 新疆职业教育研究，2017，8（3）：22—24，37.

[⑨] 王辉，夏金铃. 高校"一带一路"非通用语人才培养与市场需求调查研究［J］. 外语电化教学，2019（1）：30—36.

的非通用语人才相关工作招聘信息，进而分析了非通用语人才培养现状及人才培养与市场需求的关系，指出了存在的问题，并提出了相应建议。刘辉、孙妙、刘浩正[1]，董希骁[2]等学者也纷纷对非通用语专业人才培养的问题和策略进行探讨和分析。他们指出，按我国外语教育界的分类，世界上绝大多数语言都属于"非通用语"的范畴。由于中国非通用语产业起步较晚且涉及语种众多，不同语种、不同业态的发展水平相差悬殊，供需衔接性差、基础建设滞后、整体规划缺失等问题普遍存在。关于非通用语专业发展和人才培养的对策，学者们认为，应采取相应对策包括：由政府、学界或行业协会牵头开展供需关系调研；需要明晰人才培养定位，精准对接市场需求；加强评估标准和语料库建设；根据国家战略为非通用语产业发展制定宏观和中观规划，并将其纳入国家语言能力建设大局；借鉴他国经验，以政策、制度等形式增加投入；形成多样化人才培养模式；加强非通用语师资建设；加强教学资源建设，优化课程和教材体系；改革招生体制、人才培养模式和师资培育模式；抓住合作机遇，促进国际化发展等。

"专业+非通用语"复合型人才培养研究。张晓勤和欧阳常青[3]述介了所在高校在对外汉语、旅游管理、国际经济与贸易、物流管理等专业进行"专业+非通用语"的研究探索与改革实践；文秋芳[4]通过对"国家外语人才动态数据库"高校外语专业招生情况的统计分析，指出"一带一路"倡议面临小语种人才匮乏的瓶颈，建议成立"丝路"小语种强化训练基地、设立"丝路"小语种人才培养基金、改革招生制度、调整培养体系、培养"语言+专业技能"的复合型人才。此后文秋芳[5]在对有关高校在全校开设"一带一路"沿线国家的 40 种非通用语课程的情况进行调查分析后指出，目前高等教育阶段非通用语人才培养的两条途径：一是设立非通用语本科专业点，二是面向全体大学生开设非通用语公共外语课。前者培养非通用语专业人才，其中又包括"非通用语+通用语"的复语型人才、"非通用语+专业（非语言类）"的复合型人才等。

---

[1] 刘辉，孙妙，刘浩正．服务"一带一路"优化外语专业人才培养[J]．中国高等教育，2019（Z2）：70—72．
[2] 董希骁．我国非通用语产业发展现状及对策[J]．山东师范大学学报（社会科学版），2020，65（5）：99—106．
[3] 张晓勤，欧阳常青．"专业+非通用语"面向东盟复合型人才培养的探索与实践：以广西民族大学为例[J]．当代教育论坛，2009（5）：65—67．
[4] 文秋芳．亟待制定"一带一路"小语种人才培养战略规划：教育部咨政报告[R]．2014．
[5] 文秋芳．国家语言能力的内涵及其评价指标[J]．云南师范大学学报（哲学社会科学版），2016（2）：23—31．

"非通用语课程思政"研究。 2020年5月，教育部颁布《高等学校课程思政建设指导纲要》(下称《纲要》)，指出"培养什么人、怎样培养人、为谁培养人"是教育的根本问题，立德树人成效是检验高校一切工作的根本标准，因此应全面推进课程思政建设是落实立德树人根本任务的战略举措，科学设计课程思政教学体系（公共基础课程、专业教育课和实践类课程），深度挖掘提炼专业知识体系中所蕴含的思想价值和精神内涵，科学合理拓展专业课程的广度、深度和温度，必须将价值塑造、知识传授和能力培养三者融为一体、不可割裂"。[1] 随着《纲要》的相继颁布，非通用语学术界也开始关注"非通用语"课程思政建设的问题。郑峻[2]基于自建语料库探讨了德语教材的课程思政功能问题。杨彬[3]以北京第二外国语学院"中东欧国家报刊阅读"课程为研究对象，探讨了非通用语课程思政教育教学的改革理念。王烁[4]以"芬兰文化"课程为例，通过思政元素和教学案例研究探讨非通用语专业课程思政的现状、挑战与整体思路，进而探索非通用语专业课程思政的教学模式。李宝龙[5]对非通用语专业课程思政教学改革路径进行探究。于美灵[6]以《新经典韩国语精读教程》为例，探索韩国语教材中的课程思政元素的挖掘和运用。

随着"一带一路"人文交流逐渐走深走实，"非通用语"课程思政的研究将会逐渐成为外语学界研究的增长点。高校需从"校、师、生"三个层面入手，构建"学校统筹管理+教师主导实施+学生学习实践"的多元化非通用语专业课程思政实践路径，使非通用语专业知识传授与价值引领同行，培养更多德才兼备的新时代非通用语专业人才。非通用语专业课程建设要蕴含思政元素和德育功能，以培养出高水平高质量、能够对对象国的语言和文化深入了解的"民间大使"。教学模式上，应通过生动形象的教学案例分析，从设计制定教学目标、优化教学

---

[1] 中华人民共和国教育部.教育部关于印发《高等学校课程思政建设指导纲要》的通知[EB/OL].教育部官网.(2020-06-05)[2022-05-15].http://www.moe.gov.cn/srcsite/A08/s7056/202006/t20200603_462437.html.

[2] 郑峻.《指南》视域下高校德语精读教材的思政功能：基于语料库的分析[J].外语教育研究前沿，2021（1）：69—76，90.

[3] 杨彬，蒋璐.课程思政视阈下中东欧非通用语教学模式的探索与实践：以"中东欧国家报刊阅读"为例[J].当代外语研究，2022（3）：20—27.

[4] 王烁.非通用语专业课程思政教学模式的探索与实践：以"芬兰文化"课程为例[J].天津师范大学学报（社会科学版），2022（6）：55—61.

[5] 李宝龙.非通用语专业课程思政教学改革路径探析[J].陕西教育（高教），2022（2）：12—13，28.

[6] 于美灵.韩国语教材中的课程思政元素探究：以《新经典韩国语精读教程》1、2为例[J].东北亚外语研究，2022，10（3）：38—49.

内容选材、细化教学专题模块、创新教学思维等多维度，探索如何打造和培养兼具家国情怀和国际视野的复合型外语人才，建设蕴含思政元素和德育功能的外语专业课程。

"非通用语"的其他相关研究[①]。例如，"国家外语能力"是文秋芳等学者[②]受美国学者提出的 national language capacity 的启发而提出的概念，并将其定义为"一个国家运用外语应对各种外语事件的能力"，指出衡量它的根本标准是一个国家能够使用的外语资源的种类与质量。文秋芳、张虹[③]后来进一步指出，美国学者提出的"国家语言能力"实际指的是"国家非通用语能力"。在"国家外语能力"视角启发下，赵蓉晖[④]、戴曼纯[⑤]等指出包括通用语和非通用语在内的语种能力对国家发展的战略意义。高健[⑥]提出了有关新"丝绸之路"关键语言的国家外语能力行动方案：一是改变"英语独大"的局面，鼓励更多的中国人学会一到两门关键语言；二是培养更多具有能源、交通、商贸、物流等专业背景的高水平关键语言人才；三是建设好关键语言人才库，及时了解人才储备状况；四是建设好关键语言语料库并及时更新，以满足关键语言的教学、研究、资政、兴商之需。此类研究为非通用语人才培养研究拓展了理论深度和战略高度。此外，关于非通用语语种宏观规划研究方面，语种规划的核心是语种选择，美国、日本、澳大利亚、俄罗斯、欧洲联盟等国家或国际组织的不同语种规划背后都反映了各自不同的价值取向；有鉴于此，张治国[⑦]、张天伟[⑧]综合多维价值取向对我国"关键语言"选择的影响因素进行了探讨，张治国还提出了具体的语种建议。此类研究为非通用语专业设置顶层规划研究提供了重要参考。最后，就国家语种能力（外语能力）而言，相关研究对国家语种数量、语言资源质量、语言人才培养

---

① 国家语言文字工作委员会组编. 中国语言政策研究报告：2018 [M]. 北京：商务印书馆，2019：95—96.

② 文秋芳，苏静，监艳红. 国家外语能力的理论构建与应用尝试 [J]. 中国外语，2011（3）：4—10.

③ 文秋芳，张虹. 我国高校非通用外语教师面临的挑战与困境：一项质性研究 [J]. 中国外语，2017（6）：96—100.

④ 赵蓉晖. 国家安全视域的中国外语规划 [J]. 云南师范大学学报（哲学社会科学版），2010（2）：12—16.

⑤ 戴曼纯. 国家语言能力、语言规划与国家安全 [J]. 语言文字应用，2011（4）：123—131.

⑥ 高健. 新"丝绸之路"经济带背景下外语政策思考 [J]. 东南大学学报（哲学社会科学版），2014（4）.

⑦ 张治国. 中国的关键外语探讨 [J]. 外语教学与研究，2011（1）：66—74，159.

⑧ 张天伟. 我国关键语言战略研究 [J]. 中国社会科学院研究生院学报，2015（3）：92—96.

和储备,以及语种人才资源的规划布局、国家对外语资源的掌控和调配能力等内容进行了阐述,这应当成为非通用语人才培养研究的重要延伸与拓展。

"一带一路"倡议实施以来,学术界代表们就非通用语种人才培养与国家战略、非通用语种人才培养面临的机遇、挑战、对策和战略前瞻等进行了深入交流,在涉及非通用语种人才培养和学科建设的许多方面形成了共识:(1)积极响应"一带一路"倡议,科学布局非通用语专业点,优先开设急需语种,培养国家急需的非通用语人才;(2)进一步推进"通用语+非通用语"复语型、"非通用语+专业"复合型、应用型人才培养工作;(3)将语种建设与国别区域研究相结合;①(4)注重造血机制,强化非通用语师资建设,注重非通用语文化传承;(5)创立国际化、多层次、宽口径的培养路径,让海外留学、实践机会惠及更多学生。

五、"一带一路"区域国别语言教育政策的研究述评

国内学界对"一带一路"区域国别语言教育政策的研究成果较为丰硕,主要集中于"区域国别语言教育政策的理论研究、"一带一路"沿线国家的语言教育政策研究、"一带一路"国际中文教育政策研究和"非通用语"教育政策和学科建设的相关研究等方面。

总的来看,当前对于"一带一路"区域国别语言教育政策的研究视角、研究主题、研究方法均呈现多元化特点。集中表现在以下几点:

从研究的视角来看,大部分学者注重从国家政策与战略的角度出发,揭示"一带一路"倡议对于语言教育、国际关系、地缘政治、全球经济等方面的影响;

从研究的方法来看,主要采用政策文本分析、大数据分析、历史因素分析法、比较法等方法来探索"一带一路"沿线国家语言教育的渊源、历程、问题、途径、影响及启示。

从研究的层次看,现有研究就"一带一路"对国别和区域研究中的政治、经济以及语言教育、文化传播等问题进行了调查研究。深入全面把握"一带一路"相关研究的进展,有助于加深对于"一带一路"视域下中国区域国别语言学科建设的研究。

此外,已有关于"一带一路"区域国别语言教育政策研究的另一特征是紧贴时代脉搏,与国家战略和大政方针相一致,依托一些研究基金项目(如国家社科

---

① 苏莹莹."一带一路"非通用语人才培养模式的思考与探索[J].中国外语教育,2017,10(2):3—7.

基金课题、省部级人文社科课题、国家语委课题、教育部中外语合中心课题、省哲学社会科学课题等）进行研究，这就确保了"一带一路"语言教育政策研究对国家发展战略尤其是对国家语言文字事业发展规划的积极响应和创新回应，学者们的研究符合国家战略发展的需要。已有研究对这些专题进行了较为全面的介绍和阐释，对本书的写作起到有效的支撑作用，也为本研究提供了较好的区域国别语言教育实践案例和分析维度，奠定了本书撰写的前期基础，但同时也存在一些不足和研究空间。

其一，研究对象的区域分布不均。现有研究过度集中于部分较为发达国家通用语种的语言教育政策研究，对中国"一带一路"区域国别非通用语的语言教育政策和非通用语学科专业建设的研究和探索较为薄弱。"一带一路"倡导的是"共商共建共享"，是致力于建设人类命运共同体的新举措，因此在这个过程中亟待加强对过去在国际关系中处在弱势的国家的语言教育政策进行关注，并且从国家安全，语言生态的角度对中国非通用语学科建设和非通用语言人才培养的层面出发，更新和加深对这一研究领域的了解，进而实现理论研究与实践发展的衔接。拓展研究对象、丰富研究结果的解释力和决策咨询力。

其二，理论研究较多，实证研究偏少，研究方法较为单一。根据现有文献来看，绝大部分研究者采用的研究方法多为基于文献法的理论思辨和文本分析，描述性研究居多。至于采用实证方式、结合实际案例、采用问卷、访谈、数据调查分析的研究相对较少。通过借鉴和结合"语言学""教育学""政治学"和"历史学"等领域的相关理论进行"区域国别语言教育政策和语言学科建设研究"的理论建构和创新的尝试动力不足。今后对该领域的实践研究和实证调研亟须加强。

其三，从研究侧重来说，对中国外语"非通用语"发展的历史沿革、"一带一路"区域国别语言教育政策规划的战略前瞻，"一带一路"区域国别语言学科建设的科学发展观，"一带一路"区域国别语种（非通用语种）基地建设的构想与发展，复合型-复语型区域国别非通用语人才培养等方面的剖析还略显不足。

其四，非通用语种研究的文献存量相对较少，田野调查尚未大规模开展，比较研究和典型案例较为欠缺，尚未树立"区域国别语言教育政策和语言学科建设研究"的理论自觉。区域国别语言，尤其是非通用语种的语言教育政策相应的语言文献历史较短，存量较少，应用范围限于一两个国家，文献中具有独创性、足以影响世界的较少。在非通用语种流行的国家和地区，长期处于中国学术界视野之外，对上述国家和地区的研究严重受限于西文文献，田野调查尚未大规模开展[1]。对于这些国家的语言教学研究，应该围绕古典文献、当代政治经济研究、人类学研究等展开，而这些方向都可以放在国别区域研究这个方向中来。通过对"一带一路"沿线国家语言教育政策实施以及我国非通用语种教学和人才培养的典型案例（北京大学和北京外国语大学）分析，进而在此基础上找寻到典型的可复制推广的案例，有助于加深对"区域国别语言学科建设和语言人才培养"问题的认识。

第三节　百花齐放："一带一路"建设和中华文化国际传播

"旧邦新命"一语出自三千年前《诗经·大雅》的名句："周虽旧邦，其命维新。"原意是说，周始祖后稷开创的周朝虽是个历经千年风雨的古国，但周国所肩负的天命却在革新，到了文王时代，因得到天命眷顾，周朝焕发出全新的气象。数百年后，孔门弟子曾参在《大学》中引用了这个句子，同时为"其命维新"注入了"作新民"的含义，意思是一个社会应朝着"止于至善"的目标使民自新。[2]

以"旧邦新命"为切入点，探讨中华文化的国际传播问题，是因为今日的中国，虽然是个在现代化进程中崛起的年轻国度，直至今日，仅有短短73年的建国历史，但人类历史的脚步从远古走到今日，作为华夏文明诞生地的中国，其中华文明的历史却源远流长。五千多年的悠久历史生成了深厚的文化底蕴和历史积淀，蕴藏着中国文化世代传承的文明基因，是中华民族独特的精神标识和维系全世界华人的精神纽带，彰显出中华文明的重要特点，因而在卷帙浩繁的历史文献里，在黄河溢泛的泥沙封固之下，从来不缺少印证其古老身世的证据。

古丝绸之路既是商贸经济之路，同时也是文化交流和文明互鉴之路。文化与经贸的反哺互动丰富和繁荣了丝绸之路的辉煌。东西方思想的交流、传播和碰撞过程中，"天下为公"的社会理想、"民惟邦本"的治国理念、"协和万邦"的外交之道，是中华民族一脉相承的价值追求；"自强不息"的奋斗精神、"精忠报国"的爱国情怀、"天下兴亡，匹夫有责"的担当意识，是我们民族奋发进取的不竭动力；"周虽旧邦，其命维新"的改革精神、"载舟覆舟"的忧患意识是中华

---

[1] 李卫峰，程彤. 非通用语种专业国别区域研究人才培养体系探索［J］. 外语高教研究，2020（0）：79—86.

[2] 赵培杰，王春涛. 郑州文化传播与城市软实力："一带一路"倡议下郑州建设国家中心城市研究［M］. 北京：中国社会科学出版社，2018：16.

民族泽被海内的东方智慧。这些传承千年的理念，早已浸润于每个国人心田，不仅构成当世中国人的独特精神世界，更为中华民族发展壮大提供了深厚的文化滋养，[1]同时也深深吸引了其他文明对中华文明的向往和认同。在文化交流的互动作用下，共识得以建立，民心得到了沟通，谱写了一首首古代中外交流的佳话。

一、中华文化国际传播助力"一带一路"建设的战略意义

古人云："以天下之目视者，则无不见；以天下之耳听者，则无不闻；以天下之心思虑者，则无不知。""一带一路"建设既是中国实现经济转型发展的有力抓手，更彰显了中国"达则兼济天下"的大国担当，展现了人类社会合作共赢的美好前景。随着"一带一路"建设的推进，欧亚非大陆各种古老文明迎来了共同复兴的曙光，世界各国也增加了共赢发展的可能[2]。全球化进程中，语言不仅仅是国家和民族之间交流和沟通的桥梁，语言的国际化程度更是国家综合实力的体现。世界各国都从战略上高度重视国家语言的对外推广与传播，语言推广与文化传播已成为增强国家文化软实力、提升国际地位的重要战略举措。"一带一路"倡议的全面实施，为汉语和中华文化走出去铺路搭桥，也为沿线国家的汉语教育发展带来了新契机。语言推广已是全球化时代世界多元文化共生共享的战略选择，这为汉语国际推广机构孔子学院的诞生、发展和汉语走向世界提供了时代的机遇。孔子——这个中国传统文化的符号，被创造性地作为汉语文化传播的标识，也充分表明中国在全球化时代紧紧抓住了华夏民族独特的文化基因，以高度的文化自觉和文化自信，着力打造民族语言文化品牌，并不断提升其认同度和凝聚力[3]。语言是文化的载体，借助汉语国际教育的蓬勃发展，汉语和优秀中华文化走出国门，促进沿线各国的经贸往来、科技交流、教育合作、文化旅游等，为国际合作引领新潮流，为世界经济发展注入新动力，也为政治对话创造了有利的条件。"一带一路"的可持续性发展，迫切需要我们实事求是地以"一带一路"倡议为立足点，通过汉语国际教育来促进人类命运共同体的构建，实现共商共建共享共赢的世界宏伟蓝图的发展。

---

[1] 郑言. 浩荡神州九万里 自信华夏五千年［EB/OL］.（2021-04-19）[2022-04-26］. http://www.wenming.cn/zyh/tsyj/202104/t20210419_6018859.shtml.

[2] 王义桅."一带一路"为世界发展贡献中国智慧［N］.人民日报,2016-07-07.

[3] 薛进文.孔子学院连通中国与世界人民的梦想［N］.中国社会科学报,2015-03-27（A4）.

（一）中华文化为"一带一路"建设贡献中国智慧

"一带一路"建设不是中国的独奏曲，而是世界的大合唱。"一带一路"建设面对的是中国从"东亚病夫"到"大国崛起"转变了的历史时空。时空的转变要求我们告别西方逻辑，揭示"一带一路"建设自身的逻辑，为世界发展贡献中国智慧。"求木之长者，必固其根本；欲流之远者，必浚其泉源"。抚今追昔，唯有端起历史的望远镜，才能深刻把握一个民族的文化内核与精神实质。

习近平同志在《领导干部要读点历史——在中央党校 2011 年秋季学期开学典礼上的讲话》中所说，在"历史最悠久的世界四大文明"中，"唯有中华文明五千年来一脉相承、从未中断，一直延续到今天"。中华文明为什么具有如此强大的生命力和连续性？这主要归根于其内聚力和兼容性。中华文明是以汉族的中原文明为主体，不断吸收、融合全国各具特色的地域文明，是多姿多彩的少数民族文明。作为中华文明的轴心，儒家主张"和为贵""和而不同""以德服人""厚德载物"，重在教化，反对"以力服人"，提倡包容性。这些思想观念、政策取向以及"书同文""行同伦"等举措，铸造了中华文明的内聚力，推动了中华文明多元一体的形成与发展。[①]

千百年来，许多先贤不远万里，长途跋涉，为中西文化交流和传播立下汗马功劳，也因此留下了流芳千古的中国故事：郑和下西洋、鉴真东渡、玄奘取经、张骞出塞、马可波罗游历大都、利玛窦访华等丝路传奇享誉长城内外。中华文化代代相传，历久弥新，如浩瀚星空中耀眼的繁星，光耀了悠悠中华五千年！中华文明曾位于世界前列，是我们文化自信的根基，使我们在世界文明潮流中立稳身姿，阔步前行。中华文明为"一带一路"稳步推进和国际社会和谐建设增添了中国方案、东方智慧，具有重要意义。从古至今，中华民族向往和平与大同，向往着典型的天下文明。中华文明倡导的是"开放平等、和而不同"的世界观，追求的是"一个世界、不同文明"的和谐天下观，这种理念日渐成为当今世界治理、国际秩序建立的正面借鉴。在"一带一路"建设视域中，探索中华文明与欧亚非大陆其他古老文明如何实现共同复兴是重大命题。为此，我们需要激活"和平合作、开放包容、互学互鉴、互利共赢"的丝路精神，建立以合作共赢为核心的新型国际关系，树立人类命运共同体意识。

从文明角度看，世界历史上国与国之间的交往常常伴随着"文明的代差"。鸦片战争后，中国的农业文明不得不屈服于西方的工业文明，西方国家出于对

---

① 童超．有容乃大：中华文明绵延不绝的精神基因［EB/OL］．（2015-02-12）［2022-05-12］．http://www.kaogu.net.cn/cn/kaoguyuandi/kaogusuibi/2015/0212/49271.html．

"文明的代差"所产生的"文明红利"的争夺,不断入侵瓜分中国。随着经济全球化的深入发展,"文明的代差"逐渐消失。经过 100 多年和西方的碰撞,现在中国和西方国家站在同一起跑线上,共同面临的很多相同或相似的问题:如新冠疫情问题、可持续发展问题、生态环境问题等。在此背景下,中国不仅要探讨中华民族如何实现伟大复兴,而且要探讨中华民族如何"为人类进步贡献中国智慧",而"一带一路"建设正是在 21 世纪播撒中国合作共赢的理念,引导企业往全球分工体系中最有潜力的市场走出去,走进去并落地生根、开花结果,开创经济全球化新模式,博大精深的中华文明和"四海一家,天下太平"的理念,契合了世界人民的共同繁荣的愿望①。

(二)有助于夯实文化自信之基、提振民族复兴"精气神"

文化强国战略,从大的层面讲就是增强国家文化软实力、中华文化国际影响力,通过创新与创造进一步解放文化生产力、创新力和影响力。故宫的"VR 进宫"开启了国潮崛起的大门,借助 VR 技术,游客可漫步在虚拟的养心殿,批批奏折、盖盖宝玺;"奉旨旅行"行李牌、"朕就是这样汉子"折扇等故宫文创产品的推出,以及《我在故宫修文物》《国家宝藏》《上新了,故宫》等系列节目的热播,还有《唐宫夜宴》《只此青绿》等节目的"出圈",故宫文创营收 15 亿(2017 年)的背后,国潮崛起所反映的中国文化自信的觉醒。

中华文化源远流长,一脉相承。从女娲造人到伏羲八卦,从魏晋到唐宋,从楚汉辞赋到宋元词曲,从生旦净末丑到宫商角徵羽,都凝聚着华夏民族的智慧结晶和精神血脉,蕴藏着中华文明核心价值、人文精神、思想观念、道德规范等,构成了中华人民共同的思想内核,承载着新时代文化强国建设的核心要旨,更是构筑中国特色社会主义文化自信的基础凭借。我们需要向世界展示一个全面、真实、有温度的中国形象,与全世界人民共同分享中国文化中的普世价值和智慧结晶。中国文化要"走出去",更要"走进去"。"走进去"已经成为衡量中国文化国际影响力的更高标尺。

习近平总书记在中央政治局第三十次集体学习时强调:"要更好推动中华文化走出去,以文载道、以文传声、以文化人,向世界阐释推介更多具有中国特色、体现中国精神、蕴藏中国智慧的优秀文化。""中国文化走出去"的国家战略旨在加强文化自信,建设新时代背景下的社会主义文化强国。21 世纪新时代新背景下,中华民族拥有新的历史使命,即"培育、继承、发扬中华民族的文化精

---

① 王义桅."一带一路"为世界发展贡献中国智慧[N].人民日报,2016-07-07.

华，推进中国特色社会主义文化强国建设"。

文明之间应以沟通超越隔阂，以互鉴超越冲突，以和谐共生超越自我优越，以此促进国与国之间的相互理解、尊重与信赖。习近平主席在 2016 年的《在哲学社会科学工作座谈会上的讲话》内强调"四个自信"之根乃是"文化自信"；2018 年 6 月，习主席在上海合作组织成员国元首理事会第十八次会议上强调："尽管文明冲突、文明优越等论调不时沉渣泛起，但文明多样性是人类进步的不竭动力，不同文明交流互鉴是各国人民共同愿望"；2019 年 5 月，在亚洲文明对话大会开幕式上的主旨演讲，习近平再次强调："文明因多样而交流，因交流而互鉴，因互鉴而发展。我们要加强世界上不同国家、不同民族、不同文化的交流互鉴，夯实共建亚洲命运共同体、人类命运共同体的人文基础。"此后，在 2021 年 11 月中国-东盟建立对话关系 30 周年纪念峰会上，习近平主席再次重申，"要倡导和平、发展、公平、正义、民主、自由的全人类共同价值，深化文明交流互鉴，用好地区多元文化特色和优势。"① "文化兴国运兴，文化强民族强。没有高度的文化自信，没有文化的繁荣兴盛，就没有中华民族伟大复兴。"

（三）有助于增强中华文化影响力，提升国家文化软实力

2022 年 10 月，习近平主席在党的《二十大报告》中提出，应推进文化自信自强，铸就社会主义文化新辉煌，努力增强中华文明传播力影响力，坚守中华文化立场，提炼展示中华文明的精神标识和文化精髓，加快构建中国话语和中国叙事体系，讲好中国故事、传播好中国声音，展现可信、可爱、可敬的中国形象。加强国际传播能力建设，全面提升国际传播效能，形成同我国综合国力和国际地位相匹配的国际话语权，深化文明交流互鉴，推动中华文化更好走向世界。②

国家形象的塑造与传播一直是国家发展战略的重要组成部分，当我们越接近实现中华民族伟大复兴的目标，国家形象塑造与传播就变得越重要。中国文化应担当起塑造国家形象的使命，并通过提升中国文化国际传播力和影响力，有效提升中国国家形象，并相应提升中国文化软实力。以传播和推广汉语和中华悠久历史、璀璨文化为核心的汉语国际教育，是"一带一路"倡议背景下加强中国文化软实力的关键渠道。中华文化对国际受众群体的影响是柔性的、无形的，与国家

---

① 文明之美看东方：让世界文明百花园群芳竞艳 习近平这样倡导 [EB/OL].（2022-07-22）[2022-05-22]. https://m.gmw.cn/baijia/2022/07/22/35902910.html.
② 习近平提出：推进文化自信自强，铸就社会主义文化新辉煌 [EB/OL]. 新华网.（2022-10-16）[2022-05-19]. http://www.news.cn/politics/leaders/2022-10/16/c_1129066869.htm.

形象密切关联。国家形象这一无形资产的树立工作有其内在动因,即提升中国"国家美誉度"。汉语国际教育能够通过文化宣传、文化认同,从而架起中外文化交往的桥梁,提升中国国际影响力和吸引力。

软实力的理念,中国古而有之。中国古语云,"远人不服,则修文德以来之""天下之至柔,驰骋天下之至坚。无有入无间,吾是以知无为之益。"到了 20 世纪后期,美国学者约瑟夫·奈提出软实力的概念,体现出和中国古人智慧的异曲同工之妙。约瑟夫认为,软实力包含政治体制吸引力、价值准则号召力、文化感染力、对外话语权、国家信誉及领袖魅力等[1]。中华文化的对外传播,是影响中国国家软实力的重要变量和核心要素。提升国家文化软实力,要使中华民族最基本的文化基因与当代文化相适应、与现代社会相协调,把跨越时空、超越国度的中华文化精神弘扬起来,把当代中国文化创新成果传播出去。

(四) 有助于凝聚侨心侨力,奋进民族复兴新征程

实现中华民族伟大复兴,是海内外中华儿女的共同心愿。海外侨胞是联通中国与世界的桥梁纽带,在构建人类命运共同体进程中,承担着不可替代的关键角色。中华文化的国际传播有利于团结海外侨胞,加强海外侨胞的文明归属感和民族认同感。中华民族是海内外中华儿女共同的根,博大精深的中华文化是海内外中华儿女共同的精神家园。海外同胞无论生活在哪里,身上都有鲜明的中华文化烙印,中华文化是中华儿女共同的精神基因。

中华传统文化素来有乡土观念和家国情结,是凝聚四海侨胞共同致力于中国民族复兴伟业的文化基础。老一辈华侨们,对本民族语言和传统文化大都满怀故土深情,并怀有强烈的学习和传承愿望。一首海内外广为传唱的《中国心》,恰如其分地诠释了海外侨胞虽客居他乡,依然心怀故土,心系祖国的赤子之心。百年前,中华人民不得不背井离乡,苦求生计而离开祖国。如今,这些海外侨胞们已对中国满怀民族自豪与骄傲。"一带一路"的汉唐雄风,誉播寰宇,不断深化着海外侨胞的寻根情怀。中华文化的国际传播有利于推动中外文明交流互鉴,讲述好中国故事、传播好中国声音,促进中外民众相互了解和理解,为实现中国梦营造良好环境。

海外侨胞和大陆同胞同根、同宗、同源,他们是"连接中国梦与世界梦的重要纽带"。在吸收他国优秀文化的过程中,海外侨胞们将中华民族的"母体文化"与所在国文化有机结合并创造出"一带一路"新时代背景下独有的充满生机

---

[1] 章一平. 软实力的内涵与外延 [J]. 现代国际关系,2006 (11):54—59.

的华人华侨新文化,从而进一步反哺着"母体文化"。广大海外侨胞有着赤忱的爱国情怀、雄厚的经济实力、丰富的智力资源、广泛的商业人脉,是实现中国梦和中华民族伟大复兴的重要力量。团结力量,汇聚人心,大力发展区域国别语言教育和汉语国际教育,促进中国文化海外传播,将助力汇聚海外华人华侨参与"一带一路"建设,贡献自身磅礴激情和力量。

(五)有助于提升汉语国际地位,增强中国人的"志气、骨气、底气"

泰戈尔在《飞鸟集》中辩证地描述道:"根是地下的枝,枝是空中的根。"文化的根与枝、源与流,放在历史整体中,其实是一以贯之、系统整一的,关键是如何看待古今脉动、传统与现代的融合转化,为当代社会发展赋能历史自觉和文化自信。[①]汉语作为中华民族优秀传统文化的结晶,不仅凝聚着中华民族的文化内涵和智慧,更传承了中华民族精神。中华文化国际传播有助于汉语国际地位和中国国际影响力的提升。汉语国际教育与中华文化传播是区域国别语言教育与汉文化国际传播的重要组成部分。

中华文化传播应与民族精神、文化传承和时代精神相结合。从国家层面看,汉语国际教育是中华民族根系中,一条横跨千山万水的文化之根,是一项海内外华夏同胞心连心、根连根,传承民族文化之根的"留根工程"。汉语与中华文化国际传播的最终目的,不是要抢占所在国文化的传播阵地,而是要使汉语和中国文化更本土化,更融入所在国的文化,如滴水入海一般,以"滴水"之文化基因,融入大海,而使优秀中华文化成为世界文化浩瀚海洋中真切鲜活的文化因子。不仅如此,汉语国际教育不仅传承、弘扬了中华民族的优秀文化,还吸收了世界文化的精华,促进世界文化百花齐放!中华文化的国际传播有助于国人更好地认识和认同中华文明,增强做中国人的志气、骨气、底气。

中国如何在西方主导的国际话语体系中脱颖而出?如何提升中国对外话语的感召力、公信力?如何叙述好中国故事,传播好中国声音,诠释好中国特色?北京大学陆俭明教授指出,话语权首先要靠实力;其次,要吸引更多外国人学习汉语。外国学习者深入学习、理解中文,中国文化和中文文献就会具备更大吸引力,中国故事和中国声音就更易于传播向世界各地。通过汉语国际教育,传播中国优秀文化,努力实现汉语作为"国家外交名片、文化传播载体、贸易往来媒介、科技传播标准、军事智能内核"的领域价值,不断满足中国梦事业的发展面临着的"中国经济不断发展的国家话语能力提升的需要"与"汉语国际传播事业

---

① 李明泉.中华文明是当代中国的文化根基[N].文艺报,2022-06-01(3).

发展不平衡"之间的矛盾。通过提升中国文化国际影响力，世界文化格局便能为自身发展注入新动能，以此突破西方话语霸权的垄断，营造更为和谐的世界文化格局，重塑国际话语体系，满足新时代国际社会需求。[①]

二、中国文化外宣：经典案例解读

"一带一路"倡议是对古代"丝路精神"的继承和发展，理应在文化建设上弘扬丝绸之路的文化内涵，挖掘民心相通的文化元素，作为新时期民心相通建设的基础，构建民心相通的主体精神。文化是海，以下几个汉文化传播的经典案例实乃一叶扁舟，愿借此文，管窥"汉传天下"之一二。周虽旧邦，其命维新，亦盼望这些中国文化"走出去"的颗颗明珠，最终能重新串成那串曾经闪耀世界的链条。

（一）北京冬奥会传播中华文化独特魅力

作为全球首个"双奥之城"，北京奏响了"一起向未来"的华彩乐章，向世界展示了新时代中国的崭新面貌。北京冬奥会、冬残奥会的如期举行并圆满收官，既充分彰显了我国"言出必行"，"重信守诺"的大国担当，又向世界传递了中国方案和中国文化，得到国际社会广泛赞誉。

习近平总书记指出："讲故事，是国际传播的最佳方式。"通过媒体报道，我们看到了一个个栩栩如生的故事画面：有八届元老逆流而上的热情与勇气；对手夺冠，第一时间相拥祝贺的喜极而泣；夫妇携手，驰骋赛场的心心相印；00后小将的初露锋芒、风采非凡……

在赛事直播上，2022年冬奥会首次使用8K视频技术直播开幕式。转播技术的升级为观赛带来全新体验，如速度滑冰比赛中，超高速4K轨道摄像机系统"猎豹"精准地捕捉运动员们从奋力争先到终点冲刺的激动人心的过程。此外，无人机、人工智能机器人、VR、AR等新兴技术的运用，使比赛场上的每一个精彩瞬间都被真实记录下来、运动员的每一次奋力拼搏都被世人所感知。[②]

数据显示，2022年北京冬奥会是迄今为止收视率和网络关注度最高的全球顶流赛事。冬奥会展示了无处不在的中华文化的独特魅力——冬奥会会徽"冬梦"将中国书法与冰雪运动巧妙结合，火炬"飞扬"取自"道法自然，天人合

[①] 陆俭明. 汉语国际教育与中华文化国际传播[J]. 同济大学学报（社会科学版），2015，26（2）：79—84.

[②] 郭沛沛，赵卫东. 创新传播手段 提升传播效能：北京冬奥会、冬残奥会宣传报道对加强国际传播能力建设的启示[N]. 人民日报，2022-04-27.

一"的哲学理念，国宝大熊猫与传统红灯笼变身为海内外大众追捧的吉祥物"冰墩墩""雪容融"，开闭幕式更是以充满诗意与创意的中国式表达传递了"世界大同，天下一家"的和平主题。

（二）云南野象迁徙吸引全球媒体和民众目光

憨态可掬的野生大象从西双版纳保护区一路北上，长途跋涉 1300 多千米，历时一年多，最终顺利回家。

根据专家们的推测，亚洲象迁徙的原因可能是：（1）为了觅食。亚洲象体型巨大，对食物需求量巨大，每一天都有 16 个小时在饮食，每天吃掉 30—60 千克的食物。自从 20 世纪 60 年代开始，西双版纳傣族自治州陆续种植橡胶和茶，导致了亚洲象食物资源锐减，另一方面，随着近年来亚洲象数量稳步增长，当地森林已经无法满足它们的食物需求，它们开始向外迁徙觅食。（2）或许是迷路的原因。此次向北迁徙的亚洲象一共 17 头，中途 2 头已经返回，它们由一头新上任的成年雌性大象领导，可能经验不足，导致象群迷路。

2021 年 6 月初，云南本土创作型歌手、国家一级作曲家土土给北迁大象群创作了一首名叫《大象喝酒醉》的歌曲。2021 年 10 月 6 日，云南籍雕塑艺术家袁熙坤在"2020 年联合国生物多样性大会"召开前夕，向大会云南省筹备办赠送了大会主题雕塑大象群雕作品《生物的长城脊》，该作品刻画了 15 头亚洲大象的北迁过程。[①]此次迁徙活动，吸引了 3000 多家国内外主流媒体关注，67 万条相关报道传播到全球 190 多个国家和地区的受众，全网阅读量超过 110 亿次，让世人看到了一个疆域辽阔、生物多样、文明友善的中国形象。

（三）国潮崛起——汉服风从中国刮到世界[②]

汉服近年来在国内已经发展成为百亿级的产业，在国外也引起了越来越多人的关注。Instagram 上"汉服"话题相关内容迄今为止浏览量已达 49 亿次，TikTok 上仅标注为"汉服"话题的短视频播放量也超过了 3 亿次。2020 年至 2022 年间，全球由汉服爱好者组成的汉服社区数量增长了 46%。2021 年 9 月，世界级时尚杂志《时尚芭莎》电子刊将汉服选定为封面大片。汉服风在海外的兴

---

① 维基百科. 2021 年云南大象北迁事件［EB/OL］.（2021-12-10）［2022-05-27］. https://zh.m.wikipedia.org/zh-hans/2021%E5%B9%B4%E4%BA%91%E5%8D%97%E5%A4%A7%E8%B1%A1%E5%8C%97%E8%BF%81%E4%BA%8B%E4%BB%B6.

②《2021—2022 中华文化国际传播十大案例》发布［EB/OL］. 中国日报网.（2022-05-31）［2022-06-01］. https://cn.chinadaily.com.cn/a/202205/31/WS62958e8ca3101c3ee7ad8156.html.

起显示了国潮崛起，中国传统文化与世界市场和国际时尚的接轨。

(四) "洋网红"成为讲述中国故事新力量[①]

以色列人高佑思在北京大学留学期间创立的视频自媒体"歪果仁研究协会"，迄今已吸引粉丝数百万、全球播放量达数亿次。"茶杯传媒"是美国人唐思德创办的"中国历史"播客，在世界各地有 25 万多名忠实听众，一年节目下载量超过 250 万次。如今仅在抖音上，粉丝总数超过 50 万的"洋网红"已经有近100 人，中国网红李子柒古风美食视频的海内外传播，本身也是一种中华文化的传播。越来越多中、外籍人士在海内外社交平台上，向海外受众介绍中国历史文化和风土人情，成为讲述中国故事不可忽略的一支新力量。

(五) 元宇宙拓展博物馆文物文化传播新空间

2021 年被称为元宇宙元年，中国国家博物馆、故宫博物院等多家知名文博机构如今都将馆藏文物搬进了"元宇宙"，还有近 20 家文博机构发行了数字藏品。2021 年 12 月 24 日，由四川博物院、三星堆博物馆和金沙遗址博物馆馆藏文物构建的全沉浸交互式数字文博展厅"神与人的世界——四川古蜀文明特展"面向全球发布，短短 5 天时间就有 13 个国家超过 70 家媒体持续报道。[②]

首先，元宇宙技术对博物馆藏品、空间等文化资源的数字重现，让文博 IP "活"起来，并通过"博物馆+"与其他产业的跨界联动，打造"博物馆元宇宙"的 IP 生态圈，借助 IP 影响力不断扩大传统文化的"破圈效应"和经济价值。其次，元宇宙技术打破"次元壁"和"时空壁"，基于文化资源的深度挖掘，对文物藏品及其背后所蕴藏历史故事、历史场景的数字重现，为人们创造一种身临其境、虚实融合的"在场"体验，增进人与历史的时空交融，实现不同时代、不同地域文化文明的跨时空对话和交流。

元宇宙科技帮助博物馆将中华人文精神与古代文物（物质）融合为一体，科技与文化工作者应心怀人文，以古物为载体，致力于弘扬钱穆先生的心愿"中国

[①]《2021—2022 中华文化国际传播十大案例》发布[EB/OL]. 中国日报网.（2022-05-31）[2022-06-01］. https://cn.chinadaily.com.cn/a/202205/31/WS62958e8ca3101c3ee7ad8156.html.

[②]《2021—2022 中华文化国际传播十大案例》发布[EB/OL]. 中国日报网.（2022-05-31）[2022-06-01］. https://cn.chinadaily.com.cn/a/202205/31/WS62958e8ca3101c3ee7ad8156.html.

人所谓一天人，合内外，乃由己之心合之一之"。[①]

（六）《典籍里的中国》引发海内外观众强烈共鸣

2021年新春，中央广播电视总台推出大型原创文化节目《典籍里的中国》，以"戏剧+影视+文化访谈"的呈现模式，陆续介绍了《尚书》《论语》《孙子兵法》《楚辞》《史记》等11部流传千古、享誉中外的经典名篇。节目相关话题全网阅读量超33亿，视频播放量超20亿，在海外视频网站获得了数亿次的点击率。节目获得亚洲太平洋地区最富声誉的媒体奖项——第58届亚广联奖，节目让充满古老智慧的经典之作焕发新生，在智识和情感上引发了民众的强烈共鸣。[②]

三、当前中华文化国际传播的现实困境

当前，国际中文教育在中国文化传播方面面临三大困境：文化需求与文化传播的错位、本土文化与异国文化的错位、历史感与当下性的错位。此外，不了解受众需求、文化传播缺乏梯度、接受者和传播者解读文化的视角不同、传播内容固守传统，疫情的突发性和线上教学的急迫性凸显了数字化国际中文教学短板等，都是国际中文教育工作者在中国文化传播平台搭建中亟待解决的问题。[③] 与此同时，当前中华文化国际传播还存在以下的问题。

（一）存在两个"不知不觉"现象

当前中华文化国际传播存在两个"不知不觉"现象：国人对文化的"不知不觉"和外国人理解中华文化的"不知不觉"[④]。2014年9月19日，《解放日报》刊发了一篇"独家对话"，与国家汉办主任许琳女士深入交流。交流题目为："对话孔子学院掌门人：文化的困境，在于不知不觉"。许琳女士在专访中只字不提值得骄傲的数字，她表达更多的是文化交流碰撞给她带来的沉甸甸的思考。

中国人对文化的"不知不觉"。中国经济发展了，中华文化就成了热点。冲

---

① 王鹤迦. 博物馆元宇宙：穿越上下五千年的文化之旅[EB/OL].（2022-11-02）[2022-11-05]. http://www.cww.net.cn/article?id=570051.

②《2021—2022 中华文化国际传播十大案例》发布[EB/OL]. 中国日报网.（2022-05-31）[2022-06-05]. https://cn.chinadaily.com.cn/a/202205/31/WS62958e8ca3101c3ee7ad8156.html.

③ 吴小华. 汉语国际教育与中国文化传播平台搭建：评《中国当代文化传播与汉语国际教育》[J]. 中国教育学刊，2021（7）：110.

④ 孙宜学. 中华文化国际传播：途径与方法创新[M]. 上海：同济大学出版社，2016.

在中华文化国际交流第一线的许琳及千千万万的汉语教师，却深深地产生了曲高和寡之感。一方面是朝气蓬勃的汉语热，一方面却是许许多多旁观者的漠然。民众对中华文化国际传播事业的这种"不知不觉"状态，让许琳女士深为忧虑。从阅读量的角度出发，国人平均阅读量低于西方读者。就连与一些东方国家相比，我们都比不上。这种"不知不觉"让有识之人生忧。

外国人理解中华文化的"不知不觉"。事实证明，孔子学院客观上让更多的中国人面对面地走向了世界，脚踏实地地真实了解了世界是如何看中国的，其中一个重要的收获，就是知道了：自以为已经走上世界，已经国际化的中国，但在世界人眼里，实际上依然陌生。我们总觉得全世界的人对中华文化都了解，其实对方是真不了解。国际中文教育和中华文化国际传播还任重道远！

（二）中华文化品牌的吸引力和中华文化国际传播力不足

目前，我国资源现代化转换力度不足，生根的、持续影响力和吸引力的中华文化不多。文化走出去，拿什么走出去？拿出去的文化，何以能持久地焕发影响力？如何能在所在国落地生根，而不是烜赫一时，昙花一现！汉语言文字在几千年的中华文明历史中留下了深厚积淀，在华夏民族繁衍生息的过程中将各民族文化精神紧密联系。汉字背后连带的儒、释、道、易、诗、词、歌、赋等璀璨文明，都是汉字圈内共同而宝贵的精华所在。但是，因为中文晦涩不易理解的特质，不少国际友人对此望而生畏。为此，若想塑造令国际汉语文化爱好者所易于接受的大众文化，推动汉语言文化走出去的进程，加强中国文化软实力，就需要我们对中国传统文化进行现代化、大众化的创新。传播中华文化，除了要加大开发利用现代文化资源，还需要加强传统历史文化资源的挖掘的深度，使浩如烟海、灿若星河的中华文化以内容、形式的创新来丰富其内涵、增强其吸引力；以群众喜闻乐见的艺术表现形式创作文化精品，采用新时代科技加速新文化业态的诞生，推动网络文学、文化创意、数字影视、网络音乐、直播网红、动漫游戏等当代文娱产业发展，使中华文化在数字化时代，契合国外受众群体的代际转换的需要。

大众传媒在全球化时代背景下加快了文化传播速度，决定着国际文化传播范围。大众传媒不仅能够向公众输送国际资讯，还影响了公众对其他国家的认知角度、认知深度。目前，中国媒体在国际上的传播力度、广度仍不如欧美发达国家。西方舆论对中国进行许多歪曲事实的报道，中国却往往难以应对。现代国际传媒是"他者"了解中国的重要窗口。国家亟需加大对中国对外宣传媒体扶持的力度，进一步追加投资，从而加强中国媒体对外影响力，提升中国媒体的国际竞

(三)国人海外形象的脆弱性影响中华文化的国际传播

海外国人形象的脆弱性影响了中华文化的有效传播。地球村里,亲体相遇,数见不鲜。因相遇相交而相知。积极正面的国际形象,是国际中文传播、中华文化国际化进程所不可或缺的[①]。除此之外,中国人的国际形象也是中华文化国际传播过程中一个至关重要的要素[②]。《中国游客海外形象全球调查》报告中指明,中国游客最显著的不文明行为是插队、随地扔垃圾和无视交通信号灯[③]。一个宣称是"礼仪之邦、文明古国"的国度,一个最好"面子"的民族,其国民却礼仪有失,言谈举止无面子可言。汉语要走向世界,跟我们国家、国人的形象息息相关。每个中国人都是中华文化的窗口与镜子。有学者指出,当代国人实际上是中华文明文化最主要的传播载体[④]。2013年底,习近平主席首次提出了中国国家形象的精辟内涵,即重点树立良好中国形象,注重体现我国深厚历史文化底蕴、多元和谐的民族特性、文化多样统一的大国文明风范[⑤]。目前,中国国人在国际上所体现出的文化素质与中国真正应有的国家形象还不是很相称。这如何能吸引国际友人来学习汉语呢?陆俭明教授曾盛赞梁晓声关于"文化"四个观点,即文化是"根植于内心的修养,无需提醒的自觉,以约束为前提的自由,为别人着想的善良",一针见血地指出了"文化是根植于内心的修养"的事实。通过文化交流,人们能够以此为鉴,审视、看清自我;"文化走出去"的一个重要功能,是帮助中国文化在国际环境中进行深刻的自我审视。中华文化"走出去"正是中国文化建设的一个千载难逢的契机:一方面,中华文明要远洋四海需要借势于中国国力的崛起;另一方面,在树立中国国际新形象的同时,也应努力提升国人整体素质[⑥]。

---

① 李宇明. 汉语传播的国际形象问题[C]. 首届汉语跨文化传播国际研讨会论文集. 上海:复旦大学,2014.

② 陆俭明. 汉语国际教育与中华文化国际传播[J]. 同济大学学报(社会科学版),2015,26(2):79—84.

③ 中国国际广播电台环球资讯广播和中国旅游研究院. 中国游客海外形象全球调查报告[N]. 国际商报,2015-12-20.

④ 胡晓明. 如何讲述中国故事?——"中国文化走出去"的若干理论与实践问题[J]. 华东师范大学学报(哲学社会科学版),2013,45(5):107—117,155.

⑤ 习近平. 提高软实力实现中国梦[N]. 人民日报(海外版),2014-01-01.

⑥ 陆俭明. 试论中华文化的传播[J]. 学术交流,2019(4):5—12,191.

四、中华文化国际传播的策略分析

要实现中华文化的有效传播，首先必须准确把握中华文化海外传播的基本要求，处理好"引进来"和"走出去"的战略关系。

习近平主席指出，文化软实力是中国综合国力的根本。在中华文化国际传播过程中，要深刻理解中华文化国际传播的基本要求。首先，在当前时代背景下要积极弘扬中国特色社会主义价值观，突出展现中华传统历史文化核心内容。弘扬中华文化，除了展现符号、歌舞、器物等外在内容，还要提炼外在内容背后铭刻着的中华民族文化核心精神，寓理性说理于感性素材中，让中华文化精神标识传扬四海、深得人心。深沉厚重的中国文化其中承载着中国文化独特的价值观，精卫填海、夸父逐日、嫦娥奔月等流传千古的中国传说典故，一直都在强化民族的价值观。因此在讲好中国故事的同时，还要努力把故事里中华民族的核心价值发扬光大。此外，要因地制宜传播中华文化。海外各国与我国在意识形态等方面存在差异。因此要按照量体裁衣、柔性表达、双向传播原则，建立中外连通的舆论体系，做到"中国故事、国际表达"[①]。

汉语和汉文化国际推广中要做到知己知彼。文化传播的实质是"文化走出去"的一种体现。虽然文化交流有利于文化传播，但两者不完全等同，因为中国与他国文化交流现状仍是不平等的。中国长久以来文化交流的结果是处于接受方。因此，要改变这种文化逆差的局面，就必须坚持中国文化走出去、送出去战略。当前，许多国家出于文化安全和抵制文化霸权的考虑，纷纷积极传播本国文化。具体表现为，通过推进文娱产业的发展来积极抢占国际文化阵地，例如美国的好莱坞文化，印度的宝莱坞电影产业，日本动漫产业，韩国影视娱乐产业等。在这种背景下，汉语和汉文化国际推广中要做到攻守兼备，既做到"引进来"和"走出去"相结合，又做到"外之既不后于世界之思潮；内之仍弗失固有之血脉"。

（一）创新中华文化传播路径，提升国际传播能力

习近平总书记指出，"要下大气力加强国际传播能力建设，着力打造具有较强国际影响的外宣旗舰媒体，形成同我国综合国力和国际地位相匹配的国际话语权，为我国改革发展稳定营造有利外部舆论环境"。向世界展示真实、立体、全

---

① 谭天星.充分发挥华侨华人优势 推动中华文化走出去［EB/OL］.中国新闻网.（2019-12-20）［2022-07-05］.https://finance.sina.com.cn/roll/2019-02-20/doc-ihrfqzka7592793.shtml.

面的中国，让中华文化走向世界，创新传播路径是关键。这需要我们融合内力、巧借外力，不断提升中华文化的国际传播能力。

首先，发挥主流媒体的主导和优势作用。大数据、人工智能、云计算等新兴技术的涌现，呼唤着传播载体和传播技术的革新。因此，我国应尽快建成一批具有强大影响力和竞争力的新型主流媒体，逐步构建网上网下一体、内宣外宣联动的，具有强大引领力、传播力、影响力的主流舆论格局，抢占信息传播制高点。其次，多措并举促进中华文化多层次、立体化传播。文化文艺工作者要创作更多体现中华文化精髓又符合世界进步潮流的优秀作品，让中国文艺以鲜明的中国特色、中国气派屹立于世；哲学社会科学工作者应自觉加强话语体系建设，善于提炼标识性概念，打造易于为国际社会所理解和接受的新概念、新表述，做到中国故事、国际表达[①]。

（二）传承创新中华传统文化，赋能中国品牌价值提升

文脉基因可赋能中国品牌价值创造，价值承续将拓展中国品牌的全球视角。当前，不少中国品牌融入了中华文化，白酒、中药、苏绣等文化符号，在传承中焕发出新生命。"当歌对玉酒，匡坐酌金罍"……古往今来，酒与文化交织在中国人的文化情愫里。这种情愫也成为中国白酒品牌发展的文化基因。根植"小糊涂·大智慧"的文化基因，小糊涂仙品牌形成了"东方智慧""东方思想"为核心的品牌文化内涵，并推动产品成为了文化的载体[②]。

文化产品是文化的重要承载和表现形式。加快培育优质文化产品，持续打造中华文化品牌，是焕发中华文化生机活力、提升中华文化影响力的必然要求。首先，在调研上下功夫，提升中华文化传播的针对性与实效性。开展世界文化市场动向调研，了解国际社会对中华文化的认知度、需求度，补短板扩优势；开展国外受众调研，深入研究国外不同受众的文化传统、价值取向、思维习惯，切实做到因地因时制宜，开发富有表现力和感染力的文化产品；开展追踪调研，持续关注国外受众对文化产品的体验；其次，在品牌建设上下功夫，提升中华文化传播的深远性和持久性。挖掘品牌核心价值，着力打造个性鲜明、开放包容的中华文化品牌形象。坚持以中华文化作为塑造品牌核心价值的活力源泉，提炼贴合中华文化核心价值的精神标识，构筑中华文化品牌的核心竞争力，让中华文化中具有

---

① 李潇君. 推动中华文化走出去 增强国家文化软实力[N]. 光明日报, 2019-12-20.
② 黄行. 传承创新中华传统文化 赋能中国品牌价值提升拓展市场[EB/OL]. 人民网.（2022-05-22）[2022-07-09]. http://finance.people.com.cn/n1/2022/0512/c1004-32420179.html.

中国特色、世界意义的文化精髓走向世界[①]。

（三）创新国际传播的话语体系，构建国际传播的网络话语权

中国长期以来的外宣思维导致在新闻表达的文风上以指令式、公文式为主，传播者和受众之间的距离感较为鲜明，有文章将其形容为"党八股"色彩，认为表现出重内宣，轻外宣，自说自话，未能以一种与西方交流的姿态进行有效传播。[②]

长期以来的行政导向和宣传导向使得中国国际传播中对影像语言的运用尚未脱离传统媒体思维方式，同时在中国故事的国际包装上有很大欠缺，以国家形象宣传片传播来看，画面语言和形象选择都有一定的观念先行痕迹，语言符号选择和使用上也过于陈旧。[③]

2013年实施"一带一路"倡议以来，中国的政治传播文风有所转变。2013年12月9日，《学习时报》刊发文章分析习近平主席讲话的语言风格的8大特点："善于用讲故事、举事例、摆事实的方式同频共振、凝聚共识；善于用大白话、大实话和群众语言深入浅出、解惑释疑；善于用谈心式的语气娓娓道来；善于用极其凝练、高度概括的话语提纲挈领；善于用问题开刀，振聋发聩；善于用古今中外的优秀文化元素广征博引、纵横捭阖；善于用诗一般的语言展现真性情；善于用可亲可敬又从容淡定的肢体语言和语态眉宇传神。"[④]

中华文化的国际传播应注重改变传播语态，从说官话走向说故事。自上而下的话语转化示范与自下而上的媒介可能性都推动了中国国际传播在未来进一步改变传播姿态，从公文、独白走向交流、对话；应重视国家外宣影像语言的国际包装；注重多语种贴近，在表述习惯上从中文思维走向外语思维。

此外，中华文化的国际传播还需积极构建国际传播的网络话语权。一个国家国际话语权的大小，很大程度上取决于媒体的传播能力，包括媒体的规模、实力和传播的影响力，这已经成为衡量一个国家软实力的重要指标。互联网时代，由于传播主体的"大众化"以及高速度、大容量和极具开放性的信息传播渠道的开通，中华文化的国际传播，需要借助新闻媒体，通过信息内容传播来影响国际舆论、塑造国家形象，形成于己有利的国际环境，进而提升本国主导国际事务的

[①] 李潇君. 推动中华文化走出去 增强国家文化软实力［N］. 光明日报，2019-12-20.

[②] 聂悄语. 加强中国政治话语的国际传播能力［N］. 求是，2014-11-26.

[③] 殷乐，梁虹. 媒介、传播与文化系列之二：媒介融合环境下的国际传播研究［M］. 北京：中国社会科学出版社，2016：7.

[④] 文秀. 习近平讲话的语言风格及特点［EB/OL］. 新华网.（2013-12-09）［2022-07-12］. http://www.js.xinhuanet.com/2013-12/09/c_118481815.htm.

能力。①

(四)更新理念打造精品力作、创新中华文化国际传播方式

当下走出去的中华文化产品还不同程度地存在有数量缺质量、有"高原"缺"高峰"等问题。如何创新中华文化海外传播方式？首先，应更新理念打造更多的精品力作，讲好中国文化故事，要深入挖掘能够代表中华文化的特色元素，擦亮传统文化走出去的中国名片，着力打造精品工程，在内容创作上追求卓越。其次，应善用新媒体与新平台，增强传播的覆盖面和影响力，同时善用社会及市场资源，增强中华优秀传统文化对外传播的覆盖面和影响力。再次，要巧用外力，通过"借船出海""借台唱戏"的方式，搭建中华文化国际传播国际合作新平台。中华优秀传统文化独特的气度和神韵，是中华文明薪火相传的重要基石，是当代中国贡献给世界的精神力量。②最后，必须综合运用大众传媒、互联网等文化传播手段。新兴的 5G 移动通信技术拥有更好的安全性、可靠性和更广阔的覆盖范围，汉语学习者在观看学习资源，或者开展远程在线汉语学习时，速度会更快，交互性更强，从而更有利于碎片化、情境化的语言学习。利用人工智能的视频捕捉、音频录入等电子科技技术和教学专家系统，来替代人类分析汉语教学行为和教学效果，使学习者得到即时性、个性化、可视化的反馈，能有效弥补传统的汉语国际教育和文化教学难以关注学习者的个性化差异的缺陷。虚拟现实技术能消解汉语语言学习者学习过程中的文化感知困难，使汉语学习者身临其境地感知效果，在体验情境中深入理解文化和学习语言。对汉语教学来说，传统的学习结果只能通过测试来实现，若应用区块链技术，学习者在不同学校和平台的学习与测试痕迹被保存下来，形成一个链条，既可用于学习者语言能力的认证，也可用于教学质量的监督、教学过程的研究。③只有与社交媒体、移动终端保持紧密联系，掌握科技发展趋势，才能打造具有中国特色的文化传播平台，实现文化传播内容的因地制宜，加深国际受众对中华文化的理解。

(五)注重华侨华人助力中华文化"走出去"的重要作用

海外华人华侨人数逾 6000 万，共分布在世界各地约 200 个国家，是中国文

---

① 殷乐，梁虹. 媒介、传播与文化系列之二：媒介融合环境下的国际传播研究[M]. 北京：中国社会科学出版社，2016：6—8.
② 国务院新闻办公室. 创新中华优秀传统文化对外传播方式[N]. 光明日报，2017-03-30.
③ 张会，陈晨. "互联网+"背景下的汉语国际教育与文化传播[J]. 语言文字应用，2019(2)：30—38.

化与世界的天然桥梁。只有以侨为桥，务实创新，才能因地制宜，让中华文化更好地"走出去"。首先，做优涉侨文化传播品牌，壮大华侨华人文化传播的力量。持续拓展华人华侨活动内涵，丰富活动形式内容，打造升级"文化中国"品牌影响力。其次，创新中华文化海外传播内容，提升涉侨文化传播能力。有关部门应进一步协同国际行业组织支持中国企业在海外展开活动，如餐饮、医疗、文艺表演等企业，培训、讲座、竞赛等活动内容。此外，还应加强国内出版社与国际华文作家的合作，做好顺应国际化的中文作品出版工作。最后，促进华文舆论场的健康发展，为中华文化在海外的有效传播提供良好环境，充分发挥海外华人华侨的先驱和先锋作用[①]。

综上所述，浩荡神州九万里，自信华夏五千年。中华优秀历史文化是国家与国民的精神血脉，是孕育社会主义核心价值观的不竭之源，更是中华人民与国家屹立世界潮流之中的中流砥柱。我们必须尊重、礼敬、发掘其优秀的文化内涵并加以推广。与此同时，也应该尊重其他国家和民族的文化。在新时代新背景下，进一步发扬中华文化，充分发挥中华民族的创新性，定将为中华民族伟大复兴扬起精神风帆、点亮理想火焰、推动可持续发展。面临新国际形势，需要我们深入探索新时代中国文化国际传播新路径。新时代我国提出"一带一路"倡议，积极推进中国文化传向世界。融中国于世界，从世界观中国，正是基于习近平主席明确强调的"从历史走向未来，从延续民族文化血脉中开拓前进"指导方针的精准呈现。由此观之，"一带一路"不仅是丝绸之路的现代延续之路，更是中华文化走向复兴，再塑往日辉煌之路。"中国红"与"世界彩"相融合，定将谱写一曲悠扬的"中国梦与世界梦"的共鸣曲。费孝通先生的箴言"各美其美，美人之美，美美与共，天下大同"定就在不远的未来！

---

① 谭天星. 充分发挥华侨华人优势 推动中华文化走出去［EB/OL］. 中国新闻网.（2019-12-20）［2022-07-15］. https://finance.sina.com.cn/roll/2019-02-20/doc-ihrfqzka7592793.shtml.

第三章 "一带一路"框架下区域国别语言（非通用语）专业建设的历时演进

"一带一路"沿线国家语言多样，文化多元且差异巨大，仅仅用英语、法语、德语等几种国际通用语种进行沟通交流，或能表意，但难以"通心"。在共建"一带一路"过程中，外语，尤其是非通用语的战略支点作用日益显现，对该战略的整体实施和推进将起到关键性的作用，因为只有语言相通、文化相通才能实现真正意义上的"民心相通"。可以说，"一带一路"合作倡议的提出为我国非通用语种学科建设和人才培养提供了难得的发展机遇，也带来重大挑战。[①]

什么是"非通用语种"？国内部分学者习惯将之称为"小语种"。"小"字所牵涉的语言地位问题不仅涉及学术，且有可能引起一些政治色彩的解读并触及相关民族情感。早在1962年，周恩来总理在外交部上报的《关于北京外国语学院专业设置计划的报告》中，曾把三处提到的"小国语"一词逐一改成"非通用语"，并批示："今后不准再称'小国语'。"这体现了周总理尊重各国、坚持国家不论大小一律平等的思想。从此，外交部正式文件中就不再使用"小国语"这个称谓了。[②]显然，"小语种"的称谓并不是非常恰当。例如：西班牙语虽然使用者不多，但它却是联合国官方语言之一；如斯瓦希里语[③]，与阿拉伯语及豪萨语并列非洲三大语言，作为非洲东部国家普遍使用的一种语言，使用者却已近2亿，而且还在不断增加。可见，这些语种并不"小"，只是并非全世界通用罢了。[④] 1997年12月，教育部高等学校外语专业教学指导委员会"非通用语组"的成立，旨在指导高校非通用语专业建设和人才培养，至此，"非通用语种"的概念

[①] 苏莹莹. "一带一路"非通用语人才培养模式的思考与探索[J]. 中国外语教育，2017，10（2）：3—7.

[②] 戚义明. 周恩来与新中国的外事翻译工作：丛文滋访谈录[J]. 党的文献，2006（5）：39—42.

[③] 斯瓦希里语[EB/OL]. 联合国教科文组织官网. [2022-11-07]. https://zh.unesco.org/silkroad/silk-road-themes/languages-and-endanger-languages/siwaxiliyu.

[④] 蒋希衡，程国强. 国内外专家关于"一带一路"建设的看法和建议综述[N]. 中国经济时报，2020-08-03（005）.

也正式取代"小语种",被引入我国的外语教学界。[①]

目前,中国学界普遍从两个方面来理解"非通用语种":狭义上,是指联合国6种通用语种(英语、俄语、法语、西班牙语、汉语和阿拉伯语)之外的其他语种;广义上的"非通用语种"则是指教育部 2000 年《关于申报外语非通用语种本科人才培养基地的通知》所指语种,即除英语、法语、德语、俄语、日语、西班牙语、阿拉伯语等 7 种外语以外的语种。[②]本文所指的"非通用语种"是从广义上来说,即上述 7 种语言之外的语种。所谓非通用语种专业是指经过教育部审批,招生层次包括本科及以上的专业。第二学位专业、非通用语选修课程以及公共课等均不属于非通用语专业[③]。

第一节 历史溯源:中国古丝绸之路"非通用语"发展概况

古往今来,商贸之路的变迁,在广袤欧亚大陆上影响着不同地区和国度的兴衰。从长安古都到欧洲大陆,从泉州港口跨过汪洋大海,东西方文明"海—陆丝绸之路"激荡交融,为沿线国家和人民带来勃勃生机、东方文明和中国智慧。

中国自先秦时期就出现了官方的翻译机构和人员,西周时期设"象胥","通夷狄之言者曰象","胥,其有才知者也"。[④]先秦时期,西周国君周穆王驾八骏西巡天下,行程三万五千里,会见西王母,又北行一千九百里至"西北大旷原",即今中亚的哈萨克斯坦。汉武帝时期,汉武盛世,国富民强。曾两次派张骞出使西域,达至康居地带,即现今乌兹别克斯坦的撒马尔罕。而后,大汉公主和乌孙王猎骄靡的"汉胡和亲",让汉朝和西域各国的交往区域扩展至哈萨克斯坦东南、吉尔吉斯斯坦东部及中部。魏晋时期,西晋曾遣使至大宛,即今中亚费尔干盆地乌兹别克斯坦境内。隋朝时积极发展与中亚诸国的交往,致力于边疆的开拓。唐朝时在中亚地区设置大量的羁縻府州(即朝廷在边远少数民族地区所置的行政州府,相当于自治区),采取羁縻政策。辽代末年,辽朝开国皇帝耶律阿保机的八世孙——耶律大石,拓兵西域,在中亚地区建立起西辽政权,统治中亚

[①] 戴炜栋,胡文仲.中国外语教育发展研究(1949—2009)[M].上海:上海外语教育出版社,2009.

[②] 黄小丽.日本小语种教育的历史、现状及相关政策[J].外语教学理论与实践,2019(4):71—80.

[③] 罗林,邵玉琢.国别和区域研究须打破学科壁垒的束缚:论人文向度下的整体观[J].国别和区域研究,2019,4(1):147—165,174.

[④] 钱宗武.《尚书易解》的训诂成就[J].古汉语研究,1994(S1):68—74.

第三章 "一带一路"框架下区域国别语言（非通用语）专业建设的历时演进

94 年。[①]

自张骞出使西域开启了"凿空"之行后，汉王朝与西域交往日渐频繁，但复杂的语言状况给双方的沟通造成了困难，因此相关语言（胡语）的教育问题也提上日程。《汉书·西域传》记载的很多国家都备有译长，汉宣帝也曾选择百余人学习乌孙语，河西走廊逐渐成为东西方交流的重镇，敦煌即被称为当时"华戎所交一都会"，敦煌的地方语言也成为当时东西方交流的通用语。[②]政治推动和经济繁荣是古丝绸之路的语言传播和语言文化融合的基础。花门将军善胡歌，叶河蕃王能汉语。（花门将军，是节度使幕府中的少数民族将领；叶河蕃王，是西域少数民族首领。）

古丝绸之路的兴盛与当时中国的繁荣昌盛、中国语言教育和文化外宣是相辅相成的。自佛教传入中国伊始，历时千年之久的佛经翻译也就此拉开了序幕，为此必须通晓印度的梵语。通晓梵汉双语的中国高僧挑起了佛经翻译的大梁，尤其是在唐玄奘时达到鼎盛，涌现的翻译大师除了玄奘外，还有实叉难陀、义净、不空等高僧。其中，玄奘、鸠摩罗什、真谛、义净并称中国四大翻译家。[③]鸠摩罗什被称为"译界第一流宗匠"，他主张意译，"手执胡经，口译秦语（汉语），曲从方言，而趣不乖本"。[④]西晋高僧、佛经翻译大师竺法护汉文造诣深厚，且遍通西域 36 国语言。与此同时，在基督教传入中国的过程中，学习基督教教义的信徒要接触到拉丁语。这些都是古代重要的文化语言，但对中国人来说绝非"通用语"。[⑤]到了隋朝设置四方馆，接待国外使节和商团，主持藩属诸国的政治、经济事务，同时管理中国与外商的贸易事务；明朝永乐五年（1407 年），明成祖下令在南京开办了我国历史上第一个培养翻译人才的机构，[⑥]也是中国古代第一所外国语学校——四夷馆，通译语言文字。清初改为"四译馆"，专门负责翻译四夷往来的朝贡文书，并在此教习诸番语言，培养外语翻译人才，为宣扬华夏国威和提升国家外交能力服务，也招收高丽、日本、琉球和暹罗等地留学生，传播汉语和中华文化，当时翻译为外事活动。随着丝绸之路开通的契机，东西方文明开始

---

① 王东平. 先秦至唐汉文化在西域的传播[J]. 新疆大学学报（哲学社会科学版），1994（1）：68—73，92.

② 刘礼堂，谭昭. 古丝绸之路河西走廊语言服务状况考[J]. 江汉考古，2018（2）：118—122.

③ 于飞. 历史上的佛经翻译与佛教中国化[N]. 中国民族报，2020-10-02.

④ 僧佑. 出三藏记集[M]. 苏晋仁，等点校. 北京：中华书局，1995：292.

⑤ 丁超. 中国非通用语教育的前世今生[J]. 神州学人，2016（1）：6-11.

⑥ 张慧玉，俞晔娇. 明朝四夷馆的人才培养及其对 MTI 教育的启示[J]. 上海翻译，2020（3）：80-84，96.

了广泛的交流，在这以后，由于通使通商、军事战争、民族迁徙、文化传播、传教、通婚等因素，各东西方语言产生了空前的碰撞和互识交融。近代中国积贫、积弱，被迫融入资本主义向全球的扩张浪潮，知识界开始"睁眼看世界"，提出"师夷长技以制夷"。同治元年（1862年），清政府设立"京师同文馆"，这是我国近代第一个外语教育学堂，开启了近代中国外语教育和教育现代化进程的先河，推动了近代外语教育的发展。"京师同文馆"主要教习英文、法文、俄文，后增加德文和日文，都是当时诸列强国的语言，这种情况一直延续到民国。[①] 从这些史例中我们大致可见当时民间教习汉语之外的语言，用今天的话说即"非通用语"情景之一斑。

"丝绸之路"是一条既有形，又无形的路；它在陆地，也在海洋；跨越了国界、链接了世界、贯穿了历史、沟通了文化、促进了经济发展、密切了人类的交流和迁徙，见证了文明的对话和融合。尽管，随着斗转星移，历经千年辉煌"丝路文明"，其零金碎玉、吉光片羽已湮没于浩博的历史长河中，但"丝绸之路"在语言、宗教、科学、艺术、工艺、商贸、医药、食物等领域上的贡献，远超文字的记载。古丝绸之路"非通用语"主要运用在"语言教育、佛经翻译、工具书编纂和通信交流"四个方面，既为经济、政治和文化交流提供了便利，又反过来丰富了汉语言文化体系[②]；古丝绸之路"非通用语"的发展历程，既见证了丝路文明的穿越时空，丝路精神的薪火相传，也对现今"一带一路"愿景与行动中的语言服务建设有着文明史意义上的重大借鉴价值。

第二节　现实关照：新中国"非通用语"教育的演进脉络

古代丝绸之路跨越了埃及文明、巴比伦文明、印度文明、中华文明的发祥地，是人类历史上文明交流互鉴最耀眼的舞台，它浓缩了亚欧大陆漫长历史时期经济、政治、文化、社会的历时演进，见证了东西方物质文明和精神文明的和睦共存和交流交融。古丝绸之路绘就了一部中国和沿线国家民众之间"商品互通、经济互利、文明互鉴、人文互启、技术互动"的伟大的史诗乐章。"一带一路"区域国别非通用语种在中国的传播历史悠久，源远流长。如古印度的佛经自汉代流传到中国，不仅影响到中国文学理论的建立，而且影响到中国文人的认识论、

[①] 丁超. 中国非通用语教育的前世今生［J］. 神州学人，2016（1）：6—11.

[②] 刘礼堂，谭昭. 古丝绸之路河西走廊语言服务状况考［J］. 江汉考古，2018（2）：118—122.

方法论、宇宙观的发展进化。一种文化能否活化传承、焕发生机，关键在于它是否符合"新陈代谢"这一自然和社会发展的客观规律。维护人类"丝路文明"的薪火传承也是"一带一路"区域国别非通用语种教学和研究的使命。

一、筚路蓝缕启山林：旧中国"非通用语"专业建设的肇始（1949年以前）

民国时期，北京大学于 1917 年开始了印度学的教学与研究，蔡元培先生时任北大校长；[①] 1920 年 9 月，党的早期组织在上海筹办外国语学社。这是中国共产党创办的第一所外语教育机构，学社把外语教学与马列主义教育相结合，体现了鲜明的革命特色。[②]

1942 年，国民政府出于军事和政治需要，在云南昆明建立了国立东方语文专科学校（英文名 National College of Oriental Studies，中文名简称"东方语专"），开设了印地语、暹罗语（泰语）、马来语、越南语、韩语、菲律宾语和阿拉伯语等 8 个"非通用语种"。1946 年，在校长胡适和季羡林先生的努力下，北大新设了东语系，梵语和巴利语成为该系最早设立的语种，季羡林先生成为梵语和巴利语的第一位教授。季羡林先生 1934 年毕业于清华大学西洋文学系；1935 年赴德国留学，在哥廷根大学学习梵文和巴利文，是国际著名的东方学家、印度学家、梵语语言学家、文学翻译家。1948 年，金克木[③]先生赴任北大，与季羡林先生一起开始了真正现代意义上的印度学教学和研究工作。金克木也是非通用语种专业第一代学人的杰出代表，20 世纪 40 年代起在印度学习梵文和印度现代语言，研究佛学，能掌握英语、法语、德语和日语等数种通用语，并精通梵文、巴利文，熟悉印地语和乌尔都语等非通用语。1941 年 3 月，延安外国语学校（北京外国语大学的前身）在延安的中国人民抗日军政大学第三分校成立俄文队，而后发展为抗大三分校俄文大队（下属一、二、三队）。1949 年"国立东方语文专科"并入北大东语系。旧中国"非通用语种"教育教学由此肇始，自此开辟了中国"非通用语种"学科建设的先河，季羡林、金克木和马坚等学者成为了中国"非通用语种"学科的"开山之祖"和"一代宗师"。

---

① 北京大学外国语学院南亚语系概况 [EB/OL]. [2022-08-03]. https://sas.sfl.pku.edu.cn/xsgk/index.htm.
② 文秋芳，常小玲. 中国共产党百年外语教育与中华民族伟大复兴 [J]. 外语教育研究前沿，2021（2）：7—19, 89.
③ 丁超. 中国非通用语教育的前世今生 [J]. 神州学人，2016（1）：6—11.

二、栉风沐雨创基业：新中国"非通用语"教育的 1.0 时代（1949—2000 年）[1]

中国"非通用语"教育的 1.0 时代跨越了 1949 年至 2000 年半个多世纪，非通用语教育几代学人披荆斩棘、栉风沐雨、竭尽心力、排除万难、艰苦创业，确立了以"培养翻译人才"为主的培养目标。"非通用语"教育 1.0 时代可分为四个阶段：（1）建国初期"非通用语"教育奠基阶段（1949—1952 年）；（2）"非通用语"教育第一个黄金年代（1952—1966 年）；（3）"文革"前后"非通用语"教育停滞和缓慢复苏阶段（1966—1978 年）；（4）改革开放"非通用语"教育枯木逢春阶段（1978—2000 年）。[2]

（一）建国初期"非通用语"教育的奠基阶段（1949—1952 年）

1949 年 10 月 1 日，新中国成立，久经磨难的中华民族站了起来。成立之初，新中国内忧外患、一穷二白、百废待兴。国家对人才培养高度重视。由于西方各国对中国采取孤立政策，加之中国与苏联 1949 年 10 月 3 日签订了友好同盟互助条约，"一切向苏联学习"成为当时中国重要的外交国策。以苏联为首的社会主义国家是我国外交的主要盟友，直接影响到国内外语教育的取向。

新中国成立后，为了学习和借鉴苏联社会主义建设的经验，急需大批俄语人才，我国在全国范围内大力推广和发展俄语教育。19 所大学相继开设外语专业，以俄语教育为主，中央和地方各级政府也开办了各类俄文学校和培训班。[3]

当其时，在时任上海市市长陈毅同志倡议下，1949 年 12 月，华东人民革命大学附设上海俄文学校（上海外国语大学的前身）宣告成立，这是新中国成立后兴办的第一所高等外语学府，学校于 1950 年增设英语班专业；1951 年，学校建立东方语言文学系，增设缅甸语、越南语和印尼语专业；至 1952 年 8 月，学校已初具规模，共设有俄语、英语、缅甸语、越南语和印度尼西亚语 5 个语种。[4]

---

[1] 刘曙雄.筚路蓝缕，奋力作为：改革开放 40 年非通用语教育［M］//庄智象.往事历历 40 年回眸：知名外语学者与改革开放（第一部）.上海：上海外语教育出版社，2018：364—365.

[2] 刘曙雄.筚路蓝缕，奋力作为：改革开放 40 年非通用语教育［M］//庄智象.往事历历 40 年回眸：知名外语学者与改革开放（第一部）.上海：上海外语教育出版社，2018：364.

[3] 文秋芳，常小玲.中国共产党百年外语教育与中华民族伟大复兴［J］.外语教育研究前沿，2021（2）：7—19，89.

[4] 上外简介［EB/OL］.（2022-09）［2022-08-03］.http://www.shisu.edu.cn/about/introducing-sisu.

新中国成立后，除苏联外，保加利亚、罗马尼亚、匈牙利、波兰等东欧国家，朝鲜、蒙古、越南等亚洲国家，瑞典、丹麦、芬兰等北欧国家也相继与新中国建交。"非通用语"语言人才的培养对新中国外交工作，以及发展与"非通用语"对象国家的关系至关重要。作为新中国外交事业的奠基人，周恩来总理一贯重视外事翻译工作及翻译干部队伍建设，强调这是整个外交工作和外交队伍建设不可或缺的一部分。新中国建立前后，周恩来深谋远虑、以高超的智慧争取滞留在西方发达国家的一批才华横溢的中国科学家、著名学者和留学人员回到祖国的怀抱。与此同时，周恩来同志也与同中国建立外交关系的国家领导人商谈互派留学生事，促进语言、文化和科技交流，增进理解和合作。为百废待举的中国科技文化和语言教育事业贡献才智。据统计，经新中国的召唤、周恩来的努力争取，从 1949 年到 1954 年，克服重重困难，回到祖国怀抱的留学人员和归侨学者有 1424 人，其中美国 937 人，英国 193 人，日本 119 人，法国 85 人；至 20 世纪 50 年代末，回国者达到 2500 余人，约占当时海外留学人员和华人科学家的 50%。他们为开拓和发展新中国的教育、科技、国防事业做出了卓越的贡献。[①]

1950 年 9 月，新中国向波兰、捷克斯洛伐克、匈牙利、罗马尼亚和保加利亚 5 国各派 5 名留学生，专攻语言文字和历史，拉开了新中国派遣留学生的序幕，这些留学生成为新中国成立后开展"非通用语"学科教学的第一批师资，中国非通用语领域的第一代学人，也是中国外交和对外传播的首批坚实力量，为我国之后的非通用语专业建设奠定了坚实的基础，为国家的外交、对外传播、高等教育、经济贸易等事业做出巨大贡献。

（二）"非通用语"教育第一个黄金年代（1952—1966 年）

1952 年 5 月，教育部对全国高校院系调整工作提出原则和具体计划，调整的方针是"以培养工业建设人才和师资为重点，发展专门院校，整顿和加强综合性大学"。调整的原则是：高等学校的内容和形式按大学、专门学院与专科院校三类分别调整充实。整个调整工作从 1951 年底开始，一般高校的院系调整于 1953 年底结束，带有战略性转移的院系调整则在 1957 年底结束。高校院系调整的结果，对我国高等教育事业的发展产生巨大影响。高等教育的培养模式由"通才教育"转变为"专才教育"。院系调整强化了党对教育事业的领导。院系调整一定程度上适应了国家经济建设对培养人才的需求，有效地支持了此后开展的

---

① 任贵祥. 新中国成立后周恩来与海外归国学人及华裔科学家的深切交往［EB/OL］. 中共中央党史和文献研究院官网．（2015-02-10）［2022-08-06］. https://www.dswxyjy.org.cn/n1/2019/0228/c423726-30923392.html．

"一五"计划的实施。通过对教育领域的人才、物力、财力等资源进行合理的统筹规划、合理配置，提高了高校的办学效益。国家对高等师范院校采取独立设置专门院校的做法，为基础教育事业奠定了坚实的基础。"通才教育"转变为"专才教育"的培养理念，也对中国"非通用语教育"产生重要的影响。

1952年下半年起，全国高等院校实行统一招生并开始高校院系调整。经过调整，北大东语系的语种增至10个（根据教育部指示上海外国语大学东南亚语文系师生全部并入北京大学，只设俄语专业）；1954年，北大开设波兰语和捷克语专业，隶属俄罗斯语言文学系；1956年，北京外国语学院（现北京外国语大学）设立罗马尼亚语专业，此后，北京外国语学院在20世纪50年代还陆续建立了波兰语、捷克语和罗马尼亚语等东欧语种专业，60年代建立了匈牙利语、保加利亚语、阿尔巴尼亚语专业，1961年创建了亚非语系，开设柬埔寨语、老挝语、僧伽罗语、斯瓦希里语等专业，后增设了马来语、印度尼西亚语、越南语、缅甸语、泰语、豪萨语、土耳其语等专业；[1]北京对外贸易学院（今对外经济贸易大学）开设了朝鲜语、越南语和意大利语专业；1958年，北京广播学院（今中国传媒大学）创办波斯语专业；1959年，开办葡萄牙语、土耳其语、意大利语、西班牙语、泰米尔语专业，同年学院外语系成立；在军队系统，除早期的英、俄、日语干部培养工作外，从1952年开始增加朝鲜语等亚洲国家的非通用语种专业。1961年，北外建立亚非语系，招收阿拉伯语、斯瓦希里语、柬埔寨语、僧伽罗语和老挝语5个专业的学生，此后1965年该系扩增到11个语种。[2] 1964年，广州外国语学院成立，1965年7月正式招生。20世纪50年代末60年代初，亚非地区民族独立运动蓬勃兴起，我国对外交往不断扩大，多语种外事翻译的培养十分迫切，国家在派遣留学生方面，除苏联和东欧国家外，从20世纪50年代中期开始，留学生派遣范围陆续扩大到亚非拉民族国家和西方非英语国家。

20世纪50年代末，随着中苏关系的走低，全国俄语教育规模开始收缩，其他语种人才极度匮乏。1957年开始动员在校俄语专业学生改学其他语种。1962年，周恩来总理批准了外交部提交的《关于北京外国语学院专业设置计划的报告》，报告内容包括：逐步开设新语种，每年增加5种左右，10年到20年内争取将世界上的主要语种都开办起来，外语数量达到74种。1964年，高教部、教育部等部门联合制定《外语教育七年规划纲要》，对于充实加强外语院校建设、

---

[1] 戴炜栋，胡文仲．中国外语教育发展研究：1949—2009［M］．上海：上海外语教育出版社，2009：412．

[2] 丁超．中国非通用语教育的前世今生［J］．神州学人，2016（1）：6—11．

扩大语种和教学规模、派遣包括非通用语在内的外语留学生等工作都做了明确规划，例如，调整中高等学校开设外语的语种比例，确定英语为第一外语。[1]根据教育部1966年3月的统计，全国外语院校当时开设41种外语，其中34种为非通用语。[2]这一时期，一大批教师为新专业的创建和事业的发展辛勤耕耘，非通用语人才培养得到了壮大发展，是"非通用语"教育第一个黄金年代。

（三）"文革"前后"非通用语"教育停滞和缓慢复苏阶段（1966—1978年）

1966年"文革"开始，文化和教育受到严重破坏。"不学ABC，照样干革命"[3]的"文革"理念对语言教育产生了严重的影响。语言教学几乎完全处于停顿状态，各地开办的"非通用语"培训班纷纷被迫停止。俄语教育极度萎缩，全国大量俄语人才改行，造成人才浪费，甚至不少人在政治冲击下还受到不公正的待遇。这应该算是中国外语教育史上国家范围的教育资源配置性灾难。[4]

其间，国内的非通用语人才培养、专业建设和留学生的派遣虽未完全中断，外语教育处于基本封闭状态，外语教育整体受挫严重。"非通用语"教育在"文革"时期经历了停滞、恢复招生和缓慢复苏的几个阶段。"文革"时期，这场文化革命运动以政治教育替代学校教育，严重干扰了中国政治经济的发展，外交关系的正常化和教育教学的常态化。

（四）改革开放后"非通用语"教育枯木逢春阶段（1978—2000年）

改革开放是实现中华民族伟大复兴的关键一步。"文革"结束，改革开放开始，科技文教工作者迎来了盼望已久的春天。改革开放的春风吹遍了祖国大地，给中国发展注入了新的活力，为中国特色社会主义事业增添了强大动力，同时也复苏了中国的外语教育事业。全国各校从事非通用语工作的老中青几代学者、教师，不畏艰辛，在外语教学育人、外语教材和辞书编写、文化翻译、外语学术研究，以及国际文化交流等诸多领域取得了丰硕的成果。

1978年，中国实行改革开放政策，高校教学、科研秩序逐渐恢复正常，非通用语人才培养、学术研究和学科建设都进入了一个新的发展时期。对外开放需

---

[1] 丁超. 中国非通用语教育的前世今生［J］. 神州学人，2016（1）：6—11.
[2] 丁超. 中国非通用语教育的前世今生［J］. 神州学人，2016（1）：6—11.
[3] 辽宁省高等教育局，沈阳师范学院教育科研所合编. 高等教育文件选编（1977.11—1982.6）［M］. 沈阳：辽宁省高等教育局，1982：102.
[4] 凌德祥. 教育资源优化配置与语言安全、经济的国家战略［J］. 语言规划学研究，2015（1）：55.

要大量的外语人才，外语教育不断复苏和发展，外语人才成为我国对外开放的桥梁。1978年9月，教育部召开了"全国外语教育座谈会"，印发了《加强外语教育的几点意见》（下称《意见》）。一方面，《意见》在肯定党中央建国以来关心外语学科建设、外语翻译人才培养、外语师资建设等方面取得的成绩，这在一定程度上满足了社会主义建设和外事工作的需要。另一方面，《意见》指出了建国以来中国外语教育存在的问题：一个是在建国初期大力发展了俄语教育，忽视了英语和其他语种，导致外语教育片面；另一个是重视专业外语教育，但对高校公共外语教育和中、小学外语教育关注度欠缺。1954—1959年一度取消了初中外语，使全国平均外语水平大幅度下降。"文革"时期，我国外语教育受挫严重，几乎处于封闭的状态，根本不能满足整个国民经济发展和国家外交工作的需要。

为此，《意见》对外语学科建设和非通用语语种布局、规划提出了相应的意见：

"1. 必须加强中小学外语教育。首先在重点中学和有条件的城市中学开设，三、五年内城市中学要普遍开设外语课程；除继续办好和发展一批外国语学校，为高等学校输送高水平的外语学生之外，应办好一批文理分科、加强外语教育的重点中学，为培养有较好外语基础科技人才创造条件。

2. 要大力办好高等学校公共外语教育和各种形式的业余外语教育，培养既懂专业又掌握外语的科技人才。高校公共外语课应增加学时，高年级可指定一、二门课程用外语讲授。公共外语除英语外，有条件的院校还要开日、德、法、俄等语种。

3. 集中精力办好一批重点外语院系，使之成为培养水平较高的外事翻译和高校外语专业师资和外国语言文学研究人才的基地，同时应逐步扩大外语院校研究生的招生规模。

4. 语种布局要有战略眼光和长远规划。当前主要任务是大力发展英语教育，日、法、德、俄等其他语种的教育也应给予适当关注。非通用语种应有计划地开设，布点不宜过于分散。对一些"稀有语种"要创造条件逐步开设，以适应研究工作的需要。俄语在外语教育中应保持必要的比例，俄语人才的培养不能断线，要采取少而精的原则，储备一批俄语骨干。

5. 大力抓好外语师资队伍的培养和提高。目前高等学校外语教师队伍青黄不接，高水平的骨干教师后继乏人。中学外语教师质量很低，数量奇缺。要改变这种状况，必须开展多种形式的在职和脱产进修活动。

6. 编选出版一批相对稳定的大、中、小学外语教材。

7. 加强外语教学法和语言科学的研究。

8. 加快发展外语电化教学，改善和充实外语电化教育设备。"[1]

改革开放之初，百废待兴。外语中通用语专业成为热门专业，而非通用语专业却是一个非常边缘的学科行业，在市场经济主导、价值选择多元、国内外形势复杂多变的时代，中国"非通用语"教育的生存和发展面临着严峻挑战。为了改变中国"非通用语"教育发展的颓势，尽快复苏"非通用语"的教育教学，1978年以后，北京大学的印地语、波斯语、越南语、印度尼西亚语、缅甸语、梵文巴利文、乌尔都语、蒙古语、朝鲜语、泰语等专业相继招收本科生，1985年增设了希伯来语和菲律宾语专业；北京外国语学院在1981年将十个亚非"非通用语"专业组成亚非语系，1985年增设土耳其语专业；此外，上海外国语学院、解放军外国语学院和广州外国语学院等也有少量非通用语种专业开始招生。此外，通过扩大保送生比例和定向招生的办法，解决"非通用语种"专业招生的生源不足问题；通过实行双语种教学的方法，拓宽毕业生就业渠道；通过从有限的经费中专项挤出部分资金，用于出版"非通用语种"教材和"非通用语种"研究成果的出版；通过允许并组织部分师资开办业余"非通用语种"培训班，开展"非通用语种"业余翻译，积极创收的方式解决"非通用语种"教职工待遇低的问题。[2]

1985年1月18日，国家教委高教司草拟了《关于加强非通用语建设的意见》的报告上报国务院办公厅；1987年10月，中国亚非语教学研究会成立，季羡林先生担任研究名誉会长，并在北京外国语学院北戴河培训基地召开中国亚非语教学研究会第一次学术研讨会，此后，1988年，第二次学术研讨会在解放军外国语学院召开，会议向国家教委递交了《关于加强亚非语专业建设及稳定教师队伍的建议》；第三次学术研讨会于1990年在解放军国际关系学院召开，会议讨论了"亚非语种"教学、课程设置、教材编写以及教学法方面的问题；第四次学术讨论会于1992年在北京大学召开，会议提出了《关于加强亚非语专业建设的建议》的建议书。该建议总结了亚非语专业面临的七大问题并提出了九条建议。问题包括：师资老化，流失严重，后继无人；教师收入微薄，负担过重；教师职称晋升困难；科研成果发表难；出国进修机会少，知识更新难；教学设备落后，亚非语种图书语料奇缺；招生困难，不少在校生希望转专业。提出的建议有：给

---

[1] 辽宁省高等教育局，沈阳师范学院教育科研所合编. 高等教育文件选编（1977.11—1982.6）[M]. 沈阳：辽宁省高等教育局，1982：100—104.

[2] 刘曙雄. 筚路蓝缕，奋力作为：改革开放40年非通用语教育[M]//庄智象. 往事历历40年回眸：知名外语学者与改革开放（第一部）. 上海：上海外语教育出版社，2018：365—366.

予亚非语种教师提供特殊津贴；教师编制不能按一般的师生比来要求，要有特殊规定；职称晋升要给予特殊安排；设立非通用语发展基金；优先选派非通用语教师出国进修、访学或工作；给予学校更大的自主权，实现多层次、多规格的灵活办学模式；拨专款资助工具书、教材和专著的出版；制定国家层面的亚非语各专业发展规划，避免各校各自为战，盲目发展；利用舆论工具宣传亚非语种重要性，引起国家和社会各界对亚非语的重视。① 此后，1997 年，教育部高等学校外语教学指导委员会"非通用语组"成立，由北京外国语大学、北京大学、解放军外国语学院和上海外国语大学的六名教授组成。这两个"非通用语"学术平台的搭建，为团结全国"非通用语界"排除万难、走出困境、创新发展方面发挥着核心和引领作用；1998 年"中国亚非语教学研究会"更名为中国"非通用语"教学研究会。

为调动"非通用语种"教师的积极性，加强"非通用语种"专业师资队伍的建设，从 1997 年 7 月开始，"国际关系与语言文化教育部"拨专款为老师们发放特殊岗位津贴；1998 年 8 月，高校非通用语种专业教学指导委员会在《关于区域国别非通用语种专业面向 21 世纪本科教育改革的若干意见》中明确提出对新世纪非通用语种人才的要求，即应具有"扎实的基本功、宽广的知识面、一定的专业知识、较强的能力和较强的素质"② 。1999 年，教育部下达的《关于外语专业本科教育改革的若干意见》中明确指出"要像保护国宝大熊猫一样来保护我国的非通用语种学科"；2000 年上半年，教育部决定在部分高校建立"外语非通用语种本科人才培养基地"，并纳入教育部"新世纪高等教育改革工程"。这一系列政策的出台，进一步确立和巩固了我国外语非通用语学科的重要地位，并将有力地促进非通用语教育的可持续发展。③

三、励精图治谋发展：中国"非通用语"教育的 2.0 时代（2001—2012 年）

2001 年 12 月 11 日，《中国加入世贸组织议定书》正式生效，标志着经过 5 年的艰苦努力，中国终于成为世贸组织新成员，一个拥有世界近五分之一人口的

---

① 刘曙雄. 筚路蓝缕，奋力作为：改革开放 40 年非通用语教育［M］// 庄智象. 往事历历 40 年回眸：知名外语学者与改革开放（第一部）. 上海：上海外语教育出版社，2018：367—368.
② 赵世举. "一带一路"建设的语言需求及服务对策［J］. 云南师范大学学报（哲学社会科学版），2015（4）：25.
③ 阎惠泉，邓炘炘主编. 国际关系与语言文化［M］. 北京：北京广播学院出版社，2003：1—2.

第三章 "一带一路"框架下区域国别语言（非通用语）专业建设的历时演进

发展中大国，自此开启深度参与经济全球化的进程，我国经济发展活力和国际竞争力极大增强，对外开放事业进入一个新的阶段。随着中国加入世界贸易组织，外语类、金融财会类、商贸类、旅游类、法律类以及经济管理等专业人才的需求大增。这为高等院校的非通用语专业设置敲响了警钟。我国的非通用语人才已成为外语人才队伍中一支重要而又特殊的力量。在2001年的第21届世界大学生运动会上，出现了一股"非通用语种热"，成为大运会上一道亮丽的风景线。据当时《北京青年报》报道："大运会外语共43种，除了英、法、俄等大语种外，豪萨语、马扎尔语、希伯来语等非通用语种翻译同样准备齐全。"大运会还专门成立了非通用语种专家志愿服务团，半数以上的服务团成员掌握两种以上外语。[①]仅此一例，非通用语的重要作用可略见一斑。

中国"非通用语"教育的2.0时代从2001年跨至2012年，这是一个迈开步子，励精图治谋发展的年代。从"加强非通用语师资队伍建设，完善教学基础设施，更新教学科研设备，充实图书资料，改善非通用语种专业的办学条件，保证基地建设经费的投入，加强基地学校之间的交流与协作，发挥基地的示范和辐射作用"，到"国家外语非通用语种本科人才培养基地建设、设立非通用语种特色专业建设点、高等学校非通用语种类专业规范和国家质量标准的研制"等，经过多年的努力，中国"非通用语"教育特色专业的建设规模从小到大、从比较薄弱的状态到目前初见发展成效，取得可喜的成绩。

为了保护和支持非通用语种专业建设，在非通用语种人才基地建设方面，2001年1月，教育部批准了北京大学、北京外国语大学、上海外国语大学、广西民族学院（现广西民族大学）设立国家外语非通用语种本科人才培养基地，批准北京广播学院（现中国传媒大学）、广东外语外贸大学设立试办基地（2003年两个试办基地批准为正式基地），并对这些高校给予专项经费和政策支持。[②]教育部批准建立基地的文件对各人才培养基地提出了"立足于教学改革，优化师资队伍，改善教学条件，提高教育质量和办学水平，培养高素质人才，研究出高水平成果"的总体要求。教育部高教司从2007年12月10日起对高校外语非通用语种本科人才培养基地进行考察验收。验收工作参照2005年3月高教司下发的《高校外语专业教学评估方案（试行）》的主要内容实施。

在非通用语种特色专业建设点方面，教育部和财政部2007年12月17日联

[①] 闵惠泉，邓炘炘主编. 国际关系与语言文化[M]. 北京：北京广播学院出版社，2003：1.

[②] 中华人民共和国教育部. 国家外语非通用语种本科人才培养基地[EB/OL].（2001-01）[2022-08-10]. http://www.moe.gov.cn/s78/A08/gjs_left/moe_1035/tnull_9238.htm.

合下发通知（教高函〔2007〕25 号），批准在北京大学等 16 所高校共设立首批 20 个非通用语种特色专业建设点，北京外国语大学"欧洲非通用语种群"列入其中。2008 年，上海外国语大学西方语群（西欧）专业被批准为教育部国家级特色专业；经过 5 年的建设，特色专业建设点取得明显成效。2013 年，该项工作进入收尾阶段。[①]根据教育部门的统计，截至 2009 年，全国高等院校共有 45 种非通用语种的本科教学，分布在 71 所高等院校，有 231 个专业，教师队伍有 500 人左右，学生近 5000 人。45 个语种包括亚洲语种 23 个，欧洲语种 19 个，非洲语种 2 个以及世界语，其中大部分都在北京外国语大学开设。其他开设非通用语种专业的学校主要有北京大学、上海外国语大学、广东外语外贸大学、中国传媒大学、对外经济贸易大学、解放军外国语学院、解放军国际关系学院、广西民族大学、云南民族大学等。[②] 2012 年，北京外国语大学欧洲语言文化学院制订了《欧洲语言文化学院欧洲非通用语"高端人才"培养计划》，充分彰显北京外国语大学非通用语教学的办学特色和战略前瞻。

在研制国家非通用语专业规范方面，2008 年 3 月高等学校非通用语种类专业启动了"专业规范研制"工作，分为三个阶段进行：（1）参考英语专业制定的样本，非通用语分指委从 2008 年 6 月到 2009 年 1 月组织开展学科调研，完成了十个调研报告；（2）从 2009 年 1 月到 2009 年 6 月完成了《高等学校本科外语非通用语种类专业规范（初稿）》研制工作；（3）2009 年 7 月—2010 年 2 月继续修订并选择北外欧洲语言文化学院各专业、广西地区越南语专业和全国朝鲜（韩国）语专业等三个子项目进行《专业规范》（初稿）的可行性研究。[③]

2001—2012 年间，中国非通用语教研会召开了第 9 次至第 14 次学术研讨会。2011 年 6 月，由中国非通用语教学研究会主办，钟智翔、牛林杰主编的外语非通用语种类教学研究论文集《中国外语非通用语教学研究（第 2 辑）》出版。截至 2012 年，北京外国语大学 1954—2012 年 19 个欧洲语种专业招收本科生 2610 人；中国传媒大学 2000—2012 年 10 个亚洲语种招收本科生 550 人，4 个欧洲语种招收 454 人，合计 1004 人；广西民族大学 1964—2012 年东南亚语种群七个专业招收本科生 2422 人，2001—2012 年招收硕士研究生 131 人；云南民

[①] 赵刚. 欧洲非通用语［M］// 文秋芳，徐浩. 中国外语教育年度报告. 北京：外语教学与研究出版社，2013：176—204.

[②] 刘曙雄. 关于外语非通用语种特色专业建设［G］// 欧洲语言教与学（第一辑）. 北京：外语教学与研究出版社，2012.

[③] 刘曙雄. 筚路蓝缕，奋力作为：改革开放 40 年非通用语教育［M］// 庄智象. 往事历历 40 年回眸：知名外语学者与改革开放（第一部）. 上海：上海外语教育出版社，2018：372.

族大学 1998—2012 年八个非通用语种专业招收本科生 2463 人，2004—2012 年招收硕士研究生 305 人。①

这个阶段，我国的非通用语种教学具有三个鲜明的特点：一是各个语种都采取我国外语传统教学模式即专业教学模式，培养学生掌握非通用语的听、说、读、写、译的技能。二是初步形成了非通用语种教学规模。三是各个地区和各所学校的非通用语种群的教学和人才培养各具特色，各有千秋。与此同时，这阶段非通用语专业的发展也面临着许多挑战和问题。例如，稀缺语种师资短缺，部分语种师资队伍存在"断层"；非通用语专业教师学历提升空间受限；非通用语电化教学和网络课程发展缓慢等，以上问题也成为今后努力的方向。

四、乘风破浪展宏图：中国"非通用语"教育的 3.0 时代（2013年至今）

2013 年，中国"一带一路"的构想横空出世、举世瞩目；"一带一路"的理念泽披苍生、惠及万邦。"一带一路"的合作蓝图从提出到建设已历九载春秋。九载苦心孤诣、九载扎实推进，"一带一路"为世界提供了一项充满中国智慧的共同繁荣发展的方案。从"大写意"变为"工笔画"，一批重点工程落地生根、造福民生。时至今日，"一带一路"走下蓝图，将愿景付诸行动，进入务实合作、全面推进的新阶段。全球视野下中国"一带一路"倡议的提出，不仅是对我国高层次人才储备的一次考验，更是对非通用语人才数量与质量的一次全面考察。为了满足国家未来的长期发展需要和应对全球战略布局的改变，非通用语的专业建设和人才培养定位应顺应时代潮流，及时做出调整。

（一）"一带一路"视域下中国"非通用语"教育的政策扶持

早在 2010 年，国家出台《国家中长期教育改革和发展规划纲要（2010—2020 年）》中，就明确指出，"国运兴衰，系于教育；教育振兴，全民有责。为适应国家经济社会对外开放的要求，培养大批具有国际视野、通晓国际规则、能够参与国际事务和国际竞争的国际化人才具有迫切性"②，这为外语人才的培养指明了方向。

---

① 刘曙雄. 筚路蓝缕，奋力作为：改革开放 40 年非通用语教育［M］// 庄智象. 往事历历 40 年回眸：知名外语学者与改革开放（第一部）. 上海：上海外语教育出版社，2018：373—375.

② 国家中长期教育改革和发展规划纲要（2010—2020 年）［EB/OL］. 新华社.（2010-07-29）［2022-08-15］. http://www.gov.cn/jrzg/2010-07/29/content_1667143.htm.

随着"一带一路"建设的实施，沿线国家之间人员来往更加频繁，工程建设、商贸往来、交流访问、旅游探亲、跨国婚姻、留学等，都将改变现有的"一带一路"沿线国家的语言格局，各种深度合作日益增多，对精通沿线国家主体语言和相关地区语言的人才需求愈发凸显。现有的"一带一路"语言应用服务需求难以穷尽。如城乡、道路和窗口行业的语言环境建设；随时随地的个性化翻译服务；各种语言培训、语言家教；语言资源平台服务；语言策划，例如外宣语言设计——包括"一带一路"建设的话语策略和话语体系也亟待科学设计，商贸营销语言策划和企业语言文化设计；产品命名和翻译；应急语言服务等。这些都需要有相应的语言服务跟进。①

2014年8月9日，非通用语种类专业分指委通过了《高等学校非通用语种类专业本科教学质量国家标准》。②2015年9月，教育部发布了《关于加强外语非通用语种人才培养工作的实施意见》（教高〔2015〕10号），提出高校要"以培养国家亟需人才为关键，加快培养和储备一批具有国际视野、通晓国际规则、能够参与国际事务和竞争的应用型、复合型非通用语种人才，实现所有已建交国家官方语言全覆盖，加快人才培养和相关智库建设，为更好服务国家外交战略和走出去战略提供强有力的人才智力支撑"；报告还提出，支持用人单位委托相关高校，订单定向培养非通用语种专业学生，加强校内交叉培养，打通院系、专业壁垒，着力提高学生综合应用能力"。③

同年，教育部印发《国别和区域研究基地培育和建设暂行办法》，提出"制定实施覆盖本科和研究生阶段的国别和区域研究人才培养方案，培养能熟练掌握对象国语言、具有复合型专业背景的人才"。为推进实施"一带一路"重大倡议，让古丝绸之路焕发新的生机活力，2015年3月，随着国家发展和改革委员会、外交部和商务部发布的《推动共建丝绸之路经济带和21世纪海上丝绸之路的愿景与行动》指出，共建"一带一路"符合国际社会的根本利益，彰显人类社会共同理想和美好追求，是国际合作以及全球治理新模式的积极探索，将为世界和平发展增添新的正能量。民心相通是"一带一路"建设的社会根基，传承和弘扬丝绸之路友好合作精神，广泛开展文化交流、学术往来、人才交流合作、媒体

---

① 赵世举."一带一路"建设的语言需求及服务对策[J].云南师范大学学报（哲学社会科学版），2015（4）.

② 刘曙雄.筚路蓝缕，奋力作为：改革开放40年非通用语教育[M]//庄智象.往事历历40年回眸：知名外语学者与改革开放（第一部）.上海：上海外语教育出版社，2018：372.

③ 张思瑶."一带一路"战略下东北地区非通用语种人才培养[J].东北财经大学学报，2017（3）：92—97.

合作、青年和妇女交往、志愿者服务等，为深化双多边合作奠定坚实的民意基础。

"一带一路"建设的核心内容是"政策沟通、设施联通、贸易畅通、资金融通、民心相通"。民心相通依赖于人的沟通，人的沟通以语言互通为基础。[①] "一带一路"倡议实施以来，高校外语学界纷纷主动顺应国家发展战略，发挥面向市场、办学灵活的优势，主张现代外语教育观，加大非通用语言人才培养力度，努力构建复合型语言人才的培养体系，更好地助力"一带一路"建设。

此后在 2016 年 7 月国家又出台了《推进共建"一带一路"教育行动》，明确提出，应积极促进沿线国家语言互通，研究构建语言互通协调机制，共同开发语言互通开放课程，逐步将沿线国家语言课程纳入各国学校教育课程体系。拓展政府间语言学习交换项目，联合培养、相互培养高层次语言人才。发挥外国语院校人才培养优势，推进基础教育多语种师资队伍建设和外语教育教学工作。扩大语言学习国家公派留学人员规模，倡导沿线各国与中国院校合作在华开办本国语言专业。[②] 为了进一步推动国家"非通用语专业"的发展，2017 年 3 月，教育部又发布《国别和区域研究中心建设指引（试行）》，进一步督促高校建设国别和区域研究中心，并要求"具备一定的研究对象国语言特别是小语种语言优势"。为推进实施"一带一路"重大倡议，让古丝绸之路焕发新的生机活力。

2017 年 9 月，教育部、财政部、国家发展和改革委员会联合发布《关于公布世界一流大学和一流学科建设高校及建设学科名单的通知》，对各高校非通用语专业达到一流水平起到了推动作用。2018 年，《高校外国语言文学类本科专业教学质量国家标准》颁布，对各高校非通用语专业制定培养方案提供了依据和指南。在以上重大战略计划的指导和推动下，教育部高等学校外国语言文学类专业教学指导委员会（以下称外指委）非通用语种类专业教学指导分委员会（以下称非通分指委）作为非通用语建设和发展的两大最主要机构做了大量工作，对我国非通用语学科建设、发展的总体规划和专业建设等具有重要意义。非通分指委于2017 年 6 月，出版《非通用语种类专业建设和发展报告（1949—2012）》，并组织编辑《非通用语种类专业建设和发展报告（2016—2019）》；2017 年 7 月和2019 年 7 月举办第五届和第六届青年骨干教师高级研修班，提升全国非通用语

---

① 推动共建丝绸之路经济带和 21 世纪海上丝绸之路的愿景与行动［EB/OL］. 新华社.（2015-03-28）［2022-08-20］. http://www.xinhuanet.com/world/2015-03/28/c_1114793986.htm.

② 中国政策研究网编辑组编. "一带一路"建设：政策解读与经验集萃［M］. 北京：中国言实出版社，2020：30.

青年教师的教研水平；2019 年 11 月，配合国家留学基金委召开"非通用语专业留学工作推动会"，提高外语非通用语种专业建设和人才培养水平。①

2018 年，教育部颁布了我国外语教育史上第一个覆盖外语类各专业的《普通高等学校本科专业类教学质量国家标准（外国语言文学类）》（以下简称《国标》），作为全国高等学校外语类本科专业准入、建设和评价的依据，提出了对外语人才在素质、知识和能力三方面的要求。《国标》既有"规矩"又有"空间"。既对各外语类各专业类提出统一要求、保证基本质量，又为各校各专业人才培养特色发展留出足够的拓展空间，形象地说，就是"保底不封顶"。既有"定性"又有"定量"，既对各外语类专业类标准提出定性要求，同时包含必要的量化指标。②

2020 年 4 月，为贯彻落实《国标》的各项原则，教育部非通分指委正式颁布《普通高等学校本科非通用语种类专业教学指南》（以下简称《指南》），《指南》是外国语言文学学科领衔研制的又一项国家级非通用语教育的顶层设计，是继《国标》之后的又一纲领性文件，历经七年研制，汇聚专家学者智慧，在教育部高等学校外国语言文学类专业教学指导委员会的引领和推动下，在全国高校非通用语教育工作者的支持下制定而成。

《指南》进一步明确了非通用语种类专业的培养目标、培养规格、学制/学分与学位、课程体系、教学计划、教学要求、教学评价、教师队伍、教学条件、质量管理、术语与释义、核心课程描述。并对素质、知识和能力做出了更加明确的要求，即更加强调跨学科知识结构、文化思辨能力、自主学习能力及实践能力等方面的培养。③

2022 年 8 月 26 日，教育部首批虚拟教研室"《基础韩国语》课程群虚拟教研室"研讨会成功举行。该"虚拟教研室"由广东外语外贸大学牵头，全国各地区 30 所高校 35 名骨干教师参与建设，致力于在"智能+"的时代背景下，充分践行"以学生为中心"的教学理念，结合信息技术，建立全国性的虚拟教研室，

---

① 赵华，等．中国外语非通用语种类专业建设和发展报告（2016—2019）[M]．北京：外语教学与研究出版社，2022．
② 教育部高等学校教学指导委员会．外国语言文学类教学质量国家标准[M]// 教育部高等学校教学指导委员会．普通高等学校本科专业类教学质量国家标准（上）．北京：高等教育出版社，2018：1—3．
③ 教育部高等学校外国语言文学类专业教学指导委员会非通用语种类专业教学指导分委员会．普通高等学校本科非通用语种类专业教学指南（2020）[M]// 教育部高等学校外国语言文学类专业教学指导委员会等．普通高等学校本科外国语言文学类专业教学指南（下）．北京：外语教学与研究出版社，2020：139—140．

以实现优质教学资源共享和立德树人的最终目标。

2022 年 11 月 1 日，北京大学外语非通用语本科人才培养基地举办了"中国非通用语高等教育发展历程与非通用语学科发展新趋势"讲座，钟智翔教授介绍了中国非通用语学科的学科建设与学科新发展、"一带一路"关键语言与非通用语专业布局以及非通用语一流本科专业建设与人才培养现状，最后展望了新文科背景下非通用语学科的发展趋势，即，"非通用语人才在国别和区域研究、国际传播以及新文科与人工智能交叉"三个领域在新时期将具有广阔的发展前景。

随着《国标》和《指南》的相继颁布，非通用语学科建设已经成为外语教学改革的重要着力点。正是由于国家层面的高度重视，现阶段"国家语言政策与规划的制定得到越来越广泛的关注，非通用语建设的重要性已经获得广泛认同"。[①]

（二）新建"非通用语"专业教学点和新设语种情况

"一带一路"倡议实施以来，除非通用语语种数量外，非通用语专业教学点的增速也颇为喜人，数量与规模显著增长。在"非通用语"教育的 2.0 时代结束的时候，即截至 2012 年底，我国开设有 53 种非通用语种类专业，包括亚洲语言 23 种、非洲语言 3 种、欧洲语言 26 种，另外还有世界语。53 种语言中，设立专业点较多的有朝鲜语（119 个专业点）、泰语（28 个专业点）、越南语（26 个专业点）、葡萄牙语（20 个专业点）、意大利语（19 个专业点）、缅甸语（12 个专业点）、印度尼西亚语（11 个专业点）、印地语（10 个专业点）；24 个语种少于 10 个专业设点；21 个语种只设有一个专业点；全国共 324 个专业点。[②]

到了 2016 年，全国新增备案本科专业涉及 28 所高校的 34 种非通用语的教学点 63 个，同年一次新增教学点最多的语种是波兰语（5 个），其次是乌尔都语（4 个）、印度尼西亚语（4 个）、波斯语（4 个）、土耳其语（4 个）等。另外，还新增审批本科专业，即新增语种 11 个。[③]2018 年 3 月，我国高校开设非通用语种数达到 91 种。

在专业布点方面，截至 2021 年 10 月，我国已设立 95 种外语非通用语种，拥有 67 个本科专业，600 余个非通用语种开设点，以及 69 个非通用语专业立项

---

① 宁琦. 中国俄语教育 70 年回顾与展望［J］. 上海交通大学学报（哲学社会科学版），2019（5）：84.

② 刘曙雄. 筚路蓝缕，奋力作为：改革开放 40 年非通用语教育［M］// 庄智象. 往事历历 40 年回眸：知名外语学者与改革开放（第一部）［M］. 上海：上海外语教育出版社，2018：378.

③ 丁超. 对我国高校外语非通用语种类专业建设现状的观察分析［J］. 中国外语教育，2017（4）：3—8，86.

为国家级一流专业建设点。[1]根据教育部 2021 年 3 月公布的数据,全国高校新增欧洲非通用语本科专业点 6 个(葡萄牙语 2 个,罗马尼亚语、乌克兰语、希腊语、意大利语各 1 个),增幅为 2015 年来最低。这说明相关专业点的全国性布局基本完成,目前已遍布语言类高校,且进入了北京大学、北京师范大学、南开大学、四川大学等综合性大学。基于现有规模实现差异化发展,提高人才培养的质量和效率,成为今后工作的重点。与此同时,研究生教育不断加强。北京外国语大学(简称"北外")获批葡萄牙语翻译专业硕士(MTI)培养点,2022 年开始招生。在人才培养方面,北外捷克语、瑞典语专业,上海外国语大学(简称"上外")葡萄牙语、希腊语专业入选国家级一流本科专业建设点;北外斯洛伐克语、希腊语、芬兰语专业,广东外语外贸大学塞尔维亚语、希腊语专业,北京第二外国语学院和四川外国语大学的葡萄牙语专业入选省级一流本科专业建设点。[2]截至 2023 年 11 月,国内开设外语总数最多的院校是北京外国语大学,达到 101 种,其中非通用语 94 种。

自 2013 年 "一带一路" 倡议提出至 10 年多来,也是外语学界积极响应国家号召,对接新时代国家战略,努力铺设共建 "一带一路" 语言道路的 10 年。至今,无论是 "非通用语" 语种的开设,还是 "非通用语" 专业布点方面,已基本完成了教育部在《关于加强外语非通用语种人才培养工作的实施意见》里制订的开设新语种计划和专业布点需求,基本实现了我国与所有 "一带一路" 已建交国家官方语言的全面覆盖,在人才培养和智库建设方面取得显著进展,基本满足我国经济社会发展特别是扩大对外开放的新需要。

中国现代外语非通用语高等教育,起始于 1942 年成立的东方语文专科学校。非通用语从初创时的 4 个语种专业,发展到现在的 94 个非通用语种专业,历经了 80 年的风雨沧桑,为党和国家培养了数以十万计的传播中国声音、积极沟通世界的复合型、高水平外语非通用语人才。当今世界正经历百年未有之大变局,疫情延宕、国际政治经济形势变乱交织成为影响国际格局的大变量。在全球性危机的惊涛骇浪里,"一带一路" 合作不仅没有停滞,反而逆势前行,为全球经济寒冬注入暖流,成为沿线国家的合作之路、健康之路、复苏之路、增长之路。中国以强大的决胜力、感召力,凝聚各方力量,积极参与全球治理,为各种

---

[1] 吴一凡. 教育部外语教学指导委员会非通分指委 2021 工作会议在我校顺利召开[EB/OL].(2021-10-21)[2022-08-20]. https://www.yxc.cn/news/2021/1021/c2728a44637/page.htm.

[2] 董希骁. 欧洲非通用语[M]// 王文斌,徐浩. 中国外语教育年度报告(2021 年). 北京:外语教学与研究出版社,2021:118—129.

全人类共同问题把舵定向，积极贡献中国方案和东方智慧，中国在亚洲甚至世界范围内的影响力和话语权日渐增强。随着中国影响力的提升，汉语走出国门，逐渐成为"世界语言圈"里的热门。随着"一带一路"的春风拂满"丝路"沿岸，我国非通用语教育取得了长足的进步和跨越式发展，未来的路，依然任重道远，吾辈仍需砥砺前行。

第三节　管中窥豹：中国非通用语专业建设院校概览
　　　　——以北京大学和北京外国语大学为例[①]

一、北京大学

（一）非通用语专业开设概况

北京大学（Peking University），简称"北大"，创办于1898年，初名是"京师大学堂"，是中国第一所国立综合性大学，1912年改为现名。北京大学外国语学科的历史可以追溯到京师同文馆（1862—1902年），距今已有150余年的历史，甚至比北京大学的直接前身京师大学堂还早36年。"同文"，即通识各国语文；"馆"就是"学院"。京师同文馆是当时的国立外国语学院。[②]京师同文馆建馆之后，相继开设了英文馆（1862年）、法文馆（1863年）、俄文馆（1863年）、德文馆（1871年）、东文（日文）馆（1897年）。[③]北京大学是最早为中国打开国门、打开世界之窗的先贤们学习、工作的地方。大批优秀的学者都曾在不同的历史时期先后任教于北京大学外语学科。例如，蔡元培、严复、胡适、林语堂、徐志摩、郁达夫、梁实秋、朱光潜、季羡林、金克木等。

1946年，季羡林先生从德国学成归国后，北大成立东方语文学系（以下简称东语系），当时有6名教师，教授梵文、阿拉伯文、蒙文、藏文等语言。自此，北大乃至中国的东方学科才正式建立并得到长足的发展。1949年6月，南京东方语言专科学校和中央大学边政学系的教师并入北大东语系。到1952年京津高等学校院系调整前，东语系已有12个招生语种，50名教师，大约500名在

[①] 本节部分素材来源于北京大学官方新闻网、北京大学官微、北京大学招生办、北京外国语大学的官方新闻网、北京外国语大学官微、北京外国语大学本科招生办、北外法语语言文化学院官微等媒体资源，特此说明。

[②] 北大概况[EB/OL].[2022-09-01]. https://www.pku.edu.cn/about.html.

[③] 北京大学2023年招生简章暨报考指南[EB/OL]. 2023：103—104 [2023-08-01]. https://www.gotopku.cn/uploads/project/202306/25/2023zsjz.pdf.

87

校学生，成为北大最大的系。[1]

"北京大学外国语学院于1999年6月成立，截至2023年11月，北大拥有英语、俄语、法语、阿拉伯语、西班牙语、德语、日语、葡萄牙语、蒙古语、朝鲜语、越南语、泰国语、缅甸语、印尼语、菲律宾语、印地语、梵巴语、乌尔都语、波斯语、希伯来语、意大利语21个本科语种专业，其中非通用语种为14个。

此外还与元培学院、历史系共建有'外国语言与外国历史专业'；与元培学院、考古文博学院联合开设'外国语言与外国历史专业——外国考古方向'，培养高端跨学科复合型人才。外国语学院共有1个一级学科博士点，12个二级学科博士点，1个博士后流动站。近年，外国语学院还发起外国语言文学文化及多语种稀缺人才培养讲席项目（2020），'一带一路'国际化创新人才培养外国专家项目（2021），新时代背景下'一带一路'沿线国家国别和区域教学及研究外籍人才引进项目（2022）等。其中，学院入选国家级一流本科专业建设点，分别是：西班牙语、葡萄牙语、朝鲜语、波斯语、蒙古语、越南语、泰语、菲律宾语、缅甸语、印尼语、乌尔都语、梵巴语、希伯来语等。在2022年QS世界大学学科排名中，'现代语言'学科排在世界第12位，语言学和古典文学均排在世界第14位。"[2]

（二）非通用语专业教学概况

北京大学外语（含非通用语）学科的优势特色总体可概括为"人文为本，多元并存，交叉发展"。首先，夯实外语基础，精通专业语言，培养学生成为外语能力过硬又博古通今的"通才"型人才；其次，学东西之文，融中外之学。鼓励学生修读双学位或辅修专业；造就新一代有着良好人文素养、富于创造精神和具有多学科知识基础的外语专业人才；最后，冲破专业藩篱，打通学科通道，实现交叉培养。采取"外国语言文学相关方向+专业方向"的形式，打破语言基础与专业知识和方法之间的藩篱，为研究生加强"区域与国别研究"交叉学科人才培养做准备，探索多个跨学科的本科人才培养模式。[3]

---

[1] 北京大学外国语学院历史渊源［EB/OL］．［2022-09-03］．https://sfl.pku.edu.cn/xygk/xyjs/index.htm．

[2] 北京大学外国语学院历史渊源［EB/OL］．［2022-09-02］．https://sfl.pku.edu.cn/xygk/xyjs/index.htm．

[3] 北京大学外国语学院历史渊源［EB/OL］．［2022-09-05］．https://sfl.pku.edu.cn/xygk/xyjs/index.htm．

第三章 "一带一路"框架下区域国别语言（非通用语）专业建设的历时演进

1. 非通用语院系简介

表 3-1　北京大学非通用语院系简介

院系名称	肇始时间	院系简介
朝（韩）语系[①]	1945 年	1. 1942—1945 年，昆明，国立东方语言专科院校创办，初建时仅设有印地、越南、缅甸、泰语四个专业； 2. 1945 年，重庆，国立东方语言专科院校朝鲜语专科专业的诞生； 3. 1946—1948 年，南京，国立东方语言专科学校韩国语科专业的迁移； 4. 1949—1990 年，北京，北京大学东语系朝鲜语专业的最终形成； 5. 20 世纪 90 年代至今，东语系朝鲜语专业蓬勃发展，2009 年初由朝鲜语教研室升格为朝鲜（韩国）语言文化系。
东南亚系[②]	1942 年	1. 1942 年，昆明国立东方语言专科院校，初建时所设缅甸语和泰语专业，为东南亚学系的前身； 2. 包括五个国别语言文化专业：菲律宾语、缅甸语、泰语、印尼语、越南语，均为该语种在国内高校最早设立的专业； 3. 该系领头建设的"国家外语非通用语种本科人才培养基地"网站实现了泰语、朝语、印地语、菲律宾、印尼语、越南语、缅甸语、蒙古语、波斯语、希伯来语和乌尔都语等多语种的平台显示。
南亚学系[③]	1942 年	1. 1942 年，昆明国立东方语言专科院校，初建时所设印地语专业；为南亚学系前身； 2. 1946 年，季羡林先生受聘于北大，新设东语系，梵语和巴利语成为该系最早设立的语种，季先生成为中国梵语和巴利语的第一位教授； 3. 1954 年，乌尔都语专业开设创办，是我国乌尔都语语言文学、南亚次大陆伊斯兰历史文化教学科研基地； 4. 研究语言涉及中古伊朗语、巴利语、于阗语、吐火罗、藏语等； 5. 在原有语种教研室基础上，2009 年成立了南亚学系。
西葡意语系[④]	1960 年	1. 1960 年，北京大学西方语言文学系西班牙语专业创办； 2. 2007 年，葡萄牙语专业成立，是 985 及综合性大学中的第一个葡语专业；意大利语专业成立于 2021 年； 3. 西葡语系 1978 年起设立硕士点，1999 年设立博士点。
西亚学系[⑤]	1957 年	1. 1957 年，波斯语语言文化教研室成立，是国内最早从事波斯语教学和科研的单位；

[①] 朝韩语系—历史沿革[EB/OL].[2022-09-02]. https://korea.sfl.pku.edu.cn/bxjj/lsyg/index.htm.
[②] 东南亚系—历史沿革[EB/OL].[2022-09-03]. https://sfl.pku.edu.cn/xssz/54429.htm.
[③] 南亚学系—系所概况[EB/OL].[2022-09-04]. https://sfl.pku.edu.cn/xssz/54432.htm.
[④] 西葡意语系—系所概况[EB/OL].[2022-09-05]. https://sfl.pku.edu.cn/xssz/54434.htm.
[⑤] 西亚学系—系所概况[EB/OL].[2022-09-06]. https://sfl.pku.edu.cn/xssz/54435.htm.

(续表)

院系名称	肇始时间	院系简介
		2. 1985 年，希伯来语言文化教研室成立，首届招收了八名学生，是国内第一个从事现代希伯来语言教学的本科专业；北大是我国培养希伯来语专业师资和以色列及犹太研究人员的摇篮，希伯来语专业在 2021 年获批国家级一流本科专业建设点； 3. 徐哲平和王宇编译、编著的希伯来语教材系列（1—5）填补了国内相关教材的空白； 4. 下设 3 个教研室：波斯语言文化教研室、希伯来语言文化教研室、古代东方文明教研室；附设两个研究机构：北京大学伊朗文化研究所、北京大学希伯来与犹太文化研究所。
亚非语系①	1949 年	1. 蒙古语言文化教研室成立于 1949 年，是国内最早从事蒙古国通用的喀尔喀方言与西里尔蒙古文教学的单位； 2. 东方文学教研室成立于 1978 年，是国内最早开始培养东方文学方向硕士研究生和东方民间文学、东方作家文学方向博士生的单位，季羡林先生担任首任教研室主任； 3. 亚非语言文学系成立于 2009 年，由原东方语言文化系的部分专业整合组建。

资料来源：笔者根据北京大学官方新闻网、北京大学官微、北京大学招生办、北京大学外国语学院官网、北京大学历年招生简章上的相关资料整理制表。

2. 非通用语师资和专业建设概况

截至 2023 年 8 月，北京大学外国语学院共有在职教师 215 人，其中教授 70 人，拥有博士学位 184 人。教师队伍高度多元化、国际化，大部分教师博士毕业于哈佛、剑桥、加州伯克利、柏林自由、乔治城大学、莫斯科大学、巴黎三大等世界一流大学，此外还有包括讲席教授在内的 40 余位外教。现有在校本科生、硕士生、博士生 1300 余名，其中本科生 800 余名。②

表 3-2　北京大学非通用语师资和专业建设概况

院系名称	非通用专业语种	师资概况	专业建设概况
朝（韩）语系③	朝（韩）语	共 7 人；含教授 2 名、副教授 3 名、讲师 2 名	1. "每年"招收朝鲜语本科生； 2. 招收朝鲜（韩国）语言、文学、文化及韩语教育方向的硕士研究生及博士研究生；

---

① 亚非语系—系所概况［EB/OL］.［2022-09-07］. https://sfl.pku.edu.cn/xssz/54436.htm.
② 北京大学 2023 年招生简章暨报考指南［EB/OL］. 2023：103［2023-08-01］. https://www.gotopku.cn/uploads/project/202306/25/2023zsjz.pdf.
③ 朝韩语系—历史沿革［EB/OL］.［2022-09-02］. https://korea.sfl.pku.edu.cn/bxjj/lsyg/index.htm.

第三章 "一带一路"框架下区域国别语言（非通用语）专业建设的历时演进

（续表）

院系名称	非通用专业语种	师资概况	专业建设概况
			3. 编写出版了《韩国语》（1—4）、《中韩翻译教程》、《韩中翻译教程》、《大学韩国语语法》、《高级韩国语》等教材，出版了《韩国语实用语法》《新世纪韩汉词典》等工具书； 4. 4位教师先后获得"总统奖""总理奖"等政府的表彰。
东南亚系①	菲律宾语、缅甸语、泰语、印尼、越南语	共17名；含教授2名、副教授9名、讲师4名，助理教授2名	1. 各专业每三年或四年招收一届本科生； 2. 5个本科专业：菲律宾语、缅甸语、泰语、印尼语、越南语； 3. 培养5个国别语言文化方向和东南亚文化方向的硕士研究生，以及东南亚文化、东南亚区域语言研究方向的博士研究生； 4. 东南亚语种群专业入选教育部高等学校特色专业。
南亚学系②	梵巴语、乌尔都语、印地语、孟加拉语	共16人；含教授5名（含北大博雅讲席教授2人）、副教授8名、讲师2名、助理教授1名	1. 印度语言文学专业是第一批国家重点学科之一；梵巴语和乌尔都语专业是教育部特色专业建设点和国家级一流本科专业建设点； 2. 印地语是本领域目前国内唯一同时具有硕士和博士学位授予权的学科点； 3. 南亚语种群专业入选国家高等学校特色专业。 4. 孔菊兰、唐孟生、刘曙雄等教师曾获巴基斯坦国家级奖章，其中唐孟生获得最高荣誉"总统奖"。
西葡意语系③	葡萄牙语、意大利语	共20人；含中国教师16人，其中教授1名、副教授4名、讲师4名、助理教授5名、博士后2名，常聘外籍教师4名	1. 国内拥有"西班牙语语言文学"博士点的三所大学之一； 2. 葡萄牙语专业是国家级一流本科专业建设点。
西亚学系④	波斯语、希伯来语	共9名；含教授3名、副教授2名、讲师1名、助理教授3名	1. 2003年，成立国内首个开设希伯来语言文学硕士点； 2. 2021年，增设"以色列研究"博士培养方向； 3. 2009年，北京大学成立希伯来和犹太文化研究所；目前已获批教育部国别和区域研究

---

① 东南亚系—历史沿革［EB/OL］.［2022-09-08］. https://sfl.pku.edu.cn/xssz/54429.htm.
② 南亚学系—系所概况［EB/OL］.［2022-09-03］. https://sfl.pku.edu.cn/xssz/54432.htm.
③ 西葡意语系—系所概况［EB/OL］.［2022-09-05］. https://sfl.pku.edu.cn/xssz/54434.htm.
④ 西亚学系—系所概况［EB/OL］.［2022-09-05］. https://sfl.pku.edu.cn/xssz/54435.htm.

(续表)

院系名称	非通用专业语种	师资概况	专业建设概况
			基地——北京大学以色列研究中心； 4.《波斯语-汉语词典》1995年7月获国家新闻出版署首届辞书二等奖； 5.《汉语-波斯语词典》获伊朗1998年度最佳图书奖； 6.《波斯经典文库》获2003年中国第六届全国优秀外国文学图书奖一等奖、2003年伊朗第十届国家图书奖。
亚非语系[1]	蒙古语	共6名；含教授3名、副教授1名、助理教授1名、讲师1名	1. 蒙古语专业成立于1949年8月； 2. 招收蒙古语专业本科生；亚非语言文学专业是国家重点培育学科； 3. 招收"波斯语言文学、伊朗历史文化研究、波斯文学"专业硕士生和博士生；"希伯来语言文化、希伯来语圣经研究"硕士生；"古代东方文明"（亚述学、赫梯学）硕士生；古代西亚语言文化、古代安纳托利亚文明方向博士生。

资料来源：笔者根据北京大学外国语学院官网关于各系所概况和历史沿革的相关内容整理制表。

3. 非通用语本科专业课程设置概况

表3-3 北京大学非通用语本科专业课程设置概况[2]（仅列出主要专业）

语种	专业
朝（韩）语 （朝/韩语系）	基础朝鲜（韩国）语、朝鲜（韩国）语视听说、朝鲜（韩国）语会话、朝（韩）汉/汉朝（韩）翻译、高级韩国（朝鲜）语、朝鲜（韩国）语语法、高级韩国（朝鲜）语口语、韩国（朝鲜）历史、亚洲视角下的韩国经营与管理、朝鲜半岛概况、当代韩国社会、朝鲜（韩国）文学史、朝鲜（韩国）经济、朝鲜（韩国）国际关系史等
越南语[3] （东南亚系）	基础越南语、越南语语法、越南语会话、越南文化、越南现代小说选读、越南语泛读、越南语视听说、越南文学史、越南报刊选读、越南语写作、汉越语口译等

---

[1] 亚非语系—系所概况［EB/OL］．［2022-09-09］．https://sfl.pku.edu.cn/xssz/54436.htm．

[2] 赵华，高晓婷，骆元媛，等．中国外语非通用语种类专业建设和发展报告（2016—2019）［M］．北京：外语教学与研究出版社，2022：31—36．

[3] 北京大学外国语学院越语专业教学计划［EB/OL］．［2022-09-10］．https://sfl.pku.edu.cn/docs/2021-04/20210423140030075574.docx．

(续表)

语种	专业
缅甸语①（东南亚系）	缅甸语、缅甸语会话、缅甸语视听说、缅甸语语法、缅甸语口译、缅甸语写作、缅甸语翻译、缅甸报刊选读、缅甸文化、缅甸历史、东南亚上座部佛教导论、缅甸国情及热点问题研究等
梵巴语（南亚学系）	基础梵语、古典梵语传统语法、印度教入门、梵语佛教文献选读、巴利语、梵语文学史、印度哲学史、东方文学史、国外印度学专题、梵语佛教文献选读、藏传佛教导论等
印地语（南亚学系）	印地语、印地语视听说、印地语报刊阅读、高级印地语听力、高级印地语口语、印度英语报刊文章选读、印度概况、印度文学史、印度宗教、印度历史、印地语短篇小说、印度文化、汉语印地语教程等
葡萄牙语②（西葡意语系）	葡萄牙语、葡萄牙视听说、葡萄牙语语法、葡语听力、葡萄牙语阅读、文学翻译、非洲葡语作家选读、葡萄牙语诗歌、葡萄牙语写作、巴西文学史和文学选读、葡萄牙文学史和文学选读、葡萄牙历史和文化、巴西历史和文化、葡萄牙语笔译、葡萄牙语口译、葡萄牙语旅行文学等
波斯语（西亚语系）	基础波斯语、波斯语口语、波斯语视听说、伊朗历史文明概论、波斯语报刊阅读、波斯语小说、波斯古今散文研读、波斯语诗歌选读、波斯语散文、波斯文学史、波斯语-汉语翻译、中伊交流史等③
希伯来语（西亚语系）	希伯来语、希伯来语视听说、希伯来语口语、希伯来报刊选读、希伯来语写作、以色列社会、犹太简史、以色列现代史等
蒙古语④（亚非语系）	基础蒙古语、蒙古语语法、高年级蒙古语、蒙古语新闻听力、蒙古语方言、蒙古语简史、蒙古问题研究、蒙古语报刊阅读、蒙古文化、蒙古语会话、蒙古史、喀尔喀古代文学史、汉译蒙、蒙古语民间文学等

表格来源：笔者根据相关内容自制，具体引用部分已在表格中注明。

（二）非通用语专业学生就业概况

北京大学外国语学院的就业工作一直保持了很高的专业优势，整体就业率也始终高于北京大学的平均就业率。以 2022 年为例，2022 届本科毕业生共计 170 人。其中，就业人数为 43，占比 25.3%；境外深造人数为 45，占比 26.5%；国内升学人数为 67，占比 39.4%；准备继续深造或灵活就业人数为 15，占比

---

① 赵华，高晓婷，骆元媛，等. 中国外语非通用语种类专业建设和发展报告（2016—2019）[M]. 北京：外语教学与研究出版社，2022：31—36.
② 北京大学外国语学院葡萄牙语专业教学计划[EB/OL]. [2022-09-08]. https://sfl.pku.edu.cn/docs/2021-03/20210323095354700337.doc.
③ 北京大学外国语学院波斯语专业教学计划[EB/OL]. [2022-09-07]. https://sfl.pku.edu.cn/docs/2021-04/20210423135927197445.docx.
④ 北京大学外国语学院蒙古语专业教学计划[EB/OL]. [2022-09-09]. https://sfl.pku.edu.cn/docs/2021-04/20210423140146644934.docx.

8.8%。近几年学生的主要毕业去向如下：

表 3-4　北京大学外国语学院近几年学生的就业去向

就业单位	外交部、商务部、中联部；新华社、中央电视台、中国国际广播电视台；中国银行、中国石油、美国宝洁公司、麦肯锡咨询公司、德意志银行等
国内升学	本系保研、保研至其他院系（如汇丰商学院、光华管理学院、政府管理学院、新闻传播学院、教育学院、历史学系、哲学系等）及其他高校院所
境外深造	哈佛大学、斯坦福大学、牛津大学、剑桥大学、柏林自由大学、海德堡大学、巴黎高师、东京大学、京都大学、莫斯科大学、圣彼得堡大学等

资料来源：北京大学 2023 年招生简章暨报考指南［EB/OL］. 2023：106［2023-08-01］. https://www.gotopku.cn/uploads/project/202306/25/2023zsjz.pdf.

具体来说，外语学院各专业学生的毕业去向如下：

● 北大葡萄牙专业采取"少而精"的人才培养模式，就业率为 100%。截至 2022 年 9 月，读研率逐步上升，近三届分别为 40%、50% 和 86%。海外深造同学分布于牛津、康奈尔等名校。国内深造同学主要就读于北大、清华等知名高校。继续深造的学生中，55% 选择在葡语研究领域深耕，已有 4 人获得海外名校的葡语研究博士学位。另有 45% 攻读经济、法律、国际关系及区域国别研究，成为跨专业的复合型人才。本专业为我国培养了一大批葡语文学的翻译人才，王渊、符辰希、樊星、马琳、张晨已成为业内知名的葡语文学译者。[1]

● 希伯来语专业 2019 届本科毕业生 14 人，其中 1 人就业，其余 13 人在国内外高校继续深造。1 人在本专业读研，2 人在本校读研，9 人赴中国香港、以色列、美国、英国等国家和地区继续深造。北大希伯来语专业为全国希伯来语教学和以色列及犹太研究领域输送了大批优秀人才。（1）多名本专业毕业生在各大高校主持希伯来语专业的工作，如北京大学（王宇、梅华龙）、南京大学（孟振华）、清华大学（佘纲正）、上海外国语大学（杨阳）。（2）为社科院等研究机构培养了优秀人才，如中国社科院西亚非洲所冯基华（1985 级）、上海社会科学院欧亚研究所虞卫东（1985 级）、上海社会科学院国际问题研究所张亿南（1999 级）等。（3）向国家新闻单位阶梯式输送优秀人才，如新华社（戴巍 1990 级、马晓燕 1999 级、刘学 2007 级）、国际台（杨扬 2003 级）、中央电视台（顾奕 2003 级、刘朗月 2003 级）等。（4）向包括外交部在内的国家部委输送多名优秀

---

[1] 北京大学外国语学院国家级一流本科专业建设点：葡萄牙语［EB/OL］.（2022-09-20）［2022-09-21］. https://sfl.pku.edu.cn/jxgl/bks/ylzyjs/143238.htm.

人才，如刘永凤（1985级），曾任中国驻埃及大使馆公使等职。[1]

● 北京大学乌尔都语专业近5年内本科毕业生15名，其中到高校入职教研岗1人，读研7人，分别就读于北京大学、清华大学及中国香港、英国等地院校。本专业毕业生主要去向为外交部、新华社、国家安全部、中央广播电视总台、外文出版社、海关总署、北京市发展和改革委员会等部委及事业单位，其中不乏张春祥大使、侯艳琪大使、安启光总领事这样的杰出外交人物，也有赵俏、陈翔这样的新闻界杰出代表。[2]

● 印地语专业近64%的毕业生在国内外一流高校继续深造，其中18%的毕业生在北京大学本专业或其他专业继续深造，另有46%的毕业生在欧美一流大学继续深造。36%的本专业毕业生服务于国家企事业单位。2017届毕业人数11人，其中境内升学人数2人，境外升学人数5人，就业人数4人。

● 2016—2019年，朝鲜语专业本科生毕业生57人，其中30人在国内攻读硕士学位：7人选择本专业攻读硕士学位，23人选择经济、法律、人口、教育、国际关系等专业攻读硕士学位。

● 2018届印尼语毕业生共计12人，其中3人就业，9人选择继续深造，在国内或国外高校攻读更高学位。

● 2016—2019年，朝鲜语专业硕士毕业生33人，其中国内读博2人，出国读博2人，27人就业。2016—2019年博士毕业生4人，其中3人就职于高校，1人回国（韩国）。

● 泰语专业2018届毕业生共计14人，其中8人就业，就业去向包括外交部、广东政法机关、孔子学院、华为集团等企事业单位；6人选择继续深造。

● 菲律宾语专业2017级均有半数以上学生在中国国际广播电台等央广集团公司实习。2018届毕业生7人，其中5人在国内读研深造，1人出国深造，1人赴中国人民解放军相关部门就业。

● 截至2019年12月，波斯语2016级本科生中有2人已获免试推荐攻读本校波斯语言文学方向硕士研究生资格。

● 2019届越南语专业本科毕业生9人，其中就业5人（新华社1人，企业2人，其他单位2人），在国内外高校继续深造4人。越南语专业2015级部分本科

---

[1] 北京大学外国语学院国家级一流本科专业建设点：希伯来语［EB/OL］.（2022-06-11）［2022-09-19］. https://mp.weixin.qq.com/s?__biz=MzI0MjM3NzI5MA==&mid=2247495991&idx=1&sn=37632277bf330f5bfa4e8a88d9391123&chksm=e97f8612de080f042592337a8b8b2465bf0de537f22226e09687792d7960fec9c3b80eefbd8c&scene=27.

[2] 北京大学外国语学院国家级一流本科专业建设点：乌尔都语［EB/OL］.（2022-09-20）［2022-09-22］. https://sfl.pku.edu.cn/jxgl/bks/ylzyjs/143244.htm.

生在中国国际广播电台、新华社等单位实习；2015级部分本科生参与接待越南共产党中央书记处书记、胡志明国家政治学院院长阮春胜代表团一行的活动。

● 截至2019年12月，蒙古语2016级本科生中有2人通过外交部遴选，2人获得北京大学免试攻读硕士的资格，1人获得复旦大学免试攻读硕士的资格。①

（三）师生风采

● **季羡林**：1911年8月6日—2009年7月11日。北京大学的终身教授，与饶宗颐并称为"南饶北季"。精通英文、德文、梵文、巴利文，能阅俄文、法文，尤精于吐火罗文（当代世界上分布区域最广的语系印欧语系中的一种语言），是世界上仅有的精于此语言的几位学者之一。为"梵学、佛学、吐火罗文研究并举，中国文学、比较文学、文艺理论研究齐飞"奉献终身，其著作汇编成《季羡林文集》，共24卷。生前曾撰文三辞桂冠：国学大师、学界泰斗、国宝。②

● **殷洪元**：中国印地语教育的开创者之一。1945年9月至1948年6月在国立东方语文专科学校攻读印地语专业，1948年毕业后留校任教，1949年殷随国立东方语专并入北京大学东语系工作，参与了国内所有印地语辞书的编写工作，如《印地语汉语大词典》《汉语印地语大词典》等，并为《中国大百科全书》《世界的语言》等撰写条目，其中《汉语印地语大词典》是世界第一部汉语印地语词典，填补了相关领域的空白。③

● **段晴**：北京大学博雅讲席教授，师从著名教授季羡林、蒋忠新，学习梵语以及印度历史文化，毕生致力于中古伊朗语、梵语、巴利语、犍陀罗语等相关领域的教学与研究，在印度学、佛教学、丝绸之路文献和梵文贝叶经等研究领域成就卓著，享誉国际学界，著有《波你尼语法入门》《于阗·佛教·古卷》《中国国家图书馆藏西域文书——于阗语卷》《于阗语无垢净·光大陀罗尼经》等多部著作，主持国家社科基金重大课题"新疆丝路南道所遗存非汉语文书释读与研究"等。2022年1月30日，段晴教授领衔的"东方语言文化教师团队"入选第二批

---

① 赵华，高晓婷，骆元媛，等. 中国外语非通用语种类专业建设和发展报告（2016—2019）[M]. 北京：外语教学与研究出版社，2022：35—37.

② 国际东方学大师——季羡林[EB/OL].（2021-11-30）[2022-09-23]. https://baike.baidu.com/link?url=7krcJCaJkN3ABpkerfrguT31Ik3VP-NBpX7OfZHpuqJ9nunFVfi3UOkFuTz1Jazb1oQ3zZgTAySxbsOQhm5t_rBzS0VwJB7aUlyK5JrsRe3RfJBQFez4vAy1eQe_BGJx.

③ 澎湃新闻网. 中国印地语教育开创者之一殷洪元逝世，95岁时递交入党申请[EB/OL].（2021-11-08）[2022-09-25]. https://baijiahao.baidu.com/s?id=1715818949443261446&wfr=spider&for=pc.

"全国高校黄大年式教师团队"。①

● **姜景奎**：印地语专业教师姜景奎获得 2018 年"国际印地语最高成就奖"和"乔治·格里森奖"（印度政府）；2018 年"印度中央邦政府印地语海外学者奖：卡米耶·布尔克奖"（印度中央邦政府）。②

● **沈一鸣**：2022 年 3 月 15 日，西亚系沈一鸣老师译著《春园》（贾米原著，商务印书馆出版，2019 年）荣获伊朗第 29 届国际图书奖。

● **赵振江**：2022 年 4 月 1 日，赵振江教授荣膺我国翻译界最高荣誉"翻译文化终身成就奖"。

● **王渊**：2022 年 5 月 5 日是"世界葡萄牙语日"，葡萄牙语专业助理教授王渊博士获"世界葡语日"致敬表彰。

● **拱玉书**：2022 年 6 月 13 日，西亚系拱玉书教授译注的《吉尔伽美什史诗》（商务印书馆 2021 年版）荣获"金翻译家奖"。

● **刘畅**：2022 年 6 月 28 日，朝（韩）语系本科三年级刘畅同学在第二届"中韩大学生演讲大赛"全国总决赛中荣获第一名。

● **周桂榕**：2022 年 9 月 20 日，由韩国学中央研究院韩国文化交流中心主办的"我是正确宣传韩国的主人公"主题征文比赛，朝（韩）语系硕士二年级周桂榕同学荣获最高奖项"最优秀奖（外交部长官奖）"。

（五）国际交流和社会服务

● 2014—2017 年，北京大学希伯来语教师王宇曾出任北大与耶路撒冷希伯来大学合办的孔子学院的首任中方院长，主持《习近平谈治国理政（第一卷）》希伯来语译本的审校工作。

● 2018 年北大希伯来语专业与美国明德学院、英国剑桥大学合办首届"中国高校希伯来语教学研讨会"，促进中国的希伯来语教学与国际接轨。

● 北京大学南亚学系积极主办或参与"一带一路"倡议及"中巴经济走廊"项目相关的国际会议及论坛，先后与巴基斯坦记者访问团（2018 年）、巴基斯坦青年访问团（2019 年）、巴基斯坦哈扎拉大学师生访问团（2019 年）等交流座谈，形成良好的国际合作交流机制。目前与巴基斯坦旁遮普大学、国立科技大学、拉合尔政府学院大学、真纳大学、白沙瓦大学等保持着良好的合作关系。

---

① 北京大学外国语学院.喜报：外国语学院段晴团队获评第二批"全国高校黄大年式教师团队"[EB/OL].（2022-01-30）[2022-09-26].http://sfl.pku.edu.cn/lbtp/136539.htm.

② 赵华,高晓婷,骆元媛,等.中国外语非通用语种类专业建设和发展报告（2016—2019）[M].北京：外语教学与研究出版社，2022：36.

- 2021 年 9 月 15 日至 10 月 6 日，东南亚系本硕学生参加由新加坡理工大学主办的第十届模拟东盟青年峰会（Youth Model ASEAN Conference-2021）。
- 2021 年 12 月 1 日，伊拉克驻华大使舒尔什·哈立德·赛义德（Shorsh Khalid Said）访问北京大学。
- 2021 年 12 月 12 日，埃及驻华大使巴德里访问北京大学，参加埃及著名作家、诺贝尔文学奖获得者"纳吉布·马哈福兹诞辰 110 周年纪念专题研讨会"。
- 2022 年 1 月 10 日，外国语学院召开冬奥会志愿者出征仪式，为即将奔赴冬奥志愿服务一线的外院志愿者和演职人员进行出征动员。
- 2022 年 3 月 22 日，挪威外交部阿富汗问题代表团访问北京大学南亚研究中心。
- 2022 年 5 月 20 日上午，西葡意语系"米亚·科托与莫桑比克木通贝拉剧团"讲座于线上顺利举办，讲座受北京大学国际合作部"海外学者讲学计划"支持，邀请美国威斯康星大学麦迪逊分校非洲文化研究系路易斯·马杜雷拉教授担任主讲人。
- 2022 年 11 月 2 日，北京大学顺利举办"卡里斯玛的传承——柬埔寨的国王与首相"讲座。讲座由北京大学柬埔寨研究中心、北京大学外国语学院东南亚系等主办，国家社会科学基金重大项目"'太平洋丝绸之路'档案文献整理与研究"项目组承办。
- 2023 年 5 月 21 日，东南亚系熊燃老师荣获泰国第十六届"素林特拉查"翻译家奖，以表彰她对泰国文学译介与推广所做出的贡献。
- 2023 年 8 月 10 日，蒙古国总统乌赫那·呼日勒苏亲自为正在蒙古国乌兰巴托参加第十二届国际蒙古学家大会的北大外国语学院刘迪南副教授颁发象征中蒙友好交流崇高荣誉的蒙古国"友谊勋章"，以表彰其为促进中蒙两国文化交流、增进两国人民的友谊做出的卓越贡献。
- 2023 年 10 月 16 日，泰国教育部副部长顾问 Kamol Rodklai 先生、泰国先皇理工大学管理学院前任院长 Sudaporn Sawmong 博士泰国教育交流团一行来到外国语学院访问、交流。

二、北京外国语大学

（一）学校非通用语专业开设概况

北京外国语大学（Beijing Foreign Studies University），简称北外，是中国共产党创办的第一所外国语高等学校，前身是 1941 年成立于延安的中国抗日军政大学三分校俄文队，1954 年更名为北京外国语学院。1980 年后直属教育部领导，1994 年更名为"北京外国语大学"。目前获批开设 101 种外语语种，覆盖 182 个中国所有建交国和 193 个联合国会员国的官方用语，是全国最大的高端外语人才和涉外复合型人才培养基地。

北外的欧洲语种群和亚非语种群是目前我国覆盖面最大的非通用语建设基地，是教育部第一批特色专业建设点。学校开设的语种，除了俄语、英语、法语、德语、西班牙语、阿拉伯语、日语等通用语种外，学校还开设以下九十多种非通用语种，分别是："波兰语、捷克语、罗马尼亚语、柬埔寨语、老挝语、僧伽罗语、马来语、瑞典语、葡萄牙语、匈牙利语、阿尔巴尼亚语、保加利亚语、斯瓦希里语、缅甸语、印尼语、意大利语、克罗地亚语、塞尔维亚语、豪萨语、越南语、泰语、土耳其语、朝鲜语、斯洛伐克语、芬兰语、乌克兰语、荷兰语、挪威语、冰岛语、丹麦语、希腊语、菲律宾语、印地语、乌尔都语、希伯来语、波斯语、斯洛文尼亚语、爱沙尼亚语、拉脱维亚语、立陶宛语、爱尔兰语、马耳他语、孟加拉语、哈萨克语、乌兹别克语、拉丁语、祖鲁语、吉尔吉斯语、普什图语、梵语、巴利语、阿姆哈拉语、尼泊尔语、索马里语、泰米尔语、土库曼语、加泰罗尼亚语、约鲁巴语、蒙古语、亚美尼亚语、马达加斯加语、格鲁吉亚语、阿塞拜疆语、阿非利卡语、马其顿语、塔吉克语、茨瓦纳语、恩得贝莱语、科摩罗语、克里奥尔语、绍纳语、提格雷尼亚语、白俄罗斯语、毛利语、汤加语、萨摩亚语、库尔德语、比斯拉马语、达里语、德顿语、迪维希语、斐济语、库克群岛毛利语、隆迪语、卢森堡语、卢旺达语、纽埃语、皮金语、切瓦语、塞苏陀语、桑戈语、塔玛齐格特语、爪哇语、旁遮普语。"①学校秉承延安精神，坚持服务国家战略，目前已开齐与中国建交国家的官方用语。

学校主办了《外语教学与研究》《外国文学》《国际论坛》《外语教育研究前沿》4 种 CSSCI 来源刊物，《国际汉学》《中国俄语教学》2 种 CSSCI 扩展版来源期刊；主办 ESCI 英语期刊 *Chinese Journal of Applied Linguistics*（《中国应用语言学》）及其他多语种期刊共 11 种，覆盖英、法、西、阿、俄、德、葡等 7 个语种。学校有全国最大的外语类书籍、音像和电子产品出版基地：外语教学与研究出版社。②

目前，北京外国语大学与世界上 91 个国家和地区的 313 所高校和学术机构开展交流，并承办了 23 所海外孔子学院，位于亚、欧、美 18 个国家，居国内高校之首。据不完全统计，北京外国语大学毕业的校友中，先后出任驻外大使的有

---

① 北京外国语大学简介 [EB/OL]. [2022-11-02] https://www.bfsu.edu.cn/overview.
② 北京外国语大学简介 [EB/OL]. [2022-11-02] https://www.bfsu.edu.cn/overview.

400多人，出任参赞的有2000余人，目前在任大使中，有1/4左右出自北京外国语大学，学校也因此赢得了"共和国外交官摇篮"的美誉。①

（二）非通用语专业教学概况

在北京外国语大学校门口"时光步道"的尽头，有一尊镌刻着101种语言"你好"的莫比乌斯环雕像，展现着它的国际、多元和包容。北外专门教授语言的学院有"英语学院、阿拉伯语学院、俄语学院、日语学院（日研中心）、德语学院、法语语言文化学院、欧洲语言文化学院、亚洲学院、非洲学院和西班牙语葡萄牙语学院"等10个学院，其中，前6个学院主要教授的是通用语种"英语、阿拉伯语、俄语、日语、德语、法语、俄语"；非通用语专业教学单位主要是"欧洲语言文化学院、亚洲学院、非洲学院和西班牙语葡萄牙语学院"等4个学院，尽管其他学院也承担部分非通用语种的专业教学，如俄语学院负责白俄罗斯语、乌克兰语等非通用语种教学，因篇幅所限，本节仅对北外专门聚焦于非通用语教学的4个最主要的学院进行介绍。

1. 非通用语专业院系简介

● **欧洲语言文化学院**：学院的历史可以上溯到1954年，学院最早的两个专业——波兰和捷克语专业于1954年在北大创办，1956年迁至北京俄语学院。学院先后经历波捷语系、波捷罗语系、东欧语系和欧洲语言系等发展阶段；② 1984年，前东欧语系开始招收硕士研究生；1998年，获准设立欧洲语言文学硕士点和博士点，涵盖系内各专业，2007年学院更名为欧洲语言文化学院，学院现已开设25个语种专业，是我国欧洲非通用语种最为齐全的教学和科研单位。③

● **亚洲学院**：亚洲学院的前身是创建1961年的北京外国语大学亚非语系，创建初期开设了柬埔寨语、老挝语、僧伽罗语、斯瓦希里语和阿拉伯语等5个专业。2001年，北外亚非语系建立了国家外语非通用语本科人才培养基地；2007年4月，亚非语系更名为亚非学院。为了更好地推进北外亚洲和非洲的非通用语种群建设与发展，学校决定扩建亚非学院，2019年9月23日，北外亚洲

---

① 北京外国语大学招生办．传奇！这10位外交部高级翻译，都毕业于这所大学，还学习同一个专业［EB/OL］．（2021-04-25）［2022-09-19］．https://baijiahao.baidu.com/s?id=1697644661535184544&wfr=spider&for=pc．

② 欧洲语言文化学院历史沿革［EB/OL］．［2022-09-20］．https://europe.bfsu.edu.cn/xygk/lsyg.htm．

③ 北京外国语大学欧洲语言文化学院简介［EB/OL］．［2022-09-20］．https://europe.bfsu.edu.cn/xygk/xyjj.htm．

学院正式成立。

● **非洲学院**：1961年9月，北京外国语大学成立亚非语系，后开设斯瓦希里语和豪萨语专业，开展非洲本土语言的教学研究和人才培养工作。2007年4月，亚非语系更名为亚非学院。2019年9月，学校决定扩建亚非学院，成立了非洲学院。学院现获批开设斯瓦希里语、豪萨语、祖鲁语、阿姆哈拉语、马达加斯加语、索马里语、约鲁巴语、阿非利卡语、茨瓦纳语、恩德贝莱语、科摩罗语、克里奥尔语、绍纳语、提格雷尼亚语、隆迪语、卢旺达语、切瓦语、塞苏陀语、桑戈语、塔玛齐格特语等非洲语种本科专业，是国内教授非洲语种最多的院系。学院还设有非洲地区研究教研室和教育部备案的"非洲研究中心"，已和南非、尼日利亚、埃塞俄比亚、坦桑尼亚等国18所高校签订了合作备忘录，并与英国伦敦大学亚非学院、法国巴黎东方语言文化学院、荷兰莱顿大学等高校建立了交流合作关系。[1]

● **西班牙语葡萄牙语学院**：西班牙语葡萄牙语系是新中国第一个西班牙语和葡萄牙语教学单位。西班牙语专业建于1950年，葡萄牙语专业建于1960年。2006年，西班牙语系更名为西班牙语葡萄牙语系，2018年又更名为西班牙语葡萄牙语学院。学院下设两个系，即西班牙语系和葡萄牙语系；四个中心，即拉丁美洲研究中心、墨西哥研究中心，西班牙研究中心和北外-里斯本大学-卡蒙斯葡萄牙语言文化中心；一个基金会，即董燕生教育基金；两种学术集刊，即《西班牙语论丛》和《中拉互鉴》。[2] 学院主要开设西班牙语（通用语）和葡萄牙语（非通用语）两个专业。1979年，西班牙语专业获得硕士学位授予权，成为全国第一个具有西班牙语专业硕士学位授予权的单位。1996年，西班牙语专业又第一个获得博士学位授予权。2007年，葡萄牙语专业成为全国第一家葡萄牙语硕士研究生培养单位。2019年，西班牙语专业和葡萄牙语专业双双入选国家级一流本科专业建设点。学院与西班牙马德里自治大学、巴塞罗那自治大学、维戈大学、墨西哥国立自治大学、智利天主教大学、巴西圣保罗大学等知名高等学府签署了校际交流协议。[3]

由北外与西班牙亚洲之家、巴塞罗那大学、巴塞罗那自治大学合作建立的巴塞罗那孔子学院已被评为"示范孔院"，北外还承办了墨西哥国立自治大学在亚洲设立的首个墨西哥研究中心，并在墨西哥设立了北外中国研究中心。此外，北

---

[1] 北京外国语大学非洲学院简介［EB/OL］.［2022-09-22］. https://af.bfsu.edu.cn/xyjs.htm.
[2] 西班牙语葡萄牙语学院概况［EB/OL］.（2021-04-20）［2022-09-22］. https://xpyx.bfsu.edu.cn/info/1198/1505.htm.
[3] 院系简介［EB/OL］.［2022-09-22］. https://xpyx.bfsu.edu.cn/info/1194/1222.htm.

外还加入了西班牙语国际评估测试,是该组织唯一的中国成员高校。①

2. 非通用语师资和专业建设概况

北京非通用语种专业的人才培养模式在60多年间经历了数次变革:从20世纪50年代到70年代后期的"单一式"非通用语人才培养模式,到20世纪70年代后期至80年代中后期的"非通用语+英语"双语制培养模式,到80年代中后期至20世纪末的委托培养制度,再到21世纪以来的"复语型、复合型"以及国内外联合培养的人才培养模式。每一次探索,都反映北外对社会所需人才的思考,对人才强国战略的回应。②

2022年6月,教育部公布了2021年度国家级和省级一流本科专业建设点名单。北京外国语大学梵语巴利语、印度尼西亚语、印地语、越南语、豪萨语、斯瓦希里语、斯洛伐克语、塞尔维亚语、希腊语、孟加拉语、荷兰语、芬兰语、乌克兰语、挪威语、丹麦语、拉丁语等"非通用语专业"入选国家级一流本科专业建设点,菲律宾语、蒙古语、乌尔都语、希伯来语、尼泊尔语、克罗地亚语、冰岛语、祖鲁语、阿姆哈拉语、亚美尼亚语等10个专业入选省级一流本科专业建设点。至此,北外共获批国家级一流本科专业建设点54个,省级一流本科专业建设点18个。③

(1)欧洲语言文化学院师资和专业建设概况

截至2021年6月,欧洲语言文化学院共有专任教师60人,其中教授、副教授23人;共有外国文教专家20人,在站博士后1人。除此之外,还有中外籍名誉教授7人,客座教授9人。学院于1988年获准设立欧洲语言文学硕士点和博士点,涵盖学院各个专业。2021年,本科生、研究生在学规模为600多人。目前,学院负责建设的教育部国别和区域研究备案中心有:波兰研究中心(2011年)、中东欧研究中心(2012年启动,2017年入选中国智库索引CTTI智库名录)、北欧研究中心(2014年)、意大利研究中心(2015年);2017年共启动了9个教育部国别和区域研究备案中心:冰岛研究中心、保加利亚研究中心、罗马尼

---

① 国际交流与合作概况[EB/OL].[2022-09-25]. https://xpyx.bfsu.edu.cn/info/1202/1228.htm.
② 李宝龙,张璐. 推进新文科背景下非通用语专业建设[N]. 中国社会科学报,2022-07-11(008).
③ 喜讯!北外新增国家级一流本科专业建设点21个[EB/OL].(2022-06-15)[2022-09-20]. https://mp.weixin.qq.com/s?__biz=MzA3NDgyNzk4Ng==&mid=2653796781&idx=1&sn=4ef9b39b77cbbe545a9f8d023b536694&chksm=84a0c810b3d741069bb95b082a9d2b842da3ed7a87dfbecceeb920a1dc8fbda5bd9a7568f840&scene=27.

亚研究中心、阿尔巴尼亚研究中心、巴尔干研究中心、丹麦研究中心、瑞典研究中心、希腊研究中心，以及匈牙利研究中心。[①]

目前，欧洲语言文化学院开设的欧洲非通用语专业，包括阿尔巴尼亚语、爱尔兰语、爱沙尼亚语、白俄罗斯语、保加利亚语、冰岛语、波兰语、丹麦语、芬兰语、荷兰语、捷克语、加泰罗尼亚语、克罗地亚语、拉丁语、拉脱维亚语、立陶宛语、卢森堡语、罗马尼亚语、马耳他语、马其顿语、挪威语、葡萄牙语、瑞典语、塞尔维亚语、斯洛伐克语、斯洛文尼亚语、乌克兰语、希腊语、匈牙利语和意大利语等等。其中白俄罗斯语为2016年新建语种，卢森堡语为2017年新建语种。这些欧洲非通用语专业分布在4个院系：英语学院（爱尔兰语）、俄语学院（白俄罗斯语、乌克兰语）、西班牙语葡萄牙语学院（葡萄牙语、加泰罗尼亚语）和欧洲语言文化学院。[②]

2001年，全系作为"东欧语种群"被教育部列入"国家外语非通用语种本科人才培养基地"。欧洲语言文化学院目前共获批国家级一流本科专业建设点16个，省级一流本科专业建设点2个（见表3-5[③]）。

表3-5 欧洲语言文化学院国家一级、省级一流本科专业建设点（截至2022年9月）

	专业名称	建立时间
第一批国家级（2019）	波兰语	1954
	罗马尼亚语	1956
	匈牙利语	1961
	保加利亚语	1961
	阿尔巴尼亚语	1961
	意大利语	1962
第二批国家级（2020）	捷克语	1954
	瑞典语	1962

---

① 欧洲语言文化学院历史沿革[EB/OL].[2022-09-21]. https://europe.bfsu.edu.cn/xygk/lsyg.htm.

② 赵华，高晓婷，骆元媛，等.中国外语非通用语种类专业建设和发展报告（2016—2019）[M].北京：外语教学与研究出版社，2022：93.

③ 欧洲语言文化学院新增8个国家级一流本科专业建设点[EB/OL].（2022-06-16）[2022-09-24]. https://europe.bfsu.edu.cn/info/1100/3408.htm.

(续表)

	专业名称	建立时间
第三批国家级（2021）	塞尔维亚语	1963
	芬兰语	2002
	斯洛伐克语	2002
	荷兰语	2004
	希腊语	2005
	挪威语	2005
	丹麦语	2005
	拉丁语	2015
第三批省级（2021）	克罗地亚语	1963
	冰岛语	2005

（2）亚洲学院和非洲学院师资和专业建设概况

非洲学院师资概况：学院目前共有中国教师15人，其中教授2人、博士生导师2人，特设讲席副教授1人，取得博士学位的教师9人；外籍教师7人，其中教授2人、副教授2人，取得博士学位的教师6人（数据更新至2022年9月）。[①]

亚洲学院师资概况：学院目前共有教师82位，其中，教授11名，副教授23名，讲师36名，助教4名，其他教师4名，博士后4名。教师们教授的语种有：阿塞拜疆语、波斯语、梵语巴利语、菲律宾语、韩语、柬埔寨语、老挝语、马来语、蒙古语、孟加拉语、缅甸语、尼泊尔语、僧伽罗语、泰米尔语、泰语、土耳其语、乌尔都语、希伯来语、亚美尼亚语、印地语、印尼语和越南语等语种。[②]

亚洲学院和非洲学院教学概况：亚洲学院和非洲学院致力于培养复语型、复合型的亚洲和非洲的非通用语专门人才，培养层次涵盖本科、硕士、博士。亚洲学院和非洲学院目前设有本科生（4年）、硕士研究生（2—3年）、博士研究生（3—6年）三个培养层次。本科阶段的主要专业课程分为外语技能课程、外语专业课程和院系平台课程三类。硕士研究生培养依托二级学科"亚非语言文学"和"亚非地区研究"。"亚非语言文学"下设两个研究方向：亚非语言文学、翻译理

---

① 北京外国语大学非洲学院简介[EB/OL].[2022-09-20]. https://af.bfsu.edu.cn/xyjs.htm.
② 亚洲学院—专任教师[EB/OL].[2022-09-20]. https://asian.bfsu.edu.cn/szdw.htm.

论与实践;"亚非地区研究"下设四个研究方向:东南亚地区研究、南亚地区研究、西亚地区研究和非洲地区研究。亚非学院招收应用型翻译硕士(MTI)的专业包括:朝鲜语和泰语。有资格招收硕士生的专业包括:朝鲜语、马来语、泰语、老挝语、土耳其语、豪萨语、缅甸语、僧伽罗语、斯瓦希里语等专业。同时,泰语、朝鲜-韩国语翻译理论与实践方向硕士研究生项目招收国际生源。在读硕士研究生规模保持在每年 20—30 人。2010 年增设亚非语言文学专业博士研究生学科点。近四年,在读博士生规模保持在每年 20 人左右,研究领域包括东方民族主义文学研究、东南亚政治与法律、韩语翻译学、韩国古典文学研究等。[①]

（3）西班牙语葡萄牙语学院师资和专业建设概况

西班牙语葡萄牙语学院现有专业教师 30 名,其中教授 3 名、副教授 11 名、讲师 16 名,每年聘请 5 名外国专家。

学院的西班牙语专业创建于 1952 年,是国内第一个西班牙语教学单位。1979 年招收全国第一个西班牙语专业研究生班,1981 年成为硕士学位授予单位,1996 年又第一个获得博士学位授予权。2010 年被评为北京市重点学科,2019 年入选国家级一流本科专业建设点。创立 70 年来在翻译、外事、教学、科研等诸多领域为国家培养了大批高级专业人才。西班牙语专业现有教师 20 名,其中教授 2 名、副教授 9 名、讲师 9 名,每年聘请 3 名外国专家。教师队伍年龄结构合理,学历层次高,学缘结构好,师资力量位居全国之首,为国内高校输送或培训大量西班牙语专业教师,为国家或国际重大活动提供大量高水平翻译服务。[②]

学院的葡萄牙语专业成立于 1960 年,是全国开展葡萄牙语教学最早的高校之一,现有本科和硕士两个教学层次。2019 年,葡萄牙语专业入选"双万计划"国家级一流本科专业建设点。葡萄牙语专业现有教师 10 人。其中,中国教师 8 名,外籍教师 2 名（1 名葡萄牙籍,1 名巴西籍）;教授 1 名,副教授 2 名,讲师 4 名,助教 1 名。目前北外葡萄牙语专业是唯一的葡萄牙语国家级一流本科专业建设点;北外还是葡萄牙 CAPLE 考试考点,权威性受到普遍认可。葡萄牙语专业同葡萄牙、巴西和我国澳门地区的多所国际知名高等学府签订了合作协议,人才培养国际化程度不断提升。葡萄牙卡蒙斯学院每年向北京外国语大学派

[①] 赵华,高晓婷,骆元媛,等.中国外语非通用语种类专业建设和发展报告（2016—2019）[M].北京:外语教学与研究出版社,2022:68—70.

[②] 西班牙语专业介绍[EB/OL].（2021-04-20）[2022-09-22].https://xpyx.bfsu.edu.cn/info/1195/1501.htm.

遣一名语言专家协助教学工作；葡萄牙语专业的本科生和硕士研究生每年都有机会前往上述国家和地区学习。本科三年级的学生，除了多人作为国家公派留学生前往葡萄牙或巴西合作院校学习一年之外，其余所有人都可以根据北京外国语大学与澳门大学和澳门基金会签署的三方合作协议，前往澳门大学学习一年。此外，每年暑期，部分学生还可以前往澳门大学参加"葡萄牙语言文化暑期班"。①

（4）北外其他"非通用语"专业介绍（仅选取部分专业）

● **波斯语专业**：波斯语是伊朗官方语言，属印欧语系印度-伊朗语族，主要分布地区为中亚部分国家和地区，在阿富汗被称为达里语，是阿富汗伊斯兰共和国两种官方语言之一。波斯语是世界上的古老语言之一，其演变经历了古波斯语（楔形文字）、中古波斯语和现代波斯语。北外于 2009 年正式开设波斯语专业。第一批本科毕业生 16 人，毕业去向主要包括国家部委、企事业单位、高校及海外留学。2013 年招收第二批本科学生，人数为 15 人。2016 年开始招收波斯语言文学、区域研究硕士研究生。②

● **僧伽罗语专业**：僧伽罗语是斯里兰卡的官方语言，属于印欧语系印度-伊朗语族印度语支。僧伽罗语专业创建于 1961 年，北外是国内唯一长期教授此专业的单位。目前，北外已经与斯里兰卡凯拉尼亚大学、科伦坡大学之间签署了校际交流协议，僧伽罗语专业本科生在校学习期间均有机会前往斯里兰卡留学六个月至一年时间。2011 年，北京外国语大学"斯里兰卡研究中心"成立。北外图书馆及"斯里兰卡研究中心"现有僧伽罗语专业馆藏图书为国内之最。③

● **豪萨语专业**：始建于 20 世纪 60 年代，是我国设立最早也是我国几十年来培养该语言人才的唯一单位。豪萨语是非洲三大语言（即北非的阿拉伯语、东非的斯瓦希里语、西非的豪萨语）之一。使用该语言的国家主要有尼日利亚和尼日尔。喀麦隆、乍得、加纳的一些地区也使用该语言。豪萨语还作为商业用语，通用于西非几内亚湾沿岸各国，使用人口高达 6000 万以上。④2018 年 9 月，亚洲学院的梵语巴利语、泰米尔语、孟加拉语、尼泊尔语、阿塞拜疆语专业启动首批

---

① 葡萄牙语专业介绍［EB/OL］.（2021-04-20）［2022-09-22］. https://xpyx.bfsu.edu.cn/info/1196/1503.htm.
② 波斯语培养方案（2016 版）［EB/OL］.（2017-06-18）［2022-09-23］. https://asian.bfsu.edu.cn/info/1050/1247.htm.
③ 僧伽罗语培养方案（2016 版）［EB/OL］.（2017-06-18）［2022-09-24］. https://asian.bfsu.edu.cn/info/1050/1239.htm.
④ 豪萨语培养方案（2016 版）［EB/OL］.（2017-06-18）［2022-09-22］. https://asian.bfsu.edu.cn/info/1050/1244.htm.

本科招生；2021年9月7日，北外亚洲学院举办迪维希语课程开班仪式，这是国内高校首次开设迪维希语课程。

● **斯瓦希里语专业**：成立于1961年，是亚非学院首批开设的专业之一，迄今已为国家培养了逾200名斯瓦希里语人才。斯瓦希里语属尼日尔-刚果语系班图语支，通用于非洲东部的坦桑尼亚、肯尼亚、乌干达、布隆迪、卢旺达、刚果（金）等国。斯瓦希里语是坦桑尼亚和肯尼亚的国语和官方语言之一，也是非洲联盟的工作语言。目前使用人口超过一亿。①

综上所述，北京外国语大学"非通用语"本科专业实行主、辅修制，学制为四年，修业年限为三至六年；在修业年限内，学生在主修专业的同时，可辅修另一专业。例如，豪萨语专业学生除学习豪萨语外，还须修读第二外语（英语），英语修满800课时以上的学生通过考试后，毕业时可获得北京外国语大学颁发的英语相关文凭。学有余力、专业课成绩达到要求者还可以辅修经贸、外交、法律等专业，成绩合格也可以获取相应文凭和学位。

3. 非通用语本科专业课程设置概况

根据2016版本科专业培养方案，亚非学院各专业开设的主修专业课程基本上是90学分，共计1620学时，主要课型包括：初级×××语、中级×××语、高级×××语、×××语口语、×××语视听说、×××语口译、×××语笔译、×××语语法、×××语阅读、×××语演讲、×××语报刊选读、×××语写作（含应用文写作和学术写作两种课型）、×××语文学史、×××语文学作品选读、×××国社会与文化、×××国历史等等。部分师资力量比较雄厚的专业开设了其他一些本科课程，包括：中×关系史、×××语言史、×××语语音学、×××语语法学、×××语词汇学、×××语语义学、中×语言对比、中×翻译简史、×××语翻译批评与赏析、×××国政治、×××国经济、×××国民俗、×××国传统习俗与变迁、语言学导论、地区研究入门等课程。②

表3-6 北京外国语大学非通用语本科专业课程设置概况（仅列出部分专业）

语种	课程设置
意大利语	基础意大利语、基础意大利语视听说、意大利文化常识、中级意大利语、中级意大利语视听说、高级意大利语、高级意大利语视听说、意大利语高级口

---

① 斯瓦希里语培养方案（2016版）[EB/OL].（2017-06-18）[2022-09-24]. https://asian.bfsu.edu.cn/info/1050/1238.htm.

② 赵华，高晓婷，骆元媛，等. 中国外语非通用语种类专业建设和发展报告（2016—2019）[M]. 北京：外语教学与研究出版社，2022：72.

（续表）

语种	课程设置
	语、意大利语高级口译、意大利汉语口译、意大利语写作、意译汉笔译、汉译意笔译、意大利戏剧史、意大利文化简史、意大利文化常识、意大利社会概况、意大利语高级写作与修辞、中国文化、西方艺术史、意大利哲学与思想史、意大利经贸与科技文选、意大利现当代文学史、意大利语翻译理论与实践、意大利现当代文学史与文学选读、意大利中世纪与文艺复兴名著研读、意大利现当代著名作家研究、意大利媒体语言、意大利经济概况、意大利政治概况、欧洲古典文化、欧洲中世纪文化、意大利当代文学选读、中国文化（意大利语）、意大利新闻与报刊选读、意大利的统一与统一后的意大利、文艺复兴和文艺复兴后的意大利、意大利艺术简史等
波兰语	初级波兰语、波兰国情入门、波兰语初级视听、波兰语汉语口译、波兰语语法、波兰语写作、中级波兰语、中级波兰语视听说、高级波兰语、高级波兰语视听说、波兰的外交政策与动态、波兰现当代文化与艺术、波兰语汉语法律文本翻译、波兰媒体眼中的中国、波兰人的精神世界与生活习俗、波兰语汉语口译、波兰文学与文化简史、波兰语讨论与演讲、波兰经济与贸易投资、波兰语公文写作、波兰历史、波兰语经贸文选、波兰语报刊选读、波兰文学史与文学选读、波兰语政论文选、波兰文化等
保加利亚语	初级保加利亚语、保加利亚语会话、保加利亚语听力、保加利亚语基础写作、保加利亚语汉语翻译、中级保加利亚语、高级保加利亚语、保加利亚简史、保加利亚语视听、保加利亚语会话、保加利亚语泛读、保加利亚语汉语翻译、保加利亚语经济文选、中国文化、保加利亚影视作品赏析、保加利亚语报刊选读、保加利亚语政治文选、保加利亚文学简史、保加利亚语外交文选、保加利亚文学导读等
丹麦语	初级丹麦语、丹麦语语音、丹麦国情概况、丹麦语基础视听、中级丹麦语、丹麦语阅读、丹麦语基础写作、丹麦语中高级视听、丹麦社会与文化、丹麦与欧洲一体化、丹麦历史、丹麦政府与政治、公共演讲、安徒生作品选读、丹麦当代文学作品选读、丹英双语口译、丹麦语学术写作、丹麦语汉语政治外交笔译、丹麦语文学史与文学选读、丹麦语论文写作、丹麦历史等
罗马尼亚语	初级罗马尼亚语、罗马尼亚语实用口语、罗马尼亚语报刊、中级罗马尼亚语、罗马尼亚语视听说、罗马尼亚语泛读、中国文化、罗马尼亚电影与文学、罗马尼亚语基础写作、外交学入门、高级罗马尼亚语、罗马尼亚语翻译理论与实践、罗马尼亚语文选等
荷兰语	初级荷兰语、初级荷兰语视听、荷兰语语法、荷兰语日常口语、荷兰语汉语笔译、荷兰语汉语口译、荷兰语应用文写作、荷兰语演讲、荷兰文学概论、荷兰语时政、荷兰语翻译理论与实践、中级荷兰语、中级荷兰语视听、中级荷兰语写作、高级荷兰语、高级荷兰语口语、高级荷兰语视听、荷兰-比利时历史、荷兰语报刊选读、荷兰-比利时汉学、荷兰语论文写作等
克罗地亚语	初级克罗地亚语、克罗地亚语听力、克罗地亚语语法、中级克罗地亚语、高级克罗地亚语、克罗地亚语政论文选、汉语克罗地亚语笔译、克罗地亚语写作、克罗地亚语报刊阅读、克罗地亚历史、克罗地亚语论文写作、克罗地亚语新闻写作、克罗地亚文学简史、克罗地亚语汉语口译、克罗地亚语言史、西方文学名著选读、汉语克罗地亚语笔译等

(续表)

语种	课程设置
希腊语	初级希腊语、希腊语语音、初级希腊语视听、希腊语会话、中级希腊语、中级希腊语视听、古希腊神话、高级希腊语、希腊语基础写作、希腊文学史、希汉翻译理论与实践、希腊文学选读、希腊语泛读、希腊和塞浦路斯概况、希腊和塞浦路斯历史、希腊报刊选读、古希腊语入门等
塞尔维亚语	基础塞尔维亚语、塞尔维亚语初级视听说、中级塞尔维亚语、塞尔维亚语中级视听说、塞尔维亚语语法、塞尔维亚语高级视听说、塞尔维亚语基础写作、塞尔维亚语汉语笔译、塞尔维亚语汉语口译、塞尔维亚国情研究、高级塞尔维亚语、塞尔维亚语泛读、塞尔维亚语报刊阅读、塞尔维亚语论文写作、塞尔维亚文学史和文学选读等

资料来源：赵华，高晓婷，骆元媛，等. 中国外语非通用语种类专业建设和发展报告（2016—2019）[M]. 北京：外语教学与研究出版社，2022：95—109. 笔者根据以上资料制表。

（四）非通用语专业学生就业情况

北京外国语大学 2022 届毕业生共 2635 人。本科毕业生 1391 人（含二学位 14 人），占毕业生总数的 52.78%，硕士毕业生 1144 人，占 43.42%，博士毕业生 100 人，占 3.80%；男生 529 人，女生 2106 人，男女比例约为 1∶4；北京生源 365 人，京外生源 2270 人，京内外生源比约 1∶6。截至 2022 年 10 月 31 日，2022 届毕业生落实率为 96.28%。其中，就业比例为 52.90%，深造比例为 31.12%。从学历层次看，本科毕业生落实率为 96.55%，硕士毕业生落实率为 95.98%，博士毕业生落实率为 96.00%。

根据北京外国语大学 2022 年就业数据显示，进入信息传输、软件和信息技术服务业的毕业生占比 13.45%，是继毕业生传统就业流向教育业（25.5%）后排名第二的行业，这其中不乏"外语+复合专业"的毕业生。这从侧面说明了北外依托多语种、跨学科的优势，大力发展的复语型、复合型的国际化创新人才培养模式已经突破了传统的单一语言专业人才培养模式，将外语与其他专业深度融合，融通中外，开辟了新兴行业就业路径。

表 3-7 北外 2022 届各学历毕业生部分就业行业分布（%）

单位行业	整体	本科	硕士	博士
教育	25.50	5.58	25.15	92.86
信息传输、软件和信息技术服务业	13.45	18.22	13.04	2.38

(续表)

单位行业	整体	本科	硕士	博士
公共管理、社会保障和社会组织	13.20	19.33	12.57	0.00
文化、体育和娱乐业	10.07	10.04	11.06	0.00
金融业	9.57	12.27	9.55	1.19
租赁和商务服务业	7.51	8.92	7.80	0.00
批发和零售业	5.28	4.09	6.05	1.19
制造业	3.96	5.95	3.73	0.00
科学研究和技术服务业	2.97	1.12	3.61	2.38

表 3-8 主要的非通用语专业本科生毕业去向（数据截至 2022 年 10 月 31 日）

学院	专业	总人数	落实率	就业	升学
欧洲语言文化学院	阿尔巴尼亚语	9	100.00%	44.44%	55.56%
	冰岛语	11	100.00%	27.27%	72.73%
	波兰语	18	94.44%	22.22%	72.22%
	拉丁语	11	90.91%	9.09%	81.82%
	罗马尼亚语	16	100.00%	50%	50%
	斯洛伐克语	12	100.00%	41.67%	58.33%
	斯洛文尼亚语	10	100.00%	60.00%	40.00%
	意大利语	26	96.16%	34.62%	61.54%
	总计	113	97.35%	35.40%	61.95%
亚洲学院非洲学院	阿塞拜疆语	9	100.00%	22.22%	77.78%
	朝鲜语	23	100.00%	47.83%	52.17%
	朝鲜语（商务）	24	95.83%	41.67%	54.17%
	梵语巴利语	5	100.00%	40.00%	60.00%
	马来语	14	100.00%	21.43%	78.57%
	孟加拉语	8	100.00%	37.50%	62.50%
	尼泊尔语	9	100.00%	55.56%	44.44%
	僧伽罗语	15	93.33%	46.67%	46.67%
	泰米尔语	9	100.00%	33.33%	66.67%
	土耳其语	16	93.75%	56.25%	37.50%

(续表)

学院	专业	总人数	落实率	就业	升学
	希伯来语	15	100.00%	33.33%	66.67%
	希伯莱语	1	100.00%	100.00%	0.%
	祖鲁语	9	100.00%	11.11%	88.89%
	总计	157	98.09%	39.49%	58.60%
西班牙语葡萄牙语学院	葡萄牙语	18	100.00%	72.22%	27.78%
	西班牙语	40	97.50%	60.00%	37.50%
	西班牙语(商务)	19	100.00%	42.11%	57.89%
	总计	77	98.70%	58.44%	41.67%

数据来源：笔者根据北京外国语大学就业创业中心2023年4月发布的《2022北京外国语大学毕业生就业质量年度报》第25—28页制表。

备注：西班牙语为"通用语种"，为了整体呈现"西班牙语葡萄牙语学院"就业数据完整性，表格也将西班牙语就业数据录入，以供参考。

（四）师生风采

北外紧密结合国家战略发展需要，形成了"外、特、精、通"的办学理念和"兼容并蓄、博学笃行"的校训精神。建校以来，北外始终以"语通中外，道济天下"为使命，构建全球语言、全球文化、全球治理三大学科平台，聚焦国际传播、国际组织、区域国别人才急需领域，培养有家国情怀、有全球视野、有专业本领的高端复合型人才，推动中国更好走向世界，让世界更好地了解中国。北外师生中，很多已成为外交、翻译、教育、经贸、新闻、法律、金融等涉外领域的精英人才和社会栋梁。例如：

● **金永健**：1954年毕业于北京外国语学院英语系，1992年10月至1995年12月任常驻联合国日内瓦办事处代表、大使；1996年3月至2001年8月任联合国副秘书长。

● **李肇星**：1967年毕业于北京外国语学院英语系翻译班。1993—1995年，中国常驻联合国代表、特命全权大使；1998—2001年，中华人民共和国驻美利坚合众国特命全权大使；2003—2007年，任中国外交部部长。

● **唐闻生**：1965年毕业于北京外国语学院英语系。曾是毛主席、周总理的英语翻译，曾担任1971年基辛格秘密访问北京之行、1971年中华人民共和国恢复在联合国的合法席位后中国代表团出席第26届联合国大会、1972年尼克松访华的现场翻译。

● **吴红波**：1977年毕业于北京外国语学院英语系。曾任外交部港澳台司司长；驻菲律宾共和国特命全权大使；驻德意志联邦共和国特命全权大使，2012年被任命为联合国副秘书长，成为中国第八位联合国副秘书长。

● **崔天凯**：1981年毕业于北京外国语学院英语系译训班。2007年起任驻日本国特命全权大使；外交部副部长。2013年起任驻美利坚合众国特命全权大使。

● **傅莹**：1977毕业于北京外国语学院英语系。2007年4月起任驻大不列颠及北爱尔兰联合王国特命全权大使。2009年起任外交部副部长。[1]

● **沈志英**：斯瓦希里语专业创始人，20世纪60年代至70年代曾多次担任毛泽东、刘少奇、周恩来、朱德、陈毅等党和国家领导人的翻译。1995年，获得由坦桑尼亚文化部及国家斯瓦希里语委员会颁发、姆维尼总统亲笔签名的"斯瓦希里语"贡献奖；2014年，被中国非通用语教学研究会授予"中国非通用语教育终身成就奖"。[2]

● **易丽君**：1962年起任教于北京外国语大学东欧语系，曾长期担任北京外国语大学波兰语教研室主任。多年来，易老师多次获得"波兰文化功勋奖章"、"波兰共和国十字骑士勋章"、波兰"国民教育委员会功勋章"，"穿越大西洋"翻译大奖等荣誉，波兰共和国总统、总理、议长等政界要人，曾多次亲自为其颁奖或致信表示祝贺。[3]

● **冯志臣**：1956年，北外设立的"罗马尼亚语"专业第一届本科生，1961—1965年，于罗马尼亚布加勒斯特大学语文系深造，师从罗马尼亚科学院院士科迪亚努（Ion Coteanu）并获得语文学博士学位，学成回国后回母校执教直至退休。2006年，罗马尼亚教育部向北外罗马尼亚语教研室颁发了"功勋集体"的荣誉证书，2009年罗马尼亚外交部向冯志臣教授颁发了"罗中友好特别贡献奖"。[4]

● **王锁英、鲁宴宾**：北外1973级葡萄牙语专业毕业生，上海外国语大学葡

---

[1] 传奇！这10位外交部高级翻译，都毕业于这所大学，还学习同一个专业[EB/OL].（2021-04-25）[2022-09-19]. https://baijiahao.baidu.com/s?id=1697644661535184544&wfr=spider&for=pc.

[2] 非洲学院—名师风采：沈志英[EB/OL]. [2022-09-14]. https://af.bfsu.edu.cn/info/1101/1380.htm.

[3] 泰山北斗 光照后人：记波兰语专业易丽君教授[EB/OL]. [2022-09-16]. https://europe.bfsu.edu.cn/info/1071/1104.htm.

[4] 欧洲语言文化学院—名师风采：冯志成[EB/OL]. [2022-09-17]. https://europe.bfsu.edu.cn/info/1071/1103.htm.

语专业创始人，后长期居住葡萄牙，从事汉语教学。

● 吴志良：北外 1981 级葡萄牙语专业毕业生，澳门基金会行政委员会主席，全国政协委员，兼任澳门教科文中心主任，澳门公共行政管理学会和澳门成人教育学会会长。

● 张薇：北外 1994 级葡萄牙语专业毕业生，联合国开发计划署助理驻华代表。[①]

● 王炳东：2012 年 5 月 31 日，时任比利时驻华大使奈斯先生代表比利时国王阿尔贝二世向时任王炳东教授颁发了"利奥波德二世王勋章"，以表彰其在增进中国-比利时文化交流方面所做出的贡献。

● 王军：2012 年 10 月 19 日，意大利驻华使馆举行仪式向北外欧语学院意大利语专业王军教授颁发了"意大利之星骑士勋章"和意大利总统签发的证书，以表彰他为中意两国间语言文化交流所做出的杰出贡献。

● 粟秀玉：2013 年 3 月 26 日，缅甸前总统吴登盛授予中国缅甸语专家、北京外国语大学缅甸语教授粟秀玉"弘善贤德楷模"最高荣誉勋章。

● 董燕生：2015 年 6 月 17 日，时任西班牙驻华大使曼努埃尔巴伦西亚代表西班牙国王菲利普六世和西班牙政府向董燕生教授颁发"智者阿方索十世"勋章。此前，董燕生教授还曾获西班牙艺术文学勋章（2009 年）和西班牙伊莎贝尔女王勋章（2000 年）。

● 李洪峰：2017 年 7 月 14 日，时任加拿大总督戴维·约翰斯顿在加拿大驻华大使馆向李洪峰教授颁发"加拿大总督访问勋章"，表彰其为中加友好关系的发展做出突出贡献。

● 柯静：2018 年 11 月 2 日，阿尔巴尼亚总理拉马为北外阿尔巴尼亚语专业的柯静教授颁发"阿尔巴尼亚国家贡献勋章"。

● 马燕生：2019 年 3 月 19 日，时任法国驻华大使黎想向原北外副校长、前中国驻法国使馆公使衔教育参赞马燕生颁发了"法国学术棕榈骑士勋章"。

● 葛志强、林温霜：2019 年 12 月 8 日，保加利亚教育科技部授予葛志强教授、林温霜教授"保加利亚语言文化推广杰出贡献奖"。

● 王鲲：2021 年 3 月 19 日，法国驻华大使罗梁代表法国文化部授予北外法语语言文化学院副院长王鲲"法国文学艺术骑士勋章"。

● 张西平：2021 年 6 月 25 日，意大利驻华大使方澜意代表意大利政府授予北外中华文化国际传播研究院首席专家张西平教授"意大利之星指挥官勋章"。

---

① 2022 年葡萄牙语专业介绍［EB/OL］.（2022-06-24）［2022-09-24］. https://xpyx.bfsu.edu.cn/info/1198/1682.htm.

● 曹金刚：2021 年 6 月 25 日，意大利驻华大使馆向北外意大利语专业的曹金刚副教授颁发"意大利之星骑士勋章"。①

（五）国际交流和社会服务

● 2023 年，北外国际交流与合作开启新篇章。叙利亚第一夫人阿斯玛·阿萨德、斯里兰卡第一夫人麦特丽·维克拉玛辛、埃塞俄比亚副总理兼外交部长德梅克·梅孔嫩等先后到访北外，开展国际交流和访问活动。斯里兰卡交通与公路部长兼内阁发言人班杜拉·古纳瓦拉特纳、白俄罗斯教育部第一副部长亚历山大·巴哈诺维奇、非盟委员会教育代表团等来北外开展高端访问，"中非大学联盟交流机制中方秘书处"在北外揭牌成立。

● 2023 年 9 月 16 日，"由北京外国语大学、全球外国语大学联盟主办的'全球文明论坛'在北外隆重召开，联合国教科文组织前总干事伊琳娜·博科娃、欧洲科学院外籍院士张隆溪、阿尔及利亚-中国友好协会主席伊斯梅尔·德贝什等出席论坛。论坛以'沟通全球文明·增进国际理解'为主题，倡导加强文明交流互鉴，积极推动构建人类命运共同体。论坛举行'一带一路'国家文化教育大系成果发布仪式，正式启动全球语言服务平台项目。"②

● 2022 年 11 月 12 日，北外非洲学院成功举办庆祝中国现代外语非通用语高等教育 80 周年暨 "2022 年非洲语言与文化研究国际研讨会——聚焦非洲文学"，来自南非、尼日利亚、博茨瓦纳、美国等地多所大学以及北京大学、中国社会科学院、北京师范大学、中国传媒大学、国际关系学院、上海外国语大学、澳门理工大学等多所高校的专家学者参会发言。

● 2022 年 11 月 10 日，非洲学院索马里语外籍教师伊斯曼博士和马达加斯加语外籍教师唐磊（RAKOTOARIVONY Mamisoa）参加由中国外文局文化传播中心、北外中华文化国际传播研究院等机构主办的 "2022 中华文化国际传播论坛"并发表演讲。③

● 2022 年 7 月 8 日，"庆祝中国现代外语非通用语高等教育 80 周年"欧洲文学研讨会·暨欧洲语言文化论坛在北外举办。

● 2022 年 5 月 24 日，亚洲学院苏莹莹教授应马来西亚首相署邀请参加"马

---

① 骄傲！这 12 位中国人：获得法国政府、意大利总统、比利时国王等颁发的勋章！［EB/OL］.（2021-09-20）［2022-09-24］. https://baijiahao.baidu.com/s?id=1711232405684402352&wfr=spider&for=pc.

② 全球文明论坛"命运共同体：挑战与未来"分论坛在北外举行［EB/OL］.（2023-09-19）［2023-10-25］. https://news.bfsu.edu.cn/archives/300415.

③ 非洲学院—学院新闻［EB/OL］.［2022-09-16］. https://af.bfsu.edu.cn/index/xyyw.htm.

来语国际化发展高端研讨会"；马来语专业向马来西亚首相拿督斯里·伊斯迈尔·沙必里赠送出版教材《马来语讲中国文化》，马来西亚国家语文出版局董事会主席拿督斯里·阿旺·沙利延教授受托在"马来语国际化发展高端研讨会"开幕式上将此书转交给首相。

● 2021年4月23日—25日，由北京外国语大学主办、保加利亚索非亚大学协办的"亚洲欧洲研究国际研讨会"成功举办。本次会议邀请了来自保加利亚、英国、波兰、意大利、法国、印度、乌兹别克斯坦和哈萨克斯坦等国的专家学者参会。

● 2020年11月28日至12月5日，由北外欧洲语言文化学院、匈牙利研究中心与北京匈牙利文化中心联合举办的第三届"中国高校匈牙利语言文化教学研讨会"以线上会议的形式举办。匈牙利驻华大使馆文化教育参赞宋妮雅博士（dr. Buslig Szonja）出席线上会议并讲话。①

● 2018年4月12日，乌拉圭中央银行行长马里奥·贝尔加拉访问北外并作专题讲座《乌拉圭经济进程和结构改革》。

● 2017年1月31日，彭龙校长签署了北外作为合作伙伴之一加入亚洲大学欧洲研究再推动计划（European Studies Revitalized Across Asian Universities，简称 EurAsia 项目）项目书。EurAsia 项目是保加利亚索非亚大学领导、波兰雅盖隆大学、意大利卡塔尼亚大学等欧洲大学共同参与的欧盟 Erasmus+项目资助的国际合作项目，旨在促进亚洲大学对欧盟研究课程的开设与发展。"②

---

① 第三届"中国高校匈牙利语言文化教学研讨会"成功召开［EB/OL］.［2022-09-17］. https://europe.bfsu.edu.cn/info/1102/2944.htm.

② 欧洲语言文化学院—国际交流［EB/OL］.［2022-09-16］. https://europe.bfsu.edu.cn/gjjl.htm.

第四章 "一带一路"区域国别语言教育政策规划的机遇和挑战

通过分析与总结"一带一路"背景下的区域国别语言教育战略规划与反思，理清 21 世纪以来中国区域国别语言教育政策发展的经验与教训，有利于增强人们对区域国别语言教育政策规划的理性认识，树立正确的区域国别语言课程改革理念，努力践行区域国别语言教育政策，以减少在区域国别语言教育政策执行过程中出现的政策执行实际结果与政策目标、政策内容不相符合的现象，进而提高区域国别语言教育政策执行的经济效益和社会效益，促进区域国别语言教育事业的良好发展。

2013 年，国务院学位委员会第六届学科评议组编写《学位授予和人才培养一级学科简介》，其中有关"外国语言文学"一级学科研究对象的表述为"外国语言文学包括外国语言研究、外国文学研究、翻译研究、国别与区域研究、比较文学与跨文化研究"，[1]这标志着外国语言文学一级学科内涵的拓展得到官方正式确认，也意味着多年处于学科边缘地带甚至有一定争议的"国别与区域研究"终于正式获得合法地位。这得益于该领域相关教学和研究人员的长期坚守，也反映出外语学科的内在活力和国家发展对学科内涵建设的驱动作用。就外语学科而言，国别区域研究使得外语学科的社会服务和资政献策的功能更为突出，也突出了外语在国别与研究区域中的独特贡献和关键地位。与此同时，国别与区域研究领域建设面临的挑战也不容忽视。如何适应新形势需求，加强该领域建设和研究，是相关教学和研究人员必须关注的课题。

建设"21 世纪海上丝绸之路"和"丝绸之路经济带"是党中央、国务院洞察全球形势深刻变化，统筹国内国际两个大局做出的重大战略决策。[2]在中国"一带一路"倡议与东盟国家"互联互通"政策相契合背景下，中国与东盟国家

---

[1] 中国研究生招生信息网. 外语语言文学的学科内涵 [EB/OL].（2016-04-25）[2022-09-17]. https://yz.chsi.com.cn/kyzx/other/201604/20160425/1530345847.htm.

[2] 周谷平，阚阅. "一带一路"战略的人才支撑与教育路径 [J]. 教育研究，2015，36（10）：4—9，22.

在各领域的交流合作迎来了新的巅峰。秉承"一带一路"建设共商、共享、共建的原则，在人文交流方面坚持民心相通，教育先行，培养具备拥有跨文化交际能力的高端复合型外语创新人才将有力地促进中国与东盟各国友好交流和往来。

第一节　迂回曲折：中国外语学科区域国别研究的历史沿革

所谓区域国别研究也指区域和国别研究，这一研究的含义和概念颇广，因此不同的研究者对于这一概念具有差异性的认识是非常正常的现象。只有理清研究的基本概念，才能进一步探究区域国别研究过程中语言学科建设和语言人才培养的相关问题。通常来说，区域国别研究可以看作是针对特定的国家、国情、民族、地理或者是文化进行的跨学科知识体系的探索和研究[1]。

在国际问题研究的过程中，研究者不能只着眼于各个国家政治或者经济等单一维度。当前国际形势多变，国际问题趋于复杂化，因此，学者在研究国际问题时，可以将问题划分为国际历史、国际理论、国际现实问题等方面，通过借助区域国别研究来对国际间不同国家之间相互交织联系的历史关系进行还原，从实践中寻找归纳建构国际理论所需的信息素材以及推理演绎宏大复杂的国际现实问题。国际问题研究也可以根据其特点分为一般性的国际问题研究以及精细化的地区国别研究两个部分。一般性的国际问题研究着眼于某一类现实问题，旨在归纳出此类问题的普遍规律，具有普适性的特点；而精细化的地区国别研究更加着重于呈现特定地区的具体特点，更加强调针对性、地方性。但不论是哪一部分国际问题研究，都离不开区域国别研究，可以说区域国别研究是进行国际问题研究的过程中非常重要的一环，为实际问题的解决摸清前方的道路。

在众多研究中，区域国别研究通常是基于现实需要出发，以特定国家或者地区为单位，融合多学科的知识体系协同进行，助力解决现实中存在的问题。无论是较全面地考虑多角度的综合研究，还是从不同的政治、经济、文化、宗教、法律等不同学科出发进行单一维度的研究，都呈现出以现实问题为导向，需要多个学科知识体系融合解决问题的特征[2]。基于此研究的特征可以剖析出在区域国别人才的培养过程中，需要培养的是具有全面性、综合性和多元化特征的人才，而仅仅学习单一学科是无法成为跨学科人才的。因此，需要认识到区域国别研究人

---

[1] 任晓. 今天我们如何开展区域国别研究[J]. 国际关系研究，2022（4）：3—16，155.

[2] 梁占军. 构建区域国别学，世界现代史大有可为[J]. 史学集刊，2022（4）：8—12.

才语言培养的重要性。区域国别研究人才不仅需要学习特定国家、区域或者民族的语言，还需要具备运用所学到语言去解决现实问题的能力，如资料搜集、数据分析、国情研究以及提出对策等等，运用多学科的知识和综合的素养去成就复合型研究人才，这才是符合区域国别研究的基本内涵和特征[①]。

一、外语学科区域国别研究的萌芽期：1990年以前

国别与区域研究是随着1978年国家改革开放政策和外语教育的全面恢复而萌芽并逐渐成长的，早期主要表现为国别研究。1979年，当时的北京外国语学院英语系在美籍华人邓炎昌教授倡导下成立美国研究中心，并于1981年起招收"美国社会文化"方向硕士研究生，开创外语学科国别研究的先河；1983年北外英语系成立澳大利亚研究中心并招收硕士研究生。[②] 1980年，上海外国语学院俄语系成立苏联研究所，以苏联的社会学和教育学为主要研究方向，这标志着我国的外语研究迈出由单一语言教学向国际问题研究跨越的重要一步，因研究主要聚焦苏联等国，由此也培养出大批俄语专业人才。1985年，中国教育部与日本国际交流基金为促进两国教育文化交流，依托北京外国语学院日语专业共同创建"北京日本学研究中心"，开始了对日语及日本国家的了解和学习。1988年，解放军洛阳外国语学院英语系成立美国研究中心，次年开始招收"美国研究"方向的硕士生。1989年，上海外国语学院和广州外国语学院分别成立"英语国家研究中心"和"加拿大研究中心"。经过十年探索，几家主要外语院校在国别研究方向初步奠定研究生教育与学术研究基础，此时的国别区域研究正值起步阶段。

二、外语学科区域国别研究稳步推进期：20世纪90年代至21世纪初

第二个阶段大致从20世纪90年代至21世纪前十年，外语学科国别研究方向建设事业稳步推进。上海外国语大学于1994年成立跨院系的日本研究中心，旨在对日本的语言、文学、政治、经济、文化、社会、教育等不同领域开展多维度的跨学科综合性研究。北京外国语大学美国研究中心于1996年设立博士点，依托英语语言文学二级学科招收博士研究生；同一时期，北京日本学研究中心一方面选派优秀毕业生赴日攻读博士学位，同时开始自主招收和培养博士生；2006和2007年，北外先后增设加拿大研究中心和爱尔兰研究中心并开始招收硕士

[①] 马亮."一带一路"背景下俄语专业区域国别人才培养的现状、问题及建议[J]. 中国俄语学，2019，38（1）：91—96，20.

[②] 美国研究中心［EB/OL］.［2022-09-19］. https://seis.bfsu.edu.cn/yjzx/mgyjzx.htm.

生。解放军洛阳外国语学院美国研究中心于 2005 年开始招收博士生。在这几十年期间，随着外国语言文学在全国高校的分布和发展，由此依托的国别研究方向迈上新的台阶，进入了新阶段。但相比之下，国别研究在该学科依然属于"小众"方向，其学位教育规模有限，相关的教学资源也相对分散，学科属性定位仍不够明确，大家仍对"语言学习"停留在实用技能和工具手段的认知层面。[①]

三、外语学科区域国别研究的高速发展期：2010 年以后

21 世纪第二个十年，区域国别研究迎来高速发展时代。2009 年 2 月，国务院学位委员会和教育部印发《学位授予和人才培养学科目录设置与管理办法》，次年 11 月又颁布了《授予博士、硕士学位和培养研究生的二级学科自主设置实施细则》，对学科设置与管理等相关问题进行重大改革，允许学位授予单位"在本单位具有博士学位授权的一级学科下，自主设置与调整授予博士学位的二级学科；在具有硕士学位授权的一级学科下，自主设置与调整授予硕士学位的二级学科"。[②]这一重要的改革举措为外国语言文学设立国别与区域研究二级学科方向提供政策基础，也为外语研究和国别与区域研究的紧密结合提供了契机和条件。2009 年 6 月，教育部社会科学司和北京外国语大学联合举办首届外语院校繁荣发展哲学社会科学高层论坛。会议的主旨则是强调外语类院校在人文社会科学繁荣发展的历史进程中存在的不足，一致认为外语院校应努力抓住时代机遇，抓住中国学术走出去的历史契机，看到外语学科和外语院校在国别区域研究中的特殊地位，"从内涵和外延同时开拓学科发展的边界，积极谋求外语院校发展的创新平台和高地，增强学科辐射扩散能力，实现外语院校自身的可持续发展"。[③]这次会议也为外国语言文学进一步创新学科发展提出要求，指明方向，外语学科国别区域发展有了更为清晰的指向和发展目标。

2011 年 3 月，为贯彻落实《国家中长期教育改革和发展规划纲要（2010—2020 年）》，国务院学位委员会、教育部对《授予博士、硕士学位和培养研究生的学科、专业目录（1997 年）》进行修订，颁布新版《学位授予和人才培养学科目录（2011 年）》。此次修订的主要特点之一是改革学科设置与管理机制，扩大了学位授予单位办学自主权，以促进学科交叉融合，适应当今经济社会发展对高

---

① 李志东. 外语学科国别与区域研究：发展与挑战 [J]. 外语学刊，2021（1）：59—65.

② 郭少峰. 教育部下放二级学科设置权 [N]. 新京报，2011-01-04.

③ 力迈. 学者探讨 中国学术"走出去"之路径 [N]. 中国青年报，2014-09-09（02）.

层次人才的需求。国务院学位委员会第六届学科评议组于 2013 年编写出版《学位授予和人才培养一级学科简介》，进一步界定和规范各个不同学科的概况、内涵、范围和培育目标等内容，为学位授予单位加强学科建设、制订培养方案和开展学位授予工作提供参考，同时，也是首次将国别与区域研究明确列为外国语言文学一级学科的 5 个研究对象之一。

2012 年，教育部开始在全国高校设立区域与国别研究培育基地、备案区域与国别研究中心，首批在 25 所高校建立 37 个区域和国别研究培育基地。2012 年 4 月，区域和国别研究培育基地第一次工作会议在浙江召开，与会代表一致认为，在世界格局深刻演变和我国综合国力不断提升的时代背景下，为适应国家战略和外交全局对区域和国别研究工作提出的更高要求，更好地服务于国家转型发展和顺应国际形势转变，各高校以及相关外语学科"一定要抓住难得的历史机遇，妥善应对自身和外部的挑战和困难，尽早实现区域、国别、领域的全面覆盖，为维护和增进国家利益，制定国家发展战略和政策提供坚实的智力支持"。[①]

2015 年，教育部进而颁发《国别和区域研究基地培育和建设暂行办法》，进一步明确支持高等院校培育和建设区域与国别研究基地。2017 年，教育部办公厅下发《关于做好 2017 年度国别和区域研究有关工作的通知》，再次强调"高等学校开展国别和区域研究工作，对于服务国家战略和外交大局，全面推进'一带一路'建设，具有十分重要的意义"，并附有《国别和区域研究中心建设指引（试行）》，以促进高校"深入开展国别和区域研究工作，全面覆盖世界各个国家和地区"。[②] 由于政府职能部门的大力扶持和推动，区域与国别研究呈现出突飞猛进的发展势头，区域与国别研究机构在各高校如雨后春笋般不断涌现。

在此背景下，各外语类院校及各高校外语院系区域与国别研究积极回应国家政策的呼吁，取得了显著的进步和长足的发展。为服务国家外交战略、推进区域与国别研究，2021 年 12 月，国务院学位委员会下发了《博士、硕士学位授予和人才培养学科专业目录（征求意见稿）》，其中增加了"交叉学科"这一大类，下设 6 个一级学科，"区域国别学"赫然在列。目前，全国已有 400 多个培育基地和备案中心，它们分布在 180 多所高校，形成了集人才培养、学术研究、人文交

---

① 中华人民共和国教育部. 区域和国别研究培育基地第一次工作会议成功召开 [EB/OL]. (2012-04-17) [2021-09-20]. http://www.moe.gov.cn/jyb_sjzl/s3165/201204/t20120417_134244.html.

② 中华人民共和国教育部. 教育部办公厅关于做好 2017 年度国别和区域研究有关工作的通知 [EB/OL]. (2017-02-23) [2021-09-21]. http://www.moe.gov.cn/srcsite/A20/s7068/201703/t20170314_299521.html.

流、资政服务为一体、特色鲜明的学术共同体。① "一带一路"倡议实施以来，许多高校也纷纷增设区域国别研究二级学科，涉及语言、文学、文化、政治、经济诸领域。这对新形势下中国区域国别研究的学科化和专业化建设提出了新要求。区域与国别研究已成为外国语言文学学科建设发展的增长点。

第二节 大势所趋："一带一路"区域国别语言教育政策规划的现实机遇

"一带一路"是"现代丝绸之路"崛起的一部分，格局较"古代丝路"更宏大，更具活力。"一带一路"横跨中蒙俄、新亚欧大陆桥、中国-中亚-西亚、中国-中南半岛、中巴、孟中印缅六大经济走廊。多民族、多元文化及多种语言的特点，使"一带一路"沿线国家和地区，呈现出丰富多彩的社会景象、历史进程和多样的现实发展诉求。"一方水土养一方人"。"一带一路"沿线国家和地区，主要集中在中亚、西亚、南亚和东南亚，欧洲的中欧、南欧及西欧部分国家和地区。这些国家的官方语言隶属印欧语系、闪含语系、南岛语系、南亚语系、阿尔泰语系、汉藏语系等。有些语言除了同属同一语系，还为同一语支的亲属语言，因此，"一带一路"上的各国人民的沟通具有一定的语言优势。"一带一路"框架下的语言战略，所涉及的语言有许多是我国周边国家的语言。我国周边国家的语言是我国需要长期储备语言人才的语种，同时我国丰富的跨境语言人才资源，也为我国提供了天然的外语人才资源。②

在全球经济一体化背景下的"一带一路"倡议，其构想、规划及其建设推进的过程，对践行实施这一战略的各个领域而言，都充满着千载难逢的发展机遇和与之相伴而至的各种挑战。如何缩小"一带一路"沿线国家地区经济发展不平衡的差距？如何在相互尊重、相互理解、相互包容的交流过往中缩小、弥合沿线国家多元文化的差异？如何秉承全球大视野和大格局理念，培育迎难而上、勇于开拓进取的精神和科学理性的睿智，抓住机遇，迎接挑战，进而把挑战转变成发展的机遇，这是摆在"一带一路"所有建设者面前的重要问题。

---

① 谢韬. 区域国别学：机遇与挑战［EB/OL］. (2022-05-17)［2022-09-21］. https://m.aisixiang.com/data/133757.html.

② 赵阳. "一带一路"背景下的多语种人才培养研究［M］. 北京：社会科学文献出版社，2017：23—25.

一、"一带一路"框架下中国参与全球治理的机遇

当今世界正处在百年不遇之大变局之中，世界的发展也走到了一个关键的十字路口。当今国际政治的新常态呈现出一幅"世界深度多元化、国际格局多极化、国家利益诉求多样化、国家关系复杂化、多维化"的图景。在大国竞争加剧、国家利益纷繁的世界政治进程中，全球治理逐渐成为了包括大国在内的所有国家最有可能合作的一个平台。全球治理的平台不是自动形成的，而是需要国际社会成员，尤其是承付重大责任的大国，同心共建的。随着全球一体化的不断推进，全球治理的需求更为迫切，中国作为拥有 14 亿人口的国家、联合国五个常任理事国之一、世界第二大经济体、国际多边组织和条约的重要参与者和实践者，是全球治理中不可或缺的国家。积极参与全球治理，也会产生反哺中国自身实力的正面效应。

只要全球性问题持续出现，全球治理就是世界的责任。无论是新冠病毒，还是金融危机、气候变化、恐怖主义等威胁全人类生命和发展的全球问题，都亟需世界各国，无论大国小国、强国弱国放下成见，通力合作，才能以有效的全球治理，来保证自身国民和整个人类的安全和发展，为每一个国家、每一个民族的安全，合作应对挑战是当今世界为数不多的高度共识。这是超越了种族、国家、信仰、意识形态、政治体制、经济水平和社会形态的一种"顾全大局，和谐万邦"的理性自觉。

在"一带一路"背景下，中国将更大程度地参与全球治理，拥有更大的话语权，对多语种人才的需求会更加明显。如中欧全面战略伙伴关系，是中国与欧盟之间建立的多领域合作机制，目前，欧盟的官方语言有 24 种，包括捷克语、丹麦语、荷兰语、英语、爱沙尼亚语、芬兰语、法语、德语、希腊语、匈牙利语、意大利语、拉脱维亚语、立陶宛语、马耳他语、波兰语、葡萄牙语、斯洛伐克语、斯洛文尼亚语、西班牙语、瑞典语、爱尔兰语、罗马尼亚语、保加利亚语、克罗地亚语。二十国集团则需要日语、英语、德语、法语、意大利语、俄语、西班牙语、葡萄牙语、阿拉伯语、土耳其语等精通"非通用语种"且英语水平高的多语种人才；中阿合作论坛有 22 个成员国，需要阿拉伯语、英语方面的多语种人才；中非合作论坛成员国有 50 个，需要法语、阿拉伯语等语言的"非通用语"特需人才；中国与东盟建立对话机制，以及 RCEP《区域全面经济伙伴关系协定》的签署，亟需一大批泰语、老挝语、缅甸语、越南语、日语、韩语、毛利语等相关"非通用语"特需人才。这都对中国多语种人才培养提出了更高的

要求。[1]

二、"一带一路"背景下中国经济"走出去"的机遇

"一带一路"倡议实施 10 年以来，以和平合作、开放包容、互学互鉴、互利共赢的丝绸之路精神为指引，从夯基垒台、立柱架梁到落地生根、持久发展，从恢宏磅礴的"大写意"到精谨细腻的"工笔画"。在秉持共商共建共享原则基础上，中国把基础设施"硬联通"作为重要方向，把规则标准"软联通"作为重要支撑，把共建国家人民"心联通"作为重要基础。在多方齐心协力的努力下，"六廊六路多国多港"的互联互通架构基本形成。目前，我国已与"一带一路"沿线国家货物贸易额累计超过 10.4 万亿美元，对沿线国家非金融类直接投资超过 1300 亿美元。据世界银行报告指出，共建"一带一路"倡议将使相关国家 760 万人摆脱极端贫困、3200 万人摆脱中度贫困，将使全球贸易增长 1.7%—6.2%。事实证明，"一带一路"倡议源于中国，机遇和成果属于世界。共建"一带一路"追求的是发展，崇尚的是共赢，传递的是希望。[2]在共建"一带一路"过程中，无论是推动"硬联通""软联通"还是增进"心联通"，都需要以语言服务作为支撑，也离不开建立在语言研究基础上的国别与区域研究。[3]这要求我们构建与共建"一带一路"相适应的外语教育战略，培养、造就、储备一批掌握党和国家方针政策、具有全球视野的复合型外语人才。只有培养熟悉当地政策与国情、了解当地历史文化、民族精神、价值观念、思维方式、风土人情、习俗习惯，并通晓国际规则、熟练运用外语、精通中外谈判和沟通的复合型多语人才，才能在相关领域的合作中发挥更大作用。因此，培养更多具备法律、经贸、金融、管理、科技、历史、新闻等专业背景的复合型、应用型外语人才，已经成为高校外语人才培养的当务之急和重中之重。

三、"一带一路"倡议下外语学科建设和复合型、复语型人才培养的机遇

"一带一路"建设为我国外语语言学科（尤其是非通用语专业）建设带来了强劲的发展动力和难得的发展机遇。"一带一路"建设的宏伟规划要在沿线国家

---

[1] 赵阳．"一带一路"背景下的多语种人才培养研究［M］．北京：社会科学文献出版社，2017：172—175．

[2] 人民日报评论员．共建"一带一路"取得实打实沉甸甸的成就：论学习贯彻习近平总书记在第三次"一带一路"建设座谈会上重要讲话［N］．人民日报，2021-11-21．

[3] 于秋阳．为共建"一带一路"培养语言人才［N］．人民日报，2022-02-17．

落地生根，语言人才不可或缺。[①]在新时代背景下，区域国别研究尤其是"一带一路"沿线国家相关研究在外国语言文学学科内的成长，源于国家综合国力和国际地位不断提升对学科发展提出的新需求，植根于该学科长期积累的厚实基础和肥沃土壤，得益于该学科担当时代责任、强化自身内涵建设的探索实践，彰显出了外语学科的特色潜力和优势。学科建设是一项长期而复杂的系统工程，涉及师资队伍、人才培养、科学研究、社会服务、国际交流与合作等多个方面，因此，"内涵质量建设永远在路上"的说法一点都不为过。[②]然而，面对外语学科方向调整的新变化和国家发展的新形势，我们应该顺势而为，并根据学科评估所暴露出的薄弱环节及时调整学科建设理念和实施方案，提高学科内涵建设质量。

"一带一路"沿线国家和地区语言多样、文化多元，很多地方的通用语言或官方语言、民族语言属于"非通用语种"。目前，我国的"非通用语种"人才储备相对欠缺，加快与优化人才培养的必要性日益凸显。这就要求我们必须更加重视非通用语种，不仅要在学科建设、专业建设、课程教学、师资培养等方面持续完善、加大投入，同时要为非通用语种毕业生在实习、就业等方面提供更多机遇和更好保障。尤其是要为包括非通用语种在内的外语专业人才更好地参与共建"一带一路"搭建平台、畅通渠道，让语言人才有更大的舞台、更广阔的天地。

"一带一路"区域国别语言学科建设中，非通用语种专业是我国语言学科建设的重要组成部分。从抗日战争期间国立东方语专开设越南语、泰语、缅甸语专业算起，我国的东南亚语种专业已经走过了70多年的光辉历程。经历如此漫长曲折的发展历程后，目前我国已经建立起从大专、本科、硕士到博士的系统齐备的"通用语种+非通用语种"高等教育培育体系，累计为国家培养了数以万计的外语专门人才。随着我国"走出去"战略的进一步深化，特别是"一带一路"构想的提出，非通用语种的需求显著提升，国家为其发展也提供了相应的倾斜和支持，这为我国非通用语种专业建设带来了强劲的发展动力和难得的发展机遇。截至2023年8月，中国已与152个国家、32个国际组织签署了200多份合作文件，覆盖我国83%的建交国。共建"一带一路"的倡议已先后写入联合国、亚太经合组织等多边机制成果文件。10年以来，共建"一带一路"互联互通也稳步推进，一大批重点合作项目落地生根。中老铁路实现全线开通运营；匈塞铁路塞尔维亚境内贝诺段顺利通车；雅万高铁最长隧道实现全隧贯通。中欧班列开辟

[①] 文秋芳. 国家语言能力的内涵及其评价指标[J]. 云南师范大学学报（哲学社会科学版），2016，48（2）：23—31.

[②] 彭青龙. 论外语学科方向变化新特点与内涵建设新思路[J]. 外语电化教学，2018（3）：3—7.

了亚欧陆路运输新通道，目前已铺画运行线路 84 条，通达欧洲 25 个国家的 211 个城市；西部陆海新通道铁海联运班列已覆盖我国中西部 18 个省（区、市），为保障国际供应链产业链稳定畅通提供了有力支撑。[①]可以说，"一带一路"已成为引领中国和沿线国家合作发展的新理念与导向。因此，我们要看到"一带一路"沿线国家和地区在我国"一带一路"远景战略规划中关键突出的战略地位，发展"非通用语种"更是进一步巩固我国与"一带一路"沿线地区国家的关系、推进"一带一路"稳步前行的重要条件之一。

目前，在中国从大国向强国迈进的转型之际，外语学科迎来了前所未有的机遇。2018 年是中国开展"双一流"建设的开局年，各高校纷纷公布"双一流"建设实施方案。外语学科必将在中国文化"走出去"的国际传播中大有作为。因此，高等教育强国的建立仅靠几十所"双一流"建设高校是远远不够的，中国高校的外语学科都有建设世界一流、国家一流或者地方一流学科的使命，都必须将自身的内涵建设与国家命运、社会进步甚至世界发展联系起来，与不同地区、不同行业的需求紧密结合，唯如此，各校才能找到适合的特色发展之路，才能在中国现代化实践中体现各自独特的价值。

第三节　勇毅前行："一带一路"区域国别语言教育政策规划面临的挑战

当今世界百年未有之大变局加速演变，世界之变、时代之变、历史之变正以前所未有的方式铺陈展开，远远超越了以往时代的"一时一事、一域一国"之变。新一轮科技革命和产业变革带来的激烈竞争前所未有，国际政治和经济秩序与体系变革问题、全球气候变化、国际恐怖主义、能源安全和网络安全等全球性治理问题对人类社会影响深远。共建"一带一路"国际环境日趋复杂，机遇和挑战并存。

一、"一带一路"语言教育政策规划顶层设计的挑战

"一带一路"辐射跨度大，涉及的国家或地区多，且很多是发展中国家，这些国家的国语或民族语言多为非通用语，而"一带一路"建设速度快，与之相应

[①] 严赋憬，陈炜伟（新华社）. 我国已与 152 个国家、32 个国际组织签署共建"一带一路"合作文件［EB/OL］.（2023-08-25）［2023-09-01］. http://app.www.gov.cn/govdata/gov/202308/25/506570/article.html．

的语言人才培养却远远不能满足建设需要，中国和沿线国家的语言教育和培训在这方面明显准备不足，人才培养体系不健全或根本没有建立相应的培养体系，导致语言人才培养成为中国和沿线国家语言文化教育的瓶颈问题，并且已经影响到中国与沿线国家的民心相通。随着"一带一路"建设深入推进，我国语言环境发生深刻变化，迫切需要从语言功能、外语语种、语言安全、话语系统等方面入手制定国家语言发展规划和语言教育规划，统筹处理好眼前需求和长远发展、个别需求与整体布局、国内发展和国际需求的关系，选择重点语言领域重点建设，防止一哄而上和"一刀切"。

（一）整体语言教育政策规划和顶层设计不足

改革开放以来，区域国别语言教育政策发展走过了一条曲折的道路，如：区域国别语言教育在中国的发展由于受到国际政治经济环境影响，缺乏科学规律的指导和规划；师资建设和区域国别语言教育衔接的严重不协调，致使区域国别语言教育投资的成本与产出在宏观上处于失衡的无序状态。语言教育政策的制定和推行，既要充分满足国家和人民在政治、经济、文化和教育等社会生活中的当前需求，还需做好语言文字工作的中长期规划，充分发挥语言在社会生活和服务"一带一路"国家战略大局中的积极作用。目前，我国在区域国别语言教育方面虽取得了一定的成绩，但也存在着较多问题，面临严峻的挑战。

为此，要在国家层面建立"一带一路"语言能力建设统筹协调机制，推进实施《国家语言文字事业"十四五"发展规划》，明确语言能力建设的任务书、时间表和路线图。协调通用和非通用语种错位有序布局，对英语等通用语种培养做深做细，对非通用语则要结合实际需要加大力度培养。中国和沿线国家应在明确语言需求现状基础上，互通语言教育资源，错位合作，资源互补，可以采用培养方案互补、课程互通、学分互认等方式，打破时空限制，在疫情状态下，可以通过打造"空中课堂"方式，汇聚教育资源，实现中外融合，甚至可以跨国别跨语种培养多语种人才，推动语言人才的跨本土流动，实现"一带一路"语言人才的跨国别流动和互助，拓展人才使用空间，节约教育资源，最终形成机制健全、科学合理的"一带一路"语言人才集群，从而为"一带一路"语言服务储备充足的人才资源，缓解"一带一路"语言刚需的压力。[①]

[①] 孙宜学. 中国语言文字服务"一带一路"要重视"三通"[EB/OL].（2021-12-05）[2022-09-23]. https://baijiahao.baidu.com/s?id=17182960476431 94864&wfr=spider&for=pc.

（二）关键战略语种建设滞后，缺乏非通用语专业的科学布局

我国战略语言规划起步较晚，关键战略语种建设工作滞后，缺乏非通用语专业布点顶层设计机制。在"一带一路"的建设过程中，传统安全与非传统安全问题此消彼长，若隐若现，恐怖主义、跨国犯罪、非法移民、国际维和、国际人道救援和搜救等突发事件此起彼伏，交织复杂。语言在防范、规避、预警及保障丝路安全问题时，在消除和化解非传统安全威胁和风险过程中，都具有无可替代的战略价值，"一带一路"非传统安全战略性语种规划必须尽早实施。[①] 多语种人才，尤其是"非通用语种+"特需人才的培养需要顶层设计，在语种的选择、设置、就业指导、出国交流等各方面，都需要从国家宏观层面进行"一带一路"区域国别语言教育规划的科学顶层设计。

"一带一路"沿线各个国家使用的国语和官方语言有60余种，加上民族语言共涉及200余种语言。就目前而言，已经开设的语种，人才储备也明显无法满足新形势下的政治、经济、文化和外交事务等方面对"非通用语种"特需人才需求。语种开设缺乏规划，外语语种布局不均衡的问题凸显。因受过去非通用语种教育政策影响和英语的国际通用语地位影响，我国各阶段的非通用语种教育，尤其是基础阶段的非通用语种教育，基本上等同于英语教育，导致英语低端水平人才过剩、语种能力严重不均衡的状况；且因将近一半的小语种都是在最近的5年内开设的，所以无论在人才培养规模还是质量上都尚且不能满足"一带一路"建设对高端外语人才的需求。

当前，我国高校非通用语种专业招生分布不均。一方面，由于好莱坞大片和汉堡包文化的影响，学生们对于学习英语、法语、西班牙语等欧美国家通用语种的学习热情较高。另外，随着日本动漫凭着剧情的创新和趣味性席卷全球，《哆啦A梦》的天真烂漫、《千与千寻》的美少女故事，《海贼王》《龙珠》的催人奋进、自强不息，影响了千千万万的国人，日本动漫以其鲜明的民族特色和独特的故事情节吸引了广大青年学生。因此，日语专业招生也相对比较热门。另一方面，中国学生对学习韩语这种"非通用语"也比较情有独钟。以韩剧为代表，与韩国化妆美容、服饰、饮食（泡菜）、体育、旅游观光等形成"韩流文化"，具有极为强大的流行力量。受韩剧、韩流的影响，很多中国学生乐于学习韩语。随着报考热门语种的学生人数的不断攀升，韩语和日语专业毕业人数过多，导致供大于求，学生毕业面临巨大的就业压力，有些不得不放弃本专业，选择跟韩语专业

[①] 沈骑."一带一路"倡议下国家外语能力建设的战略转型［J］.云南师范大学学报（哲学社会科学版），2015，47（5）：9—13.

相关度不高的诸如文秘、行政、人力资源等工作岗位。与此相反，学生们对报考希伯来语、波斯语、梵语、豪萨语、斯瓦希里语、乌尔都语、土耳其语、爱沙尼亚语、老挝语、蒙古语等冷门语言专业的积极性不高，有些"非通用语"专业每隔两年招生，仍也存在无人问津的困境。这远远不能满足"一带一路"背景下对于非通用语种语言人才的需要，供求远不成比例。值得一提的是，以往我国高校开设的"非通用语种"主要面向欧亚国家，面向非洲国家的语种较少。有些非通用语种专业不是每年招生，如之前北京外国语大学的马来语、泰语等专业隔年招生，而之前上海外国语大学的希腊语、土耳其语等专业每隔四年招一届学生，与"一带一路"倡议对非通用语种高端人才的迫切需求或不相适应。

目前，我国教育部本科专业目录中的外语语种中，若干语种专业因受各种教学条件限制，开设计划未能得以真正落实[①]。在"非通用语种"师资、教学方法、教学理念、"非通用语种"教材和工具书上，依然存在着一些不匹配的现象，如，教师的"非通用语"教学能力无法与现实的教学实践相匹配；无法与国际交流、涉外商务、国际谈判相匹配；无法与当今瞬息万变的市场就业需求相匹配等。"非通用语种"特需人才的整体培养方案，各个语种的招生规划、课程设置、海外交流、课外实践等由于具体开设专业的时间长短不同，积累的经验有所差异，因此尚未形成完善的体系。[②] 此外，部分"非通用语种"专业毕业生存在一定程度就业困难，一边是高端外语人才极其紧缺，一边是外语学生就业出路狭窄。

外语人才作为国家和企业重要的战略资源，将直接影响"一带一路"倡议的实施效果。因此，为了培养服务于"一带一路"建设的"高精尖缺"语言人才，应结合本市经济社会发展和市场需求实际，根据"一带一路"建设所涉及的贸易、运输、基建、金融、电商、能源、旅游、法律、科技、文化等合作领域的语言人才需求，着力培养"专业知识+外语技能+通识素养"一体化的复合型人才，以及通晓双语或者多语的"复语型""多语型"人才是区域国别语言教育顺应时代发展的必然趋势，政府及教育行政管理部门和各高校应意识到对企业国际化人才发展的作用和影响，结合国家经济、社会发展和市场需求实际，加强对各办学院校和机构的指导，做到统筹规划，分类指导，整合资源，重点扶持，着力培养服务于"一带一路"建设急需的"高精尖缺"语言人才、相关科技领军人才

---

① 张天伟.国家语言能力视角下的我国非通用语教育：问题与对策[J].外语界，2017（2）：44—52.

② 赵阳."一带一路"背景下的多语种人才培养研究[M].北京：社会科学文献出版社，2017：200—205.

和专门特殊人才。

综上所述，我们应放眼中国的"一带一路"倡议和区域国别语言教育改革、规划与布局大计，从服务国家需求、区域布局、语种排设、课程设置、专业建设、语言智库、语言人才库、语言资源库建设等方面出发，在国家战略高度的层面上，整体规划我国"一带一路"区域国别语言教育。

（三）外语教育维护国家安全的战略意识还不强

2006年，美国正式提出"关键语言"（critical languages）的概念，并在同年正式推出美国"国家安全语言计划"，将外语教学和国家安全紧密联系在一起。在该计划中，美国政府明确提出了鼓励美国公民学习国家需要的8种"关键语言"的政策，分别是：阿拉伯语、汉语、朝鲜语、俄语、印地语、日语、波斯语、土耳其语。对美国而言，关键语言就是关键外语，所谓关键外语就是在国际舞台中关乎一个国家的政治稳定、外交通畅、信息安全、经济发展、民族团结、文化交流、教育合作等重要领域的外语。

区域国别语言教育政策规划和"关键语言"学科建设与国家安全息息相关。目前，我国的"关键语言"还未确立，官方语言、通用语言以及关键语言的关系该如何处理？与国家安全和利益攸关的战略性语种规划工作如何开展？这些都是"一带一路"语言教育政策规划过程中需要研究的课题。

每个国家的语言政策，不管是显性的，还是隐性的，都是针对不同的政治环境和国家需要而制定的。语言政策是紧紧扎根于历史的，是政治、经济、社会力量的工具。语言规划应从长远计议，做好国家安全需求下的语言规划，特别要做好非通用语种的规划，解决非通用语种紧缺问题。首先在语言规划方案的制定方面，要关注外语教育规划与政策、中国外语人力资源规划与留学政策、外交语言政策及外宣语言政策，国防与国家安全相关的外语政策等。我们要高度警惕"三个主义"，即民族分裂主义、宗教极端主义、暴力恐怖主义对我国国家安全构成直接的威胁。[①]

区域国别语言教育政策的制定要考虑到国际政治、外交以及中华文化传播的需要。当前中国的区域国别语言教育仍然是以英语为主的通用语种教育，但是中国的对外文化传播也需要一大批掌握世界不同国家语言的人才。在安全语言政策的制定方面，要考虑区域或跨境语言需求，需对边境地区或省份的语言需求进行深入的调查研究。大致来说，广西、云南等地区对东盟国家的语言需求比较大，

---

① 刘美兰. 美国安全语言教育规划对中国的启示 [M]. 北京：中国社会科学出版社，2020：235—236.

而辽宁、吉林等东北地区对朝鲜语、日语的需求较大，在黑龙江、内蒙古等北方边疆地区对俄语、蒙古语等的需求较大。①区域国别语言教育应该且必须能够将国家安全文化承载的思想观念与价值体系以文化话语的形式传递与表达出来，从而实现对国家安全文化核心价值观的导向、凝聚甚至辩护，增强忧患意识，做到居安思危。通过在语言文化领域维护与巩固国家安全的权威性，努力形成一种社会共识。随着国家的发展和国际形势的变化，国家安全的内涵和外延也会有所变化，政治安全、国土安全、军事安全、经济安全、文化安全、社会安全、科技安全、信息安全、生态安全等国家安全的内核，为区域国别语言教育规划的未来顶层设计提供了基础，对捍卫中华民族语言，凝聚国家民族认同、传递共识和抵御外来强势语言文化入侵，确保国家安全、稳定，维护国家和平发展，意义深远。

只有遵循语言发展规律、时代发展要求的"一带一路"区域国别语言教育政策，才是科学的、民主的、可持续发展的教育良策。随着中国的崛起，中国经济的腾飞，中国与世界各国的政治、经济、外交、文化和教育交往和合作愈发频繁，汉语国际教育和中华文化的海外传播和推广直接影响中国在海外的地位和国家形象，为此，中国必须高度重视语言和文化战略的制定。中国的孔子学院就是在学习和借鉴"英国的文化委员会、德国的歌德学院、法国的法语联盟"等国家语言和文化推广机构的基础上设立的，孔子学院和其他语言交流合作项目是中国致力于促进语言交流、文化理解、文明对话的教育版、文化版的中国方案。中国崛起不是排他的而是包容的，将给世界带来机遇。加强汉语教育的国际推广的力度，创新汉语国际教育推广的手段和方式，保护、传承和推广中华民族自己的国家语言和优秀民族文化，提升我们的文化传播力、新闻影响力、国家软实力。这也为我们向世界讲好中国故事、中国共产党故事，传播好中国声音，提供了根本遵循。

为此，要在国家层面建立"一带一路"语言能力建设统筹协调机制，推进实施《国家语言文字事业"十四五"发展规划》，明确语言能力建设的任务书、时间表和路线图。协调通用和非通用语种错位有序布局，对英语等通用语种培养做深做细，对非通用语则要结合实际需要加大力度培养。中国和沿线国家应在明确语言需求现状基础上，互通语言教育资源，错位合作，资源互补，可以采用培养方案互补、课程互通、学分互认等方式，打破时空限制。②

---

① 刘美兰. 美国安全语言教育规划对中国的启示 [M]. 北京：中国社会科学出版社，2020：235.
② 孙宜学. 中国语言文字服务"一带一路"要重视"三通" [EB/OL]. (2021-12-05) [2022-09-24]. https://baijiahao.baidu.com/s?id=1718296047643194864&wfr=spider&for=pc.

二、"一带一路"区域国别语言学科建设相对滞后

区域国别语言学科的建设和发展关系到中国政治、经济、文化、科技、教育等现代化建设的方方面面，在经济全球化、世界政治关系复杂化和"一带一路"建设大潮的背景下讨论中国区域国别语言学科建设与发展问题，其意义已远超出学科建设本身。一流区域国别语言学科建设是提升我国语言教育综合实力和竞争力、培养一流语言人才的重要战略举措。一流语言学科创新发展对区域国别语言师资队伍建设、区域国别语言教学质量的提升、一流科研条件与成果的形成、一流语言服务的实现以及一流"一带一路"交流合作的开展有着重要的意义。

当前我国区域国别语言学科建设相对滞后，"高精尖缺"区域国别语言教育师资力量比较薄弱，尤其是非通用语种师资和高翻人才相对紧缺，语言师资队伍国际化程度较弱，语言人才培养模式创新性不足，区域国别语言教育相关学术研究深度和高度有待提升。新科技和产业革命浪潮奔腾而至，社会问题日益综合化复杂化，应对新变化、解决复杂问题需跨学科专业的知识整合。在语言学科建设上，过去，外国语主要强调语言的学习，对外国文化、社会、历史主要强调背景知识的学习，而对语言学科专业训练比较欠缺。而今，不仅要学好语言，也要精通外国文化与社会历史，要对语言背后的社会文化、风土人情、习俗习惯等加以深入的理解，只有熟悉当地政策与国情、通晓国际规则、熟练运用外语、精通中外谈判和沟通，才能在"一带一路"建设相关领域的合作中发挥光和热。因此，培养更多具备政治、法律、医学、经贸、金融、管理、生物科学、人工智能等专业背景的复合型、复语型、应用型外语人才，已经成为当前区域国别语言教育人才培养的当务之急。

在"一带一路"建设和国家"双一流"学科建设时代背景下，如何应对区域国别语言学科发展所面临的挑战，如何规划一流语言学科建设方略，以及如何落实区域国别语言学科建设的实践路径？如何瞄准国家"一带一路"发展需要来进行语言学科人才的培养？如何处理好语言学科建设与利益导向的关系？如何在语言学科建设的实践中，探索区域国别语言学科建设的路径，并探索区域国别语言学科特色成果的孵化方式，进而有利助推中国区域国别语言学科脚踏实地地健康发展？是当下开展区域国别语言教育需要考虑的现实问题。

（一）区域国别语言学科制度方面存在的问题

在区域国别语言教育政策制定过程中，要建立"科学制定语言教育政策"的观念，使语言教育政策制定的过程成为理性决策的过程，为此就必须先形成广泛

的参与意识，使政策制定真正走出经验判断、个人意志的窠臼。区域国别语言教育政策的制定，语种的科学布局等，都需要注意政策过程的民主性、教育决策延续性和稳定性，同时需关注语言教育决策过程的透明度。目前，我国外语学科，尤其是非通用语学科的发展面临着"语言学科制度、教学理念、人才培养模式、课程设置、教学内容、教学队伍建设及教学管理模式"等方面的多重挑战。

语言教育政策、语言学科制度和专业的设置对于"一带一路"区域国别研究是否能成功地进行具有重要的意义。2021 年 12 月，国务院学位委员会下发了《博士、硕士学位授予和人才培养学科专业目录（征求意见稿）》，其中增加了"交叉学科"这一大类，下设 6 个一级学科，"区域国别学"就是其中之一。但是，在此之前，我国在进行区域国别研究过程中没有专门的一级学科可以借助，虽然北京大学、北京语言大学在政治学的框架下设立了"国别区域研究""区域学"的二级学科，但此类高校仍然数量稀少，主要学科也都集中在政治学、外国语言文学以及世界史等学科[①]。

在 2021 年 12 月以前，由于国内没有设置独立的一级学科供学生选择学习，因此对于区域国别研究语言人才能力的培养需要通过以下两个学科来进行。首先是借助外国语大学中的语言类一级学科进行培养[②]，这一类学科更加偏向培养学生语言方面的能力，对学生科学、人文等综合能力的提升没有特别显著的效果；针对区域国别研究专门进行的相关教学是凭借政治学之下的国际关系学、外交学、国际政治学等二级学科来进行的[③]，而通过这一类学科培养出来的学生仅仅涉及单方面的政治知识，没有多个维度的政治、经济、历史等广泛的知识作为基石，再加之语言能力不是特别突出，两者都难以培养"一带一路"建设实际所需人才。总之，在没有设置专门的一级学科"区域国别学"之前，该学科本身的发展受到一定程度上的制约，国家对语言学科的建设、高校对学位点的设置、招生的开展以及优秀师资的引进都存在多多少少的问题[④]。当前，"区域国别学"已被列为"一级学科"，但是"区域国别学"与国别区域研究存在一定差异；"区域国别学"作为一个学科需要有基本的理论、方法和体系，而区域国别研究涉及的

---

① 宁琦. 区域与国别研究人才培养的理论与实践：以北京大学为例［J］. 外语界，2020（3）：36—42.

② 李晨阳. 关于新时代中国特色国别与区域研究范式的思考［J］. 世界经济与政治，2019（10）：143—155，160.

③ 张丽丽."一带一路"背景下朝鲜（韩国）语专业国别与区域学教学体系改革研究［J］. 语言与文化论坛，2021（2）：152—160.

④ 屈廖健，刘宝存."一带一路"倡议下我国国别和区域研究人才培养的实践探索与发展路径［J］. 中国高教研究，2020（4）：77—83，97.

是跨学科的范围，并不拥有成熟的理论以及学科体系；区域国别研究的领域广泛，两者具体的研究内容需要仔细推敲和界定。

（二）语种战略布局缺乏前瞻性

随着"一带一路"倡议的实施和"五通"建设的提速，"语言铺路"或"语言先行"愈显紧要，破解我国非通用语种人才的匮乏难题，已成当务之急。承担着非通用语种人才教育培养重任的高校，面临着新的挑战。随着全球化的迅猛发展，国际政治格局、经济贸易、文化教育、科学技术等各个领域发生着巨大变化。在全球竞争中，语言发挥着越来越重要的作用，体现着一个国家的形象和实力。没有语言这把钥匙，人际、民族、国家之间的"心灵之锁"就难以打开，"一带一路"倡议的大门就难以真正开启。但同时我们也看到，"一带一路"的建设涉及面广，包括基础交通、信息技术、能源开发、贸易投资、货币金融、生态保护、区域治理、人文交流等领域，随着大量资本注入和项目落地，必然呼唤大量既懂语言又懂专业领域知识的复合型人才。对此，教育部提出要求：培养一批具有国际视野、通晓国际规则、能够参与国际事务和国际竞争的应用型、复合型非通用语种人才，从而为更好地服务国家外交战略和走出去战略提供强有力的人才智力支撑。这一要求对当前各外语院校开展的相对单一的语言人才培养模式提出了严峻挑战：新型的外语人才不仅要通晓当地语言，熟谙当地文化，还必须与一定专业相结合，成为复合型高端人才。

目前，国内各地区之间外语教学语种发展的不平衡，表现为东部强、中西部弱。比如，在授课语种方面，截至2023年10月，北京外国语大学现开设101个，上海外国语大学开设54个，而作为西北地区唯一一所主要外语语种齐、语言战略研究全的高校，西安外国语大学仅有27个。整体而言，我国外语教育在东部发达地区和中西部欠发达地区（尤其是少数民族和边疆贫困地区）的发展是不平衡的[1]。部分非通用语专业口径偏窄、培养模式单一；非通用语专业结构矛盾及供需矛盾已经凸显。

与国家很多非通用语种专业开设不足形成反差的是，部分语种专业出现盲目、重复建设。英语作为我国第一外语的地位长久不衰，外语语种单一；因长期语种单一造成该语种低端人才过剩问题以及其他语种人才严重不足问题；中国高校区域国别语言教育，尤其是非通用语教育，仍沿袭着计划经济体制下的人才培养模式，高校外语学科和专业设置不仅过窄，而且重复设置，学科雷同现象严

---

[1] 张天伟. 我国外语教育政策的主要问题和思考[J]. 外语与外语教学，2021（1）：13—20，144.

重。这样造成了市场上的供需不平衡，产品（毕业生）的差异不大，同类产品供应远大于需求，自然导致毕业生的就业形势越来越严峻。

近年来，随着中国同东盟交流的不断加深，新开设东盟语种的高校越来越多，一些原来开设有东盟语种的高校也在不断增设新语种，"一带一路"倡议的提出也给这些新办专业带来了新的机遇，但由于是新办专业，在师资、教学、科研等方面都或多或少地面临着一些挑战与困难。既体现在教学方面也体现在科研方面：教学上实现从语言人才的培养到综合性人才的培养，从一般语言人才的培养到高级翻译人才的培养；科研上一是从人文学科的研究到人文学科与社会科学研究的结合，二是从以基础研究为主到基础研究和应用研究并举，加强对现当代问题的关注。

（三）语言专业设置不合理、培养目标不科学

首先，非通用语课程设置与人才需求不匹配。课程结构与内容影响着未来的人才培养方向。目前高校非通用语专业的课程内容主要包括语言类、翻译类和文化类三部分，所培养的非通用语人才主要从事相关的翻译、外交、对外文化交流等领域的工作。但"一带一路"建设过程中不仅需要这类语言文化研究人才，更加需要的是能够参与"工程建设和经济贸易、区域政治、法律和秩序"等领域相关的复合型外语类人才，但是当前高校中的非通用语专业课程内容尚无法满足这一需求[1]。

其次，当前我国语言人才培养目标不是很科学，以语言技能培养为主的传统语言人才培养目标已无法满足社会发展的需求。"一带一路"建设必然亟需大批高端外语人才。随着共建"一带一路"经贸合作和人文交流的深入，企业规模的不断扩大，外语学习已经成为高端国内外企业战略中不可或缺的一部分。各行各业都在快速发展和扩张，这就对培养精通外语，掌握专业，具有较强的跨文化沟通能力和国际化运作能力的复合型、复语型人才提出了迫切的需求。

由于外语非通用语专业的单科特征，在相当长的一段时间里我们在课程设置和教学内容安排中容易忽略语言之外的相关学科内容的教学，强调语言技能学习的工具性有余，但是对于语言教育"观乎人文，以化成天下"的人文精神培养不足。近几年，开设非通用语种专业的各院校都在不断地进行教学改革和人才培养模式的创新，也取得了一定的成绩。但由于各院校在办学历史、教学积淀、师资力量、教学条件等方面参差不齐，此就全国范围来看，非通用语种专业目前虽然

---

[1] 孙琪，刘宝存."一带一路"倡议下非通用语人才培养现状与发展路径研究[J]．中国高教研究，2018（8）：41—46．

呈现出遍地开花的形势，但存在的问题也不容小觑。比如，大学承担着巨大的语言人才培养成本，但是好不容易培养出的非通用语种人才，却因各种原因而"中途改道"或流失；此外，还存在培养目标不够科学，课程体系不完备、课程内涵不丰富、课程质量不高、课程特色不鲜明、课程建设的整体水平还不高等问题。

这些问题或多或少在大多数院校都存在。更为严重的是，因人设课的现象比较突出，尤其是高年级课程的设置和开设存在着较大的随意性和"空壳"现象，培养目标泛化，过于强调基础理论教育，缺少对学生语言应用能力的培养，易导致学生知识结构失衡，应用性缺失，复合型特征不明显，直接影响强竞争力的应用型、复合型外语人才的培养。

再次，当前外语教学还存在人文精神、教化育人方面的不足。古人云，"观乎人文，以化成天下"。人文精神不但可以启迪思想、陶冶情操、温润心灵，而且通过以文化人、以文育人，可以带来认知社会的新视野和新境界。语言学习的目的是为了借鉴和吸收其他民族一切优秀的东西，不能为语言而学语言而去机械记忆单词和语法。语言教学本质上是人文精神的培养，是素质教育不可或缺的组成部分。语言课程在培养学生的人文精神、提高人文素养、形成健康的世界观、价值观等方面发挥着重要的作用。

在全球化背景下，人文浸润科技，科技传播人文。科学与人文历来是相辅相成、相得益彰的，共同构筑起人类文明的大厦。做新时代的追梦人，要有对科学精神的追求与崇尚，也要有人文情怀的涵养与修为。一个国家的发展，不能让民族精神、国民素质缺位，而应兴民族之人文、启民众之精神。清华大礼堂有一块"人文日新"的牌匾，就是提醒人们要常怀人文之心。人文思想之光，可以引导人们树立和坚持正确的历史观、民族观、国家观、文化观，增强我们做中国人的骨气和底气，并对民族未来有更理性的把握，从而点燃实现梦想的激情与希望。建设一个如晨曦般澄明、如日升般进步的社会，如果缺乏精神的滋养和引领，社会文明将失去自己的内核和灵魂。①因此，区域国别语言教育应该体现双重目的性，在终极目的上体现其工具性，在教育教学过程中体现其人文性。②

顺畅沟通是国际合作的基础，只有熟练掌握外语，兼具跨文化沟通和国际化运作的能力，才能克服沟通障碍，理解对方文化并用对方能理解的方式来诠释中国的所思所想所为；要将外语与专业知识技能相结合，用外语和跨文化国际化思维与来自不同文化背景的同事和客户进行专业领域的沟通与合作。在推进全球化

---

① 赵应云. 让人文之光照亮未来[N]. 人民日报，2021-05-18（04）.
② 王铁琨. 语言文字工作面临的挑战与对策[J]. 厦门大学学报（哲学社会科学版），2003（3）：110—116.

进程中，只有熟悉国际规则，了解对象国国情，才能采用恰当的方式，在文化冲突之间找到彼此的相同点，用对方能理解和接受的方式，表达自我诉求，争取对方支持，才能在全球化竞争中争取主动权。学习一种语言也包括了解一个国家的历史、文化和人民。因此，当语言学习与文化敏感性和包容性相联系时，学生不仅需要具备语言能力，而且还具备文化能力。

综上所述，"一带一路"倡议要求外语专业人才的培养目标从"工具型"向"专业型"转变，不仅要培养出更多精通沿线国家语言的高层次专业人才，还需要更多熟悉国际规则、具有扎实的区域国别知识、语言能力突出、能有效进行跨文化沟通的领域和行业专才。[①]

三、非通用语专业师资力量薄弱、结构不合理

开设一门新语种至少需要两三年的准备时间，包括师资、教材、招生等各方面。另外，新语种的开设第一次招生不宜太多，但教师配备却不能少。因此，培养非通用语人才的成本高、效益低。即使如此，为培养更多外语人才满足我国对外交流合作的需要，服务于"一带一路"发展战略，开设非通用语还是非常必要的。

"一带一路"倡议的稳步开展，高校教师肩负着培养复合型人才的艰巨任务，因此需要教师自身符合复合型人才的特点，具备全球性的思维方式，国际化的教育思想，以及在实际教学过程中探索适合学生本身又能满足语言人才培养目标的教学模式。但是现实师资往往达不到相关期望水平，师资问题主要可分为三个方面。

首先，非通用语师资数量的不足，在国内对"一带一路"沿线国家的非通用语精通掌握的教师人数较少，虽然现实需求逐渐迫切，但有的国家由于初次与我国建交，我国对其语言的了解程度浅薄，还未来得及建设专门的师范教育专业培训相关的教师，因此数量上存在缺少的问题。北京外国语大学目前是全国开设语种最多的高校，开设了 101 个语种，但是部分语种的师资非常稀缺，部分专业只有一个中国教师、一个外籍教师，招收一个本科生。学生入学时就签订了就业协议，将来毕业了要留校北外从事该语种教学相关工作，例如北外的冰岛语专业在新设立之初就曾实行过这样的政策。此外，有些语种专业并没有相应的外籍教师，非通用语教师中，副高或者正高职称的比例比较低。

其次，非通用语师资的教育教学能力有待提高。部分高校的"非通用语"师资是通过向社会招募而来，有时候因为用人紧急，有些懂该语种的外籍人士，尽

---

① 沈骑."一带一路"倡议下国家外语能力建设的战略转型[J].云南师范大学学报（哲学社会科学版），2017（5）：9—13．

管学历不是很高,参差不齐,也因事急从权,给予录用。因此,这些师资并没有接受系统的语言教师教育培训,对教育学、心理学和教学法等方面知识相当欠缺,其知识结构无法提升到融会贯通的层面,并且涉及国际问题时,专业认知稍显欠缺,缺少一定的相关经验,在进行教学过程中,教学意识没有跟上"一带一路"国际化师资培养的步伐,还在根据应试的要求进行教学。甚至一些教师对相关语言的理论也不够清晰,这在一定程度上影响了教学质量的提升。

最后,高校非通用语种师资队伍结构不合理。非通用语种教师学历层次相对于通用语种师资而言普遍较低,本科毕业教本科生的教师人数在二三线城市的普通高校,占了较大的比重;非通用语教师队伍中,教授、副教授的比例偏低,且年龄偏大;高职称的非通用语中青年教师少,大部分年轻教师是讲师或助教职称,非通用语学科带头人的后备力量不足,不利于增强学科的整体优势和活力,直接影响到非通用语学术梯队的建设工作;非通用语师资队伍在学缘结构方面相对单一,专业面比较狭窄,削弱了教师间的竞争意识,不利于人才脱颖而出。非通用语师资队伍建设已经成为困扰共建"一带一路"非通用语种语言学科可持续发展的"软肋"。

四、非通用语高端语言人才培养不足

虽然我国的外语专业学生人数众多,但高层次外语人才奇缺,无法满足"一带一路"建设的需要。国际事务谈判、国际法庭申诉、中国海军索马里护航等都需要高端外语人才。此外还有国际组织所需要的专门人才,如在国际组织中任职的中国职员、官员;国家机关、各大部委需要的高水平口译笔译人才,如同声传译译员;中外文化交流方面的翻译人才等都相对储备不足。高端外语人才除了懂外语更要有家国情怀。

造成非通用语高端人才巨大缺口的主要原因是:(1)非通用语高端人才培养难度大;(2)部分非通用语翻译从业者的社会地位和劳动报酬低,难以吸引优秀人才;(3)社会对非通用语翻译,尤其是中译外的作用不了解也不重视等等。从事非通用语的高端翻译人才,必须具有相当的外文功底。他们实际上从事的,不只是文字的沟通,而且是文化的沟通。因此,他们必须"知己知彼",即比较深入地懂得我方在说什么,想表达什么,为什么这样说,也懂得外方对这个问题是怎么想的,怎么讲他们才能理解我们在说什么。这绝不是字对字的转换,而是一种再创作。[①]

---

① 唐闻生.我国高端翻译人才队伍现状与对策建议[J].中国翻译,2014,35(5):7—8.

与我国通用语教育一样，非通用语教育也面临着学习人数相对多而高端人才相对少的现实问题。

五、语言专业人才和其他区域国别学科人才培养模式互补性较弱[①]

当前我国区域国别语言人才的培养模式在层次内容方面还有待完善。在如今的许多高校中，语言人才的培养模式过于单一，例如英语专业就着重于英语听说读写技能的培养，有些地区还使用的是旧版本的宽泛文化类教材，这类教材与我国最新的课程目标是不能够良好匹配的，尽管很多教师都拥有留学以及丰富的教学经验，但在巨大的班级容量以及应试的课程下，教学鲜少能达到最初设想的将英语教学与政治、经济、文化等多个学科领域融合在一起，从而实现培养全面发展的学生的教学目标[②]。学生对于其他语言的学习热情较英语而言会有所降低，那么想要实现扩展学生的学科知识，从单纯的语言学习转向多领域和学科的专业知识学习的难度就更大得多。当前高校中还存在着研究生阶段区域国别研究相关专业偏向招收跨专业考生的现象，语言类专业学生受欢迎程度很高，但是高校在实施这种培养方式的过程中未考虑语言专业人才在专业领域方面的不足，未经过系统化的训练，在短时间内难以完成一个全新领域的学习任务，在思维模式等诸多方面都存在一定的问题。因此及时意识到其中出现的断层并考虑相应的对策是当前语言人才培养过程中的另一个需要补齐的短板。语言能力人才培养应该与其他学科人才培养共同进行，与培养全面的人文素养结合起来，再加上良好的专业衔接，从全新的角度理解世界，开展"一带一路"区域国别研究[③]。

另外，我国当前区域国别语言教育还存在外语教育政策的协调性与延续性不足的问题。虽然经过前人的不懈努力，我国外语教育政策与规划在宪法确定、法律规定和法规设定等层面初步形成了比较完整的语言政策体系，但是与美国、加拿大和新加坡等语言强国的法律法规相比，我们的政策仍有不足之处。改革开放以来，外语教学政策制定多以实现国家经济利益为目标，对国家文化利益与文化安全关注不够，以及长期固守了解外部世界、引进外国先进技术和经验等非通用语种教育理念而造成的外语教学中的"中国文化失语"现象，以及当前我国对外

[①] 马亮."一带一路"背景下俄语专业区域国别人才培养的现状、问题及建议[J].中国俄语教学，2019，38（1）：91—96，20.

[②] 肖智立.英语专业人才培养从语言研究向国别与区域研究的转变[J].现代英语，2021（12）：112—114.

[③] 马亮."一带一路"背景下俄语专业区域国别人才培养的现状、问题及建议[J].中国俄语教学，2019，38（1）：91—96，20.

传播优秀中国文化战略之间的矛盾问题。

六、"一带一路"语言服务能力支撑力度有待加强

放眼当今世界,"一带一路"建设风起云涌,共建"一带一路"正在向落地生根、持久发展的阶段迈进,推动共建"一带一路"向高质量发展转变离不开坚实过硬的语言服务能力。

(一)语言服务体系不健全,语言人才培养和储备不足且比例失衡的挑战

目前,我国语言服务业仍处于起步阶段,存在语言服务意识薄弱,语言服务体系不健全,语言人才培养和储备不足且比例失衡,语言产品和技术薄弱等短板问题。[1]这促使我们反思,现有的外语人才培养模式和课程体系是否能培养出符合国家"一带一路"倡议实施所需要的国际化外语人才?"一带一路"语言服务和语言人才培养中究竟存在哪些主要问题?

在全球化深入发展的时代,伴随国家"一带一路"的推进,国与国之间相互依存日益加深,"语言服务能力"建设备受关注。如何更好地让中国文化走出国门,传播好中国声音,是所有外语学人共同的目标和努力的方向。外语人才培养周期长,培养的人才数量又有限,特别是一些非通用语培养还需要配套建设投入,高端"非通用语"语言人才的匮乏;加之当前中国的语言服务业方兴未艾,包括翻译服务、语言技术研发、相关教育培训等,故而一时较难满足当下共建"一带一路"对语言服务的迫切需求。

语言服务能力的提升,不仅要靠政府推动,还需要重视市场机制和社会力量的拉动作用。与此同时,要以市场真实需求为导向来培养语言服务人才,特别需要在国家层面建立一种产学研深度参与的、实时的、订单式或期货式的人才供需平台,以市场化运作尽可能地实现语言服务人才培养与使用的供需结合、学以致用。企业是"一带一路"建设的主力军,对语言服务需求感知最为敏锐,"走出去"企业和语言服务企业要增强语言服务能力建设的意识,吸引和培养更多高端复合型人才;与此同时,国内语言服务企业要敢于到国际上竞争,切实增强自身竞争力。为此,应从政府引导与市场运作、人才培养与技术开发、专业培养与应急投入相结合等方面入手,提升国家和社会的语言服务意识和能力。

一方面,要整合资源,建立国家语言人才库、语言数据库等基础资料库,对语言研究类智库加大投入,加强对沿线各国通用和非通用语种使用现状、分布、

---

[1] 付卓著,王铭玉.提升语言服务能力 助推"一带一路"高质量发展[N].光明日报,2018-11-29.

活力状况的研究工作。要支持行业协会加强监管，制定具有约束力的行业准入标准、语言服务质量和价格标准、从业人员认证及分级认证、语言服务企业认证等与国际市场接轨的标准，推动语言服务行业的标准化规范化建设。另一方面，应提升语言文字科技赋能水平。发挥科技支撑和引领作用，支持有条件的地区和高校、科研机构、企业开展语言智能技术研究，着力在自然语言处理、机器写作、机器翻译、机器评测等领域取得实质性成果。充分利用智能语音、大数据分析等技术，提升国家通用语言文字学习效能。面向国家信息化发展和社会应用需求，分类整合国家通用语言文字学习资源，完善国家通用语言文字培训平台、全球中文学习平台，加强语言知识库、语料库和资源平台建设。[1]

（二）后疫情时代语言服务行业危机的挑战

新冠疫情的出现和跌宕，从零售餐饮、住宿旅游、交通运输、文化娱乐等行业营收大幅下滑，到制造业、房地产、施工建筑等因人流、物流受限而复工复产缓慢，再到远程办公、在线教育、在线医疗、生鲜物流等科技公司的异军突起，疫情对中国各个行业都带来了不同的挑战与机遇，而这些变化可能会深刻影响到行业未来发展趋势和竞争格局，语言服务行业自然也难以独善其身。需求减少将引起连锁反应。为了防控疫情而采取的各种措施，一定程度造成外贸、商务、文化、旅游等多个领域的暂时冻结，由此直接带来翻译业务量锐减。语言服务供应商产业链的上下游，正在或即将发生降价、降薪、冻结招聘等降低成本的措施，现金流将变得弥足珍贵。语言服务行业的传统翻译业务整体收入规模减小或变相失业不可避免。由于很多客户取消或延缓订单、支付能力下降等负面影响，一些翻译公司已经处在生死边缘。市场低迷，翻译行业失业率走高，网红人物美国崔哥、奇葩说辩手程璐都是翻译出身，但他们都是改行不做翻译以后走红。

所谓危机危机，危中有机，面临疫情带来的变化，语言服务产业的机会在哪里？新冠疫情期间，由于疫情减少了线下交流的机会，以云服务、人工智能、智慧服务平台为代表的科技行业在这一轮疫情中得到了快速的发展。远程翻译、在线教育、在线医疗、线上生活服务等项目迎来空前的市场需求；无人零售、无人配送、工业机器人等高科技行业强势崛起；同城物流、定制化餐饮配送、跑腿等各种配送平台越来越受到认可。同时，不受地理空间限制的在家办公、远程办公等都是蕴含在疫情危机下的行业生机。面对疫情，语言服务行业当如何把握未来可能的机会？

---

[1] 教育部，国家乡村振兴局，国家语委．关于印发《国家通用语言文字普及提升工程和推普助力乡村振兴计划实施方案》的通知［Z］．教语用〔2021〕4号．2021-12-23．

人工智能给语言服务行业，尤其是翻译行业带来了危机感，而疫情是直接倒逼行业变革。疫情期间许许多多国际会议取消，同声传译订单瞬间归零，然而 ZOOM 平台开通了远程同传功能。翻译行业的作业方式过于传统，技术应用不足，商业模式离互联网太远，用户体验不好。如果不是疫情，翻译公司还会继续温水煮青蛙，幻想着有的是时间，慢慢改进。远程同传技术已经实现好几年，但一直推不动，是因为大家都觉得译员不在现场怎么行？万一网络不好怎么办？一次疫情，你认为的所有"不行"靠疫情直接都解决了。①

未来何去何从，面对疫情的危与机，语言服务行业本身的战略布局值得期待。语言服务产业应深入反思，自己的核心竞争力到底是什么？究竟如何才能实现语言服务更快、更便捷、更便宜？未来还有哪些场景化应用可以接入语言服务？哪些 AI 和技术是可以整合到语言服务的业务中的？趁着危机，抓紧自我更新、自我迭代，才是可能的涅槃重生之道。远程口译、本地化翻译、机器翻译、译后编辑等或迎来发展机遇。全球化的时代，在线会议的普遍使用，增加了远程口译的使用场景和用量，有利于这方面的技术厂商加速从实验室向商用的转化，推动产品研发和相关服务的完善。机器翻译厂商拥有超强的技术实力，传统翻译企业拥有无比深厚的行业积累，两者的优势互补，相互借力，将有利于语言服务行业的变革和发展。②

---

① 江西网络电视台. 后疫情时代：语言服务企业的危机与先机［EB/OL］.（2020-04-03）［2022-10-04］. https://cn.chinadaily.com.cn/a/202004/03/WS5e86a734a3107bb6b57aa942.html.

② 江西网络电视台. 后疫情时代：语言服务企业的危机与先机［EB/OL］.（2020-04-03）［2022-10-04］. https://cn.chinadaily.com.cn/a/202004/03/WS5e86a734a3107bb6b57aa942.html.

第五章 "一带一路"背景下中国区域国别语言学科建设的科学发展观

语言的发展不能完全由"市场"来决定，治国理政需要从顶层来设计语言、研究语言，需要国家战略宏观指导。

第一节 高屋建瓴：强化国家语言战略顶层规划和设计

一、语言规划"中国工程"的战略意义分析

古丝绸之路曾为不同种族、不同信仰、不同文化背景的国家共享和平、共同发展留下了宝贵的范本，如今中国提出的"一带一路"倡议又使伟大的丝绸之路焕发新的生机与活力。随着"一带一路"开放合作的"朋友圈"不断扩大，语言在推进"一带一路"互联互通、文明发展和社会进步中的作用日益凸显。作为推进"一带一路"建设不可或缺的重要元素，语言会通中外思想，超越文化藩篱，推动文明创新，是促进人文交流、实现民心相通的重要工具，是服务互联互通建设的重要支撑，是蕴含安全价值的战略资源，更是彰显国家实力的重要标志。

随着"一带一路"建设深入推进，我国语言环境发生深刻变化，迫切需要从语言功能、外语语种、语言安全、话语系统等方面入手制定国家语言发展规划，统筹处理好眼前需求和长远发展、个别需求与整体布局、国内发展和国际需求的关系，选择重点领域重点建设，防止一哄而上和"一刀切"。

放眼世界，语言战略规划与大国崛起密不可分。美国在"9·11"事件后，陆续出台《国家外语能力行动倡议》《国家安全语言计划》《国防部语言技能、区域知识和文化能力的战略规划（2011—2016）》等多项语言教育政策。目前，俄罗斯国防部则负责确定国防领域关键外语语种，高校储备的外语资源多达145种，涉及9大语系。以上国家的种种做法，无一不是应对全球化、提升国家外语能力、增加外语人才资源储备及满足其全球战略意图的重要举措，值得一提的是，很多国家的语言战略已经突破单纯的军事意图和传统的安全视域，而把文

化、政治、安全、经济、科技等核心领域和全球利益都纳入语言战略视野。但是，当前"一带一路"语言战略目标尚未明确，中文国际化政策尚待进一步清晰，急需从推进中国特色大国外交的战略高度制定"一带一路"语言战略规划和行动方案。区域国别语言教育政策的制定要考虑到国际政治、外交以及中华文化传播的需要。截至 2022 年 4 月，世界上 197 个主权国家中，共有 181 个国家与中国建立了大使级外交关系[①]。中国的区域国别语言教育不能像以往一样，只以英语为主的大区域国别语言教育，尽管英语是国际通用语，但借鉴于"一带一路"的全球一体化理念，中国一定要在区域国别语言教育政策上对这些有外交关系的国家的语言进行有规划的学习。

语言具有战略意义。当语言的思维、文化与社会功能以及由此衍生的语言冲突出现时，语言战略的必要性和重要性逐渐为人们所重视，加速前进的全球化也许是语言战略问题凸显的更为深远的背景。实现语言战略的主要途径是语言规划与语言政策，语言规划的主体是语言之间关系以及语言总体格局的确定，包括各种相关语言的定位。美国语言政策研究专家 Schiffman 将国家语言政策分"显性"和"隐性"两种。[②] 显性语言政策指国家明文规定的政策，如许多国家在宪法中规定国家官方语言；隐性语言政策是体现语言态度、语言立场和语言意识形态，亦称"语言文化"。国家的"语言文化"在相当大的程度上影响、制约甚至决定与语言相关的政策。[③] "一带一路"沿线国家，有的国家有几种语言，有的国家有几十种，有的国家则有成百上千种。区域国别语言教育的前提是语言多语现象的存在。从许多国家的实践来看，语言教育是实现语言战略的一条重要途径。

共建"一带一路"的国际环境日趋复杂，因此我们要保持战略定力，抓住战略机遇，积极应对挑战，趋利避害，奋勇前进。作为一项系统工程，"一带一路"语言战略需要强化顶层设计。从根源上讲，国强语盛，国衰言微。语言的终极价值与使用该语言获得的经济收益直接相关，影响语言传播和竞争的因素归根结底还是使用这种语言的国家或地区的综合实力。中国作为世界第二大经济体赋予汉语更强有力、更可持续的经济价值，"一带一路"建设的深入推进将直接带动汉语语言需求升温。因此，稳步发展经济、持续提升综合国力仍是我国推进

---

① 中华人民共和国与各国建立外交关系日期简表[EB/OL]．（2022-04-29）[2022-10-05]．https://www.fmprc.gov.cn/web/ziliao_674904/2193_674977/．

② Schiffman H F. Linguistic Culture and Language Policy [M]. London and New York: Routledge, 1996: 24.

③ 王辉，周玉忠．语言规划与语言政策：理论与国别研究：续［M］．北京：中国社会科学出版社，2015：135—145．

"一带一路"建设、运筹"一带一路"语言战略的根本所在。

二、制定语言战略规划的核心要素分析

制定语言战略规划的核心要素包括"国际形势研判、语言调查、需求分析、主体(目标、方法、途径)、计划草案"等①,具体如图 5-1 所示。

图 5-1 制定语言战略规划的核心要素

资料来源:张天伟. 国家语言能力视角下的我国非通用语教育:问题与对策[J]. 外语界,2017(2):48.

首先,制定语言战略规划需要研判国际形势。政府在关键语种认定、战略目标、实施途径和内容等方面与国家利益和国家安全息息相关,特别是国家的政治、经济、军事和文化安全。所谓"关键语言",是指由国家政府官方认可,对国家安全、国家利益、政治外交、经济发展、科学研究和全球竞争力密切相关的语言和方言。

当今时代,语言已经不再是单纯的工具,语言是战略资源,是当代国家外交、国际维和、经济贸易、能源资源进出口、科技发展、学术进步的关键要素,是国家软实力的体现,是民族的血脉和纽带,是国脉之所系,也是实现世界不同国家从政治经济博弈到语言文化交流的重要载体和媒介。世界各国尤其是发达国家纷纷制定或调整国家语言战略,与时俱进,争取掌控语言国际话语权。在国际政治和文化方面,语言文字成为西方对他国进行文化渗透和民族分裂的重要工具;在经济方面,国家语言能力与经济活动密切相关,而且语言资源可以直接转

---

① 张天伟. 国家语言能力视角下的我国非通用语教育:问题与对策[J]. 外语界,2017(2):44—52.

换为经济利益；在军事方面，西方国家通过对"语言战略武器"的打造，提升其全球军事行动能力。[①]因此，后疫情时代，全球经济增长乏力，通胀普遍加剧背景下，制定语言战略规划需要对全球化和多极化的国际形势及其新变化进行准确、及时的研判，对世界大变局加速演变和新一轮科技革命和产业变革加速的特征等进行调查和判断，制定科学并具有前瞻意义的语言战略规划，借助语言之舟，新时代大国外交才能跨越文明隔阂，行稳致远。

其次，制定语言战略规划的重要前提是语言国情调查和分析。我国第一次全国性语言方言普查是在20世纪50年代，当时的主要目的是推广普通话。如今，国内外形势发生了巨大变化，语言国情的具体内容也随着时代的变迁而不断更新和丰富起来。"语言国情"又称"语言使用国情"，是指一个国家的语言状况，主要包括：（1）语言分类的数量及特点；（2）语言生活情况（包括家庭、公共场所、学校教育、大众媒体等）；（3）母语和兼用语的语言功能定位、关系、制约条件及成因；（4）语言功能的演变态势（包括方向、特点、速度等）；（5）对语言状况的态度等。[②]在"一带一路"时代背景下，语言国情调查还涉及沿线国家不同地区、不同领域的语言文字使用现状，语言资源、语言生活、语言技术、语言服务的情况，中文在国际组织中的使用现状及影响力调查，海外华人的语言认同研究等。

语言国情的必要性毋庸置疑，但是语言国情的准确把握却是非常不容易的。国家制度、民族关系、经济水平、开放程度、地缘政治、地域因素、历史渊源、文化宗教、民族心理等诸多内外因素交织，共同影响了语言国情调查的进度、精确度和可信度，以及语言资源保护的科学合理布局。语言战略规划就是为有效管理语言资源和语言生活而预先制定的目标、举措、实现途径和方法，涉及对语言使用、语言功能、语言地位、语言态度、语言关系等诸方面的思考，故而不能纸上谈兵，必须建立在语言国情调查的基础上。

再次，基于社会状况的语言需求分析是规划国家语言战略的重要基础。社会对语言的需求主要包括三个层面：潜在需求、现实需求和未来需求。基于市场力量（见图5-2）的语言需求主要是现实需求，受市场力量驱动的需求（Demand）和供应（Supply）关系是策略性（Tactical Level），而在其背后的是基于战略（Strategic Level）发展的需要（Need）和能力（Capacity）之间的关系。如图所示：分析国家安全和语言教育之间的关系需要从国家战略发展上去考虑，需要全

[①] 黄德宽. 国家安全战略中的语言文字工作[N]. 中国教育报, 2014-03-28.
[②] 李宇明. 语言规划学研究：第8辑[M]. 北京：北京语言大学出版社, 2020: 18.

方位地考虑语言的潜在能力、现实能力和未来能力。基于国家安全的语言需求其实是一种对语言的潜在需求，不仅仅是策略层面上的显性的供需关系，更是国家战略发展层面上的隐性的供求关系，它需要有足够的、潜在的语言潜能的配备来满足国家发展的需要。①

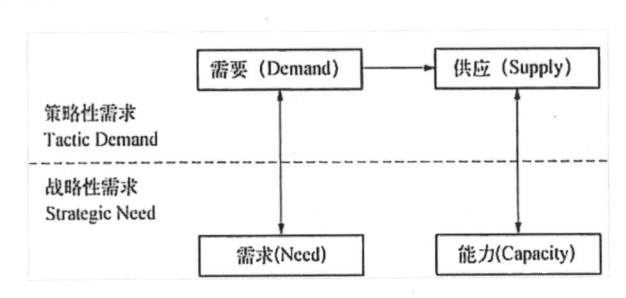

图 5-2　社会语言需要、需求、供应、能力关系图

资料来源：刘美兰. 美国"关键语言"战略研究［M］. 上海：复旦大学出版社，2016：119—122.

以美国为例，美国的关键语言人才需求主要源于以下因素：（1）国家安全和外交的需要；（2）国际贸易和经济发展的需要；（3）公民全球视野和知识拓展的需要；（4）学术和研究的需要；（5）公民受益于第二语言学习的需要。②一些关键语言项目的设立也离不开需求分析。比如，美国国家语言服务团（National Language Service Corps）和祖籍传承语者英语提升项目（English for Heritage Language Speakers）的可行性研究报告中，都有国防部对关键语言人才的需求调查和分析。任何语言规划或项目的实施都应以需求分析为基础。语言战略规划的主体包括目标、途径和方法。目标是语言战略规划的核心，途径和方法是实现目标的重要保障。途径和方法可以细化为实现目标的具体措施和预期进度等。③

三、构建"一带一路"中国特色语言战略规划体系分析

语言战略是语言规划中从国家利益出发，从全局考量的战略思想、布局与策划。从战略上看，要把语言互联互通提升到关系国家整体发展和"一带一路"建

---

① 刘美兰. 美国"关键语言"战略研究［M］. 上海：复旦大学出版社，2016：119—122.

② Jackson F H, Malone M E. Building the Foreign Language Capacity We Need: Toward a Comprehensive Strategy for a National Language Framework [EB/OL]. (2009) [2022-10-07]. https://www.cal.org/publications/building-foreign-language-capacity.

③ 张天伟. 国家语言能力视角下的我国非通用语教育：问题与对策［J］. 外语界，2017（2）：44—52.

设全局的高度加以重视，树立"大语言观"，以打造语言强国为目标，以服务"一带一路"建设为指引，加强语言建设和发展战略定位、布局等，从语言规划学、社会语言学、区域国别学、语言经济学等理论视角研究语言顶层规划，对我国的语言政策和语言规划进行检视，从国家语言安全规划、国家语言能力规划、外语教育规划和"一带一路"语言教育规划角度进行顶层设计和战略布局。[1]

首先，树立"一带一路"区域国别语言规划的战略意识。对语言规划的战略眼光应当站在时代的高度和外语学科发展的角度出发，克服外语语种单一化与片面化的不足，紧密结合国家发展重大战略部署，以及信息时代各国信息竞争日趋激烈的趋势，把语言规划可持续发展放在国际性人才需求、国家人才强国与科教兴国和共建"一带一路"的时代大背景下，确定符合国家整体发展与"一带一路"建设战略需求的优先发展的关键语言，确立以不同的经济带为侧重，目的在于实现相对的合理平衡。

其次，合理制定国家语言整体规划，应对全球战略需要。国家语言规划主要有三方面：第一，普通话规划。要处理好普通话与汉语方言、民族语言和外语的关系，形成以普通话为主导、各种语言和谐相处的语言格局。第二，公民语言能力规划。应加强对家庭语言教育、学校语言教育的指导，使公民具有普通话、家乡话、外语等多语言能力。第三，国家语言能力，尤其是国家外语能力规划，建设好国家语言人才库和语言服务团，满足国家处理海内外事务的语言需求。[2]国家语言规划要统筹兼顾现实与长远、个体与整体、经济与安全、"走出去"与"请进来"等关系，体现时代性、把握规律性、富于创造性。具体操作中，要把握优先次序，区别轻重缓急，立足本地语情，服务区域语言生活，对"一带一路"官方语言、通用语言、关键语言、强势语言、跨境语言、少数（民族）语言、外国语言、宗教语言等分类规划、分别施策，研究制定"一带一路"国别和区域语言服务平台、数据库等，有计划、分步骤地建立"一带一路"语言交流机制，并积极与"一带一路"重大项目结合，实现同步规划、同步实施。中国语言学应尽快建立起价值、概念、命题和证据等要素完整的学术理论体系，形成具有中国特色的语言学和话语策略，为"一带一路"语言战略夯实理论基础，推动汉学和中华文化更好走向世界。[3]

再次，规划多语教育体系，制定特殊领域的"国家安全外语教育计划"。当

---

[1] 王晓梅. 语言战略研究的产生与发展 [J]. 中国社会语言学，2014（1）.
[2] 李宇明. 汉语的层级变化 [J]. 中国语文，2014（6）：550—558，576.
[3] 梁昊光，张耀军. "一带一路"语言战略规划与政策实践 [J]. 人民论坛·学术前沿，2018（10）：98—105.

前，我国已形成了英语作为主要外语的一统天下的局面，我国的英语教育广种而薄收，而对非通用语言缺乏近期和长远的规划，外语教育语种配置不均衡，这不符合"一带一路"建设和社会多元化的语言需要。因此，外语教育规划也是"一带一路"建设当中需要考虑的因素之一。在英语专业建设上，不同背景院校的英语专业都要在练好"内功"的同时，充分发掘本校办学特色、行业需求和学科优势，建设具有校本优势的英语专业。高校外语教学需要考虑到多语种能力培养，加强区域国别知识与文化课程的教学，培养"一精多专"和"一专多能"的复合型人才。最后是外语学科发展，需要植根于中国高校的教育实践，坚持本土创新与国际视野相结合，走出具有中国特色的外语学科建设和发展之路。①

与此同时，外语语种规划应根据国内国外形势的研判，制定特殊领域的"国家安全外语教育计划"。由于现代社会信息技术迅猛发展，国家的非传统安全容易受到严重威胁，所以特殊领域（军事、国防、国家信息和国家安全）为确保中国海外利益的发展和安全，将来或许面临着非常规武装的侵袭，因此担负着更重的双重重责。任何国家的安全不是单向与孤立的，而是与区域安全和世界安全紧密相连的国家安全。通过实施特殊领域的"国家安全外语教育计划"，培养和发展满足国家战略需要的"关键外语"人才以便及时应对国家战略部署的迫切需要②。

更重要的是，应将非通用语规划纳入国家语言战略规划大局中。在外语语种规划上，应在关注"一带一路"沿线官方语言的同时，充分重视非通用语种以及具有区域国别研究价值的重要研究语言，如斯瓦希里语、乌尔都语、梵文、拉丁语等学术研究语种规划问题。

非通用语专业的开设需要仔细论证、缜密规划，既要满足国家需要，又要避免盲目建设。宏观的语种数量规划仅仅是语言战略规划的第一步，更重要的是进行微观分析，综合考量语种对象国的语言政策、周边国家的利益关切和我国外语人才的真实需求。③充分考虑"一带一路"建设的前景及其产业结构和行业人口的变化，以适应区域经济和社会发展需求为指导，适度拓宽专业领域，更新与拓宽要逐步实现文理渗透、方向交叉的目的。经济的全球化大大增加劳动力跨行业的流动，也对劳动者的语言技能和语言学习提出新要求。因此，在进行外语语种

---

① 张日培. 中国语言政策研究报告［M］. 北京：商务印书馆，2020：267.
② 郭凤鸣. 中国外语教育政策演进历程与未来规划［J］. 西南科技大学学报（哲学社会科学版），2020，37（6）：81—87.
③ 董希骁. 关于北外新增摩尔多瓦语、黑山语、马其顿语专业的调研报告［R］. 北京：北京外国语大学，2016.

规划时，应基于大数据，结合国家战略发展方针，对我国全部高校外语人才培养和储备做出全面的语种规划统计，适时调整各语种招生计划，避免语言规划受当前政治、经济等政策的影响，出现非通用语种专业开办过多的情况。要整合利用非通用语的相关资源。如，我国与周边国家跨境分布约 50 种语言，如俄罗斯语、哈萨克语、蒙古语、朝鲜语、傣语等。这些语言人才的培养应就地取材，充分利用跨境语言人才的自然语言习得的条件。非通用语专业开设应整合资源，合理布局，如西南地区多开设南亚语种，新疆地区主要增设中亚语种等，这样才能取得事半功倍的效果。[①]

最后，实施大、中、小学外语"一条龙"的外语教育系统化规划。通过建立大语言学科教育体系，结合人才培养目标，实现区域重点语种发展，做好"一带一路"沿线国家语言国情调查，从"国家外语战略"的高度入手，确立语言教育发展战略规划，建立一个涵盖初等、中等和高等外语教育，专业外语教育与公共外语教育，校内外语教育与校外网络外语教育，外语教育与汉语国际教育相结合的大系统，推进重要语言人才的大中小学"一条龙"教育模式。至于基础教育学段的外语教育则需要大量的师资储备。2017 年教育部颁布的《普通高中课程方案（2017 年版）》中规定高中外语包括英语、日语、俄语、德语、法语、西班牙语。学校可自主选择第一外语语种；鼓励学校创造条件开设第二外语，努力满足学生差异化外语学习的需要。基于此，各高校，尤其是师范类院校应不断强化上述几个语种的师范特色，加强对学生师范技能的培养，为"一带一路"建设储备优秀的基础教育语言师资。[②]根据当地社会经济发展的具体情况，结合地区传统和优势，确定外语教育的目标和方向，在各级教育行政部门的指导和监督下，建立外语重点发展区，重点发展具有区域特色、可促进当地社会经济及其他方面发展的外语教育，使各层次、各规格和各语种的外语教育主次明确、相互配合、相互衔接和相互促进。

四、正确协调好区域国别语言教育发展的四组关系分析

"一带一路"建设风起云涌，世界百年未有之大变局正加速演变，新一轮科技革命和产业变革带来的激烈竞争前所未有，气候变化、疫情防控等全球性问题对人类社会带来的影响前所未有，对新形势下中国区域国别语言教育的学科化和

---

① 张天伟. 国家语言能力视角下我国非通用语教育：问题与对策［J］. 外语界，2017（2）：44—52.
② 王卓."一带一路"背景下高校立体化外语教育建设［J］. 山东外语教学，2019，40（5）：54—59.

专业化建设提出了新要求。中国特色区域国别语言教育体系的构建，有助于推进"一带一路"建设，夯实民心相通的语言基础、弱化语言矛盾与冲突、平衡语言接触和交流、为"一带一路"建设提供语言服务和相关政策提供智力支撑。正确协调好区域国别语言教育研究的四组关系是构建区域国别语言教育体系的前提。

首先，应正确处理服务国家战略与树立全人类共同价值思想之间的关系。以国家战略为导向是区域国别语言教育的题中应有之义，但过度关注国家战略，会对国家发展及学科建设产生不利影响。美国是区域研究起步最早的国家，政府情报部门和私人基金会的深度介入使区域研究成为权力和资本的附庸，导致区域国别研究长期陷于学理基础匮乏、架构支离破碎的境地。有鉴于此，在坚持为国家战略服务的同时，中国的区域国别语言教育还需拓展和深化对于全人类的整体认识[1]。世界发展每到重要关口，都格外需要思想和价值的光芒照亮前进道路、指引前进方向。树立全人类共同价值思想以整体思维、系统观念，观照全人类的前途命运，直面当今国际关系中的矛盾问题，主张在求同存异、平等交流、相互借鉴基础上形成价值最大公约数，为人类选择正确道路提供科学思想指引，为构建人类命运共同体凝聚价值共识，为国际关系理论发展注入新理念、增添新活力。[2]

其次，应处理好尊重历史传统与关照社会现实之间的关系。日常语言影响着个体的思维方式，方言维系了民族的历史记忆，政治语言决定了国家的现实意识。我们生活在不同语言、文化、种族、宗教和不同社会制度所组成的世界里，形成了你中有我、我中有你的命运共同体。语言在人们的日常生活中扮演着至关重要的角色，它不仅是沟通、教育、社会融合和发展的工具，也是每个人独特的身份、文化历史、传统和记忆的载体，是促进人类发展、对话、和解、包容与和平的重要前提之一。

语言文字折射并记录时代，同时也为时代所重塑和改变。殷商的甲骨文，证实了一个王朝的存在，并烙刻下诸多与国运生死攸关的大事；秦朝的小篆，见证了一统江山的恢宏，并因为"书同文"的国策实现了从多元向一元的转变；五四时期的白话文，记录了救亡图存的革命历史。"一带一路"沿线不同国家的语言应该在合理的规范和引导下共生，取其精华、去其糟粕，构建"各美其美、美美与共"的语言生态。[3]

---

[1] 刘超. 构建中国特色的区域国别研究体系[N]. 中国社会科学报，2022-03-22（001）.

[2] 苏长和. 全人类共同价值的深刻意蕴与理论贡献[N]. 人民日报，2022-05-30.

[3] 李晓. 尊重语言，就是尊重我们自己[N]. 光明日报，2019-04-08.

为此，区域国别语言教育体系的构建，需要在理解和了解"一带一路"国家语言国情，尊重语言历史事实基础上，将历史现实及其所代表的差异性与共同性紧密结合在一起。例如，可将当今世界面临的语言挑战，如维护语言多样性问题、语言扶贫问题、濒危语言问题、突发公共事件中的应急语言问题、国家安全问题、汉语声望规划问题、战役语言服务问题等设置为研究主题，探讨其在不同地区、国家、人群、文化中的具体表现、历史发展、知识谱系及应对差异，并通过比较和区分，阐明人类社会的共识。

再次，区域国别语言教育研究应既包括对策研究，更兼具基础研究特点，两者相辅相成，相得益彰，缺一不可。区域国别语言教育与人文理念、社科方法、本土知识、宏观理论应结合起来，融会贯通。区域国别语言教育研究中关于基础科学研究的"硬核"部分，应成为区域国别语言教育研究特色、底色的基石，是建设和发展有中国特色的区域国别语言教育研究时需要认真考量的问题。当前，我国区域国别语言教育的基础理论研究与应用对策研究存在一定程度脱节。在现实中，从事基础理论研究和应用对策研究的研究人员往往从个人的兴趣爱好出发，两方面研究人员的融通性和相互渗透和支撑性不足。此外，从事国别和区域研究的研究人员主要是政治学、经济学或历史学等专业出身，以及外语专业出身。其中只有少数杰出人才能两条腿走路，即既有扎实的专业基础，又有较高的外语水平。区域国别语言教育体系的构建需要培养或引进更多的研究素质过硬的学者，参与到该领域的建设和研究中。与此同时，区域国别语言教育相关的资政报告数量和质量仍不尽如人意。能否提供高质量的资政报告，与区域国别语言教育相关研究人员研究能力强弱和政策敏锐度高低有关，也与资政报告的报送渠道是否畅通和便捷有关。应该说，目前区域国别语言教育研究资政的这两个方面的现状都还有待提升。①

最后，应正确处理好区域国别语言学科和其他学科的关系。区域国别语言教育是涉及多学科联动的领域，众多学科如国际关系学、语言学、社会学、文学、历史学、哲学、经济学、社会学、政治学、生态学等均可对区域国别语言教育的发展做贡献。区域国别学不仅是跨学科的，更是超学科的，其独特意义表现在对本土性经验的挖掘和推广上。因此，一方面可以吸收、借鉴相关专业的理论成果并对地方事物加以考察和分析；另一方面，在此过程中基于在地化的语言教育情况提出新观点、发现新问题，并对这些理论成果进行检验、拓展与修正，使区域国别语言教育从地方性经验上升为人类社会的一般认识，推动相关专业的跨越式

---

① 江时学. 国别和区域研究面临什么问题［EB/OL］. 光明网—学术频道.（2022-01-18）［2022-10-10］. https://share.gmw.cn/www/xueshu/2022-01-18/content_35454872.htm．

发展。①区域国别语言教育与其他学科之间，应是相互促进、互为补充的关系。

第二节 守正创新："卓越"外语学科建设路径

学科是大学的源头活水，大学只有把学科的源头挖深了、做强了，才能真正服务国家"一带一路"倡议大局。外语学科的内视角是"建设者"，外视角是中外交流"促进者"，全视角是人类命运共同体的"沟通者"。外语学科是属于人文学科，是通过外语来学习和研究外国语言、文学、社会、历史等的学科，而不是简单的学习语言技能的学科。外语专业教育应有高度和定力，做到超越现实需要，引领现实发展。全国外语学科应整体谋划，加强宣传，提升学科形象，展现外语学科的社会贡献和责任。外语学科应有学科自信，做到横向拓展、纵向加深，做到服务需求、促进交流、洋为中用。②新时代要求我们始终坚持立德树人根本，积极主动对接国家新文科教育战略，牢固树立正确的课程观和教材观，秉承学科融合的理念，不断深化外语课程与教材建设与研究，以数字化、新技术赋能高校外语课程建设的高质量发展。

"质量为王、标准先行"，有了标准才能有遵循，才能有衡量的依据，才能去监管。2018年1月，教育部颁布了《普通高等学校本科专业类教学质量国家标准》(下称《国标》)，这次颁布的标准，是我们国家首个高等教育教学质量的国家标准，《国标》涵盖了普通高等学校本科专业目录中全部92个本科专业类，包括全部587个本科专业、涉及全国高校56,000多个专业布点。《国标》指出，外语学科基础包括外国语言、外国文学和区域与国别研究，具有跨学科特点。外语类专业可与其他相关专业结合，形成复合型专业或方向，以适应社会发展的需要。外语类专业旨在培养具有良好的综合素质，扎实的外语基本功和专业知识与能力，掌握相关专业知识，适应我国对外交流、国家与地方经济社会发展、各类涉外行业、外语教育与学术研究需要的各外语语种专业人才和复合型外语人才。③

在培养规格方面，《国标》主要从学制与学位，素质要求，知识要求和能力

---

① 刘超. 构建中国特色的区域国别研究体系[N]. 中国社会科学报，2022-03-22(001).

② 张译心，卢敏. 立足现实推动外语学科建设[N]. 中国社会科学报，2021-05-07(001).

③ 教育部高等学校教学指导委员会. 普通高等学校本科专业类教学质量国家标准（上）[S]. 北京：高等教育出版社，2018.

要求方面提出相应的规定。在学制与学位方面，外语类专业本科学制一般为 4 年，各校可根据实际情况实行弹性学制，允许学生在 3—6 年内完成学业。外语类专业本科学位为文学学士学位；素质要求方面，外语类专业学生应具有正确的世界观、人生观和价值观，良好的道德品质，中国情怀和国际视野，社会责任感，人文与科学素养以及学科基本素养；知识要求方面，外语类专业学生应掌握外国语言知识、外国文学知识、区域与国别知识，熟悉中国语言文化知识，了解相关专业知识以及人文社会科学与自然科学基础知识，形成跨学科知识结构，体现专业特色；能力要求方面，外语类专业学生应具备外语运用能力、文学赏析能力、跨文化交流能力、思辨能力，以及一定的研究能力、创新能力、信息技术应用能力、自主学习能力。①

一、破旧立新：树立中国特色的新文科外语教育共识

改革开放以来，随着社会生产力的极大解放和发展，中国创造了举世瞩目的经济奇迹，国际贸易空前繁荣，人民敢闯敢试、敢为人先，积极性、主动性、创造性空前高涨。学生们学习外语的热情高涨。外语学科教学自此也弥漫着"偏重工具性思维、倡导语言技能训练、强调外语应试策略和追求考分排名的功利性"的氛围。尽管这种"应试型"教学、"技能型"教学曾经在一定程度上提升了我国数千万大学生的英语技能，但在日新月异的"数智时代"，原先的外语教学方法似乎已是明日黄花，在我国高等院校的外语专业和大学英语教学中全面实行新文科倡导的通识教育已势在必行。外语教育必须由"重视工具性、技能性和应用性"向"强化人文性、通识性与创新性"的转型，促进人的全面发展。外语教学应该从知识教育转向思想能力的培养，即要注重如何将专业知识转化为人文视野、人文方法和思想能力。

2019 年 4 月，教育部、中央政法委、科技部、工信部等 13 个部门正式联合启动"六卓越一拔尖"计划 2.0，明确了要实现高等教育内涵式发展，打赢全面振兴本科教育攻坚战，必须全面推进新工科、新医科、新农科、新文科建设。"新文科"是把现代信息技术融入哲学、文学、语言等传统文科的课程中，开展文理交叉，为学生提供综合性的跨学科学习，达到知识扩展和创新思维的培养。②

2020 年 11 月 3 日，教育部新文科建设工作组发布了《新文科建设宣言》，

---

① 外国语言文学类教学质量国家标准［S/OL］.（2018-04-11）［2022-10-11］. https://www.sohu.com/a/227935754_507486.

② 新文科建设要做到三个"新"［N］. 北京青年报，2019-05-21（A02）.

第五章 "一带一路"背景下中国区域国别语言学科建设的科学发展观

宣言指出，文科教育是培养自信心、自豪感、自主性，产生影响力、感召力、塑造力，形成国家民族文化自觉的主战场。新文科建设对于推动外语教育创新发展、构建以育人育才为中心的外语学科发展新格局、提升国家文化软实力具有重要意义。新时代，把握中华民族伟大复兴的战略全局，提升国家文化软实力，增强国家综合国力，新文科建设责无旁贷；大力推动中华优秀传统文化创造性转化、创新性发展，为中华民族伟大复兴注入强大的精神动力，新文科建设大有可为；文科占学科门类的三分之二，占专业种类和在校学生数的半壁江山。做强文科教育推动高教强国建设刻不容缓。新科技和产业革命浪潮奔腾而至，社会问题日益综合化、复杂化，应对新变化、解决复杂问题亟需跨学科专业的知识整合，推动融合发展是新文科建设的必然选择；打破学科专业壁垒，推动文科专业之间深度融通、文科与理工农医交叉融合，融入现代信息技术赋能文科教育，实现自我的革故鼎新，新文科建设势在必行。[1]

外语学科下设 100 多个本科专业，占本科专业总数的近 16%，语种已基本覆盖所有建交国家的官方语言语种，外语学科本身就有社会的面向，即便没有"新文科"的提法，也具有跨学科的属性，外语学科的发展之路与"新文科"建设的精神可谓不谋而合。[2] 新文科的"新"是相对于传统文科而言的。传统文科重视专业培养，专业划分明显，学科建设任务清晰，但是人才培养难以博通，容易形成专业壁垒，制约人才全面发展。在学术研究上，我国文科教育学术原创能力不强，有专家缺大师，实践性不足，使得传统文科在某些领域未能实现超越和创新。[3] 与此同时，国际形势复杂多变，国际体系深刻调整。大国博弈空前激烈，全球军备竞赛升级，科技创新竞争更趋激烈；各种矛盾错综交织。单边主义、保护主义、霸凌主义逆流而动，治理赤字、信任赤字、和平赤字、发展赤字有增无减。世界大变局正在向纵深发展，国际形势中不稳定、不确定因素增多，一些地区局势变幻动荡。新冠肺炎疫情肆虐，传统和非传统安全问题挑战增大，各国人民生命健康遭受严重威胁。互联网+和人工智能等新技术不仅改变了人类生产生活方式，也带来了前所未有的问题，要解决这些问题，显然不能依靠单一学科，必须多学科协同，于是，在多学科交叉边缘上出现了新兴的文科研究领域和研究方式，这也给外语学科建设提出了新的要求。

---

[1] 教育部.《新文科建设宣言》正式发布［EB/OL］.（2020-11-03）［2022-08-05］. https://news.eol.cn/.

[2] 吴岩. 新使命 大格局 新文科 大外语［J］. 外语教育研究前沿，2019（2）：37，90.

[3] 陈鹏."新文科"要培养什么样的人才［N］. 光明日报，2019-05-20（08）.

对此，上海交通大学彭青龙教授提出几点意见："第一，需培养人文属性和工具理性兼具的新文科人才。第二，要强调中外文化互鉴，构建比较文学与跨文化研究学科方向。第三，需培养外语人才的中文素养和科技素养。新外语人才应该注重相邻学科，特别是中文以及人文社科和相关学科和科学技术的向度。第四，要强调中国旨归。我们不仅仅是学习外国的语言和文化，更要'洋为中用'。第五，随着科学技术的发展，机器人类化和人类机器化的问题越来越突出，要正确地看待人文社科在能量守恒的调节作用，让冰冷的科技变得有温度。"①

以哈佛大学为例，学校理工科类专业学生按照学位计划也要修习占学分25%的人文学科课程。再以西南联大为例。当时，《大学一年级英文教本》为西南联大所有大一学生的必修课本。全书汇集43篇人文社科文章，体裁多样，体现了"通识为本，培养博雅之士"的教育理念。著名学者许渊冲回忆："联大八年来为国家培养了成千上万的人才，没有一人不读《大一英文》，没有一个人完全不受英文读本影响，不受潜移默化作用的。"②假如一个学生在大学四年只全力以赴地学习外语专业技能，忽略了人文知识、思辨能力和创新精神的培养，不通人情世故，不懂生命、人性和生活的真理，缺乏问题意识、责任意识和担当魄力，那他毕业后也许只能干点技术活。

"专业成才容易，精神成才则难。"新文科背景下，外语教学应要充分发挥外语通识课程在阐释世界文化的异同、促进文明互鉴、开展中外人文交流和构建人类命运共同体等方面的独特作用。例如，在四川外国语大学，学校重塑翻译课程体系。依托中央文件外译平台和中华优秀传统文化外译资源平台两大平台，学校打破学科壁垒，将马克思主义学院、国际关系学院、新闻传播学院、翻译学院等不同专业的老师组合在一起，通过以译代教的方式，鼓励学生提升翻译技能的同时进行润物无声的思政教育。此外，学校还相继开设了"中国文化走出去实验班""汉英笔译卓越人才培养教改实验班""国际人才组织教改班"，培养英语语言技能扎实、适应社会发展需求、具有国际视野和创新精神的卓越语言人才。③

---

① 徐明徽. 学科交叉、学科融合，高校外语教育发展应如何面对挑战？[N]. 澎湃新闻，2021-03-11.
② 新文科建设提速，外语人才培养如何重塑？这些专家有话说[EB/OL].（2021-04-11）[2022-10-12]. https://wenhui.whb.cn/third/baidu/202104/11/399691.html.
③ 新文科建设提速，外语人才培养如何重塑？这些专家有话说[EB/OL].（2021-04-11）[2022-10-13]. https://wenhui.whb.cn/third/baidu/202104/11/399691.html.

二、承传创新：促进学科专业优化、培育新兴交叉学科增长点

新文科之"新"，强调的更是人类知识体系的重组与创新，从而突破已有的知识体系对人类自我认知的限制。率先提出"新文科"概念的美国西拉姆学院，其最初的想法就是学生的跨专业学习[1]，以突破已经发展为"套路"的学科体系对"人的现代化"的制约。但是，打破"套路"绝不意味着对传统的全盘否定。新文科的确强调新时代国家的战略需求，集中体现在"新的科技革命""历史新节点""中国进入新时代"以及"世界格局发生重大变化"等四个方面。[2]

新文科建设的专业优化、课程提质、模式创新、实践能力培养等问题，是构建世界水平、中国特色的文科人才培养体系的关键所在。推进新文科建设要遵循守正创新、价值引领、分类推进"三个基本原则"，要抓好中国政法实务大讲堂、中国新闻传播大讲堂、中国经济大讲堂、中国艺术大讲堂"四大关键突破"，培养适应新时代要求的应用型复合型文科人才。[3]

百年征程波澜壮阔，百年初心历久弥坚，站在两个百年的历史交汇点，全面建设现代化国家新征程已经开始，新时代赋予了外语学科建设难得的历史发展机遇。当前，单一学科背景的外语人才已经不能满足国家发展和"一带一路"倡议的需求，时代呼唤复合型、复语型外语人才，因此要加快培养新时代急需的外语人才。市场倒逼外语类专业教学改革，市场需求催生出新兴交叉学科。外语学科怎样做好学科交叉、学科融合？同济大学外国语学院吴赟教授认为有三点值得思考：一是在现在的新技术革命之下的外语学科如何发展。外语学科如何利用人工智能、大数据、区块链等技术与理科实现交叉融合。二是历史新节点和外语学科的新使命。怎么传播好中国的优秀文化，怎么样讲好中国的故事，促进多元文化的交流和交融。三是在全球新格局的前提下怎么样做好外语学科的国际化，培养应用全球新格局的高素质的国际专业人才，实现一专多能的人才培养。[4]

为推动外语教育内涵式发展，各省级教育行政部门、高校、教指委应积极瞄准科技前沿和关键领域，高起点布局基础学科专业和交叉学科专业，持续抓好专

---

[1] 杨枫. 国家意识与外语课程思政建设：兼论新文科视野下的外语教育实践[J]. 外语教学理论与实践，2022（2）：1—5.

[2] 樊丽明. 中国新文科建设的使命、成就及前瞻[J]. 中国高等教育，2022（12）：21—23.

[3] 教育部.《新文科建设宣言》正式发布[EB/OL].（2020-11-03）[2022-08-05］. https://news.eol.cn/.

[4] 徐明徽. 学科交叉、学科融合，高校外语教育发展应如何面对挑战？[EB/OL].（2021-03-11）[2022-10-13］. 澎湃新闻. https://www.thepaper.cn/newsDetail_forward_11659105.

业质量、课程质量、教材质量、技术水平、教师队伍、质量文化、规划总结"七大工程"。据统计，2019年至2021年，76个新专业列入《普通高等学校本科专业目录》名单，其中新增文科专业种类32个，占比42.1%。认定3248个文科类国家级一流本科专业建设点和1926门文科类国家级一流本科课程。①

新文科背景下，外语学科要行稳致远，外语学界应紧扣国家软实力建设和文化繁荣发展新需求，主动对接国家战略、地方与行业的发展需求，促进专业优化，培育新兴交叉学科增长点，搭建高水平师资团队，创新人才培养路径，紧跟新一轮科技革命和产业变革新趋势，积极推动人工智能、大数据等现代信息技术与文科专业深入融合，积极发展文科类新兴专业，推动原有文科专业改造升级，实现文科与理工农医的深度交叉融合，打造文科"金专"，不断优化文科专业结构，引领带动文科专业建设整体水平提升。此外，还应对外语教育发展与经济社会发展、新科技革命和产业变革间的互动规律和未来发展趋势进行研判，探索推进跨专业、跨学科门类交叉融合的有效路径。

国务院学位办关于外语学科的主干学科共有5个，即外国语言学及应用语言学、外国文学、翻译学、比较文学与跨文化、国别与区域研究。要夯实人工智能学科专业基础，以数智化建设理念与路径统领外语学科建设，打造数字人文的建设方向，从交叉学科层面打破学科专业壁垒，整合计算机科学与技术、人工智能、大数据、自然语言处理等主要课程，组建数字人文方向。②

首先，推动学科交叉融合、特色发展和创新发展。新文科背景下，外语学界、教育学界应厘清通识教育与新文科建设的关系，考虑国家重大需求，结合校本特色，实施"外语+X"和"X+外语"的培养模式，建设交叉融合的专业和学科方向。新文科建设的重点是推动学科交叉融合、特色发展和创新发展，服务国家战略和经济社会发展。北京语言大学王立非教授认为，应加快设立"新文科语言学"学科群，推动语言学学科发展新的增长点。以服务总体国家安全观为目标，提升国家语言安全能力，建立"语言安全学"；以服务我国语言产业全球化发展为目标，提升对外语言服务能力，建立"语言服务学"；以服务国家突发公共事件和抢险救灾应急管理为目标，提升语言应急能力，建立"应急语言学"；以服务党和政府的决策为目标，提升我国语言咨政能力，建立"语言智库学"。③

---

① 樊丽明. 中国新文科建设的使命、成就及前瞻 [J]. 中国高等教育, 2022 (12): 21—23.

② 李雪莲. 数字人文推进外语学科建设 [N]. 中国社会科学报, 2022-11-08 (003).

③ 项江涛. 推动外语学科融合发展 [N]. 中国社会科学报, 2021-07-05 (002).

第五章 "一带一路"背景下中国区域国别语言学科建设的科学发展观

其次，打造综合交叉学科集群，特别是中华文化国际传播学科群，搭建对外话语体系建设平台，助力国家话语体系构建与传播，塑造"中国形象"是当代外语人的使命和担当。习近平总书记强调，"讲好中国故事，传播好中国声音，展示真实、立体、全面的中国，是加强我国国际传播能力建设的重要任务"。外语作为表达的工具，外语学科的国际传播研究，应当注重研究如何通过外语向国际社会传播中国声音、塑造中国形象，以及如何构建中国特色话语体系。[①]为此，加强国际传播领域研究，既是对外语学科内涵的深度拓展，更是新时代外语学科发展的使命所在。为此，外语学科应乘势而上、顺势而为，在党和国家新的发展阶段再立新功。

再次，以外语特色引领"课程思政"改革。中共中央、国务院印发的《关于加强和改进新形势下高校思想政治工作的意见》明确提出，要坚持全员全过程全方位育人（简称"三全育人"）。2022 年五四青年节即将到来之际，习近平总书记在中国人民大学考察时强调，"教育是一门'仁而爱人'的事业，有爱才有责任。"首先，人民教师作为价值与信仰的引领者、文化与文明的传播者、学习与修身的示范者、应做"经师"和"人师"的统一者，以大道引人，以大智启人，以大德树人，以大爱育人；要始终不忘立德树人初心，牢记为党育人、为国育才使命，严爱相济、润己泽人。其次，要坚持用习近平新时代中国特色社会主义思想教育人，用中华民族伟大复兴历史使命激励人，教育引导青年学生用脚步丈量祖国大地，用眼睛发现中国精神，用耳朵倾听人民呼声，用内心感应时代脉搏。最后，应全方位育人，也即系统育人，旨在激发和凝聚体制原力、机制活力、要素潜力，彰显教育伟力，形成全社会、全要素的同心同德、同向同行的"系统育人"大格局。[②]

课程承载着知识、能力、情感态度、价值观等方面的教育目标，价值观教育是课程教学运行实施的必然要求。[③]专业课"思政"包含紧密联系的两层含义：一是深入挖掘专业教育中的育人元素[④]，二是将思想政治教育元素融入专业课程[⑤]。"一带一路"建设以来，我国经济和社会发展取得了举世瞩目的成

---

① 郭英剑. 国际传播是外语学科发展新趋向[N]. 中国社会科学报，2022-09-13（008）.
② 杨胜才. 高等学校"三全育人"的实践要求[J]. 红旗文稿，2022（17）：35—37.
③ Bloom B S. Taxonomy of Educational Objectives [M]. Boston: Allyn & Bacon, 1984: 1-5.
④ 刘鹤，石瑛，金祥雷. 课程思政建设的理性内涵与实施路径[J]. 中国大学教学，2019（3）：59.
⑤ 王学俭，石岩. 新时代课程思政的内涵、特点、难点及应对策略[J]. 新疆师范大学学报（哲学社会科学版），2020，（2）：50—58.

就，主要经济社会指标占世界的比重持续提高，居世界的位次不断前移，国际地位和国际影响力显著提升。随着全球化深入和"一带一路"倡议的推进实施，国际谈判与合作、涉外业务日益增多，需要培养大量兼具国际视野与中国情怀，专业素质过硬，能在国际舞台上发出中国声音、用外语讲好中国故事的外语专业人才。

我们培养的外语人才，应是认同并实践"正确的世界观、人生观和价值观"，具有"政治认同、家国情怀、人类命运共同体共识"的爱国人才。因此需要推进外语专业与思想政治有机融合、多语种对外宣传与思想政治教育密切结合。

外语课程思政需要厘清三个概念：（1）解决"教什么"的问题。课程思政≠专业课内容的压缩和思政内容的增加，专业是载体，教师应在教学中充分挖掘外语课程教材中的思想政治教育资源，包括人文教育、跨文化素养、中西方文化对比等，有机融入课程思政元素；（2）课程思政≠"课程+思政"，应把各高校办学理念、校园文化、学生专业特点和外语课程思政元素有机结合，为外语课程思政价值意蕴赋能，实现思政元素与课程内容的有机融合，达到润物无声的效果；（3）外语课教师≠思政课教师，外语课教师需要形成正确的课程思政意识，提升课程思政教学能力和课程思政评价能力。[①] 此外，还应注意在打造外语课程思政实践路径中，如何把数智技术有效地运用到大学英语课程思政建设当中，完善教学设计和实践活动设计，建立新技术下大学英语课程思政教学效果评价体系。

外语专业课程思政体系建设的路径可从以下4方面进行：（1）优化外语专业课程设置体系，调整外语课程思政教学内容，构建以"X+思政元素"为核心的教学大纲；（2）对接"复合型+复语型"外语人才培养模式，设立"课程思政专项"，建立"多语种课程思政群"；（3）构建师生思政素养融合发展共同体，提升外语专业课程思政教学成效；（4）构建多元化外语课程思政评价体系，提升评价的正面反拨效应。[②]

在外语课程思政发展模式维度方面，应厘清外语人才课程思政素养要求，构建紧密附着于知识和能力链条的课程思政素养发展链条，链接"课程思政"与"专业思政"；在课程场域维度，应基于课程思政教学改革理念延展课程场域，激活教学资源和教学空间场域各个要素，凸显要素之间的互动张力；在参与主体维

---

① 何莲珍. 从教材入手落实大学外语课程思政［J］. 外语教育研究前沿，2022，5（2）：18—22，90.

② 刘秉栋，冯蕾. 英语专业课程思政体系建设：现实困境与突围路径［J］. 外语电化教学，2022（4）：23—28，112.

度，党、政、师、生多元主体应形成合力，使课堂内外有序衔接、有机协同，发挥整体育人效应。[①]

外语课程思政改革拟解决的关键问题包括：

如何对外语课程思政功能进行科学定位。根据外语课程的特点和优势，明确课程思政的思政政治教育功能、目标、内容、方法等，制定和完善科学的教育教学规划。

如何解决课程思政与外语课程协同育人"同向·耦合·创生"的问题。具体而言，就是找准课程思政和英语课程的结合点，从课程设置、教学大纲核准、教学内容甄选、教案课件编写、教学部署等由小到大、由点到面来解决思想政治教育和外语专业教育"两张皮"的问题，在实践中总结经验，再进行经验复制和推广。

如何将数智技术和教育融合创新。融合创新要通过创造数智化教学环境，将数智技术有效地融入到英语课程思政教育教学过程中，改变传统的教师为主导的教学结构，同时转变教学理念和教学实践，实现教学过程以及教学效果的最优化。

如何提升外语教师的思政素养问题。教师素养包括专业素养、思想政治素养，以及信息化技术运用素养等。要解决如何加强教师终身学习意识，提升教师素养，推动教师数智化胜任力发展等问题。

如何在构建数智时代外语课程思政的实践路径的同时，确保其可行性和可持续性的问题等等。

最后，语言教育与区域国别研究相结合，多学科之间的互动将促进区域国别研究范式的更新。对语言能力的重视应当与"一带一路"建设，与区域国别研究相结合，从事外语教育教学的学者将区域国别研究中获得新的理解世界的视角。加强外语学科和区域国别学科交叉融合研究。不仅要依靠英语研究地区国别问题，还要尽量掌握对象国及地区当地的语言来开展深入的研究。区域国别学科建立的目的不仅要了解对象国及地区的历史、文化、政治、经济和社会等领域的现象，而且要真正深入研究和分析这些现象背后的原因和规律。[②]

为了促进教育对外开放、服务国家外交战略、推进区域和国别问题研究以及国际教育研究，提升高校与研究机构为国家决策提供咨询的能力，使之发展成为

[①] 王会花，施卫萍. 外语专业课程思政教学改革实践路径探析［J］. 外语界，2021（6）：38—45.

[②] 陈岳. 区域国别学科的交叉与融合［EB/OL］. 国际论坛公众号.（2022-04-23）［2022-10-15］. https://indss.jlu.edu.cn/info/1010/2012.htm.

国家重要决策的"智囊团和思想库",自 2011 年 11 月起,教育部开始启动高校国别和区域研究中心培育和建设工作。2013 年国务院学位委员会发布的《学位授予和人才培养一级学科简介》首次将区域国别研究纳入为外国语言文学一级学科的一个分支,2015 年 1 月颁布的《国别和区域研究基地培育和建设暂行办法》进一步强调了区域国别研究的意义和价值,也推动了区域国别语言政策研究的发展。

区域国别研究的学科、专业化发展也为区域国别语言政策研究储备了一批潜在研究人才。在这方面,北京外国语大学走在探索的前列。近年来,北外将语种建设同国别区域研究相结合,探索语种增设与科学研究、人才储备相互促进的发展模式,成立了国际中国文化研究院、世界语言与文化研究中心、区域与全球治理高等研究院、比较文明与人文交流高等研究院,并获批成立了教育部国别和区域培育基地中东欧研究中心、日本研究中心、加拿大研究中心,加上原有的中日人文交流研究中心、二十国集团研究中心、丝绸之路研究院、美国研究中心等,[①]伴随着这些研究中心的成立,培养既具有扎实的语言基本功,又具备深入开展对象国及其所属区域相关研究的水平和能力的人才,对于服务国家战略和外交大局、全面推进"一带一路"建设,意义深远。

通过加强外语学科和区域国别学科的交叉研究,促进跨专业、跨学科、跨院系协同,努力为构建我国的国别区域知识体系和对外话语体系贡献应有的学科力量,进而把语言能力转为专业能力和学科能力,为我国区域国别研究持续提供卓越人才,为世界知识体系提供中国视角和中国定义。

三、价值引领:外语学科教材建设铸魂导向

外语教材建设是一项铸魂工程,直接关系到"培养什么人?怎么培养人?为谁培养人"这些外语教育的根本性问题。外语教材建设应遵循"强优、补短、填空"的建设方略。2018 年,《国标》针对本科高校的 1049 门专业基础课和 3676 门专业核心课,制定了教材及参考书目的建设与选用规范,鼓励高校选用规划教材、精品教材等优秀教材。新时代背景下,外语教育各部门应抢抓新技术带来的历史机遇,推动新形态教材,如融合互联网、人工智能等信息技术的虚拟现实、增强现实、配套移动软件等多介质教材的创新发展,添加可视性强的动态图例,更新实践案例,增强了教材表现力,强化了育人功能。自 2019 年起教育部面向全国高校开展一流专业、一流课程遴选,把优秀教材建设作为双一流建设的"硬

[①] 苏莹莹."一带一路"非通用语人才培养模式的思考与探索[J]. 中国外语教育,2017,10(2):3—7,95.

指标"，形成了"一流专业""一流课程"引领"一流教材"建设，"一流教材"建设支撑"一流专业""一流课程"的良性发展局面。此外，还将教材建设与选用纳入高校本科教学工作合格评估以及"双一流"建设高校的考察范围，强化质量跟踪与监管。[①]

在新时代背景下，加强高校外语教材建设，应强化价值引领，牢牢把握文科教育的价值导向性，坚持立德树人，深入推进习近平新时代中国特色社会主义思想"三进"、高校"四史"教育、中华优秀传统文化创造性转化、创新性发展的有效路径、模式、机制研究。2022年8月27日，首届"新文科背景下外语课程与教材建设高端论坛"在线上成功举办。论坛由中国高校外语学科发展联盟课程与教材建设委员会、上海外国语大学外语教材研究院联合主办。会上，专家们纷纷基于新文科背景，从外语教材建设的思政性、跨学科性和智能化等方面发表了各自的真知灼见。

新时代要求外语学界应始终坚持立德树人根本，积极主动对接国家新文科教育战略，牢固树立正确的课程观和教材观，秉承学科融合的理念，不断深化外语课程与教材建设、研究，以数字化、新技术赋能高等外语课程与教材的高质量发展。

"第一，在外语教材建设中应树立正确导向，将价值塑造、知识传授和能力培养三者融为一体，在教学改革中应发挥教材的价值引领、理念引领、方法引领、技术引领。外语核心教材传授的内容、倡导的价值一定是国家意志、国家事权，外语教材建设要围绕'立德树人、培根铸魂、启智增慧'这几点展开。新时代外语教材质量的评价标准的五个基本原则是——思想性、科学性、时代性、适宜性和选择性。

第二，外语教材建设，应以思政内容丰富的教材为载体，以'互联网+'为技术手段，培养'外语+'复合型人才的建设思路，发挥文科教育知识性与价值性相统一的特点，全面推进高校课程思政建设，切实提升学生的政治认同、家国情怀、文化素养、法治意识、道德修养。外语课程思政建设在学校的落地生根至少要经历政策、规范、文化三个层面。新文科背景下的外语课程思政是一种教育趋势的转变，一种教育立场的坚定。

第三，在外语教材编写中要系统融入文化，除中国文化外还应包含世界各国

[①] 教育部高等教育司：价值引领 质量为本 改革创新 监督保障[EB/OL].（2020-12-25）[2022-10-16]. https://baike.baidu.com/reference/50255036/3560fSA6HjwRlktJcyxQbknOla75F7JvHdOz-tWaoNZH4wLUotWHj9U2DaMbnS2D4Bw5FTxz1DydK2VacCQYjiNMsseB-7NMXcOScgPAVpBMzKJJcMMMbQ_sOt8z6NitQytRZdBZxsQ．

文化；教材内容要引导学生思考文化现象，深刻理解文化内涵，培养文化意识；教材既要包括传统文化，也要包括现代和当代文化；外语教材要注重联系学生自己的文化经验、认知、情感。

第四，要开展外语教材开发与评价研究。对于国外的外语教材，切不可拿来就用；中国自己编写的外语类教材必须切实把握好政治导向，落实立德树人的根本任务。此外，还应开展对外语教材使用的评价研究，找出各套教材的优点，克服缺点，不断提高教材质量。

第五，教育数字化转型呼唤教学创新，教育改革的阵地在课堂，课堂教学是教育数字化转型的核心。人工智能赋能教学是实现教学过程数字化的重要教育改革创新。人工智能赋能课程变革的表征包含教学理念变革、教学空间重构以及教学活动创新等。

第六，应加强课程和教材的建设与管理，将出台措施大力打造'金课'，强调要与时俱进编写好、建设好教材和教材体系。进一步完善通识教育，也要推动更多语言类课程在国际著名课程平台上线。同时，应尽快启动多语种国际翻译、海外田野考察、国际组织实习等项目，探索打通外语学科本硕博人才培养机制。

第七，在新文科背景下，为顺应学科交叉融合的趋势，外语教材除了具有语言特色外，还要融合政治、经济、文化、科技等不同学科知识，构建人文社科和自然科学的跨学科知识。同时需加强出版社和教材编者、研究者之间的相互联系和合作，加强外语教材的推介。"[①]

四、融汇创新：夯实语言课程、通识课程和交叉专业课程体系

语言的人文和心智属性是外语与通识教育之间的接口，语言的本质决定了外语教学除具有满足学习者能掌握一技之长的现实需求的工具功能（instrumental）外，还具有内洽功能（integrative），即外语教学可以通过语言活动促进学生思维能力、思辨能力和表达能力的发展，通过对语言的理解、记忆和使用促进学生认知加工能力的发展，通过完成各种语言任务促进学生分析问题、解决问题能力的发展。[②]"通识教育理念"是在 1945 年哈佛大学发表的《自由社会中的通识教育》报告（即哈佛"红皮书"）中提出，即教育可分为通识教育与专业教育两部分，前者作为大学教育的基础部分，主要关注学生作为一个有责任感的人和公民

[①] 首届新文科背景下外语课程与教材建设高端论坛成功举办 [Z]. 上海外语教育出版社—外教社高教公众号，2022-09-01.

[②] 王鲁男. 外语专业通识教育：历史、现状与展望 [J]. 外语教学与研究，2013，45（6）：922—932.

的生活需要，后者则给予学生某种职业能力训练。[1]作为一门人文学科，外语教育一直是通识教育的重要阵地，在民国时期我国外语专业曾创造了非常成功的通识教育范例。那时外语学界名流辈出，仅就清华、北大而言，知名学者就有胡适、赵元任、林语堂、钱钟书、朱光潜、梁实秋、王佐良和许国璋等。以当时清华、北大两校外文系的课表为例，其罗列的主要是文、史、哲类课程，没有开设听力、阅读、会话、写作这样的技能课。课程重点是修读英文原典，通过文、史、哲类经典作品的深广阅读提高学生的人文修养、语言素养以及对外国语言、文化、思想的感悟和理解，达到打通学科，贯穿古今，汇通中西的通才培养目的。[2]

日前，根据山东师范大学对 75 所高校进行的一次"大学外语教学改革现状调查"的结果表明，75 所高校中有 50 所开设有跨文化交际课程，占 66.67%；47 所高校开设英美影视赏析，占 62.67%；有 24 所高校开设商务英语，占 32%。可见，国内高校公共外语教育中，对跨文化素养的培养是比较重视的，但是也暴露出语种单一、课程设置单一等问题。基于此，新文科背景下，应鼓励教师开设各种类型、各种语种的通识课程，为学生提供一个打通学科的共同学识背景。[3]例如，开设涉及多语种的外国文学以及与文学息息相关的外国哲学、历史、经济、科学、宗教、政治等领域名家名著、诗歌、小说、戏剧、散文、史诗、寓言、文学批评、传记、日记、演讲、游记、书信等，还有诸如日本文化与文学、韩语与韩国文学、中华文化外译、英语文学鉴赏、旅游法语等课程，通过对不同文化的接触和浸淫促进学生对不同价值观、思维方式和行为方式的体验与学习、发展健全的人格和广阔的视野，培养学生成为具有全球眼光、通融识见、博雅精神和优美情感的人。语言教育天然就是通识教育的组成部分，语言的人文和心智属性就是外语与通识教育之间的接口。

与"旧文科"强调"分科治学"相比，"新文科"更加注重学科创新与交叉融合。这一交叉融合既包括传统的人文学科内部（文、史、哲）的交叉融合，也包括与社会科学（经、管、法）和自然科学（理、工、农、医）的交叉融合以及新技术的应用，通过不断拓宽学科边界，推动学科的创新与发展。[4]

---

[1] The Harvard Committee. General Education in a Free Society: Report of the Harvard Committee [M]. Cambridge, MA.: Harvard University Press, 1950: 1-10.

[2] 王鲁男. 外语专业通识教育：历史、现状与展望 [J]. 外语教学与研究，2013，45（6）：922—932.

[3] 王卓. "一带一路"背景下高校立体化外语教育建设 [J]. 山东外语教学，2019，40（5）：54—59.

[4] 吴岩. 积势蓄势谋势 识变应变求变 [J]. 中国高等教育，2021（1）：4—7.

2018年1月，教育部颁布了《普通高等学校本科专业类教学质量国家标准（上）》[1]，其中便对外语类专业的跨学科特点有着明确的表述，并指出"本标准是全国高等学校外语类本科专业准入、建设和评价的依据。各高校外语类专业应根据本标准制定适应社会发展需要、体现本校定位和办学特色的培养方案"。而作为将这一宏观标准落地生根的《普通高等学校本科英语类专业教学指南》[2]，其中所罗列的核心课程及方向课程同样只是英语类专业建设的刚性底线规定和基准达标要求[3]，并非国家级一流本科专业的验收标准。若机械照搬《指南》中的课程清单，将难免背离了"分类发展、分层卓越"的初衷。

由于《指南》兼具指导性与开放性，这也为各高校英语专业具有校本特色的课程体系建设预留了较大的空间。目前，国内各类院校的英语专业在《国标》和《指南》精神的指导下，纷纷结合自身的优势学科和办学特色，在课程体系建设方面进行了一系列探索与实践。许多高校纷纷紧紧抓住课程这一最关键的要素，持续推动教学内容更新，将中国特色社会主义建设的最新理论成果和实践经验引入课堂、写入教材，转化为优质教学资源。鼓励支持高校开设跨学科跨专业新兴交叉课程、实践教学课程，培养学生的跨领域知识融通能力和实践能力。与此同时，部分高校建立了"多元化的课程体系"，一方面是课程覆盖学科的多元化，以语言课程为主，兼及其他多个学科；另一方面是课程与课程之间的体系性，注重同类课程之间的层次性。

除了夯实双语或多语能力的语言类课程，建立多层次多维度的外语通识教育课程体系外，还要拓展多学科知识的通识类课程。通过引入国际关系、世界史、民族学等学科的师资开设通识类课程，增加专业导向性课程模块，弥补外语学生"领域学"知识短板，突破外语专业中以语言文学内容为主的传统课程体系，使学生具备更多学科领域知识；开设外语类辅修专业，为不同学科或专业的学生提供获得高级语言能力的机会；在一些尚未具备招生条件的备案专业中，面向全校先行开设外语类基础课程，使学生通过学习能够掌握非通用语的一般阅读或交流技能。多管齐下，多种形式培养兼具语言技能与其他学科领域知识的外语人才。

例如，北京理工大学于2019年成立了"语言工程与认知计算工信部重点实

---

[1] 教育部高等学校教学指导委员会. 普通高等学校本科专业类教学质量国家标准（上）[S]. 北京：高等教育出版社，2018.

[2] 教育部高等学校外国语言文学类专业教学指导委员会英语专业教学指导分委员会. 普通高等学校本科外国语言文学类专业教学指南（上）：英语类专业教学指南[M]. 上海：上海外语教育出版社，2020.

[3] 蒋洪新. 推动构建中国特色英语类本科专业人才培养体系：英语类专业《教学指南》的研制与思考[J]. 外语界，2019（5）：2—7.

验室",实验室坚持多学科交叉融合,瞄准语言认知与计算、智能多语信息处理、自然语言工程等前沿研究方向,致力于开展前沿性的基础研究、关键技术开发和应用研究。通过优化课程体系,修订本科生和研究生的教学大纲与课程设置方案,凸显多种学科知识交叉融合的培养模式,将自然语言处理、机器翻译等人工智能技术、语言数据科学、认知科学等相关课程有机地融入现有外语专业课程之中,形成包括基础课、核心课和专业课在内的必修与选修课程体系,为培养复合型外语人才提供重要基础和保障。①

此外,上海交通大学开展了基于新文科背景的英语专业改革,以语言学专业为例,除了学校层面必修的通识课程和个性化选修课程外,语言学专业的课程主要包括专业基础课、专业方向课、平台选修课和实践类课程。专业基础课程包括句法、语义与语用等;特色课程包括语言与大脑、听力科学、语言病理学、神经语言学、语料库语言学、语言智能等;衔接课程包括语言习得、语言与认知、语言研究方法和语言测试等。平台选修课从大二开始,每个学期设置语言学、外国文学和翻译各一门课程,供三个专业方向的学生选择。实践类课程包括实习、毕业论文、阅读实践、创新实践和专业方向实践。由于外语专业课程体系重构,使得外语学科人才培养下沉,原本许多研究生的课程前移至本科,因此硕士和博士课程体系需要规划和重构。为此,应在打通本硕课程、贯通硕博课程的指导思想基础上,增设本科直博生的培养方案和课程体系将是外语学科课程建设未来努力的方向。②

五、AI 赋能:数智技术赋能新时代外语教师队伍建设

一流的师资队伍是一流学科建设的最根本因素。梅贻琦先生说过:"所谓大学者,非谓有大楼之谓也,有大师之谓也。"加强外语师资队伍建设是当前一流外语学科持续健康发展的重要任务。互联网技术的发展使得国内外的学习和交流跨越了时空的限制,人工智能赋能外语学科教育,一方面,人工智能赋能学校基础设施,让学校、课堂网络化、智慧化。另一方面,人工智能赋能教学练测评,让教学及学习个性化,提升教与学的效率。诸如:松鼠 AI 的自适应学习系统、英语流利说千人千面的学习体验等等。与此同时,人工智能学习路线、算法原理、框架精讲、机器学习实战、图像识别实战、自然语言处理实战,人工智能技术一站式学习等学习的理念也突破传统交流的面对面模式,极大提高了工作效率

---

① 刘芳. 新文科视域下外语专业人才如何培养[N]. 中国教育报,2022-08-29(6).
② 常辉. 新文科背景下上海交通大学英语专业改革与人才培养探索[J]. 当代外语研究,2021(4):92—96,102.

和交流频度。新技术的使用不仅能促进外语学科教师自身水平的提高，而且还能形成学科梯队的合力。

2018年《中共中央国务院关于全面深化新时代教师队伍建设改革的意见》指出，要切实推动高校教师主动适应人工智能新技术变革，促进专业发展，改进教学模式，推进科研创新，支撑高等教育内涵式发展，教师应主动适应信息化、人工智能等新技术变革，积极有效开展教育教学。[①]与此同时，2019年《中国教育现代化2035》提出，要积极促进信息化时代教育变革，建设高素质专业化创新型教师队伍，并明确将"加快信息化时代教育变革"视作"十大战略任务"之一。[②]2021年1月，教育部等六部门《关于加强新时代高校教师队伍建设改革的指导意见》指出，要准确把握高校教师队伍建设改革的时代要求，强化高校教师思想政治素质和师德师风建设为首要任务，落实立德树人根本任务，以提高教师专业素质能力为关键，遵循教育规律和教师成长发展规律，为提高人才培养质量、增强科研创新能力、服务国家经济社会发展提供坚强的师资保障。改变单维度的师资队伍、建设高校教师发展平台，着力提升教师专业素质能力，完善教师发展培训制度、保障制度、激励制度和督导制度，营造有利于教师可持续发展的良性环境。夯实高校教师发展支持服务体系。统筹教师研修、职业发展咨询、教育教学指导、学术发展、学习资源服务等职责，建实建强教师发展中心等平台，健全教师发展组织体系。完善现代高校教师管理制度，激发教师队伍创新活力。[③]《教育部2022年工作要点》明确提出，要实施"教育数字化战略行动"，加快教育数字化转型和智能升级。这既是新常态下的社会现实需求，也是推动高等教育改革、构建数智时代教育新生态的核心任务。

2022年10月，习近平同志在党的二十大报告中指出："完善科技创新体系，坚持创新在我国现代化建设全局中的核心地位，健全新型举国体制，强化国家战略科技力量，提升国家创新体系整体效能，形成具有全球竞争力的开放创新生态。"[④]

[①] 中共中央国务院. 中共中央国务院关于全面深化新时代教师队伍建设改革的意见[EB/OL]. (2018-01-31) [2022-10-18]. http://www.gov.cn/zhengce/2018-01-31/content_5262659.htm.

[②] 中共中央国务院. 中国教育现代化2035[EB/OL]. (2019-02-23) [2022-10-18]. http://www.gov.cn/zhengce/2019-02-23/content_5367987.htm.

[③] 教育部等六部门关于加强新时代高校教师队伍建设改革的指导意见[EB/OL]. (2021-01-04) [2022-10-18]. http://www.moe.gov.cn/srcsite/A10/s7151/202101/t20210108_509152.html.

[④] 习近平. 高举中国特色社会主义伟大旗帜 为全面建设社会主义现代化国家而团结奋斗：在中国共产党第二十次全国代表大会上的报告[EB/OL]. 新华社. (2022-10-

2023 年 ChatGPT4.0（即 Chat Generative Pretrained Transformer）的横空出世，成为生成式人工智能新时代来临的报晓鸟，预示人工智能作为数字时代的核心驱动力，将引领未来的数字革命。对生成式 AI 技术赋能外语学科创新发展进行研究，响应了国家将"人工智能"上升为国家战略，加快建设"数字中国"，教育高地人工智能提前抢滩布局的号召。

生成式人工智能技术（Artificial Intelligence Generated Content，简称 AIGC），如美国 Open AI 的 ChatGPT，IBM 的 Watsonx 等，按下了数字化重塑的快进键。在我国，截至 2023 年 11 月，从国家网信办官网获悉，我国已有近百个大语言模型（Large Language Model，简称 LLM）完成生成式 AI 服务备案，包括百度文心一言、阿里巴巴通义千问、华为云盘古、腾讯混元助手、OPPO 安第斯、VIVO 蓝心等。面对席卷全球的 AI 浪潮，数字化重塑不再是一种选择，而是一种必然。2023 年 7 月 10 日，国家互联网信息办公室等 7 部门联合公布了《生成式人工智能服务管理暂行办法》，明确鼓励生成式人工智能技术在各行业、各领域的创新应用，探索优化应用场景，构建应用生态体系。随着人工智能浪潮的奔涌来袭，牛津、剑桥、哈佛在内的多所全球顶尖大学已经相继撤销 ChatGPT 的使用禁令，转而提倡"拥抱 AI"。数字教育应用新生态将蓬勃发展，面向终身学习的数字化评价将逐渐转型。

人工智能（AI）技术的发展推动了教育实践的变革，促进了"AI+教育"实践模式的产生。彼得·戴曼迪斯指出，"当增强现实、虚拟现实和人工智能在教育领域实现融合之后，学生的每一次散步都可以变成一节'私人'的历史课"。在这样的技术场景中，学生可以漫步于长安大街，欣赏唐朝的古建筑，并与房间里的唐朝读书人（虚拟历史老师）进行跨时空的交流和学习。[①]教师作为教育实践的重要主体，顺应人工智能时代的教育发展趋势、提升自身素养至关重要。

由此，为贯彻落实"教育部人工智能助推教师队伍建设行动"，外语教师队伍建设需要深入教学实践，探索出以"新技术、新观念、新方法、新角色"的"四新"教师发展理念为指导，以"创建智能教育环境、提升教师智能素养、创新教师发展模式、优化教师数据管理"为"四轮"驱动的有效模式。[②]

16）[2022-10-20]. http://www.gov.cn/xinwen/2022-10/25/content_5721685.htm.

① [美] 彼得·戴曼迪斯，史蒂芬·科特勒. 未来呼啸而来 [M]. 贾拥民，译. 北京：北京联合出版公司，2021：173.

② 孙有中，唐锦兰. 人工智能时代中国高校外语教师队伍建设路径探索："四新"理念与"四轮"驱动模式 [J]. 外语电化教学，2022（3）：3—7，101.

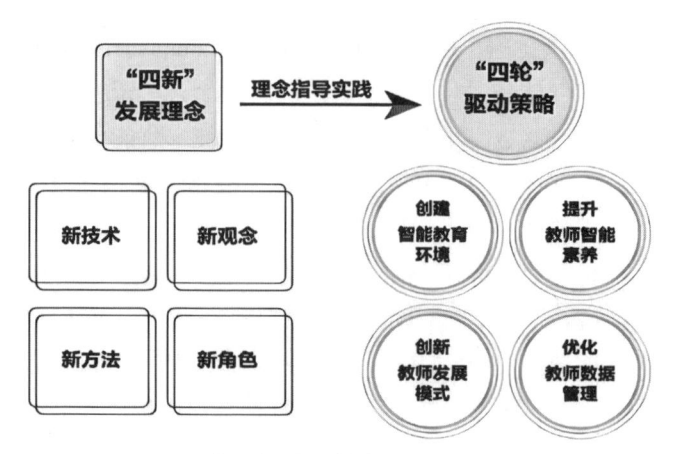

图 5-3　人工智能助推教师队伍建设模式

资料来源：孙有中，唐锦兰. 人工智能时代中国高校外语教师队伍建设路径探索："四新"理念与"四轮"驱动模式［J］. 外语电化教学，2022（3）：4.

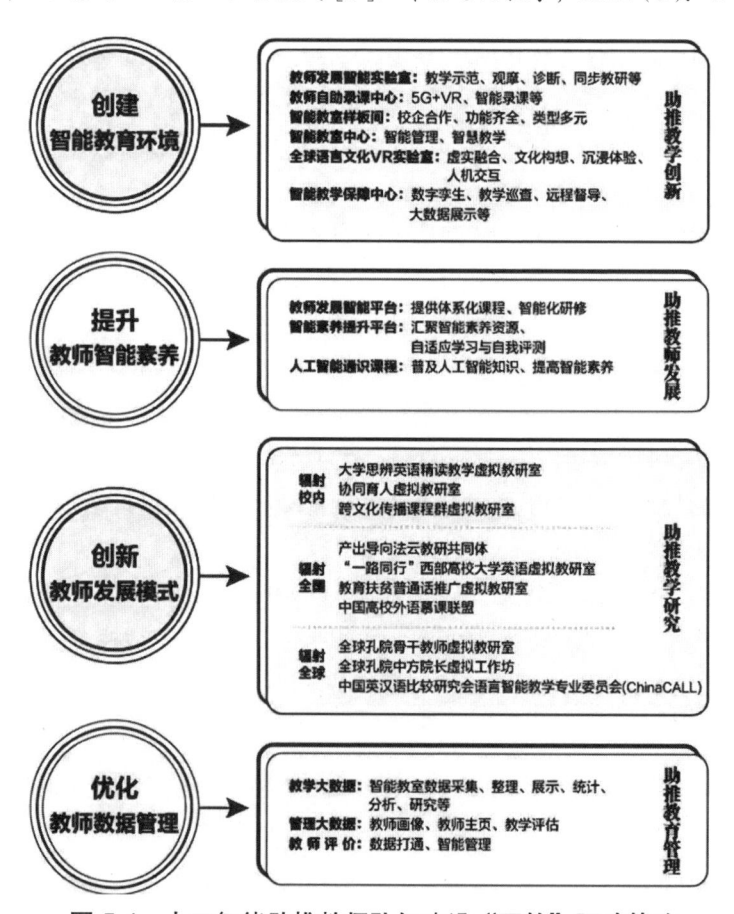

图 5-4　人工智能助推教师队伍建设"四轮"驱动策略

资料来源：孙有中，唐锦兰. 人工智能时代中国高校外语教师队伍建设路径探索：“四新”理念与“四轮”驱动模式[J]. 外语电化教学，2022（3）：5.

在人工智能技术与教育教学融合的过程中，何种技术能够赋能外语教育教学变革？AI 技术如何赋能外语教育教学变革？教师在技术赋能教育教学变革过程中承担什么角色？如何让人工智能更广泛而自然地介入外语教育教学？如何通过人工智能重新回答外语教育教学中的典型问题？如何通过人工智能预见乃至消解外语教育教学过程中的潜在危机？人工智能和外语教育教学深度融合的未来路向如何？尽管人工智能有助于推动外语教育的观念更新、模式变革、体系重构，但两者的深度融合亦可能面临诸如供需失衡等未知的挑战。人工智能赋能外语教师队伍建设本身就暗含了诸多值得反思的变革线索。为此，外语教师需要顺应时代发展趋势，提升自己的信息化、智能化素养，运用新技术有效开展教学，形成以"新技术、新观念、新方法和新角色"为核心的"四新"教师发展理念。

第三节　博采众长：释放语言能量、加快建设国家语言人才库

一、拓展语言科学、释放语言能量

为使国家发展得到更多语言助力，必须重视"强语"工程，高度重视区域国别语言教育、努力发展语言科学、充分释放语言能量。从我国区域国别语言教育政策的历史发展来看，我们经历了排挤区域国别语言、不重视区域国别语言到重视区域国别语言、倡导多元语言的政策态度转变，但其出发点仍然是为了维护本国的利益。任何一个国家的区域国别语言教育政策都与这个国家的政治、经济、外交、国家安全和科技发展有关，在制定区域国别语言教育政策时必须注意将当前的政治经济需要与长远的教育事业需要协调一致，才能制定出全面、均衡、科学的政策与规划。[①]

在经济全球化的大背景下，区域国别语言教育政策发展应注重国家级区域国别语言教育政策机构的设立，吸纳各方人士的意见；侧重于从国家发展的战略高度制定和实施区域国别语言教育政策；并要坚持倡导语种的多元化和统一的语言能力测试，重视区域国别语言教育政策的评估等。因此，我们很有必要对我国的大中小学区域国别语言教育体系进行重新规划，不妨考虑将目前的大学英语学习

[①] 高健. 新"丝绸之路"经济带背景下外语政策思考[J]. 东南大学学报（哲学社会科学版），2014，16（4）：125—128，136.

内容下移到中小学完成，大学区域国别语言则是学科性教学。各个大学根据各校人才培养定位和学生职业规划，开设职场英语、学术英语、专业英语等课程。这样既避免了学习内容的重复、人力物力的浪费，又为那些职业规划不需要区域国别语言的学生免除了继续学习区域国别语言之累，更可以解决中小学师资薄弱和师资紧缺之问题。①

中国正处于建设"一带一路"社会主义和谐社会的转型期，民主建设具有重要的作用。区域国别语言教育要努力推进决策民主化的进程，不断拓宽专家、教研员、教师代表、产业界、国防部门等参与区域国别语言教育决策的组织渠道，加强各界区域国别语言教育决策的参与意识，让人们享有一定的决策权。另外，还需进一步加强区域国别语言教育法制建设步伐。自改革开放以来，国家开始重视政策的法制化建设，不过这种法制化的设想还没有全部变成具体的法律，大部分仅仅停留在纲领性文件中，所以，区域国别语言教育政策的法制化进程需要进一步强力推动。②

中国和"一带一路"沿线国家山水相连，文化相近，血脉相通。"一带一路"国策执行以来的区域国别语言教育课程大纲和区域国别语言教育政策的发展折射了人们对人的发展、语言的发展和区域国别语言教学规律的进一步认识，总结了多年以来区域国别语言教育正反两个方面的经验和教训，对全国的区域国别语言教育进行了新的部署：要充分重视区域国别语言专业的课程设置；区域国别语言课程的开设要有长远规划，语种的布局要有战略眼光等。

此外，在重视区域国别语言教育的长远规划和战略布局外，还应尽力拓展语言科学，释放语言能量。目前语言学在国际上呈现新的发展趋势，正在与相关人文科学、社会科学、自然科学、新兴学科领域等合作，形成一些交叉学科，解决科学发展的复杂问题和社会出现的各种语言问题。例如，计算语言学、工程语言学（语言信号处理、机器翻译、生成式人工智能、LLM 大语言模型等）、神经语言学、心理语言学、生物语言学、纪录语言学、数理语言学、声学语音学等。为适应这一形势，我国的语言学学科设置需要走出"语文学"阶段，打破"文科"学科界限，实现三方面拓展，为"一带一路"建设添砖加瓦。

在进行语言结构研究的同时，首先应开展应用研究和话语研究。比如，为了应对突发公共卫生事件——新冠肺炎，齐鲁医院于 2020 年 2 月编写了《国家援鄂医疗队武汉方言实用手册》，数所高校和企业合力组建"战疫语言服务团"，并

---

① 文秋芳.亟待制定"一带一路"小语种人才培养战略规划（教育部咨政报告）[R].2014：75.

② 赫琳."一带一路"需要合适的话语体系[N].中国教育报，2015-12-16.

研制出各种版本《抗击疫情湖北方言通》，解决各地驰援湖北医疗队因听不懂湖北方言而影响医患沟通的问题。"方言通"研制过程中，启示我们要加强领域语言研究、灾难防控语言研究等。其次，在本土语言研究基础上，应开展世界语言的研究。全世界约有 7000 种语言，每种语言蕴含独特的语言文化和极高的学术价值，应尽量都纳入我国语言学家的研究视野。专家预测，21 世纪末将有 90%的语言濒危，保护（或保存）世界语言是国际语言学界的重要课题。北京语言资源高精尖创新中心已经启动《万国语言志》的编写，得到了国内外专家学者的支持。最后，还应树立"大语言学"理念，关注其他学科的语言研究，重视学科交叉。语言学研究者要努力挖掘相关学科的兴奋点。特别是要重视国际语言学新走向，关注人工智能、认知科学等前沿学科的语言学需求。[①]

二、加快构建国家语言人才资源库

强国须强智，现代大国的崛起需要与强大的语言人才库来铺路引航。在"一带一路"建设中，应成立语言人才资源库和国家语言志愿者人才库，作为中国走向世界、融入世界、影响世界的语言战略性支撑。

语言人才库与国家决策者之间关系，不能只是简单的咨询与顾问，而应存在复杂的互动。好的语言人才库，需要充分介入到语言需求研判的前端程序（如调研、意见征集、方案设计等）、中期提供高效的语言服务、后期完善（包括评估、完善、应对社会舆论和高精尖缺语言人才的挖掘、培训和储备）等所有过程。语言人才已成为国家助推经济发展、科技创新、参与国际事务、开展国际合作等方面的关键要素之一。国家外语人才资源库建设需求与国家的战略定位关系密切。中国要屹立于世界民族之林，抢夺国际话语权，提升中国方案、中国智慧的国际影响力和干预力，推动中华文化与思想走向世界，需要建立强大的高端语言人才资源库，为夯实"一带一路"民心相通、人文交流培养足够多的后备语言精英。[②]

建设语言人才资源库是政府掌控和调用语言人才资源最有效的措施。有鉴于此，中国政府分别于 2012 年和 2013 年资助北京外国语大学建设国家外语人才资源动态数据库和国家语言志愿者人才库。国家外语人才资源动态数据库包括高校人才库、现职人才库和人才供需信息库三大子库（见表 5-1）。国家语言志愿者人才库旨在为政府和社会提供应急服务和紧急援助机制，解决国家语言人力资源不

---

① 李宇明．语言学是一个学科群［J］．语言战略研究，2018，3（1）：15—24．
② 王文．金台观察：重构中国智库理念 咨政启民、伐谋孕才［EB/OL］．（2014-10-10）［2022-10-22］．http://finance.people.com.cn/n/2014/1010/c365172-25802667.html．

足问题。其中，高校高端外语人才库涵盖全国排名前100的高校和14所外国语大学中拥有外语特长同时具有专业水平的高端人才。我国借鉴美国经验，实施"国家语言志愿者人才库"建设。美国国家语言服务团的建立是应对"9·11"事件后国家外语人才资源匮乏的重要举措之一。成立国家语言志愿者人才库是解决国家语言人力资源不足的一个战略性决策，能够为政府和社会提供应急服务和紧急援助机制。①

表5-1　国家外语人才资源动态数据结构

子库名称	说明	服务对象
高校人才库	高校外语专业师生库	社会公众、政府机关
	高校高端外语人才库	政府机关
现职人才库	企业（国企）、政府部门、事业单位的高端外语人才	政府机关
人才供需信息库	政府/社会需求信息平台	社会各界
	国内外求职信息库	

资料来源：文秋芳. 建设语言人才资源库，提升国家语言能力［G］// 李宇明. 中法语言政策研究（第二辑）. 北京：商务印书馆，2016：238.

在宏观规划层面，应基于对人才资源和市场需求的掌控，将国家语言能力建设中的非通用语教育、汉语国际推广、中华文化国际传播、对外话语表述等维度与语言产业结构中的培训、翻译、出版等业态联系起来，提升相关产业部门在规划制定过程中的参与度，促进供需对位。在中观规划层面，需秉持人才培养与储备、动员并重的理念，在继续加大政策性投入的同时发挥市场对人力资源的调配作用。以高等院校为例，可着力加强以下工作：（1）近年来我国高校依托语言优势成立了一系列智库机构。除了履行人才培养、学术研究和政策咨询职能外，这些智库应加强与产业部门的交流，主动发掘语言服务需求，成为面向全社会的非通用语人才储备库。例如2019—2020年间，北外罗马尼亚研究中心、保加利亚研究中心针对美国打压华为5G技术、全球抗击新冠肺炎等热点，多次为企业和政府部门提供咨询。北京语言大学语言资源高精尖创新中心研发的《疫情防控外语通》在线查询系统于2020年3月正式上线，旨在为在华来华留学生和外籍人员提供疫情防控和治疗方面的语言服务，现涵盖30多个语种。（2）在兼顾公益

---

① 文秋芳. 建设语言人才资源库，提升国家语言能力［G］// 李宇明. 中法语言政策研究（第二辑）. 北京：商务印书馆，2016：237—240.

性和营利性的前提下,向校内外开放非通用语课程资源,激发人们学习相关语种的兴趣,挖掘潜在市场需求。例如,北京大学自 2016 年起在全校开设"一带一路"沿线语言课程,涉及 40 余种非通用语,只需 3 人报名即可开班。2020 年抗疫期间,"北外网课"平台向公众免费开放涉及 20 个语种的 300 门课程,非通用语在线学习者人数增长了 10 余倍,充分证明了市场潜力。(3)做好语言服务平台的维护和升级工作。建议建设常态化的应急语言服务平台,不断完善人员配置,升级技术手段,并针对国际赛事、警务合作、卫生防疫、反恐处突等内容开展专项培训,提升我国应对重大活动或突发事件的能力。[①]

---

① 董希骁. 我国非通用语产业发展现状及对策[J]. 山东师范大学学报(社会科学版), 2020, 65(5): 99—106.

第六章 "一带一路"背景下中国区域国别语言人才培养的新思维

中国先哲孔子曰,"言之无文,行而不远"。语言是人与人沟通的重要工具,是人类文明代代相传的重要载体。语言蕴含着不同民族各具特色的文化基因,与人类文明进程相伴而生、共同发展。我们生活在地球村中,村里有 200 多个国家和地区,2500 多个民族,6000 多种语言。不同语言的异彩纷呈,折射出世界文明的多样性和共通性。随着国家"一带一路"建设的推进,语言在推动文明发展和社会进步中的作用日益凸显。掌握不同语言有利于不同文化、种族、不同国家的人们在感受不同文明深刻内涵的过程中相识相知、相互理解,促进世界文明彼此包容、和谐共生。语言是促进文明交流互鉴的纽带,是推动历史发展和社会进步的重要力量。随着社会分工越来越细、协作越来越密切,国民的语言能力对维持社会协调运转、提高生产生活水平的作用越来越突出,成为国家实力的重要标志之一。语言能力是认知发展、终身学习的基础。特别是信息化时代,人类交际空间不断扩大,海量信息的即时便捷与不同语言的沟通障碍并存,语言与科技的融合越来越深,对人的语言能力提出了新的挑战。[1]

第一节 强国必须强语[2]:"一带一路"区域国别语言人才培养的现实需求

强国必须强语。科技创新需要语言领域的基础支撑和学术支持;全球治理、国家治理、社会治理和国家安全需要语言保障,复杂的语言关系和语言矛盾、激烈的国际语言竞争、花样翻新的语言文化、意识形态和价值观渗透、世界文化霸

---

[1] 刘延东. 促进语言能力共同提升推动人类文明发展和社会进步:刘延东副总理在世界语言大会开幕式上的讲话 [EB/OL].（2014-06-05）[2022-10-23]. http://www.moe.gov.cn/jyb_xwfb/moe_176/201409/t20140915_174953.html.

[2] 强国必须强语,强语助力强国 [EB/OL]. 国务院新闻办公室.（2016-10-09）[2022-11-25]. www.scio.gov.cn.

权、亟待治理的网络空间语言生活等，都急需对策；国家软实力建设需要提高国家语言能力，无论是国民素质、社会文明和人力资源水平的提升，还是民族凝聚力和国家认同的增强、文化传承创新传播和国际影响力的扩大、国际话语权的建构等，都需要语言助力；新兴领域需要语言学协同，如语言经济学、神经语言学、病理语言学及语言刑侦等；社会生活需要语言服务，如语言规划、翻译、语言咨询、残障人士语言服务等；国际化发展和国家重大战略的实施，尤其需要语言搭桥通心。[1]在经济全球化的背景下，语言文字具有重大的经济价值，国家语言能力直接关系到一个国家在全球经济贸易活动中的竞争力，对国家经济安全发挥着广泛的影响。

在深入推进"一带一路"建设，需要全方位推进务实合作，打造政治互信、经济融合、文化包容的利益共同体、命运共同体和责任共同体。为此，需要实现政策沟通、设施联通、贸易畅通、货币流通、民心相通。这"五通"的实现又需要以"语言开路"。面对新冠肺炎疫情冲击，共建"一带一路"逆风前行，展现出强大韧性与澎湃活力。作为"一带一路"建设的标志性工程，中老铁路全线开通运营，中欧班列犹如"钢铁驼队"，在亚欧大陆日夜奔驰，成为贯穿亚欧大陆的国际贸易"大动脉"，也成为携手抗疫的"生命通道"。与此同时，中国企业对外投资、跨国并购势头更加迅猛，高端语言人才短缺、语言资源不足所造成的语言障碍问题已经成为我国企业国际化战略的"短板"。语言和文化认同障碍，以及文化误解等，大大降低了共建"一带一路"中国企业的期望值和行为的有效性。

在实现"一带一路"的"五通"过程中，语言人才是连通各个领域的桥梁，由于"一带一路"实现过程中不同国家之间存在诸多差异，结合需要在沿线国家建立起复合型、全方位的沟通网络，实现经济、政治、文化等多方面的合作沟通这样具有一定难度的多层次的目标，更是对"一带一路"区域国别语言人才培养提出了更高的现实要求[2]。

一、中国和平崛起成为世界领先大国的战略需求

只有处于强势上升期、国泰民安、国富民强的国家，才会重视区域国别研究，纵观历史，莫不如此，这是因为处于强势上升期的国家，它的国家利益才会

---

[1] 强国必须强语，强语助力强国[EB/OL].国务院新闻办公室.（2016-10-09）[2022-10-23].www.scio.gov.cn.

[2] 屈廖健,刘宝存."一带一路"倡议下我国国别和区域研究人才培养的实践探索与发展路径[J].中国高教研究,2020(4):77—83,97.

更多的延伸到海外，尤其是周边地区乃至全球各地。[①]国家动荡不安、人民饥不果腹的国家，是没有余力来进行区域国别研究的。时至今日，中国经历了一个从"站起来""富起来"到"强起来"的阶段，而正因为我们强起来了，所以这也决定了我们的国家在世界上更加积极进取展现"文明大国、负责任大国"的风采，要赢得更多的话语权，从被动接受国际规则到主动塑造新的国际规则，为世界文明进步和建设人类命运共同体，贡献中国智慧。随着中国的和平崛起，一贯持有"新冷战"思维和零和博弈理念，渲染地缘冲突和大国竞争的美国为首的西方国家对我国的警惕性大为增强，担心我国挑战其全球地位，特别是其全球霸主的绝对支配地位，已经启动了对我国的全方位的打压，使得中美关系出现重大转折，中美贸易战、美联储加息等一系列重大事件，已经使中国的战略空间受到相当程度的挤压，因此如何与周边国家建立友好往来关系突破美国的封锁已经成为我国大力开展"区域国别研究"的题中之意。中国作为最大的发展中国家，对维护世界和平稳定、促进经济繁荣和发展肩负责任。

纵观世界各国的发展历史，最早的区域国别研究起源于欧美，由于欧洲近代早期的殖民侵略战争以及海外探险的需求催生了区域国别研究，美国对于区域国别研究的促进作用主要在于和苏联进行冷战期间实施的全球争霸政策，基本奠定了区域国别研究的雏形，基于与苏联争夺世界霸权的现实需求为导向，当时的区域国别研究就此展开，范围可以定义为全局范围内，为遏制苏联的目标提供对策。

与此研究的初衷完全不同，深度理解当今中国的区域国别研究内部动机后可以发现，我们当今的需求是改善各个国家之间经济、文化的沟通交流，各个国家成为贸易合作伙伴，促进多元文化的交流传播，最终实现互惠共赢的局面。想要成为世界大国，就绝不能仅仅紧盯着自己国家的内部事务，而毫不关注其他国家的发展动向。这种理念符合中国当前的发展理念，在发展的过程中顾及其他国家的利益，帮助理解其他地区的发展，这里指的就是开展区域国别研究[②]。

区域国别研究的全面性、综合性、整体性在一定程度上与语言研究的特点具有相似性。整理各个国家发展的脉络不难发现，语言在国别区域研究过程中始终占据着重要的地位。早期掌握本土语言的传教士是推进研究的重要角色，一战时期，现代国别区域研究过程中政府积极重视语言本身的重大意义，各国政府建立

[①] 罗林. 区域国别学视域下的东南亚研究人才培养［R］."东南亚国际论坛" 2022 国际会议暨粤港澳产教融合协同创新论坛. 广州：华南师范大学，2022-11-26.

[②] 谢韬，陈岳，戴长征，赵可金，翟崑，李巍. 构建中国特色的区域国别学：学科定位、基本内涵与发展路径［J］. 国际论坛，2022，24（3）：3—35，155.

了专门的研究机构，语言教育也得到了极大的促进[①]。共建"一带一路"过程中，区域国别语言人才的培养对全球共性的问题解决与行为互动具有极大的推动作用。如今，随着国家发展步伐日益加快，开展区域国别研究的紧急性与日俱增，自然而然不能忽视人才培养在助力国家成为世界大国过程中起到的重要作用。复合型、复语型的语言人才能够直接着手对政治、经济、文化等多个方面进行专门研究，为国家开展多方面的工作提供途径上的便利。基于区域国别研究的概念，需要针对不同国家、地区以及民族等不同的知识体系进行探究，培养语言人才是至关重要的步骤，保证优质的培养内容，帮助其更容易理解所研究区域的知识体系与价值理念，促进中国向世界舞台的中心靠拢，从而推动世界百年未有之大变局[②]。总之，区域国别语言人才培养是当今中国和平崛起并成为世界大国过程中的战略需求。

二、服务于共建"一带一路"倡议的需要

"一带一路"是中国统筹国内和国际两个大局，利用国内和国外两个市场，调用一切积极因素，整合中国地缘政治与经济利益，实现睦邻友好，与沿线国家共建共享、共赢共荣的战略举措，具有经济、政治、外交、安全、文化等多重战略意义。

语言作为沟通工具，是实现基础设施"硬联通"、规则标准"软联通"、同共建国家人民"心联通"的基础。推动共建"一带一路"高质量发展，要求我国更加重视外语人才，尤其是非通用语人才的储备和培养，以满足共建"一带一路"政府沟通、通信运输、商贸往来、金融投资及民间文化交流的语言需求，建设"一带一路"应当坚持"语言先行"。区域国别语言人才的培养有助于"一带一路"沿线参与国家和地区的科技资源共享，有助于推动我国思想文化的传播以及亚欧大陆的文明多维交融，有助于促进民意相通，为实现经济、政治、外交、安全等多重战略目标争取人心、夯实民意基础；有助于服务国家"一带一路"倡议，建设和发展国家急需的语言学科，为国家培养外交、外事专业语言人才[③]。"一带一路"沿线国家和地区语言多种、文化多样，很多地方的通用语言或官方

[①] 赵蓉晖，冯健高. 区域国别研究视角下的语言能力：地位与内涵[J]. 外语界，2020（3）：20—28.

[②] 梁宇. 区域国别中文教育研究的内涵、内容与路径[J]. 河南大学学报（社会科学版），2022，62（2）：111—116，155.

[③] 张日培. 服务于"一带一路"的语言规划构想[EB/OL]. 北京市语言文字办公室.（2016-07-12）[2022-10-24］. http://jw.beijing.gov.cn/language/ywsh/201612/t20161219_1056643.html.

语言属于"非通用语种"。目前，我国的非通用语种人才储备相对欠缺，加快与优化人才培养的必要性日益凸显。习近平总书记强调："要大力培养掌握党和国家方针政策、具有全球视野、通晓国际规则、熟练运用外语、精通中外谈判和沟通的国际化人才，有针对性地培养'一带一路'等对外急需的懂外语的各类专业技术和管理人才。"

三、以语言共同体服务人类命运共同体的需要

铸牢中华民族共同体意识、构建人类命运共同体，是当今语言规划的两大社会背景，也是两大使命。全球语言多元共存，通过建设人类语言共同体来促进这两个"共同体"建设，是时代课题。共同体的命运共同，需要语言共通。人类命运共同体的构建，已经写入联合国和相关国际组织的决议。"构建人类命运共同体"就是"共享未来"，需要解决国际语言生活中的问题，需要通过语言促进人类命运共同体的形成与发展。[1]构建人类命运共同体是经济全球化、世界多极化、社会信息化、文化多样化时代的命题，代表了历史潮流与趋势，是中国为应对全球性危机挑战而提出的治理方案。

语言人才承担着"把世界介绍给中国、把中国介绍给世界"的重要使命，做沟通中国与世界的研究者、译介者和传播者，对推动全球范围内的人文交流与文明互鉴，讲好中国故事，促进优秀中国文化的国际传播意义重大。共建"一带一路"的倡议，体现了中国睦邻、安邻、富邻，为沿线国家共谋福祉的责任担当。语言是人们沟通、理解、合作的基础，是践行人类命运共同体理念的重要保障。当今世界的语言格局特点是英语独大、多语并存，部分非通用语处于发展弱势甚至面临濒危，语言的多样性和文化的多元化受到威胁。

服务"一带一路"建设，需要做大做强区域国别语言学科建设。区域国别语言人才的培养，对经贸发展、教育文化、科技创新、技术共享等产学研交流合作，共同应对全球疫情与冲突下的多元挑战意义重大。

为了满足"一带一路"语言学科建设的需要，我们要加快培养高端复合型、复语型人才，要深入研究"一带一路"建设的语言需求，制定专门的语言发展规划，增加战略性外语人才的储备，加快培育一批熟练运用外语，熟悉党和国家方针政策、了解我国国情，又具有全球视野、国际眼光、通晓国际规则、精通国际谈判，同时兼具中国情怀的高素质复合型人才，服务国家的战略发展和中国的崛起，这是时代赋予外语教育的历史责任。

---

[1] 李宇明. 命运共同，语言共通[N]. 光明日报，2020-08-22.

四、提升语言能力、助力区域国别研究的需要

语言能力在区域国别研究能力体系中具有重要的地位。区域国别研究能力体系是指进行区域国别研究的学者所具备的一种综合能力体系，是由区域国别研究的特征和目的所决定的，研究本身具备的综合性、多元化、跨学科性等特点要求研究者也需要具备多元、综合的能力。[1] 目前开展区域国别研究的学者多来源于两大领域，其一是源于不同学科背景的专家，如国际关系学、教育学、文学领域等，这些领域的部分学者没有外语能力基础，在研究过程中需要一边学习本专业知识的同时，也同步接受语言能力的训练，成为"专业+语言"型人才。其二是指研究者们是从不同的语言专业进入着手区域国别研究，那么在学习本身语言的同时，需要进行其他专业知识的学习，最后成为"语言+专业"型人才。总之，语言能力和专业的研究能力共同组成了国别区域研究的综合能力体系，体系大体分为知识基础、信息素养以及创新思维三个部分。语言能力作为人类发展过程中非常重要的信息途径，也是区别其他物种进行交流的先进工具，语言能力促进了人类文化的产生以及社会的进步[2]。目前，学界已基本认同人才的语言能力在区域国别研究过程中的重要性，换句话来说，即已经认同语言能力在区域国别研究能力体系中的重要功能。对于不同层面的区域国别研究能力体系，语言能力的占比不尽相同，在其中也表现出不同的功能。[3]

基于研究面对的不同对象群体以及语言的不同功能，可将语言分为两种类型，一类是指获得研究素材的信息来源语言，诸如当地语言或者工具语言等。区域国别研究对于地方性文化的深究以及历史的细致批判体会等特点使得当地语言能力的重要性在区域国别研究对本土文化、本土知识的正确理解，深入解读的过程中进一步凸显，日本学者强调了语言能力与区域国别研究过程中的三个要素具有很强的关联，因此在相关的研究中运用当地语言能力去挖掘研究所需的资料、素材是直接获得一手信息的首选途径，能够提高获得信息的效率，避免曲解相关的证据。在特定国家、区域或者文化等领域的区域国别研究过程中，对当地语言能力的要求会由于问题的特点而提高。当然工具语言能力也不能被忽视，尤其对于高校在培养相关人才的过程中，大部分都要求研究中需掌握一门或多门其他工

---

[1] 赵蓉晖，冯健高. 区域国别研究视角下的语言能力：地位与内涵[J]. 外语界，2020（3）：20—28.

[2] 教育部语言文字应用管理司. 国家中长期语言文字事业改革和发展规划纲要（2012—2020年）[M]. 北京：语文出版社，2013.

[3] 赵蓉晖，冯健高. 区域国别研究视角下的语言能力：地位与内涵[J]. 外语界，2020（3）：20—28.

具语言，因为在关键时刻此类语言能够弥补本土语言的缺失，作为查找研究所信息的重要工具。而在进行不同学科的跨领域研究或针对特定问题的研究过程中对工具语言能力的要求最高[1]。第二类是指学术语言，即开展学术活动或政务活动过程中使用的语言。在运用此类语言进行区域国别研究的过程中必须要顾及研究受众的实际状况，保证研究结果的认可度和传播程度能够达到最大化[2]。总之，研究者需要根据区域国别研究的具体问题建构自己的语言能力特点。

  当前，中国的区域国别研究经过多年的发展各个层面已经成型，呈现为基本成熟的状态，先行于区域国别研究人才培养的进行，因此接下来区域国别研究的质量想要得到快速的提升，很大程度上会受到语言人才培养质量的影响。但仔细研究当前语言人才培养的现状和质量，可以发现离"一带一路"所要求的水平还存在一定的差距，难以满足国家的要求，改革语言人才培养模式刻不容缓[3]。许多研究者已经就特定的语言专业诸如英语[4]、俄语[5]以及泰语等语言进行了进一步的思考，还有一部分研究者针对某些特定的高校进行了研究，例如以北京大学[6]为对象开展了研究，还有研究者针对教学过程中的课程设置方面进行了探讨，除此之外在语言人才的培养路径研究中，还有结合人类学素养进行思索的。以上的多个研究都针对一定的问题提出了相应的解决方法，对语言人才的培养具有积极的贡献，但其研究的成果都主要存在于单一的某个或几个维度，若想要实现国家需要培养的具有全面性、跨学科性和综合性的语言人才，这些举措还存在一定的不足。强调政治学、经济学、历史学、社会学、国际关系学、哲学、法学、人类学、地理学、生态学、人工智能等专业学科对开展区域国别研究在一定程度上存在一定的优势，是因为这些学科与区域国别研究息息相关，但是，如果忽视语言相关学科的学习，就相当于忽视了语言工具的选择和使用，这些语言相关学科不仅仅包含语言本身，还包含与该语言相关的有利于学生文化素养能力、

---

[1] 中村光男. 地域研究［M］// 松崎巌. 国际教育事典. 东京：株式会社アルク，1991：481—482.

[2] 赵蓉晖，冯健高. 区域国别研究视角下的语言能力：地位与内涵［J］. 外语界，2020（3）：20—28.

[3] 李晨阳. 关于新时代中国特色国别与区域研究范式的思考［J］. 世界经济与政治，2019（10）：143—155，160.

[4] 常俊跃，冯光武. 开展区域国别教育，服务国家对外战略：对构建英语专业本科阶段区域国别教育核心课程体系的思考［J］. 中国外语，2017（3）：4—9.

[5] 马亮. "一带一路"背景下俄语专业区域国别人才培养的现状、问题及建议［J］. 中国俄语教学，2019（1）：91—96，20.

[6] 宁琦. 区域与国别研究人才培养的理论与实践：以北京大学为例［J］. 外语界，2020（3）：36—42.

跨文化交流能力提升的具体学科[1]。如何调整现实存在的问题，综合考虑多个学科、领域的差异性，权衡优劣，补齐其中短板来优化语言人才培养路径是外语教育工作者、外语学人需要探讨和思考的问题，和未来努力的方向。

第二节　强语助力强国：区域国别语言人才培养的关键维度分析[2]

一、语言人才培养的目的：以服务"一带一路"倡议为指向

共建"一带一路"需要人心相通！人心相通需要语言先行！足够的语言能力才能保证国家在"一带一路"上行稳致远，保障国家的国际话语权。"'一带一路'建设不是中国一家的独奏，而是沿线国家的集体大合唱"，秉持共商共建共享理念，推进沿线国家和地区共同繁荣。中国的区域国别研究是为和平而生，也符合中国提出的创建人类命运共同体的倡导，在进行区域国别语言人才培养的过程中需要时刻铭记语言人才培养的目的，即服务于"一带一路"利益的实现以及战略的需要，更深层次看来，也即是为实现人类命运共同体服务。语言人才培养，应从加强民心相通，加强中国梦与世界梦相通的共识出发，知己知彼，进而让更多的人了解中国的文化价值。由于目的责任重大，在开展具体的语言人才培养过程中需要强调对中国的家国情怀以及对全人类的关怀，并在区域国别研究过程中将这些情感予以升华。

共建"一带一路"九年多以来，成绩斐然，为不确定性日增的世界经济持续注入强劲动能。国内国际"双循环"新发展格局的构建，充分发挥国内超大规模市场优势，拓展了我国发展战略回旋空间、带动世界经济复苏。"国内内循环"和"国际外循环"两者一脉相承，拥有共同的精神内核、发展理念、战略指向。

"五通"之中，民心相通看似最"软"，但要把"一带一路"建设为命运共同体，利益互惠，责任互肩，民心相通或比其他"四通"更为根本。"一带一路"，可以用英语等作为通用语，但这种通用语只能"达意"，难以"表情"，只能通事，难以通心。欲达意、表情、通心，需用本区域各国各族人民最乐意使用的语言。[3]

---

[1] 陈杰. 中国特色国别区域研究人才培养"三问"：规格、路径与目的[J]. 教育发展研究, 2021, 41（21）: 40—46.

[2] 付梦蕻, 吴安萍. "一带一路"建设的语言人才需求及高职院校应对方略[J]. 中国职业技术教育, 2018（20）: 5—11.

[3] 王辉. "一带一路"国家语言状况与语言政策（第3卷）[M]. 北京：社会科学文献出版社, 2019: 1—2.

语言融通是"一带一路"建设的基础工程、先导工程和民心工程。在共建"一带一路"过程中，无论是推动"硬联通""软联通"还是增进"心联通"，乃至推动中华民族走向包容性更强、凝聚力更大的命运共同体，都需要以语言服务作为支撑，也离不开建立在语言研究基础上的国别与区域研究。推动"一带一路"建设高质量发展，需要培养更多具备政治法律、国际贸易和金融、管理、科技、教育、历史、新闻传媒等学科背景的复合型、应用型高端外语人才，已经成为高校外语人才培养的当务之急和重中之重。

二、语言人才培养的标准：坚守本色、打好底色、提高成色

在 2021 年北京外国语大学建校 80 周年之际，习近平总书记给北外老教授代表的回信中，强调要努力培养更多具有家国情怀兼具国际视野、有专业本领的复合型人才，助力中国更好地走向世界、世界更好地了解中国。

"一带一路"区域国别语言人才培养的标准，应"坚守本色，打好底色，提高成色"[1]，培养服务国家发展战略的外语创新人才。首先，坚守本色。外语人才培养要坚持打好基本功，成为专业本领过硬的人。外语能力是外语专业人才的标志性能力，是外语创新人才的本色。夯实外语能力、掌握足够丰富的外语知识、着实提升外语理解能力（含听力和阅读能力）、语言表达能力（含口语和写作能力），以及语言运用策略。外语人才培养的本源性目标是帮助学习者发展外语能力，掌握跨语言、跨文化、跨文明之间理解、交流和互鉴的基础性能力。这种能力还包括对复杂社会文化意义和关系的解读、建构和解构，文化传统和价值的传承或消解、凝聚或瓦解等，即话语能力。其次，打好底色。德才兼备、以德为先，有与国家民族休戚与共的壮怀、担当和执着，无疑是这种底色的关键成分。在专业人才培养中，应坚持以学生发展为中心、明确立德树人根本任务，指导学生了解世情国情民情，深入挖掘时代精神及优秀文化之精髓，融合外语学科、专业教育与思政教育，既要牢记在思想引领中凝聚专业底蕴，又不忘在知识传播中凸显价值追求，促成两者间的"同频共振"，打好人才的底色。最后，提高"成色"。成色指含金量，外语创新人才的成色指人才的质量维度。随着"一带一路"建设进入新发展阶段，就外语人才培养的内部发展需求而言，仅限于语言结构或交际功能范畴的教育教学思路，已经不足以培养外语创新人才。就外部发展需求而言，面对日益复杂的跨语言、跨文化理解和交流的新形势、新任务，迫切需要培养一批能独立思考、独当一面，能够创造性开展工作的高素质外语创

---

[1] 张莲. 培养服务国家战略的外语人才 [EB/OL]. 中国教育新闻.（2021-09-30）[2022-10-26]. https://www.163.com/dy/article/GL4OCG5V0550CBNY.html.

新人才。①

三、语言人才培养存在的问题：亟需"澄源正本"

外语人才作为重要的战略资源，直接影响"一带一路"倡议的实施效果。我国区域国别语言人才的培养逐渐专门化、制度化，但面对日新月异的"一带一路"发展新要求，仍存在：（1）语种问题，尤其是非通用语专业布局缺乏全国性的顶层规划，重复建设时有发生；与此同时，英语作为我国第一外语的地位长久不衰，外语语种单一、单一语种人才过剩，但高端复合型、复语型语言人才培养乏力，多数语种供需失衡。（2）语言课程设置与语言人才培养需求不匹配，部分非通用语教育资源配置过于分散，高校外语学科和专业设置过窄，学科雷同现象凸显，造成了市场上的语言人才供需不平衡，同类产品（如英语语种毕业生）供大于求，学生就业严峻。（3）有些语种市场需求与贸易合作潜力不相匹配，这就需要将两者相结合来适当调整招生数量。（4）语言人才创新性和社会适应性较差。（5）一些新增语种存在前期论证不够充分、准入机制不够完善、增设布点急于求成、培养模式不够清晰等问题，并特别关注到，有的语种设置涉及对象国的民族国家政治认同问题，或存在外交风险。②（6）语言师资队伍与语言人才培养规模不协调，师资队伍结构固化，语言师资水平不高。（7）语言人才培养模式较为单一，科学性不强，语言人才培养质量亟待提升等。（8）对我国高校外语人才培养状况缺乏全面调研和系统的统计数据支撑。胡文仲教授曾指出，研究中国外语教育史的一大困难就是各种统计资料和数据的缺失。③

四、语言人才需求分析：以"一带一路"建设需求为参照

建立"一带一路"通用语和非通用语人才需求数据库，依据实际状况科学合理规划人才培养国家外语能力建设对接国家战略需要科学合理的战略规划④，而科学合理的规划应以"一带一路"建设的现实语言人才需求为参照。2019 年全国"两会"上的代表委员提出的"针对'一带一路'国家的需求培养一批具有国

---

① 张莲. 培养服务国家战略的外语人才［EB/OL］. 中国教育新闻.（2021-09-30）［2022-10-28］. https://www.163.com/dy/article/GL4OCG5V0550CBNY.html.

② 董希骁. 我国欧洲非通用语教育存在的问题和建议［J］. 语言规划学研究，2016（2）：68—75.

③ 胡文仲. 关于我国外语教育规划的思考［J］. 外语教学与研究，2011，43（1）：130—136，160.

④ 沈骑. 中国外语教育规划：方向与议程［J］. 中国外语，2017，14（5）：11—20.

际视野,了解'一带一路'共建国家文化、经济等各个方面知识,掌握多门外语的综合型、外向型人才,促进国家软实力建设"定位其实既是对"复合型外语人才"培养模式的肯定,又体现了我国新时代对外语人才的多元化需求,表明我国的外语教育进入多元化人才培养的新时代[①]。沿线各国与中国在各个方面的合作程度不同,外语人才的市场需求也有所不同,应根据不同国家不同企业语言的需求在高校建立相关的语种学科和专业,重视"一带一路"沿线国家企业的语言需求是培养国别区域语言人才的前提条件,应从企业的具体需求出发,制定语言人才培养体系发展的具体方向,而语言人才培养体系的构建也要以满足"一带一路"沿线国家企业的语言需求,助力"一带一路"建设宏图伟业的实现作为目标和使命。

与此同时,需要建立"一带一路"语言人才需求动态数据库,加强与人才需求单位的沟通和协作,进行市场需求调查研究,做好市场监测、预测、评估及招聘信息发布等工作。这有利于国家和高校根据市场需求科学合理地规划语言人才培养的数量和层次,解决因盲目建设所导致的部分语种人才"一毕业就失业"的问题。[②]

随着共建"一带一路"的道路交通、基础设施、贸易金融互联互通的推进,多元文化交流与竞争、多维文明碰撞愈发凸显。李宇明教授认为:"'一带一路'建设真正需要的语言人才,是'语言+X'型复合人才,其中的 X 指的是某一行业领域的专业知识与技能。"切实可取的"外语+X"方案表现在,各高校应根据各自的专业特长来选择外语语种,根据专业特长来确定 X,并形成产品级的专业知识课程。在教学任务的实际设计中,通过了解各企业在"一带一路"贸易合作过程中使用的语种、形式、场景等信息,来设计各语种的运用场景,对每一实践任务进行场景细化,对每一任务中学习者输出的语言种类、语言内容、语言能力的表现进行预测和记录。[③]"一带一路"建设不仅需要高级别翻译、语言教师、语言文字专家、智库专家、商务咨询师等高端语言人才,更需要既掌握某一行业领域的技术技能,又熟悉合作对象的有关政策法规、人文风俗、宗教禁忌等国情民意,同时具备一定程度的外语听说读写能力,能运用外语在该行业领域开展工

[①] 姜亚军. 试论我国外语教育的中国特色[J]. 外语教学,2022,43(5):42—47.

[②] 王辉,夏金铃. 高校"一带一路"非通用语人才培养与市场需求调查研究[J]. 外语电化教学,2019(1):30—36.

[③] 李宇明. 服务"一带一路"的外语规划问题[EB/OL]. 语言服务 40 人论坛. (2020-05-11)[2022-11-02]. http://www.bjinforma.com/zw2018/ly_4982/202005/t20200511_800203960.html.

作和日常交际的建筑工程师、项目经理、电工、采购员等。[1]学者陈杰提出"培养什么样的国别区域研究人才"这一问题可用"六要素"的规格体系来回答,即"双/多语应用能力+多学科知识结构+一定的学术训练+海外田野调查能力+跨文化交往能力+中国立场"。[2]

"一带一路"建设中,各行各业所需的语言人才主要有三种:(1)专门型语言人才,即凭借所掌握的语言知识、语言技能为他人提供服务的语言人才,例如翻译、语言教师、国际组织的语言服务人员、语言文字专家等。(2)"特定外语+特定区域国别研究"定向型语言人才,即掌握某一种或多种特定外语(如缅甸语、斯瓦希里语、乌尔都语等),又熟悉某一特定区域或国别(如东南亚、非洲、南亚等)的语言国情、政治经济、法律法规、民族宗教、传统习俗、历史文化、价值认同等方面的情况,能够针对该特定区域或国别开展深入的区域国别研究,进而为政府和企事业单位提供语言服务的人才,例如,为国家机关、政府部门"走出去"提供咨询服务的智库专家;或者外交官、外交大使或者参赞。(3)"外语+专业+综合素质"或"专业+外语+综合素质"复合型语言人才。"一带一路"建设如火如荼,各行各业,如基础设施建设、航运交通、跨国运输、装备能源、金融外汇、商务贸易、跨境电商、旅游观光、教育合作、人文交流等领域急需大量的既掌握外语技能,又具备该行业领域专业知识与技能,兼具良好的跨文化沟通能力、国际化运作能力、创新能力、解决问题能力、信息处理能力、团队合作能力等综合素质的复合型语言人才,例如:涉外导游、语言智能工程师等。此类语言人才是"一带一路"建设的主力军,其数量和质量直接决定"一带一路"建设的成败。[3]

第三节 众建贤才:"一带一路"区域国别语言人才培养的策略

区域国别语言(含通用语和非通用语)教师队伍建设是共建"一带一路"语言人才培养的关键,各外语院校和师范类院校应紧盯"一带一路"建设需求,精准施策,不断优化语言人才培养机制,打出一系列共建"一带一路"区域国别语

---

[1] 陈相芬."一带一路"背景下高职院校协同创新人才培养模式研究[J].中国职业技术教育,2016(4):42—45.

[2] 陈杰.中国特色国别区域研究人才培养"三问":规格、路径与目的[J].教育发展研究,2021,41(21):40—46.

[3] 付梦冀,吴安萍."一带一路"建设的语言人才需求及高职院校应对方略[J].中国职业技术教育,2018(20):5—11.

言人才培养的"组合拳"。

一、内培外引：打造"一流"区域国别语言师资精英队伍

各外语院校和师范类院校应树立"强国必须强语，强语助力强国"的共识，秉持"聚天下英才、为天下育才、育天下英才"的发展理念，通过"内培"和"外引"，积极建设一支结构合理、素质优良、外语能力过硬、充满活力的高水平外语师资队伍，助推"一带一路"建设，强化国际化特色办学，提高外语教育教学质量，增强学校核心竞争力。

（1）校内外结合。对"存量"外语师资而言，引导他们进行知识结构的重建，如鼓励教师攻读学位、从事跨学科博士后研究以及定期举办跨学科培训；对"增量"师资而言，需要在培养学生外语能力的同时，加强区域国别学，和其他跨学科、交叉学科知识的教学和研究，[①]实施不同语种师资研究生培养计划、青年教师转语种项目，选拔优秀外语师范专业研究生到对象国或其他国家高水平大学攻读相应学位，改善语言师资的学历结构；鼓励相近语种教师转语种学习，选送优秀青年教师到对象国进行语种（尤其是非通用语种和新设语种）学习深造；为不同语种师资提供专项海外短期进修项目，快速提升语言专业教学水平。（2）海内外结合。在区域国别语言师资"内培"基础上，需放眼海外，积极引进不同语种优秀外籍教师，尤其是吸纳掌握偏冷门语种的外籍教师进入高校任职，支持多语种语言学科的发展，进而打造国际化师资团队。通过对象国、对象区域的语言教学科研团队建设，以语言研究的全球推展，推动国别区域研究的全球拓展。（3）专兼职结合。非通用语教师队伍建设注重专兼职结合，采用讲席教授、名誉教授、客座教授、兼职教授等方式吸引人才。（4）职前职后结合。应重视加强学校现有外语师资队伍发展，支持鼓励外语教师，尤其是非通用语教师参加校内外专业方向的研修和培训，建立"调训和轮训"机制，同时鼓励非通语青年教师攻读相关专业博士学位。（5）线上线下结合。[②]突如其来的新冠疫情使混合式教学成为常态。它是基于移动通信设备、网络学习环境与课堂讨论相结合的教学情境，通过借助现代教育技术等多种技术手段，对传统教学资源进行优化、整合、呈现和运用，并将传统课堂教学、实践实操教学与网络在线教学进行深度融合的

[①] 陈杰.中国特色国别区域研究人才培养"三问"：规格、路径与目的[J].教育发展研究，2021，41（21）：40—46.

[②] 杨丹.以"101工程"非通用语振兴计划服务国家语言能力建设[J].外语界，2022（1）：8—13.

一种教学形态。[①]后疫情时代，外语教师应依托人工智能和信息技术广泛适用的时机，开展线上线下相结合的教学和研讨，进而拓展语言教学空间、语言实践空间和语言能力空间等。

随着国际形势的变化，完善"一带一路"区域国别语言人才体系的重要性日益突出，师资队伍是培养语言人才的重要基石，因此建构强大的"一带一路"国家语言师资队伍是培养语言人才的基本保障[②]。例如，北京大学区域国别研究院聘请相关领域的学界大儒、企业精英、领域专家学者为学院专家，这些教师不仅仅在该研究院担任教师，同时还在其他的专业学科领域承担着相关学科领域的重要工作。哈佛大学和牛津大学的一些跨学科区域研究学院的教师队伍同样令人震撼，教师都是来自各个领域的领军人才，包括人类学、语言学、社会学以及宗教学等，他们通常既是某个国家智库的顾问委员，也是某个学科的领衔科学家，拥有多重身份，在专业上拥有足够的资历和经验来教授相关学科。同样，在构建我国的语言人才师资时，应积极招收来自不同国家、不同学科背景的优秀外籍师资，是壮大外语师资队伍的良方之一，基于语言人才培养的目标考虑师资队伍建设的要求[③]。此外，聘任在语言专业或者区域国别相关研究有重大成果的学者到学校担任导师或者开设课程也有助于区域国别语言人才的培养。

二、多管齐下：创新语言人才培养模式

传统的学院式外语教育人才培养模式注重知识本位、课堂为主、教师为本、单线培养，缺乏对快速变化的外部世界的适应性，无法适应急剧变化的国际化人才市场需求，与此同时，高校培养的语言人才的课程体系和教材存在滞后现象，外语实训和实践教学资源和条件较为欠缺，因此语言人才培养质量也不太理想。与此同时，仅靠英语一门语言无法满足"一带一路"沿线国家对多语种语言人才的需求，尤其是相关非通用语种人才的急缺将直接影响"一带一路"建设的顺利开展。因此，"高精尖缺"语言人才的培养需要从全球治理人才的战略角度出发，整合校内外优质教育资源，创新语言人才培养模式，促进培养主体互动、培养资源互补、发展成效共赢，协同培养适应"一带一路"建设和社会发展需求的高素质复合型语言人才。

---

① 王婷. 混合式教学引发"跨空间"教学变革［N］. 中国教育报，2022-11-10（7）.
② 屈廖健，刘宝存. "一带一路"倡议下我国国别和区域研究人才培养的实践探索与发展路径［J］. 中国高教研究，2020（4）：77—83，97.
③ 宁琦. 区域与国别研究人才培养的理论与实践：以北京大学为例［J］. 外语界，2020（3）：36—42.

（一）着力推进"一精多会、一专多能"的高素质国际化复合型人才培养

在"一带一路"背景下，复合型语言人才培养还有诸多需要改进和调整的地方。澜沧江-湄公河合作项目进一步拓展了东南亚"非通用语种"翻译人才培养的需求，"一带一路"建设所涉及的国家和地区更加广泛，也必将会催生出大批"非通用语种"的语言人才需求，这对于外语人才的分布和架构，提出了新的挑战和要求。2020年11月15日，《区域全面经济伙伴关系协定》，即 RCEP 协定（即 Regional Comprehensive Economic Partnership，简称 RCEP）正式签署，由此，通过削减关税及非关税壁垒，建立统一市场的自由贸易 RCEP 协定，超越欧盟自由贸易区成为世界上最大自由贸易经济体系。随着科学技术的飞速发展，当今世界已由工业时代步入信息时代，国际交流和合作日益频繁，社会对各类专门人才层次的要求越来越高。"专业+外语""外语+专业"高端复合型人才的优势日渐凸显。在"一带一路"的背景下，国情的变化、RCEP 协定的签署、社会对外语人才的需求的变化，以及外语人才与专业人才的能力缺陷等问题，更是为培养具有国际视野和家国情怀、熟悉中国与"一带一路"建设成员国政治、经济、法律、历史和文化传统，掌握出色的跨文化交际和国际传播能力、胜任区域合作治理的高端复合型国际化人才提出新的要求。

改革开放以来，我国高等外语教育实现了由培养"单一的外语"技能型人才向培养"复合型"外语人才的转型，相关政策从提出到广泛实施，至今已有30余年的历史，是"我国外语教育中影响最大、持续时间最长、涉及范围最广的一次改革"[①]。"复合"概念正式提出可见于1998年8月教育部批准的《关于外语专业面向21世纪本科教育改革的若干意见》，意见指出：外语专业必须从单科的"经院式"人才培养模式向宽口径、应用性、复合型人才的培养模式转变，复合是学科间的交叉、融合和渗透，复合型人才是外语与其他有关学科如外交、经贸、法律、新闻等相结合的外语专业人才，复合型人才培养的模式是"外语+专业知识""外语+专业方向""外语+专业""专业+外语"和双学位等。[②]目前，培养复合型外语人才已成为我国高校外语教育的政策自觉与实践。这一目标先后被写入《高等学校英语专业英语教学大纲》（2000）、《普通高等学校本科专业类教学质量国家标准（外国语言文学类）》（2018）、《普通高等学校本科外国语言文学类专业教学指南》（2020）等重要的外语教育政策文本。培养复合型外语人才也

[①] 胡文仲. 英语专业"专"在哪里？[J]. 外语界，2008（6）：18—24.
[②] 王鲁男. 外语专业通识教育：历史、现状与展望[J]. 外语教学与研究，2013，45（6）：922—932.

已成为各类院校外语专业的普遍实践。与改革之前相比，许多高校的外语专业成功拓展了"外语+专业知识""外语+专业方向""外语+专业"等复合型外语人才培养模式，为我国经济建设和社会发展培养了大批既精通外语又掌握专业领域知识技能的"一专多能"型人才。[①] 从社会效益来看，"外语+专业"的复合型人才培养模式，已产生了一定的社会效益。在外语人才基础知识上，要求具有宽厚性、系统性。宽厚的知识基础，不仅使外语人才具有更宽泛的社会适应能力，而且也更有利于其创造性的培养。在外语人才的学习能力上，要求学生发挥能动性，学习具有持续性。鉴于传统的外语教学中主要运用大量的机械思维，较少运用辩证思维，学习方式单一刻板，因此，学习能力的培养对外语专业的学生尤其重要。[②]

上海外国语大学自2015年起，就开始规划并探索实施"多语种+"卓越国际化人才培养模式，构建"多语种+"人才培养体系。"多语种+"具体是指"多语种+领域方向"。"多语种"是指精通两门以上外语，并具有深厚的人文素养、人文精神和跨文化沟通能力；"领域方向"指与社会经济文化发展紧密结合的学科领域。"多语种"和"领域方向"通过课程整合、实践活动和协同培养等方式使之达到深度融合，以辅修专业平台、项目证书平台和大类课程平台等形式面向多语种学生进行多维度多层次复合，培养"会语言""通国家""精领域"的高端复合型外语人才。[③] 此外，上外还与国际院校合作建立"2+2"人才合作培养项目，采取"语言+经济学"的复合教学模式培养葡萄牙语人才。在培养高端复合型人才方面，广东外语外贸大学"RCEP人才培养计划"是广外在国家留基委支持下，联合RCEP成员国知名院校共同规划与实施的国际多边教育合作项目。北京外国语大学于2017年4月成立了北外学院，旨在探索培养国家战略亟需的复合型、高层次国际化人才，学院成立以来，开设了"英法双语、国际组织与全球治理"本科实验班。目前，北外已形成"交叉学科专业"复合型人才培养模式，建立了"外语+文史哲"等专业。例如，北外的外国语学院与元培学院、历史系共建"外国语言与外国历史"专业，与元培学院、考古文博学院联合开设"外国语言与外国历史专业-外国考古方向"等专业。

以往，我国的语言人才培养机构主要有高校、研究院（如，中国社会科学院

---

① 王寰. 我国复合型外语人才培养改革的政策演进研究［D］. 上海：上海外国语大学，2021：1.

② 陈章太. 我国的语言资源［J］. 郑州大学学报（哲学社会科学版），2008（1）：147—148.

③ 姜锋. "会语言""通国家""精领域"［N］. 人民日报，2016-06-23.

国际研究学部），高校主要集中在外国语大学、综合大学的国际关系学院，以及专门进行国别区域研究的专业[①]。区域国别语言人才培养大致可分为本科、硕士、博士三个层次结构，虽然层次结构并不单一，但在培养过程中存在培养人才类型单一的问题。外语院校的教学目标更加侧重于提高学生的外语能力，学生在语言学习的过程中可能会忽视研究能力、人文科学等综合素养的提升。对于综合大学进行国别区域研究的学生，具体的专业学科知识相比外语院校的学生来说略有提升，却容易忽略实际研究问题需要跨学科性、综合性知识的储备，且常常容易在语言能力方面存在欠缺。基于"一带一路"区域国别研究的现实需要，培养高层次的复合型语言人才才能满足"一带一路"建设各行各业对语言人才的需求。

复合型外语人才培养需要多学科的支撑，语言在各学科领域起到媒介作用，以语言为导向进行交叉融合研究既符合引领当前学术研究前沿的现实要求，又能够响应国家和学校重视交叉研究的科研创新战略。社会对各类型复合型人才的需求，在一定程度上促进了外语学科与外交、外事、外贸、国际金融、国际谈判、国际维和、国际政治、国际关系、国际传播等涉外学科的交叉，推动了外语学科与传播学、教育学、管理学、人类学、经济学、考古学等人文社会科学的交叉，带动了外语学科与人工智能、大数据、语言智能等新兴学科的交叉，催生了旅游英语、商务英语、语言教育政策、神经语言学等交叉领域，拓宽了外国语言文学学科的内涵，为外语学科培育了新的学科生长点[②]。由此，加强跨系、跨学院合作，实现理工科专业、文科专业与外语专业之间的复合、交融与渗透，有助于人才培养模式的优化。高校要培养的人才目标是基础宽厚、知识面广、学有专长、以专业为主、专业与外语均是强项的复合型人才。因此，复合型语言人才培养在课程设置方面，必须保证其知识结构的三大模块："外语模块+专业技能模块+通识教育模块"。

国家《中国教育现代化 2035》指出，"应加强创新人才特别是拔尖创新人才的培养，加大应用型、复合型、技术技能型人才培养比重"[③]。《学士学位授权与授予管理办法》（学位〔2019〕20 号）提出设置辅修学士学位、双学士学位、联合学士学位三种学士学位类型，并提出"具有学士学位授予权的普通高等学校，

[①] 屈廖健，刘宝存."一带一路"倡议下我国国别和区域研究人才培养的实践探索与发展路径［J］.中国高教研究，2020（4）：77—83，97.

[②] 王寰.我国复合型外语人才培养改革的政策演进研究［D］.上海：上海外国语大学，2021：1.

[③] 中共中央、国务院印发《中国教育现代化 2035》［EB/OL］.新华社.（2019-02-23）［2022-10-20］.http://www.gov.cn/zhengce/2019-02/23/content_5367987.htm.

可在本校全日制本科学生中设立双学士学位复合型人才培养项目"。教育部发布的《新文科研究与改革实践项目指南》中明确提出了探索"专业+外语"培养模式，培养"一精多会、一专多能"的高素质国际化复合型人才。在"一带一路"背景下，培养高端国际化复合型人才，外语创新人才，积极对接国家发展战略，服务国家建设和社会发展将是区域国别语言人才培养未来努力的方向。

（二）大力发展"通用语+非通用语"复语型人才培养模式

复语复合型人才一般指具有两门或多门外语的语言运用能力，同时掌握某个或多个学科领域，如人文学科、社会科学或自然科学等学科基本理论知识和方法论知识，能发现、分析、解决问题的人才。[1]

近年来，北京外国语大学积极探索"非通用语+通用语"或"通用语+非通用语"的复语型人才培养模式。长期以来，我国非通用语种专业复语型人才的培养模式往往是以非通用语种为主、复合通用语为辅的人才培养模式。然而，近两年新设的部分非通用语专业虽属于某一国家的官方用语，但其语言使用面比较窄，需求量小，而在该国或该地区所通行的通用语的使用程度和普及率却很高，为此，出于招生、培养及就业等因素的综合考虑，北外采取了"通用语+非通用语"的人才培养模式。这种培养模式培养出来的学生，既能以通用语在对象国政府机关、文教领域或上层社会等职场通畅交流，又能以非通用语种加深对对象国的国家、政治、经济、社会、文化和国民认同等方面的了解和理解，学生专业的社会适应面更广，就业率更高。2016年，"俄语+哈萨克语"专业首次进行本科招生，此外还有"俄语+中亚或东斯拉夫非通用语种"以及"英语+南太平洋非通用语种"等复语人才培养模式。[2]

目前，在国家战略亟需的非通用语种本科人才培养方面，北京外国语大学已经创建了"非通用语+通用语+专业方向"和"非通用语（小）+非通用语（中）+通用语"人才培养模式（如设立"非通用语复合法学实验班"等），培养国家战略亟需的复语型、复合型非通用语本科人才，如"非洲语言+通用语言+专业方向"、知非友非的复合复语型人才等。[3]

---

[1] 胡文仲，孙有中. 突出学科特点，加强人文教育：试论当前英语专业教学改革[J]. 外语教学与研究，2006（5）：243—247.

[2] 苏莹莹. "一带一路"非通用语人才培养模式的思考与探索[J]. 中国外语教育，2017（2）：3—7，95.

[3] 北京外国语大学. 党委书记王定华、党委副书记、校长杨丹出席北京论坛（2019）[EB/OL]. 北京外国语大学新闻网.（2019-11-04）[2021-03-09]. https://news.bfsu.edu.cn/article/278813/cate/4.

（三）积极探索外语学科和区域国别研究多学科交叉融合的人才培养模式[①]

随着中国的综合国力快速增长，共建"一带一路"宏图伟业向高质量发展，中国与世界各国的联系日渐广泛和深入，参与全球治理的意愿和能力不断提升，在国际事务中的影响力日益扩大。在实现"中国梦"的过程中，无论是构建人类命运共同体、新型国际关系，还是"一带一路"的推进和周边外交的实施，都需要我国对世界各国各地区有更精准的了解。这种了解不是关于某个区域和国家的概况性的粗浅理解，而是对这些区域和国家的国情、语情、历史、宗教、传统、文化、政治、经济、外交、国民认同以及国民性的规律性认知等。因此，仅靠单一的语言学科设置和单一的人才培养模式，既无法满足国家对复合型区域国别人才培养的战略需要，也无法形成区域国别学发展的持续动力。为此，有专家提出，将语言人才培养同"一国一策"的区域国别问题研究人才培养相结合。

随着中国日益走近世界舞台的中央，加快培养中国的"区域国别通"和各国的"中国通"，具有重要的战略意义。长久以来，受学科观念束缚，我国外语人才规划主要侧重于语言知识和技能的训练，工具性和实用性取向明显。"一带一路"外语能力建设要求外语人才规划从"工具型"向"复合型"转变，我们不仅需要培养出更多精通沿线国家语言的高端外语创新性人才，还需要培养更多熟悉"一带一路"沿线国情，语言能力过硬，具备家国情怀、国际视野，能进行有效的跨文化沟通"一专多语"的行业精英。区域国别学是一个涉及多学科联动的交叉学科领域，涉及自然科学、人文和社会科学等众多领域的理论和知识，众多学科如语言学、文学、历史学、哲学、经济学、社会学、政治学、法学、人类学、考古学等。当前，我国高校已设立了外国语言文学、政治学、世界史等一级学科，区域国别研究则一直在这些学科的框架内发展，并积累了一定基础，如外国语言文学一级学科下面设立国别与区域研究领域，政治学一级学科下面设立比较政治、国际关系等二级学科以及世界史一级学科下面设立国别史研究等。[②]

例如，北京大学 2017 年成立了"国别和区域研究"二级学科，完善了此专业研究生的培养方案，并已经完成了第一轮硕士研究生和博士研究生的培养工作。北京大学区域与国别研究人才培养强调外语能力，尤其是多语言能力的独特作用，即掌握对象区域与国家的语言为新型区域与国别研究人才培养之必需。目

[①] 宁琦. 区域与国别研究人才培养的理论与实践：以北京大学为例[J]. 外语界，2020（3）：36—42.

[②] 谢韬，陈岳，戴长征，赵可金，翟崑，李巍. 构建中国特色的区域国别学：学科定位、基本内涵与发展路径[J]. 国际论坛，2022，24（3）：3—35，155.

前，北京大学外语学院已经建立了本科生融合型"多语种+区域研究"人才培养模式，以及跨院系"外语+外史"交叉学科专业人才培养模式；研究生层次的区域与国别研究人才培养主要在多语种、跨学科交叉平台开展，目前已建立起"多学科交叉的培养模式"，并在外国语言文学学科内部及外部实施不同定位的分类培养。[①]无独有偶，北京外国语大学于近年来成立了国际中国文化研究院、全球史研究院、世界语言与文化研究中心、区域与全球治理高等研究院、比较文明与人文交流高等研究院，并获批成立了中东欧研究中心、英国研究中心、日本研究中心等"教育部国别和区域研究备案中心"等；华南师范大学相继成立了"东南亚研究中心"和"东帝汶研究中心"；复旦大学成立了"朝鲜韩国研究中心、俄罗斯中亚研究中心、南亚研究中心"；四川外国语大学成立"以色列研究中心"等。这些研究中心的成立，对于服务国家战略和外交大局、全面推进"一带一路"建设，意义深远。

区域国别学和外语学科中原有的"国别和区域研究"方向是什么关系？这一问题还亟待进一步厘清。但站在外语学科的立场，可以明确的有两点：首先是外语学科的国别和区域研究并非区域国别学，因而外语学科的国别和区域研究应该有其坚持的本体；其次，反过来认为外语学科的国别和区域研究就是文学研究路径的区域国别学也是不对的。外语学科应该基于自身的基础和优势为这个新设置的一级学科带入方法和研究成果的贡献。[②]

区域国别研究的性质驱使语言人才培养体系内部需包含多个学科的内容，在中国学习区域国别研究的一般是研究生，那么对于该层次语言人才培养体系的建构可以针对语言学科内部和外部分别进行探究。首先，在语言学科内部，对于语言人才培养过程中需思索在以区域国别研究的基础上如何利用好各种语言，整合来自不同国家的专业资源，高效地搜集来自不同领域的数据信息，建起一道稳固信息来源渠道的壁垒，其实这就是学科交叉培养模式的重大意义。其次，在语言学科外部要对区域国别语言人才实施跨学科的培养模式。这种模式指的是直接将不同的学科联系起来进行区域国别研究，例如进行"一带一路"相关国别研究过程中，涉及的领域广泛，需要多学科，如语言学科、历史学科、政治学科、经济学科等共同配合，需要整合利用不同学科的相关资源甚至是汲取相关学科的思维理念，那么此时培养跨学科、综合性的语言人才对于区域国别研究尤其重要。

---

① 宁琦.区域与国别研究人才培养的理论与实践：以北京大学为例［J］.外语界，2020（3）：36—42.

② 袁筱一."新文科"视域下的外语学科建设：挑战、构想与路径［J］.外语教学理论与实践，2022（3）：19—26.

例如，北京大学的区域与国别研究院就在区域国别研究领域为其他高校树立了榜样，该院拥有雄厚的师资力量，聘请了来自国际关系学系、社会学系、外国语学院等多个院系的优秀导师，共同研究当今世界的热点问题。在课程方面，专家们精心划分了不同地区以及专业板块的课程，要求学生在完成相应课时的语言课程的同时还需完成专业知识的学习，再加上日常的训练、学术研讨，培养一批具有跨学科性的综合人才指日可待。这样的多学科以及跨学科交叉培养模式使得语言人才在拥有强大的语言能力为基础的同时，也能凭借扎实的专业跨学科知识迅速为区域国别研究相关问题提供解决思路。①

在区域国别学一级学科申请的过程中，北京大学区域与国别研究院团队发挥了重要作用，该院所坐落的燕南 66 号院也因此被赞誉为区域国别学学科的诞生地之一。目前，北大区域与国别研究院定期举办"新萌学术沙龙""博雅工作坊学术讲座"和"领潮行写作训练营"，主动关注世界动态，对接国家战略，服务国家发展。如，2022 年 11 月 15 日的首期"领潮行"写作营以"道术之间：区域国别研究社会型学术的解潮与结浪"为主题，翟崑教授以"解潮"为题，从观、立、领三个递进维度讲解了区域国别学的前世今生及其知识生产的类型。"观潮势"是第一步，以了解区域国别学由浪成潮的缘由与经过为前提。区域国别学一级学科的设立是顺势与造势的结晶。"立潮头"是青年学人开展区域国别研究的应有追求，以定位区域国别学的时代责任推进自我成长与学科建设的双向赋能。诚如"小鸟与大树"的关系，鸟需立于树，树则因鸟而盎然。撰写"三体文"是实现青年学人与区域国别学双向赋能的关键路径，包括以学术型写作为基础、政策型写作为应用、社会型写作为传播等渠道。"领潮行"是北京大学区域与国别研究院倡导社会型学术写作的旨趣，以均衡道与术为必然要求。②2022 年 11 月 24 日，"领潮行"写作营第二课，以"走出象牙塔：区域国别研究社会型学术的定界与跨界"为主题，陈光老师以"面向市场和企业的写作"为题和与会专家学者进行了交流和讨论，陈光老师提出一个发人深思的问题"写作应该降低下限以提高社会普及率，还是把握真实、专业乃至孤芳自赏？"此外，陈老师还一针见血地提出，只有好的内容才能跑出流量。完播是第一阶段，如果一篇文章能够从头到尾被看完，说明读者对其内容真的有兴趣。第二阶段是评论，一篇文

---

① 宁琦. 区域与国别研究人才培养的理论与实践：以北京大学为例 [J]. 外语界，2020（3）：36—42.
② 谭萌. 道术之间：区域国别研究社会型学术的解潮与结浪——记"领潮行"写作营第一课暨"燕南 66 优创"第十期品鉴会 [EB/OL]. （2022-11-15）[2022-11-24]. https://ias.pku.edu.cn/xwgg/xyxw/349b19e1b2c342e3a2a38e453f7a89af.htm.

章的观点犀利值得评论，则说明得到关注。第三阶段是转发、点赞、收藏。转发说明认可，点赞和收藏说明文章有再阅读和再转载的可能。"跨界"要有多重视界，要有"多体文"的意识。不管是"定界"还是"跨界"，都要在写作中有清晰的读者意识、恰当的立场、足够的知识积累及符合规范的框架。北大区域与国别研究院通过"领潮行"写作训练营，为参与者提供系统化、精准化、个性化、创新性的区域与国别研究写作指导，致力于培育区域与国别研究的新生力量，推动中国区域国别学知识生产的创新与转化，作为全国各高校区域国别研究的标杆。[①]

目前，北京外国语大学开设语种已全覆盖于已建交国家官方语言，实现区域与国别研究全覆盖的学科布局将是北外未来努力的方向。全国各高等院校、外语学界、教育界应紧紧把握"一带一路"建设这个千载难逢的历史机遇，着力打造具有语种特色和专业优势的国际化师资和科研团队，从而使科研发展与语言学科建设真正助力于高质量区域国别语言人才的培养。

三、规圆矩方：建立区域国别语言能力评估体系

考虑到语言在区域国别研究过程中解决国际焦点问题的重要角色，现还需构建多层次、多维度的区域国别语言能力评估体系。对语言人才培养做好最后的检测把关环节。区域国别研究语言人才培养的主要语言能力可以大致分为"多语能力"和"交际能力"，前者包含了学术语言能力和信息源能力，通俗来说就是掌握语言的能力；后者包含了语言学能力、社会语言学能力、话语能力以及策略能力，即应用具体语言的能力[②]。针对需要培养的语言能力进行针对性的评价，大致可从以下几点出发。首先，评估语言人才培养的机制是否合理，是否有整合综合性的资源协同培养语言人才能力，同时可以从区域国别研究角度出发，评价语言人才培养机制是否按照独立学科标准来进行。其次，可以评估语言人才培养体系对于人才培养的质量，培养结果是否能达到培养的目的，为"一带一路"倡议服务，通常是细化到各个学科专业进行进一步的评估。最后，还可以将语言人才培养体系的科研质量作为一个落脚点进行评估，语言人才培养不单单是一个培养人才的过程，在进行人才培养过程中以及之后还可能会涉及许多其他方面的研究

---

① 张添. 走出象牙塔：区域国别研究社会型学术的定界与跨界：记"领潮行"写作营第二课［EB/OL］.（2022-11-24）［2022-11-25］. https://ias.pku.edu.cn/xwgg/xyxw/424154e8ed8a430ba48bc170519ff926.htm.

② 赵蓉晖，冯健高. 区域国别研究视角下的语言能力：地位与内涵［J］. 外语界，2020（3）：20—28.

内容,尤其是语言学科和区域国别研究在提升国家综合国力、推动"一带一路"建设和构建人类命运共同体等方面意义深远,也有利于国家科学的决策能力以及战略支撑力的提升,因此语言人才培养过程可能会带来的科研效果也是评估的一项重要标准[①]。

此外,以往区域国别语言学科建设方案的制定,尤其是各种各样的外语或非通用语教学大纲、课程标准、教学要求的制定几乎都是由外语学科的专家负责,教育学、心理学等方面的专家学者参与其中的相对较少。理论依据在很大程度上取决于语言学科专业建设和人才培养方案制定者的理论水平和理论背景。随着国际形势多变、国际问题的复杂化、交叉学科的蓬勃发展,语言学科专业建设和人才培养方案的制定或多或少、直接或者间接地受到认知语言学、心理学理论、教育学理论、课程论等理论的指导。因此,在制定区域国别语言学科人才培养方案时应适当引入教育学、心理学、教育技术学、课程论的专家学者参与人才培养方案论证,广开言路、群策群力,以保证人才培养方案的科学性和合理性。

四、互通互补:联通来华留学生教育与语言人才培养、实现语言人才需求双向互补

在区域国别语言人才培养体系建构过程中,不仅可以从"一带一路"教育的内生路径考虑语言人才的培养,还可以将思维放远,从其外延的角度间接进行培养。近年来,国外留学生来中国留学的数量日益增加。2022年10月,全球化智库(CCG)与中国银行共同研究编写的《国际人才蓝皮书:中国留学发展报告(2022)》正式出版。《蓝皮书》指出,尽管受到经济危机、地缘政治以及全球性新冠疫情的影响,全球国际留学生数量仍保持稳定增长。另外,《蓝皮书》还指出,国际学生也是一个国家或者地区的创新创业发展动力。美国市值10亿美元的创业公司1/4的创始人是国际学生。特斯拉创始人马斯克就是来自南非的留学生。与"来华留学生普遍有奖学金""国际学生是因为有奖学金才来华留学"的刻板印象不同的是,来华留学生中自费生占大多数,常年维持在90%左右。随着中国在经济、社会、教育、国际地位等方面的提升,"留学中国"的品牌价值受到大多数国际学生的认可,在"留学中国"品牌积淀下,发展中国家和周边国家地区(尤其是亚洲)成为了我国来华留学生的主要来源国。据教育部统计,2010年至2018年间,各大洲国际学生来华留学人数总体呈上升趋势。2018年共有来

---

① 李兰,赵芳."一带一路"倡议的人才支撑与教育路径[J].现代交际,2017(19):21—22.

自 196 个国家和地区的 492,185 名各类外国留学人员在全国 31 个省（区、市）的 1004 所高等院校学习，其中亚洲学生人数最多，按国别排序前 15 名：韩国 50,600 人，泰国 28,608 人，巴基斯坦 28,023 人，印度 23,198 人，美国 20,996 人，俄罗斯 19,239 人，印度尼西亚 15,050 人，老挝 14,645 人，日本 14,230 人，哈萨克斯坦 11,784 人，越南 11,299 人，孟加拉国 10,735 人，法国 10,695 人，蒙古 10,158 人，马来西亚 9,479 人。[1]中国的来华留学吸引力与国家经济实力和综合实力的匹配度进一步提升。这样的来华留学持续发展的趋势在我国"一带一路"政策实施后更加显著，周边国家学生留学需求日益增强，生源层次显著提升，逐渐打破以汉语学习为主的格局，学科分布更加合理。中国政府每年为沿线国家提供一万个"一带一路"奖学金的名额[2]，金额为 30,000 元/学年/人，用于奖励来自"一带一路"沿线国家、对华友好、成绩优秀、品德优良的外国留学生。高校内部，学校可以联通留学生教育与语言学科共同建设，使得留学人才与我国需要培养的语言人才需求实现双向互补，并且通过频繁的合作交流，师资共享和互补（来华留学生硕士或博士可成为某些语种的临时、灵活的语言师资，助教），加强语言人才的区域国别研究素养，从一个全新的角度出发构建语言人才培养体系[3]。

五、群策群力：协同打造语言人才培养全方阵

根据国家战略、社会发展和"一带一路"建设需求，通过共商共建共享，合力协同打造语言人才培养全方阵：（1）校内协同，打通本硕博贯通培养路径。建立外语学科内部聚合、校内跨学科融合的交叉式、立体化培养模式，以跨学科平台集聚优质教学资源，拓展高端复合型语言人才培养路径。（2）校际协同，通过跨院校联合，汇聚全国高校力量，集思广益，协同培养，创新外语与专业融合培养模式。（3）国内协同，推进学校与部企合作。高校应加强与国内相关部委、党政机关、科研院所和企事业单位之间的深度合作，建设实习实践基地，并与合作方建立制度化的国内访学机制，着力解决"通用语+非通用语"人才供需的矛盾。（4）国际协同，实施国际化联合培养。可采用双学位、交换生等多种形式共同培

---

[1] 教育部. 2018 年来华留学统计 [EB/OL]. (2019-04-02) [2022-11-10]. http://www.moe.gov.cn/jyb_xwfb/gzdt_gzdt/s5987/201904/t20190412_377692.html.

[2] 国家发展改革委，等. 推动共建丝绸之路经济带和 21 世纪海上丝绸之路的愿景与行动 [M]. 北京：外文出版社，2015：9—12，20.

[3] 周谷平，阚阅. "一带一路"战略的人才支撑与教育路径 [J]. 教育研究，2015，36（10）：4—9，22.

养知华友华、知非友非等双向语言（汉语、斯瓦希里语等）人才，[①]以参与式研究体验拓展学生国际视野，通过出国留学项目、修读境外优秀课程等方式进行学分转换，推动国际化教育实践，培养语言人才的国际视野。在专业申请例如"国际区域问题研究及外语高层次人才培养项目"中开放申请人专业限制，使具备一定外语基础的各专业学生有机会申请此类资助，为区域国别研究的可持续发展提供双向可交互的国际化语言人才储备。[②]（5）整合"通用语+非通用语"教材、辞书、数据库、学术团体等教育教学和学术资源，打造多语种教材方阵、辞书方阵、期刊方阵和语料库集群。（6）建立"全球语言公共服务平台"，为语言，尤其是非通用语服务供需双方提供公益性、开放性、专业化平台，实现全球范围内语言、语种信息对称与资源共享。（7）建设多元化语言培训体系，有效推动教育与产业发展的有机衔接和深度融合。（8）发挥全球外国语大学联盟作用，引领全球语言教育共同繁荣。[③]（9）全链条打通报考选拔、人才培养、就业推荐、科学研究、社会服务等环节；当前我国非通用语教育的生源主要源于高考招生，仅有部分高校招收少量语种的保送生。这一招生体制在彰显教育公平的同时也难以避免弊端，如未能有效选拔具有语言天赋、学有特长的学生，建议非通用语专业招生不仅应依据高考成绩，还应增加面试环节，选拔具有语言基础、语言天赋和学习热情的特长生。因此，应创新非通用语人才招生选拔方式，搭建非通用语人才输送平台，精准化开展学生实习、推送工作。[④]

[①] 刘新成 梁占军. 区域国别学要协同培养双复合型研究人才［N］. 光明日报，2022-06-28（13）.
[②] 陈杰. 中国特色国别区域研究人才培养"三问"：规格、路径与目的［J］. 教育发展研究，2021，41（21）：40—46.
[③] 杨丹. 以"101工程"非通用语振兴计划服务国家语言能力建设［J］. 外语界，2022（1）：8—13.
[④] 张天伟. 国家语言能力视角下的我国非通用语教育：问题与对策［J］. 外语界，2017（2）：44—52.

第七章 "一带一路"区域国别语言政策规划的战略前瞻

共建"一带一路"倡议源于中国，更属于世界。这一倡议根植于古丝绸之路的历史土壤，继承和发扬了以"和平合作、开放包容、互学互鉴、互利共赢"为核心的丝路精神。"一带一路"倡议秉持和遵循共商共建共享原则，致力于实现政策沟通、设施联通、贸易畅通、资金融通、民心相通，是发展的倡议、合作的倡议、开放的倡议。

建设"一带一路"是中国在新的历史条件下实行全方位对外开放的重大举措，是推动构建人类命运共同体的重要实践平台。"一带一路"建设跨越不同地域、不同发展阶段、不同文明，是各方共同打造的公共产品。"一带一路"倡议实施10年多来，"一带一路"建设完成了总体布局，得到了沿线国家和国际组织的积极响应和参与，联合国大会、联合国安理会等重要决议也纳入了"一带一路"建设内容。中国和相关国家政策沟通不断深化，设施联通不断加强，贸易畅通不断提升，资金融通不断扩大，民心相通不断促进，为世界经济增长提供更多动力，为国际经济合作开辟更大空间。

自2013年以来，"一带一路""人类命运共同体""新型国际关系""新常态""合作共赢""精准扶贫""全球治理"等体现中国立场、中国智慧、中国价值的理念、主张、方案在全球范围内引起广泛关注与认可。从实践吸引力看，扶贫、反腐、生态、秩序、基建、网购、抗疫等近年来体现中国制度优势、文化优势、社会优势的一系列新成果、新技术受到国际社会的普遍赞誉。

但与此同时，世界局势风云变幻，进入新的动荡变革期，百年未有之大变局加速演进。世界多极化、经济全球化、社会信息化、文化多样化深入发展，各国联系和依存日益加深。新冠肺炎疫情引发了一场前所未有的全球性健康危机，除了巨大的人员损失外，还导致了自二战以来最严重的全球经济衰退。当前，西方话语霸权陷入前所未有之颓势，但霸权护持之势仍在。特别是近年来，包括国际金融危机、特朗普"美国第一"政策、"弗洛伊德事件"以及美国撤军阿富汗在内的各类事件暴露了美国的谎言，新冠疫情中欧美的糟糕表现，也使得西方话语霸权出现自工业革命以来从未有过的瓦解苗头。[①] 全球语言竞争、国际话语权博

---

① 中国人民大学重阳金融研究院. 智库报告：重塑全球话语，中国需要有无数场

弈、突发事件下的应急语言服务、网络空间语言文明，语言意识形态与语言秩序的冲突、妥协等问题对"一带一路"建设和国家治理能力提出新要求。以自由、民主、人权为主体概念的西方话语霸权陷入了前所未有的公信力危机，以秩序、生命、发展为核心理念的中国话语影响力空前提升。

中国共建"一带一路"宏图伟业的道路充满了险阻和未知，踏上这一征途的中国需要从战略到架构、从管理到运营、从技术到组织进行全方位、深层次的自我颠覆和重构。在这个充满了各种不确定因素的时代，中国语言学界、教育学界当如何全面"去魅"（Disenchantment）西方话语，树立真正的中国话语自信？如何培养敢于善于国际斗争的学人意识，敢于引导国际舆论与话语的走向？如何决战"全球话语体系重塑"的下半场？

正如习近平主席在 2020 年经济社会领域专家座谈会上讲道："今后一个时期，我们将面对更多逆风逆水的外部环境，必须做好应对一系列新的风险挑战的准备。"未来的中外话语之争，肯定会面临着各类版本的"中国威胁论"、层出不穷的"词汇陷阱"、日益白热化的"舆论战争"。在可预见的将来，中国话语处在西方强势地位的压制下，仍是常态。在对外传播上，中国仍然需要相当长时间的观念转变、艰苦奋斗与迂回斗争。重塑全球话语体系，树立中国话语自信，中国需要有无数场"长津湖战役"！[①]

第一节　聚智前行：全面提升国家语言能力

"语言是人类文明世代相传的载体，是相互沟通理解的钥匙，是文明交流互鉴的纽带。"90% 以上的人类信息依存于语言文字，国家语言能力与获取信息能力、信息资源储备利用保护能力、国际空间开拓能力和国际竞争能力成正比。在信息化时代，国际交往和国际利益的争取与维护尤其需要强大语言能力的支撑。[②]因此，语言人才、语言技术乃至语言意识、语言规划的竞争在国际竞争中的地位越来越重要。显然，国家语言能力不仅关涉软实力提升，而且关涉硬实力提升，关涉国家安全。国家语言能力是一个国家软实力和综合国力的重要体现，

"长津湖战役"［EB/OL］.（2021-11-02）［2023-04-23］. http://www.china.com.cn/opinion/think/2021-11/02/content_77846308.htm.

① 中国人民大学重阳金融研究院. 智库报告：重塑全球话语，中国需要有无数场"长津湖战役"［EB/OL］.（2021-11-02）［2023-04-23］. http://www.china.com.cn/opinion/think/2021-11/02/content_77846308.htm.

② 陆俭明. "语言能力"内涵之吾见［J］. 语言政策与规划研究，2016（1）：2—4.

与国家话语能力建设、国际传播能力建设密切相关。由于"一带一路"建设语言需求日益旺盛，诸多语言问题亟待解决，加之国际语言竞争压力倍增，发展国家语言能力，使之与国家综合能力相匹配[①]，具有现实紧迫性。

国家语言能力概念最早由美国学者 Brecht 和 Walton 在 1993 年提出。国内学界对这一概念的界定相对较晚，李宇明率先尝试性提出了"国家语言能力"的概念，该定义首次将语言能力纳入服务国家需求。[②]国家语言能力涵盖国民语言能力，国民语言能力包括国民个人的语言能力和全民的语言能力。国民个人的语言能力是整个国家语言能力的基础，应包括母语能力和多语能力。[③]明确国家语言能力的概念，有利于国家政府部门更有针对性地开展工作，提高发展国家语言能力的效率，更加快速、有效、全面地服务于国家"一带一路"战略利益，有重要的实践价值。美国、俄罗斯等西方国家把国家语言能力纳入国家安全和全球战略范畴，这也为我国制定和规划国家安全语言战略提供了参考。提升个人与国家的语言能力，需要国家和社会各方面协同努力。要增强全民包括相关领导干部与普通民众的语言意识，特别是语言能力意识、语言规划意识、语言安全意识、语言维护意识、语言科学传播意识等，也需要国家和社会共同营造提升语言能力的良好氛围。[④]2014 年 7 月，北京外国语大学"国家语言能力发展研究中心"成立，系国家语言文字工作委员会科研机构，由教育部语言文字信息管理司与北京外国语大学共建共管。中心是中国语言学会语言政策与规划研究会主要组织成员，国家级学术智库之一，聚焦于"国家语言能力""世界语言生活与资源"和"语言文字国际标准"等研究方向。

全球治理视角下的国家语言能力主要包括以下四种：国家外语能力、汉语国际传播能力、行业语言能力以及国家话语能力。国家外语能力是全球语言治理的基础能力，主要体现在国家开设和掌握的语种数、各语种外语人才、翻译人才的数量、层次和质量，以及应急外语能力。当前，我国开设的语种数还难以满足全球治理的需求。汉语国际传播能力是全球语言治理的拓展能力，主要体现在全球汉语学习者的数量和结构，汉语进入国民教育体系的国家数，汉语在国际组织中的使用程度，孔子学院的国际影响力等。行业语言能力是全球语言治理的辐射能力，主要体现在语言服务于行业发展的深度和广度、专门用途外语人才的数量和

---

① 文秋芳. 实现国家语言能力与综合国力相适应［N］. 光明日报，2021-11-14（05）.
② 李宇明. 提高国家语言能力的若干思考［J］. 南开语言学刊，2011（1）：1—5.
③ 陆俭明. "语言能力"内涵之吾见［J］. 语言政策与规划研究，2016（1）：2—4.
④ 陆俭明. 语言能力事关国家综合实力提升［J］. 海外华文教育动态，2016（1）：44—45.

结构等。国家话语能力是全球语言治理的关键能力，包括话语建构能力和话语传播能力。话语建构能力是用外语对中国故事、中国知识体系和中国方案等进行恰当界定、阐释的能力。[1]

语言资源视角下的国家语言能力是指"国家分配和管理国家语言资源的效率，是一种突出内部要素禀赋的内生性能力，是建设文化强国的基础"角度[2]，这是学者魏晖借鉴企业战略管理资源学派理论，对语言资源的外延进行的界定，为国家语言能力的概念解读提供了新路径。之后，戴曼纯在综合国内外国家语言能力研究的基础上，提出"国家语言能力总体上包括语种、人才、技术以及促进其发展的制度"[3]，并构建了国家与子能力结构模型图。

文秋芳教授认为，国家语言能力也可以从构成要素、存在形式和转换机制三个维度来进行定义（见图7-1）。构成要素包括一个国家拥有语言人才资源的语种类别和每类语种人才资源的质量；存在形式包括潜在语言能力、现实语言能力和未来语言能力；转换机制指的是三种语言能力之间相互转换的决定因素。将潜在语言能力转化为现实语言能力的机制是国家对语言人才资源现状的了解和调用能力，将现实能力转换为未来能力的机制是国家对语言资源的规划及其对规划的实施能力。[4]

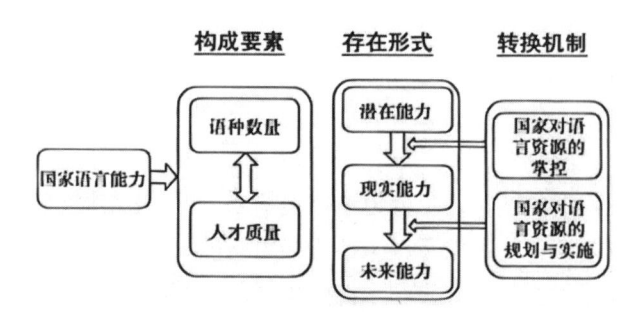

图 7-1 国家语言能力描述框架

资料来源：文秋芳. 建设语言人才资源库，提升国家语言能力 [G] // 李宇明. 中法语言政策研究（第二辑）. 北京：商务印书馆，2016：235.

国家语言能力的强弱，可从以下七个方面来衡量：（1）国家上下，特别是高

---

[1] 王辉. 全球治理视角下的国家语言能力 [N]. 光明日报，2019-07-27.
[2] 魏晖. 国家语言能力有关问题探讨 [J]. 语言文字应用，2015（4）：35—43.
[3] 戴曼纯. 国家语言能力的缘起、界定与本质属性 [J]. 外语界，2019（6）：36—44.
[4] 文秋芳. 建设语言人才资源库，提升国家语言能力 [G] // 李宇明. 中法语言政策研究（第二辑）. 北京：商务印书馆，2016：235—236.

层领导的语言意识和国家语言意识如何；（2）社会整体的语言能力（含母语能力和多语能力）如何；（3）国家对语言资源的掌控、规划与实施的能力，以及国家通用语言文字的推广程度如何；（4）国家获取、储备、利用和保护语言信息资源的能力如何；（5）对涉及国家战略利益语言事务的管理能力、语言问题处理能力如何；（6）国家开展语言教育，储备、掌控和使用语言人才的能力如何；（7）国家的国防语言能力如何，包括军队所需的"通用语种"和"复合语种"掌握程度，维护国家安全利益所需的"特需语种"掌握程度，应对反恐、缉毒、维和、救灾等紧急情况所需的"应急语种"掌握程度。[①]

表7-1 各国国家语言能力指数排名表前20名

排名	国家	国家语言能力指数
1	美国	0.855
2	中国	0.767
3	英国	0.570
4	德国	0.439
5	俄罗斯	0.434
6	法国	0.401
7	澳大利亚	0.393
8	日本	0.388
9	加拿大	0.383
10	新加坡	0.366
11	意大利	0.360
12	西班牙	0.357
13	荷兰	0.349
14	韩国	0.342
15	葡萄牙	0.332
16	南非	0.314
17	爱尔兰	0.305
18	土耳其	0.292
19	瑞士	0.278
20	墨西哥	0.269

数据来源：全球首发"国家语言能力指数"，中国位居世界第二［EB/OL］.（2021-09-01）［2023-04-28］. https://zhuanlan.zhihu.com/p/407382835.

2021年9月1日，北京外国语大学区域与全球治理高等研究院发布了《国家语言能力指数报告》。根据该报告，"国家语言能力"是指一个国家掌握利用语言资源、提供语言服务、处理语言问题、发展语言及相关事业等方面能力的总和。本次发布的《国家语言能力指数报告》将国家语言能力分解为5个一级指标、12个二级指标、26个三级指标，通过各种公开、可信的数据进行量化计

[①] 陆俭明."语言能力"内涵之吾见［J］.语言政策与规划研究，2016，3（1）：2—4.

算，最终形成国家语言能力综合评价指数体系。结果显示，在全球 193 个国家中，美国、中国、英国、德国、俄罗斯、法国、澳大利亚、日本、加拿大、新加坡位列前十位。美国、中国、英国是全球 193 个国家中国家语言能力的第一集团，指数得分都高于 0.5；德国、俄罗斯、法国、澳大利亚、日本、加拿大、新加坡位列 4—10 位；大部分发展中国家语言能力较弱，得分不足 0.2。中国的国家语言能力指数得分 0.767，仅落后于美国的 0.855，居世界第二位。这得益于丰富的语言资源和规模化的外语学习以及对语言技术的大力开发，中国在语言人才的储备、语言技术的发展方面居于世界前列，并且国际中文教育推广工作带来了语言传播能力的提升，但是我国在语言研究、语言教育、语言产业、学术语言使用方面和美国、英国等发达国家还有一定差距。[1]

"一带一路"区域国别语言教育政策规划应当从国家战略的高度认识国际语言能力建设的重要性和迫切性。在中国走向世界的过程中，必须聚智前行，努力掌握了解和读懂全球的语言能力，才可准确把握世界对中国的认知程度和接受程度，科学研判和及时规避各种冲突风险。此外，还需通过加大非通用语种人才培养与战略、加强基于人工智能的语言技术能力构建，努力提升中文在世界语言格局中的地位。[2]在"一带一路"国情背景下，提升国家语言能力，可从以下几个方面努力。一是在语言文化资源的发掘利用方面，揭示语言文字蕴含的文化精神及价值，梳理古代语言学资料中的文化阐释。二是在语言关系的调适及国家语言文化认同方面，强化"多样一体"的国家语言文化认同。三是在国民语文教育和多样化语言人才培养方面，推进适应新时代的语文教育，强化以母语教育为基础的多语能力培养和现代语言技术运用能力培养，培养新型专业语言人才和复合型人才。四是在网络空间语言生活的规划与治理方面，提升网络空间的话语权，治理网络语言生活乱象。五是在语言文化挑战的应对方面，保障国家语言文化安全，既要重视防范他国语言文化渗透和侵害，不断增强中国语言文化的活力和竞争力。六是在港澳台语言文字协调方面，需要各方共同思考、相向努力，排除政治因素的干扰，使语言文字问题回归本位，协调发展。七是在中国语言文化的国际传播方面，调整方式、优化手段和创新模式，推动中国语言文化国际传播事业顺利发展，更好地服务世界汉语需求。八是在海外华语的传承与发展方面，积极

---

[1] 全球首发"国家语言能力指数"，中国位居世界第二［EB/OL］.（2021-09-01）［2022-11-11］. https://zhuanlan.zhihu.com/p/407382635.

[2] 冯刚，王晨娜. 提升国际语言能力推动中华文化"走出去"［J］. 对外传播，2016（12）.

开展华语教育与传播、全球华语协调、华语传承等方面的研究。[①]以上八点,是加强国家语言能力建设,提升国家软实力的重要途径。

第二节 科学"智理":语言治理助力国家治理

2020 年可以看作是中国语言治理研究开始系统性构建的元年。面对百年未有之大变局,国家语言治理能力现代化是国家治理体系和治理能力现代化的题中应有之义和重要体现。学者王春辉在专著《语言治理的理论与实践》中将语言治理界定为,语言治理是指政府、社会组织、企事业单位、社区以及个人等多种主体通过平等的合作、对话、协商、沟通等方式,依法对语言事务、语言组织和语言生活进行引导和规范,最终实现公共事务有效处理、公共利益最大化的过程。[②]语言治理的目标主要是:保障语言权利,解决语言问题,构建和谐语言生活,助力中国话语体系构建和国家语言治理能力提升。未来的中国语言治理研究需要在以下几个方面增强力度:厘清术语关系,明晰研究取向,分步骤、分主体、分领域研究,进行学科视角的建构。[③]

文秋芳教授提出了国家语言治理能力,即是指政府运用语言处理国内外两类事务的效力和效率,可以分为国家语言治理体系的构建、国家语言规划制定与实施、国家语言生活研究与交流三个维度。[④]沈骑和康铭浩提出语言治理能力由治理行为、治理过程和治理内容三部分构成[⑤]。语言治理行为研究要关注国际组织、国家、机构、个人的语言行为的治理;语言治理过程研究要聚焦治理前、治理中、治理后不同阶段的研究,加强对语言治理预案与准备研究,强化治理实施和执行过程的监控,严格治理后的效果评估;语言治理内容包括政治语言治理、经济语言治理、法律语言治理、社会语言治理、语言生态治理、网络语言治理、

---

① 赵世举. 国家软实力建设亟待研究和应对的重要语言问题[J]. 文化软实力研究,2016,1(2):36—51.
② 王春辉. 语言治理的理论与实践[M]. 北京:中国社会科学出版社,2021:6.
③ 王春辉. 学科建构视角下的语言治理研究[J]. 陕西师范大学学报(哲学社会科学版),2021,50(6):155—163.
④ 文秋芳. 对"国家语言能力"的再解读:兼述中国国家语言能力 70 年的建设与发展[J]. 新疆师范大学学报(哲学社会科学版),2019(5):57—67.
⑤ 沈骑,康铭浩. 面向重大突发公共卫生事件的语言治理能力规划[J]. 新疆师范大学学报(哲学社会科学版),2020(5):131—141.

应急语言治理等。[1]

  语言在国家治理中的角色具有双重性：既是治理的对象，又是治理的工具。国家语言治理的效能主要通过制度建构、语言政策制定、实施及协同等治理过程得以实现。大数据、人工智能等现代科技的飞速发展，人与 AI 的互动（也称为增强智能）彻底改变了人们的认知。2022 年 7 月 7 日，国际权威研究机构 Gartner 公布《云 AI 开发者服务关键能力报告》，围绕语言 AI、计算机视觉、机器学习平台三大维度，针对"语音转文字""语言理解/处理""自然语言生成/语音合成""翻译""情绪分析"和"文本分析"六个维度综合评估云 AI 服务厂商的语言 AI 技术能力。最终，谷歌、阿里巴巴和亚马逊 AWS 总分位列前三位，百度名列第七、腾讯名列第九。在国内云 AI 服务厂商中，阿里巴巴在语音识别、自然语言生成/语音合成、语言理解/处理、文本分析四项评分中排在全球厂商中的第一梯队。百度云 AI 技术的情绪分析和文本分析的评分稍低；腾讯的丢分项则在自然语言生成/语音合成。语言 AI 作为人工智能领域的基础技术，过去几年已拥有诸多技术突破，尤其是以 Bert、Transformer 为代表的语言预训练模型结构相关研究推向高潮，未来将加速人工智能领域从感知智能走向认知智能的进程。Gartner 预测，到 2025 年，70% 的新应用将集成 AI 模型，云 AI 服务将进一步降低 AI 应用的开发门槛。[2]

  语言智能技术的发展也为国家语言治理带来新机遇和新路径。一是动态监测语情。通过建立媒体语言动态监测系统，实时监测和研究中国语言生活动态，尤其关注有关国家、民生和社会的重大语言问题，以及语言新变化；建立社会语情跟踪系统、语言问题和语言需求征集平台等，以不同方式及时准确地分析、反映和发布语情状况，尤其是语言生活中的重大问题、敏感问题、热点问题和突发事件，挖掘和汇聚语情大数据，为国家语言治理提供更加真实、全面、及时的语情信息和民意参考，并努力探寻相关的语言战略。二是精准制定方案。利用大数据锁定语情的触发点，深度分析语情产生的原因，有效制定治理语言问题的目标、路径和方法，科学配置与治理语言问题相匹配的人力、物力和技术资源，为精准应对语言问题提供方案。三是高效"智理"响应。通过大数据对社会语情的分级、分类筛查，精准选择适用于智能化应对的语言问题。通过智能预警、智能应答、即时翻译、语音合成等技术手段，提高响应速度，提升治理效率。通过对国

---

[1] 王立非．新时代中国特色新型高校语言智库建设与语言智库学科发展［J］．山东外语教学，2021，42（1）：12—21．
[2] 欧阳宏宇．报告：谷歌语言 AI 技术全球第一，BAT 均入围前十［EB/OL］．（2022-07-07）［2023-05-03］．https://www.sohu.com/a/564919578_120952561．

内外语言使用者及学习者的学习行为模式的大数据分析，优化中文的多样化传播体系和传播平台，有效提升国家语言治理能力。[①]

第三节　智能驱动：语联网助力国家语言服务能力全面升级

大数据是服务国家语言服务能力的重要战略资源，人工智能技术应用是提升国家语言服务能力的重要路径。人工智能（AI）、区块链、物联网、云计算等先进技术对增强国家语言服务的科学化和智能化，构建健康和谐的人机语言生态具有重要价值。智慧转型语言服务企业需结合自身能力和愿景，建立合适的平台战略，并采取敏捷迭代的方式积极应战。通过将语言服务智能工作流作为数字化转型战略最核心的支撑力量，采用最强技术并挖掘数据价值，驱动业务模式创新能够推动行业创新，实现业务突破，加速智慧语言服务企业发展进程。

2019年末开始的新冠疫情按下了数字化重塑的快进键。在风云变幻的疫情冲击下，有些企业挺住了，也有不少企业黯然离场。国际政治经济"大变局"事件频发，尤其是近期的欧洲局势给全球的发展轨迹增添了更多的不确定性。2021年10月，俄罗斯在乌克兰边境大规模集结军队，引发俄乌冲突，引发国际局势的动荡，扰乱了粮食和能源市场，使许多发展中国家的粮食不安全和营养不良更加恶化。高通货膨胀导致实际收入被侵蚀，并引发全球生活费用危机，使数以百万计的民众陷入贫困和经济困境。与此同时，气候危机继续造成沉重的代价，热浪、野火、洪水和飓风在许多国家造成了巨大的经济损失，并产生了人道主义危机。

面对复杂多变的世界局势，中国在2022年的两会上再次强调，中国对外开放的大门一经打开就不会关上，我们只会加大开放和国际交流。对于疫情肆虐下的全球政治、经济和教育发展和人文交流来说，数字化重塑不再是一种选择，而是一种必然。更为重要的是，企业数字化重塑已经升级到了全新的阶段，或者说是进入了深水区。"智慧语言服务"的理念成为一座灯塔，为希望生存和升级的语言服务企业照亮了前行的方向。

科技情报大数据挖掘与服务系统平台AMiner评选出过去十年（2011—2020年）十大AI研究热点，分别为：深度神经网络、特征抽取、图像分类、目标检测、语义分割、表示学习、生成对抗网络、语义网络、协同过滤和机器翻译。过

[①] 王辉，周智婉. 从治理到"智理"：提升国家语言治理能力的新路向[N]. 中国社会科学报，2022-03-20.

去十年人工智能国际顶刊顶会的最佳论文奖项较多授予的领域是计算理论、安全与隐私和机器学习。中国在自然语言处理、芯片技术、机器学习、信息检索与挖掘等 10 多个 AI 子领域的科研产出水平都紧随美国之后，居于世界前列。在多媒体与物联网领域的论文产出量超过美国，居于全球第一；而在人机交互、知识工程、机器人、计算机图形领域，中国还需努力追赶。人工智能未来重点发展的技术方向包括：神经形态硬件、知识图谱、智能机器人、可解释性 AI、数字伦理等。过去十年在人工智能国际顶会顶刊论文中发表有 389 篇以机器翻译为研究主题的论文，其总引用量达 23,119 次，并且在这些顶会顶刊论文引用量排名前十的论文中出现过 14 次，因此机器翻译成为过去 10 年人工智能的研究热点之一。[①]

当前，信息技术与语言服务的融合势不可挡，云计算、人工智能等大数据技术为"一带一路"语言资源利用开辟了新路径、提供了新机遇。构建"互联网+"语言服务模式，通过云平台、智能平台、在线翻译等语言服务平台为语言需求者、服务提供者、技术供应商提供对接。整合语种资源、数据资源，优化语言服务资源和服务方式，提升互联网条件下的语言服务效率和专业化水平。不断加强语言服务基础技术的开发和应用。通过处理大数据可以提高语言信息检索、提炼、文本挖掘等语言功能，进而不断提升机器自动翻译水平等语言服务能力，助力克服语言障碍、拓展语言服务范围。[②]

为了进一步促进语言服务产业发展，扩大语言服务出口规模，提升国家语言服务能力，由商务部、中央宣传部、教育部、自然资源部、人力资源社会保障部、知识产权局、中国外文局 7 个部门共同开展了"国家语言服务出口基地"评审工作。评审认定包括人力资源、地理信息、知识产权和语言服务四个领域。2022 年 2 月 7 日，商务部、中宣部、教育部、中国外文局等部门评审认定公布了"国家语言服务出口基地名单"，全国共有 2 家园区、2 所高校、10 家企业认定为语言服务出口基地。这些基地在培养语言翻译人才的同时，也在技术上不断进步。国家语言服务出口基地是国内首个全方位专业语言服务出口平台，致力于发挥基地聚合优势，实现语言互联互通，引领带动语言服务产业和贸易发展，为中国文化、产品、服务、技术、标准"走出去"提供高效专业的语言服务支撑。

---

① 清华大学人工智能研究院. 人工智能发展报告（2011—2020）[R]. 清华-中国工程院知识智能联合研究中心，2021：1—6.

② 付卓茗，王铭玉. 提升语言服务能力 助推"一带一路"高质量发展[N]. 光明日报，2018-11-29.

表 7-2 国家特色服务出口基地（语言服务）名单[①]（2022-02-07）

序号	基地名称
	园区类
1	国际传播科技文化园
2	中国（合肥）声谷
	高校类
1	北京语言大学
2	华侨大学
	企业类
1	中译语通科技股份有限公司
2	甲骨易（北京）语言科技股份有限公司
3	沈阳创思佳业科技有限公司
4	上海文策信息科技有限公司
5	江苏省舜禹信息技术有限公司
6	中冶东方工程技术有限公司
7	传神语联网网络科技股份有限公司
8	新译信息科技（深圳）有限公司
9	四川语言桥信息技术有限公司
10	智慧宫文化产业集团有限公司

国际传播科技文化园特色语言服务出口基地：作为北京地区首个获批的园区类国家语言服务出口基地，国际传播科技文化园包括北京市海淀区车公庄西路35号院、中国外文大厦、国图文化大厦、国际传播大厦和外文文化创意园等，占地约7.5公顷，包括国图集团、中国网、北京中外翻译咨询有限公司等数十家单位入驻，涉及语言服务、出口贸易、国际传播、文化艺术、科学研究与技术服务等行业领域。园区目前有200多家企业入驻，汇聚了国家文化出口、国家文化和旅游科技创新工程、"专精特新"小巨人等重点企业，包括体现科技元素的人工智能翻译实验室、元宇宙国际传播实验室等。未来将建设领导人著作展示中

[①] 新译科技入选全国首批语言服务出口基地，成为广东省唯一入选者［EB/OL］.深圳新闻网．（2022-03-25）［2023-05-05］. http://www.sznews.com/news/content/mb/2022-03/25/content_25020334.htm．

心、国际新闻官研修基地等。① 此次国际传播科技文化园获批国家首批特色服务出口基地（语言服务），是外文局进一步落实习近平总书记贺信和回信精神的具体举措，体现了国际传播科技文化园在国际传播、科技、文化交流特别是对外文化贸易中的重要定位和使命，擘画出外文局未来产业发展的新方向，将成为国际传播事业的战略支撑和新增长点。

中国（合肥）声谷产业园： 园区位于安徽省合肥市高新区，目前合肥声谷形成以合肥高新区为核心承载区，加速推进经开区信创产业园、庐阳大数据产业园、蜀山数字经济产业园、双凤基地建设，以及中国声谷瑶海物联网产业园、中国声谷舒城声光电产业园建设的"1+N"发展格局，计划 5 年内基本完成产业布局，孵化企业 500 家以上。目前，合肥声谷已形成一批拥有自主知识产权的核心技术。声谷产业园的建设，对吸引全球语音企业来肥集聚发展，实现语音产业"百亿企业、千亿园区"的宏伟目标具有重要意义，标志着安徽语音产业由技术研发高地向全国语音产业发展高地的转变。

合肥声谷的龙头企业"科大讯飞"股份有限公司，成立于 1999 年，是亚太地区知名的智能语音和人工智能上市企业，国家智能语音高新技术产业化基地、语音及语言信息处理国家工程研究中心、国家新一代人工智能开放创新平台、认知智能国家重点实验室和国家规划布局内重点软件企业，在智能语音及人工智能国际核心赛事上荣获超过 40 多项世界冠军。自成立以来，积极推动人工智能产品和行业应用落地，致力让机器"能听会说，能理解会思考"。讯飞智能手环出货量全球第一，2000 余款智能语音及人工智能软件产品成功研发。人工智能肺部辅助诊断系统、全色激光工程投影机、运动健康数据库全球领先，类脑智能开放平台汇聚 180 项全球领先的工程算法及 150 项高价值数据集。作为技术创新型企业，科大讯飞坚持源头核心技术创新，多次在语音识别、语音合成、机器翻译、图文识别、图像理解、阅读理解、机器推理等各项国际评测中取得佳绩。两次荣获"国家科技进步奖"及中国信息产业自主创新荣誉"信息产业重大技术发明奖"，被任命为中文语音交互技术标准工作组组长单位，牵头制定中文语音技术标准。同时，还获得了以下荣誉：首批国家新一代人工智能开放创新平台、首个认知智能国家重点实验室、首个语音及语言信息处理国家工程实验室、国家 863 计划成果产业化基地等。截至 2022 年 5 月 31 日，讯飞开放平台已开放 493 项 AI 产品及能力，聚集超过 337.3 万开发者团队，总应用数超过 150.1 万，累计覆盖终端设备数 35.1 亿+，以科大讯飞为中心的人工智能产业生态持续构建。早

---

① 国际传播科技文化园入选国家语言服务出口基地［EB/OL］.（2022-02-25）［2023-05-06］. https://cj.sina.com.cn/articles/view/3164957712/bca56c1002001unzs.

在 2019 年，科大讯飞新一代语音翻译关键技术及系统获得世界人工智能大会最高荣誉 SAIL 应用奖（Super AI Leader，即"卓越人工智能引领者奖"）；同年 9 月，科大讯飞成为北京 2022 年冬奥会和冬残奥会官方自动语音转换与翻译独家供应商，致力于打造首个信息沟通无障碍的奥运会。同年 10 月，在教育部、国家语委的指导下，承建国家语委全球中文学习平台。2020 年，科大讯飞认知智能国家重点实验室团队获得"中国青年五四奖章"。2021 年，科大讯飞"语音识别方法及系统"发明专利荣获第二十二届中国专利金奖，这也是国内知识产权领域的最高奖项。同年科大讯飞实现了营业收入超过 183 亿元，在关键赛道上"领先一步到领先一路"的格局持续加强。①

北京语言大学语言服务出口基地：基地从传承北语"德行言语，敦睦天下"的优秀传统出发，重点聚焦六个领域：（1）人才培养：为国家和行业培养本地化、国际传播、商务语言服务、应急语言服务等复合型人才；（2）资源建设：开发语言服务教育资源库和语言服务出口数据库等；（3）校企合作：搭建产教融合的示范性实习实践基地；（4）学科建设：建设高水平语言服务学科平台；（5）国际传播：研制出版优质中外文语言服务产品；（6）智库建设：为政府部门和企业提供咨询和政策建议。

华侨大学国家语言服务出口基地：立足侨校特色，以语言服务出口工作作为开展华文教育、弘扬中华文化的有效载体，形成了"以语带文，文语并进""以语通文，以文同心"，"以人工智能赋能语言服务"等语言服务出口工作特色，围绕"语言人才培养+产业服务"，力争打造具有国际影响力的语言服务平台和服务品牌，聚焦海内外人才培养需求，不断优化人才培养方案，突出人才服务产业发展优势，增强专业活力，为中国语言产业文化、产品、服务、技术、标准走出去提供有效专业的支撑，为服务地方经济文化建设，扩大对外文化贸易，提升国家软实力，促进文明交流互鉴做出新贡献。

中译语通科技股份有限公司：中文简称"中译语通"（英文全称 Global Tone Communication Technology Co. Ltd.，英文简称 GTCOM），中国第一家翻译机构，与联合国渊源深厚，是联合国精神的忠诚传递者。在机器翻译、跨语言大数据、产业链科技、科研数据分析、数字城市和工业互联网等领域拥有自主研发的先进系统平台，能够为全球企业级用户提供全方位的大数据与人工智能场景化应用解决方案。目前公司在青岛、上海、西安、成都、昆明，以及美国硅谷设有六家子公司。2013 年中译语通正式成立，开启了从语言服务到语言科技，AI、跨

---

① 科大讯飞股份有限公司［EB/OL］.（2022-01）［2023-05-06］. https://www.iflytek.com/about.html.

语言大数据的转型升级,"译云"正式发布,开启构建语言科技商业生态;2014年启动机器翻译研发,发布第一版商用机器翻译引擎;2015 年领跑机器翻译,取得突破性进展,公司全球语料库规模增至 40 亿句对;2016 年首度提出跨语言大数据概念,发布"译见"大数据平台,成立 LBDA 语言大数据联盟;2017年,完成股份制改造,设立中译语通科技股份有限公司;2018 年聚焦机器翻译、金融科技和科研数据分析,发布 JoveEye 科技大数据平台和 MerCube 企业级机器翻译硬件。曾承接大型"中国核心语汇"项目,将中国语词系统梳理,解读并多语言传播。一期 5000 词条,2 亿篇章例句,9 种语言,已经开放上线。二期三期将建设 2 万词条,5 亿篇章……先后完成了《"一带一路"国别出版报告》及《一带一路语言服务全景式报告》。《"一带一路"国别出版报告》分国别介绍"一带一路"沿线国家和我国周边国家基本国情和出版业各方面的情况,包括历史文化传统、出版现状、重要出版机构、知名作者和作品、推广模式等。为各国图书出版业出口、行业投资、文化推广提供有效参考。《"一带一路"语言服务全景式报告》则从整体上对"一带一路"语言服务行业进行了一次全景式描绘,为下一步培养语言人才,开发语言产品与服务,配置语言教学与服务资源提供依据。[①]企业使命是:"用科技创新改变语言沟通之路,凭人工智能释放数据真正价值,用数据智能赋能产业创新发展",核心价值是"数据驱动未来"。[②]

甲骨易(北京)语言科技股份有限公司:是全国首批以语言服务为主营业务的新三版挂牌企业之一,主营业务:全球视听多语言本地化,致力于将最优秀的多语言文化内容传播至全球。甲骨易坚持"技术与需求"双驱动,是国家高新企业和中关村高新企业,提供 60 余语种译制,拥有过万人语言工作团队,覆盖30+个语言领域,提供 7*24 小时全天候服务,拥有几十项自主技术研发成果,是国内领先的智能语言科技生态系统集成商和综合解决方案服务商。通过科技赋能,解决行业痛点,实现人机共生,建立语言智能新生态。作为专业的语言数据提供商,甲骨易整合 20 余年积累的亿级多语言平行语料数据,结合领先的深度学习算法,推出自主研发的神经网络机器翻译引擎、交互式翻译系统、智能质量检查系统、多文件格式解析还原系统等系列服务,语言科技产品生态链深入人心。企业口号是:甲骨易中国译(Besteasy, China's Communicator)[③]

[①] 张晓丹."一带一路",语言铺路[EB/OL].(2017-09-22)[2023-05-08]. http://keywords.china.org.cn/2017-09/22/content_41654679.htm.

[②] 中译语通公司简介[EB/OL].[2023-05-08]. https://www.gtcom.com.cn/?c=about&a=index.

[③] 甲骨易(北京)语言科技股份有限公司[EB/OL].[2023-05-09]. https://isite.baidu.com/site/wjzkb1cy/ca4ad593-e791-407e-ab4e-63fa004a3dea?ch=48&wid=4d4bade3559b48a

沈阳创思佳业科技有限公司：公司成立于 1999 年，是北京创思立信科技有限公司（EC Innovations, Inc 简称 ECI）最大的运营中心，坐落于沈阳。公司主营业务为翻译和本地化业务，为客户提供文档翻译、口译、网站本地化、软件本地化等全方位的语言服务。公司服务内容涉及技术文档、产品手册及市场资料笔译、软件和网站的翻译及测试、文档排版及印刷、多媒体和课件的翻译与制作及口译陪同；支持全球 60+的主要语种，包括日语、韩语、法语、意大利语、德语、西班牙语、越南语、印尼语、泰语、马来语等语种。公司 2013 年正式成为 SAP Partner Edge 计划语言服务合作伙伴；荣膺中国翻译协会十佳会员称号；曾获中国日报评选的"最有影响力的英语服务供应商"；美国翻译协会成员（ATA）和翻译自动化用户协会成员（TAUS）。

上海文策信息科技有限公司：成立于 2016 年，是国内知名的语言服务供应商，下属三家全资子公司，包括上海文策翻译有限公司、上海梦织地创意发展有限公司及浙江文策文化发展有限公司，并在广州、武汉、重庆等全国 13 个中心城市设有分公司和办事处。在海外，设有英国伦敦办事处，在英国国际贸易部、伦敦发展署等海外政府机构的大力支持下快速发展。2019—2020 年文化服务出口总额 557.83 万元。基地将充分发挥各子公司及语言服务平台的矩阵优势，立足专业服务，不断提升多语种服务能力和相应技术水平，形成配套完整、协同发展的产业链条，力争成为具有较强国际竞争力的语言服务机构、较大国际影响力的语言服务品牌。[①]

江苏省舜禹信息技术有限公司：1996 年进入中国翻译行业，并很快定位于知识产权服务外包型企业。舜禹集团是一家多元化从事创新型科技服务的集团企业，集团总部设于南京，并在日本东京、美国华盛顿、上海、北京、西安、成都、苏州等多个城市设有办事处或分公司，拥有近 2000 名员工。公司围绕创新型科技服务商的定位，积极拓展业务版图，涉足知识产权国际化、本地化翻译、移动互联网及游戏产业、全生态体育产业等领域。公司提供"多语种的专利翻译"业务，尤其擅长英文、日文、德文、韩文、法文、俄文等语言与简体中文或繁体中文之间的双向互译。公司曾经荣获 "亚洲语言服务与技术供应商排名第八、中国翻译产业综合排名前三、中国 IP 服务外包行业排名第一、中国首家提出知识产权服务外包概念的企业；中国知识产权国际化服务领军企业"等荣誉

---

① 上海文策信息科技有限公司获批国家专业类特色服务出口基地［EB/OL］.（2022-08-01）［2022-11-16］. https://sghexport.shobserver.com/html/baijiahao/2022/08/01/814514.html.

称号。

中冶东方工程技术有限公司：公司是一家以多语种翻译、影视剧译制、本地化、国际咨询、语言技术、语言信息资源、工程设计为主的多专业、跨行业的国家级高新技术企业，是国资委直属央企语言服务供应商，其服务覆盖翻译与本地化、影视剧译制、国际咨询、口译、会议会展、语言咨询、语言设备、语言信息资源、语言技术等多个板块，创新性地实现了全流程多语种影视剧配音和译制服务、工程技术行业全流程语言服务解决方案、涉外节会全流程语言服务、海外市场开发和经营咨询业务。曾为北京冬奥会提供"全流程"语言服务，为2019青岛国际影视博览会提供同声传译，为篮球竞技原创节目《这！就是灌篮》独家提供全流程语言服务。[①]

新译信息科技（深圳）有限公司：公司成立于2014年，是国家高新技术企业。公司以人工智能自然语言处理技术为支撑，以多模态机器翻译技术为驱动，构建了连接全球企业级翻译需求和语言服务商的一站式智能编译服务平台，为国际工程、装备制造、出版传媒、高等教育、金融财经、生物医药等行业提供数十种语言的高水平智能翻译服务。目前平台上已累积了超过100亿的优质语料，20多个垂直行业的数据，支持超过100多种语言的翻译，包括少数民族的语言，如维吾尔语、藏语、蒙古语、哈萨克语等，也包括东南亚、欧美、东亚语系的语言。[②]

四川语言桥信息技术有限公司：公司成立于2000年，是中国领先的语言服务提供商，前身为成都语言桥翻译社，现有员工600余名，分布在全球20个办公室。20多年来，语言桥形成了精品笔译、口译和同传、译员外包、企业培训、图书翻译与版权代理五大业务布局，覆盖国际工程、装备制造、政府采购、文体娱乐、生物医药、游戏与动漫、法律财经、信息技术八大垂直领域。自成立以来，语言桥持续发展，先后通过"ISO17100翻译管理体系认证""军工涉密业务咨询服务安全保密条件备案"等多项资质和证书；并荣获"亚洲十佳翻译服务提供商""中国首批AAA级笔译服务认证""中国优秀翻译服务企业""中国语言服务行业品牌企业"等多项荣誉。

智慧宫文化产业集团有限公司：公司成立于2011年9月，下设智慧宫文化

---

① 全省唯一！中冶东方获批国家语言服务领域特色服务出口基地［EB/OL］.（2022-03-25）［2023-05-12］. https://baijiahao.baidu.com/s?id=1728240730398597350&wfr=spider&for=pc.

② 新译成为全国首批语言服务出口基地受媒体关注［EB/OL］.（2022-03-29）［2023-05-12］. https://baijiahao.baidu.com/s?id=1728599242333874574&wfr=spider&for=pc.

传媒、赛洛丝网络科技、智慧宫教育培训、阿联酋智慧未来文化教育等国内外13家子公司。业务遍布阿联酋、埃及、沙特等17个阿拉伯国家和中亚、东南亚等8个国家。智慧宫以"为构建人类命运共同体，解译好中国主张、中国智慧、中国方案"为初心，以"讲好中国故事、传播中国文化"为使命，以"一带一路，文化先行"为发展定位，以"互联网+文化"为发展模式，以中国文化进入"一带一路"沿线国家寻常百姓家为目标，由国际中文教育及图书、影视、国际传播工作"一核三重"四大主营业务板块组成。主营业务面向"一带一路"沿线国家，搭建了"一带一路"阿拉伯国家文化交流、图书出版数字、动漫影视制作、国际中文教育、智能互译、数据库、信息交流和智能旅游为主的八大核心业务平台，逐步形成"文化+"全产业链的国际性文化产业集团公司。截至目前，企业业务遍布阿联酋、埃及、沙特等17个阿拉伯国家和中亚、东南亚等8个国家。同时，还获得多项国家级荣誉，2022年2月智慧宫被商务部等7部门推荐为语言服务出口基地，是西北和宁夏唯一一家获此殊荣的企业。[①]

2022年8月，国家文化产业发展项目库第二批入库项目名单公布，智慧宫"中阿国际传播力平台"项目顺利入选。项目旨在讲好中国故事，不断提升中国话语体系和中华文化影响力。项目建成后，使中国资讯、图书、影视和国际中文教育产品进入阿拉伯寻常百姓家成为常态，推动中阿文明交流互鉴。

截至目前，我国特色服务出口基地已覆盖文化、中医药、数字服务、人力资源、地理信息、知识产权和语言服务等7个领域，全部总数达112家。商务部指出，拓展建设特色服务出口基地，有利于发挥我国相关专业的服务特色，培育服务出口竞争新优势；有利于提高人才、技术、数据等要素配置效率，促进服务贸易新业态新模式发展；也有利于推动专业服务业扩大对外开放，提升贸易和投资自由化便利化水平。[②]

"一带一路"沿线的65个国家使用的官方语言包含汉语在内一共有54种。语言服务是中外文化、科技、经贸交流合作的桥梁，是参与全球治理和促进文明交流互鉴的重要支撑，语言服务能力直接影响"走出去"成效和文化传播效果，是国家软实力的重要体现。面对"一带一路"沿线国家语言复杂的多样性，语言翻译和语言技术可以突破语言障碍、通过提供多元化语言服务，助力国家"一带一路"建设，为沿线区域国家政府机构、相关国际组织及企业协会提供口译、笔

---

① 智慧宫文化产业集团有限公司［EB/OL］.（2022-03-29）［2022-08-05］. http://www.wisdomhouse.com.cn/lists/102.html.

② 我国特色服务出口基地已覆盖7个领域 总数达112家［EB/OL］.（2022-03-25）［2022-08-10］. http://tradeinservices.mofcom.gov.cn/article/news/ywdt/202203/131939.html.

译、本地化、语言咨询等服务，满足企业多元化需求，助力企业打造具有国际影响力的品牌形象，加强自主创新能力，对接国际前沿翻译技术与教学理念，拓展技术应用的深度与广度，全面提升国家语言服务技术能力。要着力全面提升国家语言服务能力，还需要从以下几方面着手：

首先，促进"政产学研"联动发展，培育优秀外语翻译人才。国家语言服务出口基地可通过与国际高校翻译学院联合会、国际高校翻译学院联合会和各地高校等紧密对接，从翻译理论、翻译教学、翻译实践和翻译项目等多个维度开展合作，为全国各高校翻译专业、外语专业，尤其是非通用语专业的师生提供教学资源和实践机会，积极促进翻译专业政产学研联动发展，为社会培养了大量复合型多语种翻译人才。

其次，搭建"文化出海"语言服务平台，推动中国文化"走出去"。通过在海外建立的高校、文化机构与媒体渠道，助力国家文化产品在东南亚、中东等"一带一路"沿线国家广泛宣传、出版及放映。2022 年 8 月 7 日，商务部等 27 个部门出台了《关于推进对外文化贸易高质量发展的意见》，具体举措包括扩大优质文化产品和服务进口、发展数字文化贸易、扩大出版物出口和版权贸易、鼓励优秀广播影视节目出口、加强国家文化出口基地建设、加强知识产权保护等 28 项，积极推动中华文化走出去。

语言服务应成为文化企业所搭建起文化 IP 挖掘、创意设计、品牌孵化、海外推广等为一体的文化出海全链条服务体系中的重要一环，为中小文化企业"走出去"打通最后一公里，让世界更多的人能够了解到中国传统文化的魅力，凸显中国文化自信，更好地打造中华文化出海的语言通道，打造具有更多中国气派、东方风采、畅销全球的国际文化品牌。

再次，语言服务产业应以硬核科技创新力量重塑语言服务全流程，以人工智能作为底层支撑系统，打造"语联网"平台，形成数字化与智能化的人机协作体系，将翻译流程实现以"人"为中心到以"AI"为中心的转变，从而大幅度提升翻译交付速度，为客户节约时间成本，创造更多价值，通过依托数字科技和大数据等技术，为文化、经济等行业的国际传播赋能。

语言服务是中国元素走向世界的基础设施服务，也是中国参与全球经济运行的重要支撑，更是促进国际文化交流的必备服务。据央视报道，作为国家语言服务出口基地的传神语联，其语联网对网文的翻译速度稳步提升，已经可以实现"小时更"的频率，对 10 万字翻译项目的交付时间，也可以达到 24 小时之内；语联网将传统模式下需要用时 2—3 天完成的英文稿件，压缩到了 90 分钟内完成；在语联网的科技助力下，客户对于翻译 10 万文字的大文件交付效率整体提升 30 倍以上。语联网实现了人工智能和语言服务结合的创新突破，解决了以往企业耗费在翻译工作上的大量人工成本，文件翻译工作效率得到大幅度提高。数字化和智能化加持下的语联网，帮助语言服务行业搭上了一趟高速列车，这是语联网深耕技术领域所带来的创新成果。特别是在语联网的整体设计架构和关键技术层面，无论是在算法、数据还是应用场景实际反馈上都取得了重大突破。[①]

最后，应开展语言服务标准化建设，树立行业标杆。比如国家语言服务出口基地"上海文策信息科技有限公司"受上海外国语大学委托，开展"翻译行业服务标准化试点项目"标准体系的培训、树立、编制和实施工作。通过标准化项目建设，共制定了 113 项标准，其中国家标准 54 项，行业标准 6 项，地方标准 2 项，企业标准 51 项，为企业构建翻译服务标准化体系、提升服务水平起到重要作用。

早在 2018 年，科大讯飞就于业内率先提出"听得清、听得懂、译得准、发音美"AI 翻译四大标准，即：听得清——无惧嘈杂环境，轻松连续对谈；听得懂——语种覆盖全球，更懂专业词汇；译得准——端到端精准翻译，表达地道；发音美——摆脱机械发音，拉近沟通距离。而在不断的产品迭代与用户调研的过程中，讯飞翻译机团队发现除了快速、准确、专业的必要翻译能力外，用户同样追求翻译设备可以有更简洁的操作、更便捷的交互。2022 年 8 月 5 日，科大讯飞翻译机新品发布会正式举行，科大讯飞联合创始人、讯飞研究院院长胡国平围绕"世界聊得来"为主题做技术分享和新品介绍，讯飞翻译机 4.0 正式发布上市。作为人工智能"国家队"，科大讯飞一直以"让机器能听会说，能理解会思考，用人工智能建设美好世界"为初心使命，在语音识别、机器翻译、语音合成以及图文识别等诸多让"世界聊得来"的关键技术上达到了国际领先水平。在本次新品发布会上，此次讯飞翻译机在四大标准基础上再次升级，增加的 AI 翻译机新标准：够自然，旨在让跨语言交流更加顺畅、自然、高效。

为解决小语种数据稀缺难题，科大讯飞创新性提出了基于语音和文本统一空间表达的半监督语音识别技术，使得构建一个全新语种的语音识别系统所需要的语音数据量整整下降了 99%。帮助快速实现了超过 60 个语种的语音识别能力，覆盖了全球 90% 以上的人群。在 2021 年度的 OpenASR 国际低资源语音识别挑战赛中，科大讯飞一举夺得了 15 个语种的受限赛道和 7 个语种的非受限赛道，共计 22 个赛道的世界冠军。在大型国际会议场景，语音识别率从 67% 提升到 90%；在多人讨论场景，识别率从 54% 提升到 86%。科大讯飞也在被称为史上

---

① 语联网：助力翻译工作效率提升 30 倍 [EB/OL]. (2022-11-11) [2022-11-15]. https://www.donews.com/news/detail/4/3258352.html.

最难的国际多通道语音分离和识别大赛 CHiME（Computational Hearing in Multisource Environments）比赛上，连续获得最近三届比赛的世界冠军。通过"基于语言特征强化的多语种机器翻译统一建模技术"，科大讯飞使得机器翻译模型训练所需要的平行语料下降了 90% 以上，也实现了 168 个语种的机器自动翻译能力，连续两年在 IWSLT（国际口语机器翻译大会，International Conference on Spoken Language Translation）国际口语机器翻译评测中，英德、英日、英中等口语翻译任务上获得世界冠军。目前，科大讯飞已经支持了 61 个语种的语音合成，处于国际领跑或并跑的水平。从 2006 年到 2019 年连续 14 年获得了国际语音合成大赛的第一名。①

第四节　未雨绸缪：加快开展应急语言教育、建立国家应急语言服务团

应急管理是国家治理体系和治理能力的重要组成部分，承担防范化解重大安全风险、及时应对处置各类灾害事故的重要职责，担负保护人民群众生命财产安全和维护社会稳定的重要使命。要发挥我国应急管理体系的特色和优势，借鉴国外应急管理有益做法，积极推进我国应急管理体系和能力现代化。②

当前，国际政治经济形势变乱交织，世界各国无不面临诸多严峻挑战，中国也不例外。疫情延宕导致全球供应链、产业链紊乱，能源粮食价格暴涨，2021 年布伦特油价年末较年初上涨 53.6%，2022 年上半年进一步飙升，同比增幅 60%。乌克兰危机以及一些国家为此实行的极限制裁，加剧粮食、能源紧缺，使本已步履艰难的世界经济雪上加霜。全球染疫已达 5.83 亿人，死亡 642 万人。2022 年 5 月，世界银行将全球经济增长预测从此前的 4.1% 下调为 2.9%，世界经济已逐渐进入滞胀期，并可能出现较为严重的衰退。国际力量格局东升西降，和平发展的力量在增强，但冷战的隐患仍在欧亚两洲徘徊，世界将何去何从？时代之问摆在我们面前。③在 2022 年 3 月博鳌亚洲论坛年会上，习近平主席提出

---

① 讯飞翻译机 4.0 发布，引领 AI 翻译机标准再升级，交流够自然［EB/OL］.（2022-08-05）［2023-05-18］. https://baijiahao.baidu.com/s?id=1740303574464017653&wfr=spider&for=pc.

② 习近平. 充分发挥我国应急管理体系特色和优势 积极推进我国应急管理体系和能力现代化［N］. 人民日报，2019-12-01.

③ 驻泰国使馆. 在复杂严峻的国际环境中实现稳步发展：驻泰国大使韩志强谈中国经济发展与对外政策［EB/OL］. 中国外交部官方网站.（2022-08-12）［2023-05-20］. https://

"全球安全倡议",立足人类是不可分割的安全共同体,倡导世界各国共同走对话而不对抗、结伴而不结盟、共赢而非零和的新型安全之路。这是中国领导人针对世界发展和安全面临的严峻挑战,贡献的中国智慧、中国方案。

一、探索应急语言教育对策、树立应急语言储备观

在如此严峻的国际形势下,中国和"一带一路"沿线国家面临着共同的风险挑战。危机时刻,信息就是生命,语言沟通不畅容易造成误解甚至危及生命的严重后果。例如,2005 年,"卡特里娜"飓风对美国境内拉美族裔人群的打击要比其他种族社区打击更大,因为几乎所有风暴警告都用英语广播,由于语言障碍,许多语言弱势群体,即讲西班牙语的拉丁裔居民,无法及时撤离而蒙受巨大生命和财产损失。在中国,新冠肺炎疫情期间全民抗疫,应急语言服务发挥了无可替代的作用;[①] 对内协助外籍人士沟通交流,宣传防疫知识,翻译物资术语,架设医患(方言)交流桥梁;对外发布疫情动态,与世界分享中国抗疫经验,讲述中国抗疫故事。与此同时,本次疫情防控也暴露出应急语言服务的诸多漏洞与不足:部门之间缺乏协调,效率低下;指挥部临时"喊话"求助,语言志愿者仓促上阵;对外信息发布滞后,"信息疫情"充斥网络。这些问题说明我国应急语言服务建设不到位。[②]

应急语言(emergency language)是指在危机环境中用于应急救援或危机沟通所使用的语言,包括国家通用语、民族语言、方言、外语、手语等。就学科而言,应急语言学(emergency linguistics)是一门新兴语言学分支,由应急语言理论、应急语言应用、应急语言教育等部分构成。[③] 张天伟在《国外应急语言研究的主要路径和方法》一文中指出:"应急语言指的是在突发自然灾害和社会公共事件中,为政府和民众的各种防控监测、救援处置活动提供便利服务的语言及其实践系统,包括应急语言产品、应急语言服务、应急语言策略等。"[④]

滕延江认为,紧急情境下的语言服务工作是考验国家语言能力的重要指

---

www.mfa.gov.cn/zwbd_673032/wjzs/202208/t20220812_10741986.shtml.

① 李宇明. 提升语言能力 助力国家发展[N]. 人民日报,2020-02-21(20).

② 王立非. 面对新冠疫情,应急语言服务不能缺位[EB/OL]. 锦州新闻网.(2020-02-26)[2023-05-20]. http://mlzg.1m3d.com/html/2020/1m3d_business_0226/522994.html.

③ 王立非,王铭玉,沈骑."应急语言问题"多人谈[J]. 语言战略研究,2020(3):75—79.

④ 张天伟. 国外应急语言研究的主要路径和方法[J]. 语言战略研究,2020(5):67—78.

标,①主张做好应急语言规划,包括机制体制规划、语种(方言)规划、人才规划、技术规划、行业规划以及公众(社区)教育规划,在灾前预防、灾中响应、灾后恢复不同阶段,发挥我国应急管理体系的特色和优势,全面提升我国应急语言服务能力,积极推进我国应急管理建设现代化。②王辉提出,应急语言能力是社会治理能力现代化的重要体现。③

李宇明指出:"我国突发事件语言应急能力建设仍是语言文字事业的突出短板,亟待提升。"④全面快速提升我国的语言应急能力,构建完善的社会应急语言服务体系,首先就是为我国公民提供专门的应急语言教育服务,做好非应急时的常态化基础训练和教学。应急语言教育不仅是多语种教育、生命安全教育,更是一种国民素质教育。应急语言教育仅靠临时支援远远不够,需要政府和教育部门及学校进行专门培养,不仅要纳入高校教育体系,最好还能纳入普通话口语课程、公共外语课程、专门的应急语言课程中。其次,应建设高素质的应急语言教师队伍,建立应急语言优质师资库。打造中外精英师资团队,吸引综合素质高的复合型语言人才,发挥人才聚合效应,加大应急语言师资的培训力度。最后,应建设应急语言特色课程体系,增强大学生应急语言服务意识,提升高校服务社会的能力。⑤

二、加快建立国家应急语言服务团和应急语言服务智库

2021年11月30日,国务院办公厅《关于全面加强新时代语言文字工作的意见》提出:"建立语言服务机制,建设国家语言志愿服务队伍。"2021年12月30日,《国务院关于印发"十四五"国家应急体系规划的通知》提出,建立突发事件预警信息发布标准体系,优化发布方式,拓展发布渠道和发布语种,提升发布覆盖率、精准度和时效性,强化针对特定区域、特定人群、特定时间的精准发布能力。2022年4月28日上午,由29家高校、企业、协会组织等联合发起的"国家应急语言服务团"在北京成立。⑥从抗击疫情实践中发展起来的应急语言服

---

① 滕延江. 美国紧急语言服务体系的构建与启示[J]. 北京第二外国语学院学报,2018,40(3):31—43,128.
② 滕延江. 论应急语言服务规划[J]. 语言战略研究,2020,5(6):88—96.
③ 王辉. 提升适应国家治理现代化的应急语言能力[N]. 语言文字周报,2020-04-01(002).
④ 李宇明. "应急语言服务"不能忽视[N]. 人民日报,2020-04-08(005).
⑤ 曾凤珠. 我国高校应急语言教育对策研究[J]. 豫章师范学院学报,2022,37(2):67—70.
⑥ 刘博超. 国家应急语言服务团成立[N]. 光明日报,2022-04-29.

务，是语言文字战线积极服务国家重大需求的生动案例，国家应急语言服务团的成立，标志着我国应急语言服务翻开了新篇章。

应急语言服务指的是在自然灾害、危机冲突等紧急情境下，为语言特需人群提供语言援助、消除隔阂、增进交流、化解危机的服务工作。它具有跨学科、跨行业的特点，涉及语言、翻译、心理咨询、危机应对、舆情管控、公共关系以及跨文化交流等诸多领域，需要多方协调，充分合作和统一行动。①

随着"一带一路"倡议的深入开展，中国企业到境外投资兴业，劳务输出、出国观光、留学人员数量不断攀升。在合作共建"一带一路"过程中，贸易畅通不断释放的流通潜力，给中国与"一带一路"相关国家之间的交流与沟通搭建了良好的平台。在与"一带一路"沿线区域与国家的互联互通中，多语种语言服务本身就体现了对人类共同命运的深刻关切。从举国齐心抗击新冠，从撤侨行动、紧急动员、全国援鄂、方言手册、语言救援等，再到"一带一路"沿线国家内外疫情资讯多语报道、国际舆情监控与技术文件翻译等，处处彰显着语言服务的身影。与此同时，随着中国承担国际义务的增加，中国海外救援、海外维和以及巡航任务日趋频繁、复杂，活动范围逐渐扩大，各种不测情况随之增多，军事上的应急语言服务建设工作应该摆上议程，同时提升军队的应急语言能力已经刻不容缓。②此外，还应从国家安全的国防教育高度制定相关的区域国别语言教育政策——"国家安全语言启动计划"，研究和学习跨境应急语言，维护新时期国家和人民的安全。③

区域国别语言教育政策研究应加强应急语言能力研究，填补我国区域国别语言教育中的"应急空白"。自然灾害和突发公共事件中的应急语言能力包括应急语言规划、应急语言管理、应急语言教育、应急语言技术和"一带一路"应急语言能力。④国家应急语言服务是国家语言能力的重要组成部分，它既体现了国民语言能力，又体现了公民语言能力。在中国，语言服务涉及汉语普通话和各地方言，以及英语和其他非通用语种。⑤针对"一带一路"建设过程中存在的语言安

---

① 滕延江. 论应急语言服务规划[J]. 语言战略研究，2020，5（6）：88—96.
② 张天伟. 美国国家语言服务团案例分析[J]. 语言战略研究，2016，1（5）：88—96.
③ 郭熙. 华语的传承和传播[M]. 载《中法语言政策研究》，北京：商务印书馆，2014：111—112.
④ 王立非. 新时代中国特色新型高校语言智库建设与语言智库学科发展[J]. 山东外语教学，2021，42（1）：12—21.
⑤ 穆雷，刘馨媛. 重视并建设国家应急语言服务人才培养体系[J]. 天津外国语大学学报，2020，27（3）：24—31，156—157.

全隐忧，应建立相应的应急体系，做到有备无患。通过大力开展"一带一路"沿线国家现状调研，加强对当地相关政策、行业信息、投资环境等信息采集工作，建设语言文化风险预警机制、涵盖多语种的语言风险信息案例库、语言风险快速反应和救援机制、舆情监测机制等，及时发布语言风险预警信息，关注潜在风险，提高预见性。[1]

三、开展应急语言抚慰研究[2]、完善应急语言服务体系

语言抚慰（Comforting）是抚慰者通过识别、回应被抚慰者的负面情绪，借助语言、副语言、语言产品等媒介实施的言语行为[3]，旨在将被抚慰者的负面情绪转变为积极的状态。[4]作为人类社会中常见的言语行为，语言抚慰经常被用来缓解焦虑、紧张、愤怒、沮丧、悲伤、痛苦等负面情绪。语言作为个体认知、情绪和人格的中介[5]，其抚慰能力也在心理咨询与治疗"以言治病"的过程中得到具体体现。学界对语言抚慰的认识大致经历了三个阶段[6]：（1）将语言抚慰视为心理治疗的策略。（2）将语言抚慰视为言语行为。心理咨询与治疗中的话语也引起了语言学家的注意，Labov 和 Fanshel 在 1977 年的合著《话语治疗：治疗作为会话》中，将心理咨询的过程视为言语事件，他们使用综合话语分析法解构心理咨询过程中的言语行为，提出"元语言（Meta-Linguistic）""请求（Requests）"和"挑战（Challenges）"等语言抚慰策略。[7]该阶段的研究关注对话双方的言语互动，明确了语言抚慰的双向性，对语言抚慰的策略、语言类型等研究内容进行了深入探讨。（3）将语言抚慰视为独立的研究领域。国内学者陈新仁在 2013 年的专著《礼貌理论与外语学习》提到，心理补偿是人们因为主观或客观原因引起不安而失去心理平衡时，企图通过新的发展表现自己，借以减轻或抵消不安，从

---

[1] 付卓茗，王铭玉. 提升语言服务能力 助推"一带一路"高质量发展[N]. 光明日报，2018-11-29.

[2] 刘晓宇. 应急语言抚慰刍议[J]. 当代外语研究，2022（5）：110—119.

[3] Dunfield K A, Best L J, Kelley E A, Kuhlmeier V A. Motivating moral behavior: Helping, sharing, and comforting in young children with Autism Spectrum Disorder [J]. Frontiers in Psychology, 2019 (10): 1-12.

[4] 李水. 近三十年国内外劝慰语研究述评[C]. 北京大学"2017 对外汉语博士生论坛暨第十届北京地区对外汉语教学研究生学术论坛". 2017.

[5] Gross R. Psychology: The Science of Mind and Behavior (7th edn.) [M]. London: Hodder Education, 2015.

[6] 刘晓宇. 应急语言抚慰刍议[J]. 当代外语研究，2022（5）：110—119.

[7] Lobov W, Fanshel D. Thera peutic Discourse: Psychotherapy as Conversation [M]. New York: Academic Press, 1977: 1-10.

而达到心理平衡的一种内在要求。学者李水在 2020 年发表的《基于语料库的汉语劝慰语语用策略及其组合研究》也提及将语言抚慰视为独立研究领域的看法。

2022 年 4 月，国家应急语言服务团正式成立，李宇明教授在会上指出，语言抚慰是国家应急语言服务团的三大功能之一。作为应急语言服务的重要领域，应急语言抚慰服务能够在一定程度上弥补心理咨询与治疗存在的服务人才短缺、服务规模有限、服务缺乏持续性和前瞻性等短板，拓展应急语言服务在突发公共事件中的应用，为"健康中国"战略的顺利实施贡献语言力量。①

针对应急语言抚慰服务的问题，国内学者刘晓宇提出了应急语言抚慰服务的两大领域：个体应急语言抚慰服务和群体应急语言抚慰服务，并深入剖析其实施主体、实施客体和实施策略（见图 7-2）。应急语言抚慰是一个新的研究领域，还有许多问题需要探索，比如解决从业人员数量不足的问题要从语言人才储备着手，增设语言抚慰师等职业并建立准入、退出机制；探索建立国家应急语言抚慰实施准则与指南，使应急语言抚慰更具可操作性；研发更具针对性，易于接受的语言产品，这些都是未来应急语言抚慰研究领域的重要议题。②

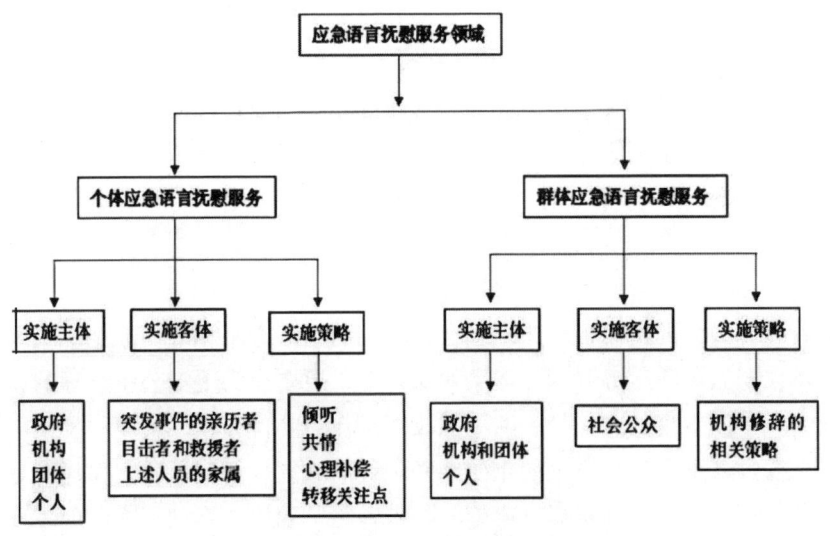

图 7-2　应急语言抚慰服务领域

资料来源：刘晓宇. 应急语言抚慰刍议［J］. 当代外语研究，2022（5）：119.

---

① 沈骑. 中国应用语言学的学科责任与学术担当［J］. 当代外语研究，2020（1）：26—30.
② 刘晓宇. 应急语言抚慰刍议［J］. 当代外语研究，2022（5）：110—119.

第五节　咨政伐谋[①]：培育创建中国特色语言智库

《孙子兵法·谋攻篇》言："上兵伐谋，其次伐交，其次伐兵，其下攻城。"意思是，上等的军事行动是用谋略挫败敌方的战略意图或战争行为，其次就是用外交战胜敌人，再次是用武力击败敌军，最下之策是攻打敌人的城池。国际竞争日益激烈，"一带一路"建设如火如荼，外语人才作为重要的战略资源，广泛参与到全球治理中，如中国价值传播、外交事务、国际维和、国际谈判、维护和拓展国家利益，服务于国家安全和发展战略等，通过语言铺路，推动中国对外战略，服务"一带一路"各领域发展，给丝绸之路大发展的"排头兵"带来真正的红利，担当联合国和平精神的传播者，促进民心之间的融通。在诉求多元化的舆论环境下，高端语言人才在中国功能定位不能只满足于内部语言服务，而应起到了国际组织之间，"一带一路"国家政府决策层与沿线社会舆论之间矛盾化解与协商沟通渠道的作用。外语人才应善于以通俗易懂的文字语言，贴近大众的沟通技巧，对社会公众进行政策的解读、普及，为实现语言互通、民心相通贡献语言力量。

"一带一路"倡议是人类文明史上的华丽篇章，更是"一带一路"沿线国家人民共同追求的一项伟大事业。如今，多年的发展与变迁已使"一带一路"倡议走深走实，它不仅是中国"走出去""走进去"，更好融入全球经济一体化新格局的创举，更是带动"一带一路"沿线国家经济协同发展，人民共同富裕的美好蓝图。

"一带一路"倡议对优化全球治理体系和促进世界经济发展具有重大意义。

随着综合国力的迅速提升，中国在新时期的治国方略和外交战略也必须与时俱进，不仅要做国际事务和国际体系的参与者，更要成为更加公正合理的新秩序的领导者。中国提出的"一带一路"倡议正是在当前世界秩序失序和发展不平衡的背景下探索新型全球化方案的重要纲领和行动计划。新型语言智库建设是构建中国特色新型智库发展新格局、实施"一带一路"倡议、推动国家治理体系和治理能力现代化的重要组成部分。建立"一带一路"语言服务和语言人才培养应急体系，了解"一带一路"沿线国家的语言情况和人才培养状况，传播汉语言文化，均离不开语言智库的发展，语言智库建设是国家重大战略服务体系的时代要求。[②]

[①] 王文. 金台观察：重构中国智库理念 咨政启民、伐谋孕才［EB/OL］. (2014-10-10)［2023-05-26］. http://finance.people.com.cn/n/2014/1010/c365172-25802667.html.
[②] 沈凡莘. 语言智库人才刍议［N］. 中国社会科学报，2022-08-16（003）.

第七章 "一带一路"区域国别语言政策规划的战略前瞻

2015年1月20日,国务院办公厅印发《关于加强中国特色新型智库建设的意见》。同年9月29日,教育部召开会议,系统推进《中国特色新型高校智库建设推进计划》,提升高校的咨政服务能力,语言智库是指以语言政策为研究对象,以影响国家语言战略、语言教育与语言治理决策为目标,以公共利益为导向,以社会责任为准则的专业研究机构。语言智库是国家语言软实力和国家话语权的重要组成部分。语言智库可划分为三类:第一类是研究语言的智库,例如北京语言大学中国语言政策与标准研究所、北京外国语大学国家语言能力发展研究中心;第二类是用外语研究的智库,例如教育部设立的国别与区域研究基地;第三类是涉外研究智库,如各高校设立的"一带一路"研究院等。[①]

放眼世界,语言智库在国际范围内拥有较好的建设基础。法国的法兰西学术院,成立于1795年,常设院士40人,是法兰西学会下属的五个学术院之一,从建立之初起,法兰西学术院就肩负"规范法国语言"的历史使命,为此院士们要为语言的规范、明确而努力,通过编撰固定语言使用的词典来规范语言的正确运用,并依靠他们的权威性引导法语的发展方向。法兰西学术院的国际名望确立后,引起其他国家的纷纷效法。如1713年成立的西班牙皇家语言学院、1786年成立的瑞典学院、1896年成立的巴西文学院,都以维护该国语言标准化为职责,也都采取院士定额和终身制的形式来推崇院士的地位。[②]世界各国都非常重视语言智库的建设。例如,白俄罗斯国家科学院雅库布·柯拉斯语言学研究所(1929年成立)、格鲁吉亚的奇科巴瓦语言学研究所(1941年成立)、日本京都外国语大学国际语言和平研究所(1959年成立)和东京语言研究所(1966年成立)、拜图尔瑟诺夫语言学研究所(1961年成立)、越南社会科学院语言学研究所(1968年成立)、尼日尔语言学与口述史研究中心(1974年成立)、韩国延世大学语言信息研究院(1986年成立)、津巴布韦大学非洲语言研究所(2000年成立)、印度旁遮普大学旁遮普语语言技术研究中心(2004年成立)。[③]这些智库在解决语言问题、促进经贸往来、文化交流、文明互鉴、民心相通和提升国家信息传播能力和文化影响力方面发挥重要作用。

目前,国内高端语言智库相对比较少。"国家一带一路数据分析与决策支持

[①] 王立非. 新时代中国特色新型高校语言智库建设与语言智库学科发展[J]. 山东外语教学, 2021, 42(1): 12—21.

[②] 法兰西学术院[EB/OL].(2022-09-23)[2023-06-02]. https://zh.wikipedia.org/wiki/%E6%B3%95%E5%85%B0%E8%A5%BF%E5%AD%A6%E6%9C%AF%E9%99%A2.

[③] 国别区域和全球治理数据平台[EB/OL].(2021-11-01)[2023-06-02]. https://www.crggcn.com/thinkBankList?parentName=%E5%85%A8%E7%90%83%E6%99%BA%E5%BA%93&type=2.

北京市重点实验室"是中国首个成立的"一带一路"智库型省部级重点实验室，实验室通过"一带一路"沿线国家数据挖掘、集成与加工，构建"一带一路"语言战略、人文外交、投资与安全三大国家级指数。在"一带一路"国家语言战略规划方面，实验室已建立"一带一路"沿线国家语言数据库；开展"一带一路"国家多语种语音识别、语种识别等语言技术的应用；辅助国家语言与文化安全战略制定。在"一带一路"沿线国家人文外交方面，已建立沿线国家人文外交数据库；采用多语言大数据感知、实施国际人文外交数据查询展示，通过公共舆情信息分析实现"一带一路"舆情监测。在"一带一路"投资与安全方面，目前实验室已建成"一带一路"大数据分析系统、"一带一路"多语言智能互译国际舆论监测系统，为"一带一路"战略决策依据与咨询服务，助力智库建设成为沿线国家经济社会发展的"新引擎"。实验室在主任梁昊光教授的带领下，不定期向中共中央办公厅、国务院办公厅等机构递送《一带一路智库报告》，作为国家"一带一路"领导小组成员的重要参考材料，从而使智库声音能够"发得出、听得到"，逐步将智库建设成为"一带一路"科学决策"信得过、用得上、离不开"的高端智库。[①]

2015年11月，国家通过了《国家高端智库建设试点工作方案》，同年12月，习近平主席在全国党校工作会议上提出，希望党校成为党和国家的重要智库。为加强语言文字智库建设，推动国家语委科研机构加快向智库转型发展，2015年11月3日，31所高校、23个科研机构共同成立中国语言智库联盟，形成并发表了《中国语言智库联盟倡议》。发起单位"教育部语言文字应用研究所"是我国唯一的政府语言智库，语言能力协同创新中心是我国唯一的语言能力协同创新中心，它们提出当前亟须进行语言服务与语言人才培养的国家应急体系，迅速部署并着手解决即将到来的语言人才和语言服务能力问题。语言智库联盟的成立，可以集聚高端智库人才，培育高水平智库研究成果，凝聚智库建设资源，提升我国文化软实力和国家话语权。[②] 2016年5月，习近平主席在主持哲学社会科学工作座谈会上，提出智库建设要把重点放在提高研究质量、推动内容创新上，并强调要加强决策部门同智库的信息共享和互动交流，把党政部门同智库对策研究紧密结合起来；2017年10月，党的十九大报告指出，应深化马克思主义理论研究和建设，加快构建中国特色哲学社会科学，加强中国特色新型智库

[①] 国家"一带一路"数据分析与决策支持北京市重点实验室：全国首家"一带一路"智库型省部级重点实验室 [EB/OL]. （2020-02-26）[2022-09-01］. http://obor.bisu.edu.cn/col/col16643/index.html.

[②] "中国语言智库联盟"成立 [N]. 科技日报，2015-11-09.

建设。

语言智库的主要职能包括：（1）国家决策的思想库。为国家有关部门提供重要语情分析、方略策划、语言规划、管理办法和决策建议，同时为国家具体语言事项的决策及实施提供社会调研、学术论证、方案制订等咨询服务。（2）社会服务的咨询处。即为地方政府、行业、企业或其他社会组织机构提供语言咨询服务。（3）影响语言生活的风向标。通过适时发布各种有价值的语情信息，引导舆论，为解决语言问题，化解语言矛盾，建立良好的语言生活导向，营造和谐的社会语言生活环境。（4）融合学术与应用的转化器。语言智库的实质是将语言研究的学术成果转化为社会应用和国家决策，发挥其社会功能；反之，智库也不断地为语言学术研究发掘新研究课题，促进学术和应用的良性互动。（5）沟通政府与民众的联通桥。通过把民情如实上传，有利于政府及时了解民意，正确决策；此外，通过恰当传递、解读政府的政策动议和决策依据，有利于争取公众的理解和认同。（6）国际对话的平台。语言智库可在语言问题国际对话方面发挥积极作用，加强国际交流、借鉴世界经验。（7）高端特殊人才培养的熔炉。语言智库自然形成得天独厚的育人环境是造就优秀语言人才尤其是语言应用研究人才和语言事业管理人才的大熔炉。基于以上的职能分类，我国"一带一路"区域国别语言教育政策规划过程中，应根据我国现实需求和未来发展，重点建设具有如下职能类别的语言智库：语言政策、语言规划和语言战略研究智库；语言资源监测、保护和开发利用智库；语情监测智库；母语教育及国民语言能力研究智库；外语教育、外语应用研究智库；国家安全语言问题及国家语言能力研究智库；军语和军队语言建设研究智库；汉语国际传播研究智库；语言产业、语言服务与语言经济研究智库；新兴语言应用、语言交叉领域研究智库等。[①]

党的十八大以来，习近平总书记就建设中国特色新型智库、建立健全决策咨询制度做出了一系列重要论述和指示。2016年，浙江大学信息资源分析与应用研究中心联合中国工程院，成立专门的智库研究小组，以智库评价为抓手，探索全球智库及中国新型智库发展模式，同时运用实证模型，对国内外智库发展水平进行评估。2019年12月10日，教育部语言文字信息管理司颁布《语言文字智库测评指标体系（试行）》的通知，并将委托国家语委科研机构秘书处，按年度编制《语言文字智库建设报告》，根据《语言文字智库测评指标体系（试行）》开展测评，并发布绝对效能、相对效能排名前5的机构榜单。2022年7月1日，中国工程科技知识中心与浙江大学信息资源分析与应用研究中心智库研究小组发

---

① 赵世举.关于国家语言智库体系建设的构想［J］.语言科学，2014，13（1）：15—23.

布《全球智库影响力评价报告 2021》。报告共包含全球智库 TOP100、中国智库 TOP100、全球综合类智库 TOP20 三个综合榜单，以及国家安全、经济、国际事务等八个分领域 TOP20 榜单，全球智库参评数量也由 2020 年的 388 家增至 2021 年的 403 家。其中，全球智库排名前三的机构分别是：美国的布鲁金斯学会（Brookings Institution）、卡内基国际和平基金会（Carnegie Endowment for International）和中国的国务院发展研究中心（Development Research Center of the State Council），此外，美国的兰德公司（RAND Corporation），以及国际组织世界卫生组织分别排在 11 和 12 位。中国智库排名前五的机构，除了国务院发展研究中心排名第一外，北京大学国家发展研究院、中国工程院、中国科学技术信息研究所、中国社会科学院等机构分别紧随其后。

长期以来，西方知名智库，如卡内基国际和平研究院、华盛顿战略与国际问题研究中心、欧洲政策研究中心、德国国际和安全事务研究所、斯德哥尔摩国际和平研究机构、日本国际问题研究所等知名智库，并不满足于对本国政府决策和舆论产生影响，还很重视国际传播和对外话语体系构建，并通过积极的国际交流合作谋求国际影响力和国际话语权。"旋转门"（revolving door）机制是美国智库产业的核心机制。本质上，智库旋转门就是指智库的专家学者能够顺畅地进出国家决策层，参与并影响国家决策，高级人才可以以"智库专家"和"政府官员"两种身份间自由转换。国际知名智库，通过不分种族、国籍在全球范围内广纳贤才的做法，形成了全球人才招募与吸纳机制，利用国外知识精英为其效力。有些英美智库通过招募名牌大学的在校外籍学生担任实习生，招募外籍访问学者任兼职研究员的做法，为智库注入了多元化和国际化的"新鲜血液"。与此同时，一些西方国家智库通过与海外研究机构合作设立分支机构、办事处的做法，在吸收所在国优秀学者的同时，实施本土化策略，近距离影响该国媒体和公众，抢占国际问题研究的"桥头堡"。1993 年，卡内基国际和平研究院成立了卡内基莫斯科中心，成员几乎都是俄罗斯人；2006 年，布鲁金斯学会与清华大学联合创办了其首个海外机构——清华-布鲁金斯公共政策研究中心。[①]

目前，国内高校各类语言研究机构近百家，但与语言智库研究相关的机构仅有 28 家（见表 7-3），近七成的语言智库分布在北京、上海、广州等中心城市和沿海开放地区的重点高校，其中，北京就占了 13 家，中西部地区较少；高校语

---

① 李晓曼（责编）. 构建新型智库，西方这么做［EB/OL］.（2018-04-09）［2023-06-13］. http://www.china.com.cn/opinion/think/2018-04/09/content_50847667.htm.

言智库发展呈现出地域和层次不平衡的特点。① 此外，2020 年 11 月 27 日，国际中文教育发展智库联合体成立。这是一个面向国际中文教育领域开展智库研究、加强合作交流、产出智库型研究成果的民间智库，在北京语言大学汉语国际教育研究院、浙江师范大学孔子学院发展战略研究院的倡议和推动下，在山东大学孔子学院研究中心、华南理工大学广东省公共外交与跨文化传播研究基地等 11 个机构的共同发起下成立，共有 73 所高校机构和知名国际中文教育企业成为智库联合体成员单位。②

表 7-3　高校语言智库类研究机构统计

序号	名称	所属高校
1	语言与文字资源研究中心	北京师范大学
2	中国外语教育研究中心	北京外国语大学
3	国家语言能力发展研究中心	
4	国家语言资源监测与研究平面媒体中心	北京语言大学
5	中国语言资源保护研究中心	
6	国际语言服务研究院	
7	语言资源高精尖创新中心	
8	中国语言政策与标准研究所	
9	国际语言服务与管理研究所	对外经济贸易大学
10	中国语言产业研究院	首都师范大学
11	国家语言资源监测与研究有声媒体中心	中国传媒大学
12	国家语言资源监测与研究少数民族语言中心	中央民族大学
13	国家语言资源监测与研究教育教材中心	厦门大学
14	外国语言学及应用语言学研究中心	广东外语外贸大学
15	粤港澳大湾区语言服务与文化传承研究中心	广州大学
16	俄罗斯语言文学与文化研究中心	黑龙江大学
17	语言与语言教育研究中心	华中师范大学
18	中国语情与社会发展研究中心	武汉大学

---

① 王立非. 新时代中国特色新型高校语言智库建设与语言智库学科发展 [J]. 山东外语教学，2021，42（1）：12—21.
② 国际中文教育发展智库联合体成立 [EB/OL].（2020-11-07）[2023-06-13]. http://www.scio.gov.cn/m/31773/35507/35514/35522/Document/1693485/1693485.htm.

(续表)

序号	名称	所属高校
19	语言能力协同创新中心	江苏师范大学
20	语言经济研究中心	山东大学
21	"一带一路"语言文化与外语教育研究基地	山东师范大学
22	中国外交话语研究院	郑州大学
23	语言认知康复研究中心	中国海洋大学
24	语言规划与全球治理研究中心	同济大学
25	中国外语战略研究中心	上海外国语大学
26	语言数据与智慧教育研究中心	上海外国语大学
27	应急外语服务研究院	天津外国语大学
28	语言符号应用传播研究中心	天津外国语大学

资料来源：王立非．新时代中国特色新型高校语言智库建设与语言智库学科发展［J］．山东外语教学，2021，42（1）：15．

尽管目前国内高校各类语言研究机构发展态势活跃，但是这些语言智库发展也存在以下问题：新型语言智库数量少，语言智库领军学者偏少，内容研究缺乏引领性概念和原发性观点；研究队伍力量偏弱；智库研究与高校学科建设和人才培养脱节；关注重大语言现实问题和社会语言热点的立项和成果奇缺，在国际上展示研究成果的传播渠道非常鲜见，智库刊物、著作的国际影响力有限；语言应用研究和跨学科研究不够，回应国家重大关切的语言智库研究不足，如国家语言治理、语言智能技术、数字语言服务、国家应急语言能力、应急语言教育体系、乡村振兴语言战略、人类命运共同体话语体系等重要研究主题涉及较少，偶有提及，分析程度也不够深入。此外，缺少在国际上展示研究成果的传播渠道；智库刊物、著作的国际影响力有限；尽管部分高校语言智库已对相关语料和数据资源进行采集和加工，建立庞大的数据资源库，但将数据转化为有价值和影响力的智库报告的能力较弱，因此，语言智库由面向国家、社会的"咨询服务"上升到"资政服务"的能力亟待加强。①

"一带一路"倡议实施10年多以来，共建"一带一路"倡议与沿线国家发展规划对接，落地生根，开花结果，有力地促进了共建国家的经济和社会发展，给沿线国家人民带来福祉。一带一路，语言铺路；语言为基，文化同行！语言已成

---

① 王立非．新时代中国特色新型高校语言智库建设与语言智库学科发展［J］．山东外语教学，2021，42（1）：12—21．

为"一带一路"的开路先锋和铺路石,对消除"一带一路"沿线国家之间的文化隔膜,对语言文字背后的文化基因的传承,以及对沿线国家地区的文明文化成果的交流互鉴,以及对"一带一路"多元文化理解和认同,都有重要推动力。

"一带一路"沿线国家国情舆情语情复杂多元,语言需求度不一且始终处于动态变化之中,相对于沿线国家的不同需求,语言资源存在"贫富不均"现象。区域国别语言教育政策规划的实施,需要智库先行,积极培育和创建"一带一路"语言智库,把十九大文化强国、文化软实力总体方案落到实处,形成类型多样、问题导向、多学科交融、多语种耦合的新型语言智库体系,加大国别和区域研究,开展"一带一路"智库交流,从语言的角度为"一带一路"人文外交提供前瞻性、战略性咨询意见,夯实"一带一路"建设人文外交走深、走实的根基。[1]

2021年3月13日,新华社发布《中华人民共和国国民经济和社会发展第十四个五年规划和2035年远景目标纲要》,展望2035年,我国将基本实现社会主义现代化,经济实力、科技实力、综合国力将大幅跃升,关键核心技术实现重大突破,进入创新型国家前列。[2]《2035纲要》对国家通用语言文字推广、中华语言文化的传承发展、语言智能技术研究与应用等诸多维度提出了发展需求。

培养跨学科语言智库人才,需要回应时代命题所需,主动对接国家需求,优化调整当下高校学术性知识型的语言人才培养方案,可以在外语学科下创立"语言智库学"(Think Tank Studies)二级学科,成立语言智库学院、招收语言智库专业研究生和博士生。根据智库研究的内涵和定位,"语言智库学"指系统研究智库如何通过预测、咨询、评估、谋划语言战略,服务于党和政府决策、公共政策咨询、社会舆论引导、知识传播的一门交叉学科,拥有明确的研究对象和研究领域,如智库理论、智库史、智库研究方法、智库管理、中外智库比较、智库数据库开发、智库技术、语言战略咨询、智库报告写作、中外智库文化等。[3]通过"语言智库学科"的建设,全方位培养语言智库人才,增强语言智库舆论传播的辐射力和竞争力,彰显语言智库的前瞻性和战略性。

综上所述,语言智库是国际问题的献策者、国际议程的引领者、对外话语体系的建构者、汉语言文化传播的推动者、国际合作的联结者。构建高端语言智

---

[1] 王立非. 新时代中国特色新型高校语言智库建设与语言智库学科发展[J]. 山东外语教学,2021,42(1):12—21.

[2] 新华社. 中华人民共和国国民经济和社会发展第十四个五年规划和2035年远景目标纲要[EB/OL]. (2021-03-13)[2023-06-28]. http://www.gov.cn/xinwen/2021-03/13/content_5592681.htm.

[3] 王立非. 新时代中国特色新型高校语言智库建设与语言智库学科发展[J]. 山东外语教学,2021,42(1):12—21.

库，有助于借助语言优势，统筹国内外资源，建立中外研究团队，拓建国际传播渠道，提升智库成果对外传播的效度，增强语言智库的对话能力和国际影响力。未来中国语言智库的发展，首先，应保持政治定力，树立国家意识，增强中国民族、国家、文化等主体认同，有自己的判断力和定力。其次，提升议题的国际化水平，重视我国重大国际战略中的语言战略问题，关注国际性问题的话语权；语言智库在国际传播中应坚持对话、倾听、共生、融通，形成传播主客体多维互动的积极参与性意义。再次，增加国际能见度，改变出版物的格式、定期开辟专题活动对外解读中国概念，为构建中国特色话语体系打下基础、形成可识别的语言特征和表达体系，打造融通中外的话语新概念、新范畴、新表述。[①]

第六节　汉传天下：创新国际中文教育途径、多元并举"一起向未来"

"汉传天下"是对国际中文教育和中华文化海外传播工作的远景瞻望。在"中国需要走向世界，世界需要走进中国"的全球化时代，对外传播中华五千年璀璨文明是国际中文教育的重大使命，是国际多维度的文化互动方式，更是中国文化对外传播的范式。

2004年，全球首家孔子学院（Confucius Institute）在韩国首尔建立，对推动中国文化国际传播，增进两国民众友谊，让韩流和汉风交相辉映具有重要的里程碑意义。孔子学院作为国外友人学习汉语、了解中国文化的重要窗口，也是培养了解中国的"知华"人才的摇篮和媒介。2021年起中文正式成为联合国世界旅游组织官方语言。随着中文国际地位的不断攀升，截至2023年7月，全球有180多个国家和地区开展中文教学，81个国家将中文纳入国民教育体系，开设中文课程的各类学校及培训机构共8万多所，外国正在学习中文的人数超过3000万，中华语言文化走出去取得新进展。[②]

一、后疫情时代基于"价值观地缘政治"叙事语境新挑战

孔子学院是我国致力于"国际中文教育"最典型的平台，美国则可以说是全

---

① 邹莉，俞洪亮. 中国语言智库的国际传播能力建设 [N]. 中国社会科学报，2022-10-20（002）.

② 郭熙主编，国家语言文字工作委员会组编. 中国语言生活状况报告2023 [R]. 北京：商务印书馆，2023.

球国际中文教育的风向标。2003 年，美国国会颁布了《国家安全语言法案》，提出应将阿拉伯语、汉语、朝鲜语列为三大"战略语言"。同年，美国大学理事会批准"AP 汉语项目"，汉语教学进入美国中学主流学校教育，成为可以与法语、西班牙语等并列的供高中生选修的大学预修课程。此后 10 年之间，美国开设的孔子学院就达上百家，占全球孔子学院总数的五分之一。[1]

2014 年可说是西方社会对孔子学院看法的分水岭。[2] 随着中国影响力的迅速提升和对各种既得利益集团的触动，"中国威胁论"成了国际关系上因中国崛起而产生忧虑与质疑的专门话题，按照美国宣称的荒谬说辞，就是"中国发展导致周边国家的利益和国际秩序备受挑战"，以孔子学院建设为标记的中文国际教育也日渐受到了污名化，以"增进世界人民对中国语言和文化的了解，发展中国与外国的友好关系，促进世界多元文化发展，为构建和谐世界贡献力量"的孔子学院被污蔑成为中国对别国进行"意识形态渗透"，危害他国"国家和社会安全"的工具。为此，2016 年 9 月和 10 月，美国芝加哥大学、宾夕法尼亚州立大学先后宣布终止与孔院合作。2018 年 8 月，美总统特朗普签署《2019 财年国防授权法案》，明确限制接受美"中文旗舰项目"的大学同时举办孔子学院，通过控制国家财政资助的方式对孔子学院进行打压。

在后疫情时代，国际中文教育最严峻的挑战并非一般意义上的资源配置、资金短缺、舆论博弈、人机关系问题，而是美国拜登政府发起的"价值观地缘政治"叙事问题。传统的地缘政治叙事有"社会主义/资本主义"的叙事，有"第一世界/第二世界/发展中国家"的叙事，也有所谓"东方/西方"的叙事。但在全球治理模式的竞争中，美国越来越深刻地感受到这些地缘政治叙事模式的无力。[3] 正如美利坚大学国际关系学院教授 Judith Shapiro 所说"在许多发展中国家，'中国梦'正在使美国梦变得支离破碎。许多发展中国家将与中国的伙伴关系视为他们未来成功的途径"[4]。

所谓"民主/非民主国家"概念框架的"价值观地缘政治"叙事一旦被真正确立，将深刻影响未来全球治理，也将深刻影响中文国际教育的发展。受此影

---

[1] 胡范铸，张虹倩，陈佳璇. 后疫情时代中文国际教育的挑战、机缘和对策 [J]. 华文教学与研究，2022（2）：49—56.

[2] 胡范铸，张虹倩，陈佳璇. 后疫情时代中文国际教育的挑战、机缘和对策 [J]. 华文教学与研究，2022（2）：49—56.

[3] 胡范铸，张虹倩，陈佳璇. 后疫情时代中文国际教育的挑战、机缘和对策 [J]. 华文教学与研究，2022（2）：49—56.

[4] Judith Shapiro. "Green" China on the Global Stage [EB/OL]. (2021-07-22) [2023-07-22]. https://www.newsecuritybeat.org/2021/07/greenchina-global-stage/.

响，2020 年，瑞典关闭境内所有孔院，成为西方世界第一个关闭所有孔子学院的国家。2021 年 10 月，德国联邦教育研究部长安雅·卡利切克下令，要求关闭德国全境所有孔院；2022 年 6 月，美国全国学者协会（National Association of Scholars）的《后孔院时代：中国对美国高等教育的持续影响》指出，在过去四年里，美国大学里的 118 家孔子学院有 104 家已经关闭。[①]2022 年 9 月，据英国《卫报》消息，英国政府决定逐步关闭英国境内的 30 所孔子学院。为了关闭孔子学院，英国甚至将跨党派议员组成了一个"中国研究小组"，以便对孔子学院进行监督和研究，此外，英国还欲聘请台湾师资进行中文教育。

二、创新国际中文教育实践路径、多元并举向未来

在国际中文教育历时性发展进程中，曾经历从"对外汉语教学"到"汉语国际教育"再到"国际中文教育"三个主流阶段的转向，这其中的历史意涵客观反映出我国综合实力、外交战术、教育政策、传播战略等一系列变化，以及应对全球化和反全球化趋势的逻辑必然。作为语言传播和文化传播的重要窗口，孔子学院在 2020 年步入发展新纪元。2019 年 12 月，全球孔子学院第十四次大会在长沙召开，会上"全球孔子学院大会"更名为"国际中文教育大会"；2020 年 6 月，孔子学院总部更名为"教育部中外语言交流合作中心"，不再负责孔子学院事务，标志着"国家汉办"这一名称正式成为历史。同样 2020 年 6 月，"国际中文教育基金会"成立，全面负责未来孔子学院品牌的运行工作，获得孔子学院商标的独占使用许可。

后疫情时代，全球化和全球合作势不可挡，中国改革开放的大门不会关闭，只会越开越大。中国扩大高水平开放的决心不会变，同世界分享发展机遇的决心不会变，推动经济全球化朝着更加开放、包容、普惠、平衡、共赢方向发展的决心不会变。[②]孔子学院作为一个"全面客观了解中国的平台，中方坚决反对将学术文化交流活动政治化。

在孔子学院备受质疑之际，美国、英国、挪威、芬兰等国家陆续关闭了孔院，但与此同时，智利、南非、肯尼亚、希腊等却继续持开放态度，埃及、多米

---

① 美国之音. 改头换面的孔子学院无所不在的中国威胁？［EB/OL］.（2021-06-23）［2023-07-22］. https://webcache.googleusercontent.com/search?q=cache:JZKaWo0wkvcJ:https://www.voachinese.com/a/confucius-institute-china-2022-06-22/6628342.html&cd=3&hl=zh-CN&ct=clnk.

② 习近平. 让开放的春风温暖世界：在第四届中国国际进口博览会开幕式上的主旨演讲［N］. 人民日报，2021-11-05（2）.

尼加、马尔代夫、乍得、中非等更酝酿设立新的孔院,而舆论自我纠错机制也正悄然发生效用。①英国诺丁汉大学当代中国研究学院的副教授苏利文(Jonathan Sullivan)则认为,孔子学院对于西方学术自由的威胁被夸大了,西方政府认识到要与中国打交道,西方需要培养能够说汉语,并且了解中国文化的人才。《华盛顿邮报》2018年曾刊文表示,国会关闭孔院的行动是愚蠢的,这让人想起了20世纪50年代的麦卡锡主义。②2021年4月,美国顶级智库布鲁金斯学会的研究员贺诗礼(Jamie P. Horsley)发表了《是时候对孔子学院制定新政策了》的报告,提出:4亿中国人在学习英语,然而,美国正面临着高端汉语人才的急缺,孔子学院提供了珍贵的学习汉语的机会,拜登政府是时候对孔子学院进行重新评估,不应损害学术自由或机构自治,避免各大学"在政治压力下"继续关闭孔院。③

打铁还需自身硬,在后疫情时代,国际中文教育的创新性发展,需要明确服务于构建"人类命运共同体"的战略指向,为突破国际中文教育、孔子学院在西方媒体的舆论困境,构建国际中文教育主流话语体系,这需多元共举,多方协调,形成合力,一起向未来。

首先,应创新国际中文教育发展路径。(1)资金筹措方面:应从拨款转向拨款/收费/海内外筹款并举。(2)教师发展方面:从外派教师为主转向外派/在地并举,重点建设在地教师队伍。(3)学科设置方面:从只注意语言转向语言+专业并举。(4)教学内容方面:语言的基本功用在于对话,而有效的对话都需要基于共识而展开,应将汉语教学和跨文化交际共同推进。(5)教学层次:从外语教学一种模式转向区分祖语传承/外语学习。作为外语的汉语教学应该注意"瀑布效应",首先关注当地社会精英的汉语能力与中国文化态度;而作为祖语的华侨华人汉语传承则注意"秧苗效应",帮助建设汉语的家庭环境、社区环境。④(6)教学形式:从专注线下转向线上/线下并举,重点支持线上的中文教学,还应关

---

① 胡范铸,张虹倩,陈佳璇. 后疫情时代中文国际教育的挑战、机缘和对策[J]. 华文教学与研究,2022(2):49—56.

② 美媒前主管:威胁关闭孔子学院是愚蠢之举[EB/OL].(2018-07-04)[2023-08-01]. https://3g.china.com/act/news/11157580/20180704/32629337.html.

③ Jamie P. Horsley. It's time for a new policy on Confucius institutes [R/OL]. (2021-04-01) [2023-08-20]. https://www.brookings.edu/articles/its-time-for-a-new-policy-on-confucius-insti-tutes/.

④ 胡范铸,张虹倩,陈佳璇. 后疫情时代中文国际教育的挑战、机缘和对策[J]. 华文教学与研究,2022(2):49—56.

注电子游戏中的中文学习和"元宇宙"社交状态下的中文学习。①（7）政策供应：加强区域国别研究，一地一策，一群一策。

其次，应通过智能融媒体传播，创新汉语国际教育舆论传播路径，提升汉语言文化教育事业的国际传播力。突破国际中文教育、孔子学院在西方媒体的舆论困境，应采取以下措施：（1）与国内外宣媒体合作，争取国际新闻话语权；国际上的新闻媒体话语权被西方新闻媒体借助英语这一全世界通用语所垄断，这对孔子学院海外良好形象的塑造并不有利。（2）加强语合中心和基金会多语种网站建设。语合中心和国际中文教育基金会的新官网都已经上线运行，但除汉语外，两个官网都只有英文站，且中英文两站内容也没有做到同步更新。这一点，或许可以参考"法语联盟"（Alliance Francaise）的做法，它除了在官网同时兼有法、英、西三种语言的版本外，在不同国家还专门设有相应的官网，如"北京法语联盟"。（3）加大国际社交媒体中的宣传力度。最受国外年轻人欢迎的社交媒体 Youtube、Instagram 上都没有"孔子学院"或"Confucius Institute"的官方账号，Twitter 上也只有一个名为"Confucius Institute Online"的账号（仅有三千多个关注者），对比 CGTN 的 200 万位订阅者，可见孔子学院在海外社交媒体平台的宣传上还有很大的提升空间。（4）借助海外华文媒体加强中文形式的舆论宣传。②

最后，应努力拓展国际中文教育和孔子学院合作伙伴和朋友圈。外部合作伙伴是孔子学院和国际中文教育生态圈不可或缺的支撑力量，包括积极支持孔子学院发展的中外企业、社会组织等，通过他们的参与为孔子学院未来发展奠定更加坚实基础，扩大孔子学院品牌的影响力，也通过自身所提供的服务为这些伙伴的发展创造更多的机遇，提供更广阔的空间和舞台。

例如，2016 年 12 月，上海国际中文教育工作联盟成立，由建设孔子学院的上海高校和汉语国际推广中小学基地组建，目前共有 17 家成员单位。联盟积极发挥资源共享、协同发展的平台作用，齐心协力打造孔子学院发展的上海特色。借助上海作为国际经济、金融、贸易、航运、科技创新中心的优势，发挥上海教育持续开放与创新的特长，创立了：上海国际中文教育年度白皮书、国际中文教师培训项目"语虹讲堂"、孔子学院与国际中文教育专题研究与国际会议等品牌项目。又如，2021 年 11 月 5 日，"粤港澳大湾区孔子学院合作大学联盟"在广

---

① 胡亦名，姚权. 元宇宙：元媒介、非自主交互与主体性衍化的奇点[J]. 文化艺术研究，2022（1）.

② 张未然. 新形势下孔子学院的舆情困境：特征、原因与对策[J]. 现代传播（中国传媒大学学报），2021，43（3）：20—26.

东外语外贸大学成立。联盟以"互通互鉴、合力共赢"为宗旨，依托粤港澳大湾区战略地位，构建以粤港澳大湾区孔子学院（课堂）中方合作院校为主体、其他单位为支撑的区域孔子学院（课堂）联盟，合作领域包括孔子学院（课堂）暨国际中文教育相关的人才培养、科学研究、协同创新、互联共享、政策咨询等方面。

再如，2017年6月，教育部备案的国别和区域研究基地"华南师范大学东南亚研究中心"成立。中心建立了"一带一路"主题学术交流机制，设立"东南亚论坛"作为永久性的学术交流机制。从2017年开始每年11月举办的"东南亚论坛"国际会议是面向东南亚和世界的专业交流平台，得到了国家教育部、中国科协、广东省人民政府外事办、中国产学研促进会等部门的大力支持。2023年11月"东南亚论坛"的主题是"2023国际会议暨粤港澳产教融合协同创新"。

值得一提的是，2021年11月13日，由教育部中外语言交流合作中心和华南师范大学合作共建的全球首家"东南亚中文教师教育学院"正式签约成立，学院落户于华南师范大学东南亚研究中心，华南师范大学副校长吴坚教授担任教师教育学院创院院长。这为加快推进国际中文教育高质量可持续发展，加强和改进国际中文传播工作，打造中外语言交流合作深入发展的师资中坚力量意义重大。据教育部语合中心官网，这是全球首家国际中文教师学院。教师教育学院的成立旨在提供智库咨询服务，培养培训"中文+专业"、"中文+行业"及"东南亚学"交叉学科的高层次国际中文人才和东盟人才，推进东南亚本土中文师资教育，开展国际中文教师教育理论研究和专项调研，促进中外语言交流合作等业务，学院的成立是丰富"中国-东盟命运共同体"内涵的重大战略举措。学院将致力于打造"一带一路"国际中文教育推广新平台，建设东南亚国别和区域中文教育研究新支点，打开中国-东南亚中文教育交流合作新窗口，对推动国际中文教育高质量可持续发展具有重大意义，亦将为华南师范大学促进东盟高端人才培养培训提供更广阔的发展平台。

2022年8月22日，"国际中文教育南方联盟成立大会暨首届国际中文教育南方论坛"在华南师范大学召开，它标志着国际中文教育南方联盟正式成立。联盟理事长吴坚教授指出，"联盟的成立将集聚和联动社会各界力量和资源，加强国际中文教育协作机制建设，在国际中文教育高质量发展中发挥示范引领作用。'南方联盟'对于协同各校力量、整合区域资源、促进经验交流、加强合作共建，对于各单位提高自身学科建设、人才培养、平台建设、社会服务水平，对于探索国际中文教育共建、共管、共有、共享的新型协作机制，对于促进大湾区发展和服务'一带一路'建设，对于推动国际中文教育高质量发展、构建人类命运共同体等都具有重要意义。联盟以'推动国际中文教育高质量可持续发展'为宗旨，将致力于深耕东南亚，致力于"东南亚学"交叉学科的建设，助力打造新时代国际中文传播体系、学科体系和话语体系，携手开创国际中文教育高质量发展的新时代。"

第七节　与党同行：为讲好中国故事贡献外语力量

一、讲好中国故事、传播好中国声音的新时代要求

当今世界局势演变加速，政治问题和经济问题交织博弈，文明冲突和文化融合双向演进，改革开放40多年来，中国高速发展，对世界经济增长的贡献率均保持在三分之一左右，但"我国发展优势和综合实力还没有转化为话语优势"[①]。近年来，中国的综合国力不断提升，一些西方国家利用其强势话语权，攻击和抹黑中国形象，我们在国际上有时处于"有理说不出、说了传不开"的境地，存在着信息流进流出的"逆差"、中国真实形象和西方主观印象的"反差"、软实力和硬实力的"落差"，全球对中国的好感率却逐年下降，从2016年的52%滑落到了2019年的41%。[②]受西强我弱的国际舆论格局影响，中国国家形象一直处于"他塑"的被动处境，"文明大国、东方大国、负责任大国"的国际形象受到极大冲击。

国家主席习近平同志曾多次在工作会议提出："要着力推进国际传播能力建设，创新对外宣传方式，加强话语体系建设。"在2013年8月19日举办的全国宣传思想工作会议上，习近平同志提出："应着力打造融通中外的新概念新范畴新表述，讲好中国故事，传播好中国声音，增强在国际上的话语权。"2016年12月31日，在致中国国际电视台开播的贺信中，习主席提出，"应讲好中国故事、传播好中国声音，展示中国作为世界和平的建设者、全球发展的贡献者、国际秩序的维护者良好形象，为推动建设人类命运共同体作出贡献。"2021年5月31日，习近平总书记在主持十九届中央政治局第三十次集体学习时强调，"要加强对中国共产党的宣传阐释，帮助国外民众了解中国共产党为什么能、马克思主义为什么行、中国特色社会主义为什么好。要围绕中国精神、中国价值、中国力

[①] 习近平. 坚持正确方向创新方法手段提高新闻舆论传播力引导力[N]. 人民日报, 2016-02-20（1）.

[②] 辛明, 唐爱军. 当代意识形态问题概论[M]. 北京：中共中央党校出版社，2021：209.

量，从政治、经济、文化、社会、生态文明等多个视角进行深入研究，为开展国际传播工作提供学理支撑。"因此，要不断提升中华文化影响力，把握大势、精准施策，主动宣介新时代中国特色社会主义思想，主动讲好中国共产党治国理政的故事、中国人民奋斗圆梦的故事、中国坚持和平发展合作共赢的故事，让世界更好地了解中国。要把中国优秀传统文化的精神标识，以及优秀传统文化中具有当代价值、世界意义的文化精髓提炼出来、展示出来，全面提升国际传播效能，加强国际传播的理论研究，构建中国对外话语体系。①

二、构建中国话语体系和中国叙事体系的重要契机

打造同我国国际地位相匹配的国际话语权，我国的短板不在"故事"而在"叙事"。中华民族以自强不息的决心和意志，筚路蓝缕，跋山涉水，走过了不同于世界其他文明体的发展历程。时间奔流不息，历史的画卷波澜壮阔。中国翻天覆地的变化与奇迹，中国的伟大复兴，正是由那些勇往直前、从未停歇的绵绵不绝的"中国力量"支撑和铸就，作为"中华民族独特的精神标识和维系全世界华人精神纽带"的中华文明和中国奇迹崛起的成功实践，是中国话语和中国叙事体系能够"立"住的坚实基础和丰富素材，我们的故事很精彩。②

百年既往，沧海横流，中国以欣欣向荣的社会主义强国之姿屹立东方，并日益走近世界舞台中央，成为举足轻重的世界大国。目前，中国已经成为世界第二大经济体，国家现代化治理能力和水平不断提高。中国国际地位的提升，除了中国综合国力的"硬支撑"以外，中国领导人创造性地提出构建人类命运共同体的宏大理念，超越了具有浓重强权政治色彩的传统国际关系理念，指明了整个人类社会未来发展的方向。尤其是，一场史无前例的新冠肺炎疫情推动着世界百年未有之大变局加速演进，国际政治、经济、科技、文化、安全等格局都在发生深刻调整，世界进入新的动荡变革期，而中国兼济天下的国际行动赢得国际友人的普遍尊重和认可。所谓"内政修善，慕德来服"，中国共产党治国理政有方，中国有能力也有责任在全球治理中发挥更大作用，同各国一道为解决全人类问题做出更大贡献。向世界展示文明大国、东方大国、负责任大国、社会主义大国的形象，既出自中国的内生需要，也源于世界的外在关注。

后疫情时代，支撑国际政治、经济、科技、文化、安全的话语体系和叙事逻辑，随着实践的发展重塑再造。这一次，中国有足够的底气、勇气和实力参与进

---

① 求是网. 习近平：讲好中国故事，传播好中国声音［EB/OL］.（2021-06-02）［2023-09-20］. http://www.qstheory.cn/zhuanqu/2021/06/02/c_1127522386.htm.
② 赵强. 加快构建中国话语中国叙事体系［J］. 理论导报, 2022（6）：40—42.

去，围绕我国和世界发展面临的重大问题，着力提出能够体现中国立场、中国智慧、中国价值的理念、主张、方案，现在正是我们构建中国话语和中国叙事体系的重要契机，构建中国话语和中国叙事体系，既是文化自信，也是文化自觉。[①]

三、为党而生、与党同行：新时代培养"讲好中国故事"的外语人才倡议书

如何才能让中国声音传得开、传得远，讲好中国故事？习近平总书记指出，"要加快构建中国话语和中国叙事体系，用中国理论阐释中国实践，用中国实践升华中国理论，打造融通中外的新概念、新范畴、新表述，更加充分、更加鲜明地展现中国故事及其背后的思想力量和精神力量"。

讲好中国故事，需要优化话语表达和叙事方式，广泛宣介中国主张、中国智慧、中国方案，讲好对外经贸合作中"合作共赢"的中国故事，讲好"中国共产党"的故事，让全世界从中国的历史性成就中感受到"大担当"，从脱贫攻坚中感受到"中国情怀"，从疫情防控中感受到"东方智慧"，从绿水青山中感受到"伟大韬略"，从国家战略中感受到"宏大格局"。

2021年9月25日，习近平总书记给北京外国语大学老教授的回信中，强调"深化中外交流，增进各国人民友谊，推动构建人类命运共同体，讲好中国故事，需要大批外语人才，外语院校大有可为"。总书记的重要回信，是全国外语外贸院校的精神航标和行动指南，是培养新时代外语人才的美好愿景和时代考卷。

为党而生，与党同行。外语人才在党和国家的发展历程中、在中国融入世界发展中，留下了深刻的时代印记。不忘初心，方得始终。新的百年奋斗征程，需要外语学人重整行装再出发，推动人类命运共同体构建、促进中外人文交流，让中国更好走向世界、世界更好了解中国，故此，新时代培养"讲好中国故事"的外语人才倡议书应运而生：

"（一）贯彻落实回信精神，切实担负回信赋予的神圣职责，深入落实回信提出的工作要求。

（二）主动融入时代新局。人类命运休戚与共，全国外语外贸院校应胸怀'国之大者'，推动'一带一路'建设，服务国家，充分激发外语教育事业发展的生机活力，全面提升办学质量和育人水平。

（三）潜心厚植家国情怀。'天地存肝胆，江山阅鬓华。'我们要坚定培养有

[①] 赵强.加快构建中国话语中国叙事体系[J].理论导报，2022（6）：40—42.

底气、有骨气、有志气的外语人才，感国家之所想、应国家之所急、赴国家之所需，为服务国家战略、站稳人民立场、投身强国伟业贡献青春力量。

（四）开放培养全球视野。'形器不存，方寸海纳。'我们要担当使命、赓续奋斗，推动构建人类命运共同体。推动外语外贸院校"世界一流"建设进程，培育具备感知全球、理解世界、融通中外的新时代外语人才。

（五）练就过硬专业本领。'十年磨一剑，一朝试锋芒。'过硬的外语能力，是外语人才促进中外交流的底气所在，我们要努力培养政治素质过硬、专业知识精博、外语基本功扎实的复合型外语人才。

（六）提高外语运用能力。语言是中外沟通的桥梁，是讲好中国故事的载体。在人工智能深度影响语言学习与使用的当前，我们要迎接信息时代的挑战，专注于外语人才语言能力的娴熟运用，让学子在参与国家和地方外事外交活动，展现青年风采，塑造国家形象。

（七）提升跨文化沟通能力。'言为心声，心心相应'。外语人才需要扎根中国，保持自身文化底色；也需要放眼国际，理解不同文化逻辑。我们要搭建多样多彩平台，让各种不同的语言相遇相知，让不同的文化交流碰撞，鼓励学子体会语言之美、感受文化之魅。

（八）增强国际传播能力。'驰名天下，声名远扬'，我们应培养学生应时而动，敏感把握时代特点，培训专业技能，研究传媒对象，适应传播分众化，逐步建立传播好中国声音的意识，不断提高讲好中国故事的技能。

（九）突出特色打造品牌，各美其美。我们要结合实际，发挥优势，凝练特色，建立一批具有鲜明外语外贸院校特点的精品项目、特色品牌，要营造培育"讲好中国故事"外语人才的氛围。

（十）依托联盟形成合力，美美与共。我们要加强交流合作，在时代新命题、发展新难题面前，共同做好答卷人。我们要加强力量统筹，建立学工科研课题库，形成研究合力，产出科研成果，不断扩大影响力和贡献度，努力推动外语外贸类院校一体化建设，共享资源，共献智慧，共同培养"讲好中国故事"的外语人才。"[1]

---

[1] 全国外语外贸院校学生工作协作会. 新时代培养"讲好中国故事"的外语人才倡议书［EB/OL］.（2021-12-15）［2023-10-30］. https://news.bfsu.edu.cn/article/289891/cate/4.

结　语

两千多年前，中华民族的先辈们穿越茫茫沙漠戈壁、跨越一望无际的草原、扬帆浩瀚无边之大海，在声声驼铃、点点帆影中开辟出陆上丝绸之路和海上丝绸之路，谱写了中国和沿线各国人民友好交往的史诗乐章。古丝绸之路是人类历史上文化交流、文明互鉴最耀眼的舞台，它跨越了埃及文明、巴比伦文明、印度文明、中华文明的发祥地，跨越了不同国度和肤色人民的聚居地；它浓缩了亚欧大陆漫长历史时期经济、政治、文化、社会的演进，见证了东西方物质文明和精神文明的交流与交融。

尽管古代丝绸之路曾经的辉煌与荣光已经成为了历史，但其所凝练的价值理念和精神内核为共同绘制好共建"一带一路"这幅精谨细腻的"工笔画"，厚植了根基、提供了源泉、注入了动能。"一带一路"倡议的提出，"和平之路、繁荣之路、开放之路、文明之路"的构想，擘画出全球互联互通的恢宏愿景，古老丝路在行稳致远中迈向美好未来。"一带一路"是具有中国理念标识的全球公共产品，体现了"共同体外交"的逻辑智慧，展现了中国的全球观、大局观、格局观。千百年来，"和平合作、开放包容、互学互鉴、互利共赢"的丝路精神薪火相传，推动了人类文明的共同进步。

"一带一路"倡议秉持古丝绸之路形成的"开放包容、兼收并蓄"丝路精神，在"合作空间"和"合作形式"上极大超越了古丝绸之路，成为新形势下中国对外开放重要战略布局，顺应了时代发展的潮流，符合各国人民的共同愿望。"一带一路"倡议是实现中国梦和世界梦"交相辉映"的必由之路；知古鉴今的"一带一路"宏伟蓝图，是中国政府高屋建瓴的洞察指引和对美好未来的共同擘画，体现了中国与愿与世界分享红利、共谋发展的真挚意愿与切实行动；"一带一路"倡议构想展现出习近平总书记始终心系人类前途命运、坚持维护世界和平稳定、致力于推动构建人类命运共同体的负责任大国领袖风范，让国际社会更加清晰地了解中国始终坚持"相互尊重、平等相处、和平发展、共同繁荣"的价值取向，[1]洋溢着"开拓进取、革故鼎新、踔厉奋发、勇毅前行"的时代精神，为

---

[1] 韩冰. 元首外交｜二十大后，习近平密集会晤多国领导人传递中国外交正能量［EB/OL］. 新华社.（2022-11-06）［2022-11-28］. http://www.news.cn/world/2022/11/06/c_1129106457.htm.

深化合作、互利共赢注入新动力；为发展中国家的长远发展赋能，为沿线各国共谋发展、共同繁荣提供了新的重大契机，为变乱交织的世界带来共谋发展进步、共促和平稳定的时代正能量，体现了中国走向世界，拥抱世界的胸怀和格局。

语言是文明的重要载体。全球文明交流互鉴需要语言的全面赋能，"一带一路"需要语言铺路，国家出行需要语言先行。在中国目前已开设的101种外国语言专业中，"一带一路"沿线国家的官方语言就有50多种。2023年9月16日，在"一带一路"倡议提出十周年之际，来自181个国家的全球区域国别学共同体成员在北京"全球文明论坛"上，共同见证了四十卷的"一带一路"国家文化教育大系图书的发布。此书重点聚焦了"一带一路"国家的教育政策、语言国情、发展战略、治理模式等内容，全景擘画出"一带一路"国家的教育风貌。联合国教科文组织前总干事博科娃在论坛上表示，"在实现可持续发展和构建人类命运共同体，促进不同文明交流互鉴的目标中，全球语言、全球文化和全球治理三大发展战略，是大学责任担当的重要体现。"这充分肯定了大学在培养高精尖缺复合型、复语型语言人才方面的重要价值和意义。

2023年10月16日，"一带一路"语言教育文化组织联盟在北京成立，理事会由来自50多个国家的近60个语言教育及文化组织组成。联盟举办了首届"一带一路"语言教育文化论坛，论坛指出，10年来"一带一路"倡议的实施为语言教育研究开辟了广阔空间。《国家语言文字事业"十三五"发展规划》也曾明确提出要求："应协同我国及'一带一路'沿线国家语言学研究力量，开展多语种语言人才培养储备状况调查及语言国情调查，实施国家对外语言服务人才培养计划。"这正是为"一带一路"区域国别语言教育政策的研究提供了政策性引导。

综上所述，只有在服务于国家"一带一路"建设、推动构建人类命运共同体、弘扬全人类共同价值的重大需求和历史使命中，语言教育政策研究才能彰显出更大的语言学价值和实际应用价值。有鉴于此，本书遵循从理论指导到实践观照，从宏观政策指导到微观点面铺展，从新时代"一带一路"倡议对我国实施全方位对外开放及国际化提出的新要求和新背景出发，从共建"一带一路"和区域国别研究使命的视角来剖析我国的区域国别语言教育政策和规划，探讨了"一带一路"区域国别语言教育的机遇、挑战和战略前瞻，解读了中国区域国别语言学科建设和语言人才培养的科学发展观，以期为我国当下实施更具针对性、战略性和前瞻性的区域国别语言教育政策提供些许思路；为区域国别语言教育教学的现实问题，尤其是"一带一路"相关的语言教育政策规划、语言教育状况调查、语种规划、国际中文教育、中华文化国际传播、语言服务、语言科学、语言智能、语言智库、应急语言教育、应急语言慰藉等方面研究提供些许启发；为以语言教育政策研究引领语言学科建设、语言人才培养、以研究成果服务外语学科发展提供一定的理论支撑；为更好地服务于我国"一带一路"伟大倡议和新时代对外开放的国家战略布局略尽绵薄之力！

参考文献

2021—2022 中华文化国际传播十大案例发布［EB/OL］. 中国日报网.（2022-05-31）［2022-06-01］. https://cn.chinadaily.com.cn/a/202205/31/WS62958e8ca3101c3ee7ad8156.html.

2022 年葡萄牙语专业介绍［EB/OL］.（2022-06-24）［2022-09-24］. https://xpyx.bfsu.edu.cn/info/1198/1682.htm.

安蓓, 谢希瑶, 温馨. 共建通向共同繁荣的机遇之路：习近平总书记谋划推动共建"一带一路"述评［EB/OL］. 新华网.（2021-11-19）［2022-05-18］. http://www.chinanews.com.cn/gn/2021/11-19/9612031.shtml.

北大概况［EB/OL］.［2022-09-01］. https://www.pku.edu.cn/about.html.

北京大学 2023 年招生简章暨报考指南［EB/OL］. 2023：3—10, 103—106［2023-08-01］. https://www.gotopku.cn/uploads/project/202306/25/2023zsjz.pdf.

北京大学外国语学院. 喜报：外国语学院段晴团队获评第二批"全国高校黄大年式教师团队"［EB/OL］.（2022-01-30）［2022-09-26］. http://sfl.pku.edu.cn/lbtp/136539.htm.

北京大学外国语学院波斯语专业教学计划［EB/OL］.［2022-09-07］. https://sfl.pku.edu.cn/docs/2021-04/20210423135927197445.docx.

北京大学外国语学院国家级一流本科专业建设点：葡萄牙语［EB/OL］.（2022-09-20）［2022-09-21］. https://sfl.pku.edu.cn/jxgl/bks/ylzyjs/143238.htm.

北京大学外国语学院国家级一流本科专业建设点：乌尔都语［EB/OL］.（2022-09-20）［2022-09-22］. https://sfl.pku.edu.cn/jxgl/bks/ylzyjs/143244.htm.

北京大学外国语学院国家级一流本科专业建设点：希伯来语［EB/OL］.（2022-06-11）［2022-09-19］. https://mp.weixin.qq.com/s?__biz=MzI0MjM3NzI5MA==&mid=2247495991&idx=1&sn=37632277bf330f5bfa4e8a88d9391123&chksm=e97f8612de080f042592337a8b8b2465bf0de537f22226e09687792d7960fec9c3b80eefbd8c&scene=27.

北京大学外国语学院历史渊源［EB/OL］.［2022-09-03］. https://sfl.pku.edu.cn/xygk/xyjs/index.htm.

北京大学外国语学院蒙古语专业教学计划［EB/OL］．［2022-09-09］．https://sfl.pku.edu.cn/docs/2021-04/20210423140146644934.docx．

北京大学外国语学院南亚语系概况［EB/OL］．［2022-08-03］．https://sas.sfl.pku.edu.cn/xsgk/index.htm．

北京大学外国语学院葡萄牙语专业教学计划［EB/OL］．［2022-09-08］．https://sfl.pku.edu.cn/docs/2021-03/20210323095354700337.doc．

北京大学外国语学院越语专业教学计划［EB/OL］．［2022-09-10］．https://sfl.pku.edu.cn/docs/2021-04/20210423140030075574.docx．

北京外国语大学．党委书记王定华，党委副书记、校长杨丹出席北京论坛（2019）［EB/OL］．北京外国语大学新闻网．（2019-11-04）［2021-03-09］．https://news.bfsu.edu.cn/article/278813/cate/4．

北京外国语大学非洲学院简介［EB/OL］．［2022-09-22］．https://af.bfsu.edu.cn/xyjs.htm．

北京外国语大学简介［EB/OL］．［2022-11-02］．https://www.bfsu.edu.cn/overview．

北京外国语大学欧洲语言文化学院简介［EB/OL］．［2022-09-20］．https://europe.bfsu.edu.cn/xygk/xyjj.htm．

北京外国语大学招生办．传奇！这10位外交部高级翻译，都毕业于这所大学，还学习同一个专业［EB/OL］．（2021-04-25）［2022-09-19］．https://baijiahao.baidu.com/s?id=1697644661535184544&wfr=spider&for=pc．

［美］彼得·戴曼迪斯，史蒂芬·科特勒．未来呼啸而来［M］．贾拥民，译．北京：北京联合出版公司，2021：173．

波斯语培养方案（2016版）［EB/OL］．（2017-06-18）［2022-09-23］．https://asian.bfsu.edu.cn/info/1050/1247.htm．

蔡基刚．外语教育政策的冲突：复合型人才还是英语专业人才培养［J］．东北师大学报（哲学社会科学版），2019（4）：1—6．

曹瑞冬．全球化下的语言发展趋势探索：以全球中英文大热为例［G］//文化发展论丛（中国卷）［M］．北京：社会科学文献出版社，2016：303—308．

曾凤珠．我国高校应急语言教育对策研究［J］．豫章师范学院学报，2022，37（2）：67—70．

常辉．新文科背景下上海交通大学英语专业改革与人才培养探索［J］．当代外语研究，2021（4）：92—96，102．

常俊跃，冯光武．开展区域国别教育，服务国家对外战略：对构建英语专业本科阶段区域国别教育核心课程体系的思考[J].中国外语，2017（3）：4—9.

朝韩语系—历史沿革[EB/OL].[2022-09-02].https://korea.sfl.pku.edu.cn/bxjj/lsyg/index.htm.

陈杰.中国特色国别区域研究人才培养"三问"：规格、路径与目的[J].教育发展研究，2021，41（21）：40—46.

陈鹏."新文科"要培养什么样的人才[N].光明日报，2019-05-20（08）

陈相芬."一带一路"背景下高职院校协同创新人才培养模式研究[J].中国职业技术教育，2016（4）：42—45.

陈新仁.全球化语境下的外语教育与民族认同[M].北京：高等教育出版社，2008：1—3.

陈章太.论语言资源[J].语言文字应用，2008（1）：9—14.

陈章太.我国的语言资源[J].郑州大学学报（哲学社会科学版），2008（1）：147—148.

陈章太.语言规划研究[M].北京：商务印书馆，2005：19.

程金城.丝绸之路艺术的意义与价值：兼及"丝绸之路艺术学"刍议[J].兰州大学学报（社会科学版），2017，45（2）：63—68.

戴曼纯.国别语言政策研究的意义及制约因素[J].外语教学，2018（3）：6—9.

戴曼纯.国家语言能力、语言规划与国家安全[J].语言文字应用，2011（4）：123—131.

戴曼纯.国家语言能力的缘起、界定与本质属性[J].外语界，2019（6）：36—44.

戴蓉.孔子学院与中国语言文化外交[M].上海：上海社会科学院出版社，2013：1—3.

戴炜栋，胡文仲.中国外语教育发展研究：1949—2009[M].上海：上海外语教育出版社，2009：412.

第三届"中国高校匈牙利语言文化教学研讨会"成功召开[EB/OL].[2022-09-17].https://europe.bfsu.edu.cn/info/1102/2944.htm.

第一财经.一带一路引领全球化新时代[M].上海：上海交通大学出版社，2017：9—10，11—13.

丁超.对我国高校外语非通用语种类专业建设现状的观察分析[J].中国外语教育，2017（4）：3—8，86.

丁超.非通用语种人才培养现状与对策建议[G]//全国教育科学规划领导

小组办公室．全国教育科学规划教育成果要报汇编：第1辑．北京：教育科学出版社有限公司，2016：257—262．

丁超．关于非通用语种人才培养机制变革与创新的若干思考［J］．中国外语教育，2018（1）：3—9．

丁超．中国非通用语教育的前世今生［J］．神州学人，2016（1）：6—11．

东南亚系—历史沿革［EB/OL］．［2022-09-03］．https://sfl.pku.edu.cn/xssz/54429.htm．

董希骁．"一带一路"背景下非通用语教育规划面临的问题与对策［Z］．"语言产业研究"公众号，2017-02-05．

董希骁．"一带一路"背景下我国欧洲非通用语种人才培养刍议［J］．中国外语教育，2017，10（2）：8—15，95．

董希骁．关于北外新增摩尔多瓦语、黑山语、马其顿语专业的调研报告［R］．北京：北京外国语大学，2016．

董希骁．欧洲非通用语［M］//王文斌，徐浩．中国外语教育年度报告（2021年）．北京：外语教学与研究出版社，2021：118—129．

董希骁．我国非通用语产业发展现状及对策［J］．山东师范大学学报（社会科学版），2020，65（5）：99—106．

董希骁．我国欧洲非通用语教育存在的问题和建议［J］．语言规划学研究，2016（2）：68—75．

法兰西学术院［EB/OL］．（2022-09-23）［2023-06-02］．https://zh.wikipedia.org/wiki/%E6%B3%95%E5%85%B0%E8%A5%BF%E5%AD%A6%E6%9C%AF%E9%99%A2．

樊丽明．中国新文科建设的使命、成就及前瞻［J］．中国高等教育，2022（12）：21—23．

非洲学院—名师风采：沈志英［EB/OL］．［2022-09-14］．https://af.bfsu.edu.cn/info/1101/1380.htm．

非洲学院—学院新闻［EB/OL］．［2022-09-16］．https://af.bfsu.edu.cn/index/xyxw.htm．

冯刚，王晨娜．提升国际语言能力推动中华文化"走出去"［J］．对外传播，2016（12）．

冯小钉．关于语言多样性问题跨学科研究的综述［J］．安徽大学学报（社会科学版），2004（5）：69—72．

冯增俊，姚侃．比较教育视角下新时代中国语言教育政策的战略走向［J］．

比较教育研究，2018，40（2）：89—95.

付梦蕤，吴安萍. "一带一路"建设的语言人才需求及高职院校应对方略[J]. 中国职业技术育，2018（20）：5—11.

付卓茗，王铭玉. 提升语言服务能力 助推"一带一路"高质量发展[N]. 光明日报，2018-11-29.

高健. 新"丝绸之路"经济带背景下外语政策思考[J]. 东南大学学报（哲学社会科学版），2014，16（4）：125—128，136.

龚洪. 文化认同视阈下新疆双语教育政策实效调查研究[D]. 重庆：西南大学，2016.

郭凤鸣. 中国外语教育政策演进历程与未来规划[J]. 西南科技大学学报（哲学社会科学版），2020，37（6）：81—87.

郭龙生. 媒体语言中的跨境语言规划研究[J]. 文化学刊，2014（3）：5—11.

郭龙生. 它山之石，可以为错：语言政策国别研究学习感言[J]. 语言政策与规划研究，2014（1）：16—23，72.

郭龙生. 中国现代化进程中的语言生活、语言规划与语言保护[G]// 教育部语言文字应用研究所. 语言文字应用研究论文集：Ⅲ. 北京：语文出版社，2014：100—105.

郭沛沛，赵卫东. 创新传播手段 提升传播效能：北京冬奥会、冬残奥会宣传报道对加强国际传播能力建设的启示[N]. 人民日报，2022-04-27.

郭少峰. 教育部下放二级学科设置权[N]. 新京报，2011-01-04.

郭树勇. 新编区域国别研究导论[M]. 北京：高等教育出版社，2020：1—5.

郭熙. 华语的传承和传播[M]// 中法语言政策研究. 北京：商务印书馆，2014：111—112.

郭熙编. 语言生活皮书 中国语言生活状况报告 2023[M]. 北京：商务印书馆，2023.

郭英剑. 国际传播是外语学科发展新趋向[N]. 中国社会科学报，2022-09-13（008）.

国别区域和全球治理数据平台[EB/OL]. （2021-11-01）[2023-06-02]. https://www.crggcn.com/thinkBankList?ParentName=%E5%85%A8%E7%90%83%E6%99%BA%E5%BA%93&type=2.

国际传播科技文化园入选国家语言服务出口基[EB/OL]. （2022-02-25）[2023-05-06]. https://cj.sina.com.cn/articles/view/3164957712/bca56c1002001unzs.

国际东方学大师——季羡林[EB/OL]. （2021-11-30）[2022-09-23]. https://

baike.baidu.com/link?url=7krcJCaJkN3ABpkerfrguT31Ik3VP-NBpX7OfZHpuqJ9nunFVfi3UOkFuTz1Jazb1oQ3zZgTAySxbsOQhm5t_rBzS0VwJB7aUlyK5JrsRe3RfJBQFez4vAy1eQe_BGJx.

国际交流与合作概况［EB/OL］．［2022-09-25］．https://xpyx.bfsu.edu.cn/info/1202/1228.htm．

国际中文教育发展智库联合体成立［EB/OL］．（2020-11-07）［2023-06-13］．http://www.scio.gov.cn/m/31773/35507/35514/35522/Document/1693485/1693485.htm．

国家"一带一路"数据分析与决策支持北京市重点实验室：全国首家"一带一路"智库型省部级重点实验室［EB/OL］．（2020-02-26）［2022-09-01］．http://obor.bisu.edu.cn/col/col16643/index.html．

国家发展改革委，等．推动共建丝绸之路经济带和 21 世纪海上丝绸之路的愿景与行动［M］．北京：外文出版社，2015：9—12，20．

国家语言文字工作委员会组编．中国语言政策研究报告：2018［M］．2019：95—96．

国家语言文字工作委员会组编．中国语言政策研究报告：2018［M］．北京：商务印书馆，2019：109．

国家中长期教育改革和发展规划纲要（2010—2020 年）［EB/OL］．新华社．（2010-07-29）［2022-08-15］．http://www.gov.cn/jrzg/2010-07/29/content_1667143.htm．

"国史讲堂"系列理论视频之"党史微课"系列：如何理解"百年未有之大变局"［EB/OL］．人民网—中国共产党新闻网．（2021-05-25）［2022-03-02］．http://dangshi.people.com.cn/n1/2021/0525/c436975-32112281.html．

国务院新闻办公室．创新中华优秀传统文化对外传播方式［N］．光明日报，2017-03-30．

韩冰．元首外交｜二十大后，习近平密集会晤多国领导人传递中国外交正能量［N］．新华社，2022-11-06．

豪萨语培养方案（2016 版）［EB/OL］．（2017-06-18）［2022-09-22］．https://asian.bfsu.edu.cn/info/1050/1244.htm．

何莲珍．从教材入手落实大学外语课程思政［J］．外语教育研究前沿，2022，5（2）：18—22，90．

贺宏志．发展语言产业，创造语言红利：语言产业研究与实践综述［J］．语言文字应用，2012（3）：9—15．

赫琳．"一带一路"需要合适的话语体系［N］．中国教育报，2015-12-16．

胡范铸，刘毓民，胡玉华．汉语国际教育的根本目标与核心理念：基于"情感地缘政治"和"国际理解教育"的重新分析［J］．华东师范大学学报（哲学社会科学版），2014，46（2）：145—150，156．

胡范铸，张虹倩，陈佳璇．后疫情时代中文国际教育的挑战、机缘和对策［J］．华文教学与研究，2022（2）：49—56．

胡文仲，孙有中．突出学科特点，加强人文教育：试论当前英语专业教学改革［J］．外语教学与研究，2006（5）：243—247．

胡文仲．关于我国外语教育规划的思考［J］．外语教学与研究，2011，43（1）：130—136，160．

胡文仲．英语专业"专"在哪里？［J］．外语界，2008（6）：18—24．

胡晓明．如何讲述中国故事？——"中国文化走出去"的若干理论与实践问题［J］．华东师范大学学报（哲学社会科学版），2013，45（5）：107—117，155．

胡亦名，姚权．元宇宙：元媒介、非自主交互与主体性衍化的奇点［J］．文化艺术研究，2022（1）．

黄德宽．国家安全战略中的语言文字工作［N］．中国教育报，2014-03-28．

黄方方．"一带一路"沿线国家汉语教育状况探析［J］．河南师范大学学报（哲学社会科学版），2017，44（3）：102—106．

黄行，许峰．我国与周边国家跨境语言的语言规划研究［J］．语言文字应用，2014（2）：9—17．

黄行．传承创新中华传统文化 赋能中国品牌价值提升拓展市场［EB/OL］．人民网．（2022-05-22）［2022-07-09］．http://finance.people.com.cn/n1/2022/0512/c1004-32420179.html．

黄行．论国家语言认同与民族语言认同［J］．云南师范大学学报（哲学社会科学版），2012，44（3）：36—40．

黄湄．共同体视域下的国际中文教育发展研究［D］．北京：中共中央党校，2021：2—5．

黄杉杉．国家认同视域下新加坡语言教育治理研究［D］．广州：华南师范大学博士学位论文，2023：1—5．

黄小丽．日本小语种教育的历史、现状及相关政策［J］．外语教学理论与实践，2019（4）：71—80．

霍建国．"一路一带"战略构想意义深远［J］．人民论坛，2014（15）：33—35．

甲骨易（北京）语言科技股份有限公司［EB/OL］．［2023-05-09］．https://isite.

baidu.com/site/wjzkb1cy/ca4ad593-e791-407e-ab4e-63fa004a3dea?ch=48&wid=4d4bade3559b48a19239b617053f9090_0_0.

贾春燕."一带一路"背景下新疆高职非通用语应用型人才培养现状及对策研究[J].新疆职业教育研究,2017,8(3):22—24,37.

江时学.评中国学术界对区域国别研究和区域国别学的认知[J].拉丁美洲研究,2022,44(2):1—27,154.

江西网络电视台.后疫情时代:语言服务企业的危机与先机[EB/OL].(2020-04-03)[2022-10-04].https://cn.chinadaily.com.cn/a/202004/03/WS5e86a734a3107bb6b57aa942.html.

姜锋."会语言""通国家""精领域"[N].人民日报,2016-06-23.

姜亚军.试论我国外语教育的中国特色[J].外语教学,2022,43(5):42—47.

蒋洪新.推动构建中国特色英语类本科专业人才培养体系:英语类专业《教学指南》的研制与思考[J].外语界,2019(5):2—7.

蒋希衡,程国强.国内外专家关于"一带一路"建设的看法和建议综述[N].中国经济时报,2020-08-03(005).

骄傲!这12位中国人:获得法国政府、意大利总统、比利时国王等颁发的勋章![EB/OL].(2021-09-20)[2022-09-24].https://baijiahao.baidu.com/s?id=1711232405684402352&wfr=spider&for=pc.

教育部,国家乡村振兴局,国家语委.关于印发《国家通用语言文字普及提升工程和推普助力乡村振兴计划实施方案》的通知[Z].教语用〔2021〕4号.2021-12-23.

教育部.《新文科建设宣言》正式发布[EB/OL].(2020-11-03)[2022-08-05].https://news.eol.cn/.

教育部.2018年来华留学统计[EB/OL].(2019-04-02)[2022-11-10].http://www.moe.gov.cn/jyb_xwfb/gzdt_gzdt/s5987/201904/t20190412_377692.html.

教育部等六部门关于加强新时代高校教师队伍建设改革的指导意见[EB/OL].教师〔2020〕10号.(2021-01-04)[2022-10-18].http://www.moe.gov.cn/srcsite/A10/s7151/202101/t20210108_509152.html.

教育部高等教育司:价值引领 质量为本 改革创新 监督保障[EB/OL].(2020-12-25)[2022-10-16].https://baike.baidu.com/reference/50255036/3560fSA6HjwRlktJcyxQbknOla75F7JvHdOz-tWaoNZH4wLUotWHj9U2DaMbnS2D4Bw5FTxz1DydK2VacCQYjiNMsseB-7NMXcOScgPAVpBMzKJJcMMMbQ_sOt8z6NitQytRZdBZxsQ.

教育部高等学校教学指导委员会．普通高等学校本科专业类教学质量国家标准（上）［S］．北京：高等教育出版社，2018．

教育部高等学校教学指导委员会．外国语言文学类教学质量国家标准［M］//教育部高等学校教学指导委员会．普通高等学校本科专业类教学质量国家标准（上）．北京：高等教育出版社，2018：1—3．

教育部高等学校外国语言文学类专业教学指导委员会非通用语种类专业教学指导分委员会．普通高等学校本科非通用语种类专业教学指南（2020）［M］//教育部高等学校外国语言文学类专业教学指导委员会，等．普通高等学校本科外国语言文学类专业教学指南（下）．北京：外语教学与研究出版社，2020：139—140．

教育部高等学校外国语言文学类专业教学指导委员会英语专业教学指导分委员会．普通高等学校本科外国语言文学类专业教学指南（上）：英语类专业教学指南［M］．上海：上海外语教育出版社，2020．

教育部语言文字应用管理司．国家中长期语言文字事业改革和发展规划纲要（2012—2020年）［M］．北京：语文出版社，2013．

科大讯飞股份有限公司［EB/OL］．（2022-01）［2023-05-06］．https://www.iflytek.com/about.html．

李宝贵，尚笑可．"一带一路"背景下汉语国际传播的新机遇、新挑战与新作为［J］．辽宁大学学报（哲学社会科学版），2018，46（2）：121—130．

李宝龙，张璐．推进新文科背景下非通用语专业建设［N］．中国社会科学报，2022-07-11（008）．

李宝龙．非通用语专业课程思政教学改革路径探析［J］．陕西教育（高教），2022（2）：12—13，28．

李晨阳．关于新时代中国特色国别与区域研究范式的思考［J］．世界经济与政治，2019（10）：143—155，160．

李兰，赵芳．"一带一路"倡议的人才支撑与教育路径［J］．现代交际，2017（19）：21—22．

李明泉．中华文明是当代中国的文化根基［N］．文艺报，2022-06-01（3）．

李水．近三十年国内外劝慰语研究述评［C］．北京大学"2017对外汉语博士生论坛暨第十届北京地区对外汉语教学研究生学术论坛"．2017．

李卫峰，程彤．非通用语种专业国别区域研究人才培养体系探索［J］．外语高教研究，2020（0）：79—86．

李潇君．推动中华文化走出去 增强国家文化软实力［N］．光明日报，2019-

12-20.

李晓.尊重语言，就是尊重我们自己［N］.光明日报，2019-04-08.

李晓曼（责编）.构建新型智库，西方这么做［EB/OL］.（2018-04-09）［2023-06-13］.http://www.china.com.cn/opinion/think/2018-04-09/content_50847667.htm.

李雪莲.数字人文推进外语学科建设［N］.中国社会科学报，2022-11-08（003）.

李宇明."应急语言服务"不能忽视［N］.人民日报，2020-04-08（005）.

李宇明.服务"一带一路"的外语规划问题［EB/OL］.语言服务40人论坛.（2020-05-11）［2022-11-02］.http://www.bjinforma.com/zw2018/ly_4982/202005/t20200511_800203960.html.

李宇明.汉语传播的国际形象问题［C］.首届汉语跨文化传播国际研讨会论文集.上海：复旦大学，2014：1—7.

李宇明.汉语的层级变化［J］.中国语文，2014（6）：550—558，576.

李宇明.命运共同，语言共通［N］.光明日报，2020-08-22.

李宇明.提升国家语言能力的若干思考［J］.南开语言学刊，2011（1）：1—8，180.

李宇明.提升语言能力 助力国家发展［N］.人民日报，2020-02-21（20）.

李宇明.语言规划学研究：第8辑［M］.北京：北京语言大学出版社，2020：18.

李宇明.语言竞争试说［J］.外语教学与研究，2016，48（2）：212—225，320.

李宇明.语言也是"硬实力"［J］.华中师范大学学报（人文社会科学版），2011（5）：1—5.

李志东.外语学科国别与区域研究：发展与挑战［J］.外语学刊，2021（1）：59—65.

力迈.学者探讨：中国学术"走出去"之路径［N］.中国青年报，2014-09-09（02）.

梁秉赋.新加坡华文教育研究［M］.北京：北京语言大学出版社，2020：1—3.

梁丹."中国区域国别学共同体"成立大会在北外举行［EB/OL］.（2022-10-23）［2022-11-27］.https://www.sohu.com/a/595033631_243614.

梁昊光，张耀军."一带一路"语言战略规划与政策实践［J］.人民论坛·学术前沿，2018（10）：98—105.

梁宇．区域国别中文教育研究的内涵、内容与路径［J］．河南大学学报（社会科学版），2022，62（2）：111—116，155．

梁占军．构建区域国别学，世界现代史大有可为［J］．史学集刊，2022（4）：8—12．

辽宁省高等教育局，沈阳师范学院教育科研所合编．高等教育文件选编（1977.11—1982.6）［M］．沈阳：辽宁省高等教育局，1982：100—104．

林迎娟．美国孔子学院发展与教育议题安全化：解析误解的生成机制［J］．前沿，2020（2）：19—26．

凌德祥．教育资源优化配置与语言安全、经济的国家战略［J］．语言规划学研究，2015（1）：55．

刘秉栋，冯蕾．英语专业课程思政体系建设：现实困境与突围路径［J］．外语电化教学，2022（4）：23—28，112．

刘博超．国家应急语言服务团成立［N］．光明日报，2022-04-29．

刘超．构建中国特色的区域国别研究体系［N］．中国社会科学报，2022-03-22（001）．

刘芳．新文科视域下外语专业人才如何培养［N］．中国教育报，2022-08-29（06）．

刘鹤，石瑛，金祥雷．课程思政建设的理性内涵与实施路径［J］．中国大学教学，2019（3）：59．

刘辉，孙妙，刘浩正．服务"一带一路"优化外语专业人才培养［J］．中国高等教育，2019（Z2）：70—72．

刘佳欢．中、美、俄、新、澳主流媒体"一带一路"新闻话语生态性比较研究［D］．北京：北京外国语大学，2022：1—2．

刘礼堂，谭昭．古丝绸之路河西走廊语言服务状况考［J］．江汉考古，2018（2）：118—122．

刘美兰．美国"关键语言"战略研究［M］．上海：复旦大学出版社，2016：119—122．

刘美兰．美国安全语言教育规划对中国的启示［M］．北京：中国社会科学出版社，2020：235—236．

刘倩．"一带一路"视角下区域国别研究的学科建设［EB/OL］．光明网—学术频道．（2022-01-31）［2022-02-03］．https://www.gmw.cn/xueshu/2022-01/31/content_35489606.htm．

刘曙雄，张玉安，张光军．军队外语非通用语教学研究洛阳［M］．北京：

军事谊文出版社，2008：1—10．

刘曙雄．筚路蓝缕，奋力作为：改革开放40年非通用语教育［M］//庄智象．往事历历40年回眸：知名外语学者与改革开放（第一部）．上海：上海外语教育出版社，2018：364—368，372，375，378．

刘曙雄．关于外语非通用语种特色专业建设［G］//欧洲语言教与学（第一辑）．北京：外语教学与研究出版社，2012．

刘晓宇．应急语言抚慰刍议［J］．当代外语研究，2022（5）：110—119．

刘新成，梁占军．区域国别学要协同培养双复合型研究人才［N］．光明日报，2022-06-28（13）．

刘延东．促进语言能力共同提升推动人类文明发展和社会进步：刘延东副总理在世界语言大会开幕式上的讲话［EB/OL］．（2014-06-05）[2022-10-23]．http://www.moe.gov.cn/jyb_xwfb/moe_176/201409/t20140915_174953.html．

刘洋．区域国别研究背景下的中东欧四国中文教育比较研究［D］．沈阳：辽宁师范大学，2022：2—5．

刘泽海．东南亚国家语言教育政策发展研究［M］．北京：社会科学文献出版社，2018：1—2．

刘振平．东盟国家语言教育政策与规划［M］．延吉：延边大学出版社，2019：1—2．

龙洋．国别与区域语言教育政策比较研究［M］．重庆：重庆出版社，2019：1—3．

卢俊霖，祝晓宏．"一带一路"建设背景下"语言互通"的层级、定位与规划［J］．语言文字应用，2017（2）：67—73．

鲁成志主编．高校自主招生运作实务全书：第1卷［M］．2008：1—5．

陆俭明．"语言能力"内涵之吾见［J］．语言政策与规划研究，2016（1）：2—4．

陆俭明．汉语国际教育与中华文化国际传播［J］．同济大学学报（社会科学版），2015，26（2）：79—84．

陆俭明．试论中华文化的传播［J］．学术交流，2019（4）：5—12，191．

陆俭明．语言能力事关国家综合实力提升［J］．海外华文教育动态，2016（1）：44—45．

栾栋．英国高等院校复语人才培养研究与启示［J］．兰州教育学院学报，2018，34（4）：138—140．

罗林，邵玉琢．国别和区域研究须打破学科壁垒的束缚：论人文向度下的整体观［J］．国别和区域研究，2019，4（1）：147—165，174．

罗林．区域国别学视域下的东南亚研究人才培养［R］．"东南亚国际论坛" 2022 国际会议暨粤港澳产教融合协同创新论坛．广州：华南师范大学，2022-11-26．

马亮．"一带一路"背景下俄语专业区域国别人才培养的现状、问题及建议 ［J］．中国俄语教学，2019，38（1）：91—96，20．

马曼丽，李丁．丝绸之路发展史［M］．北京：中国社会科学出版社， 2021：1—3．

毛延生，田野．"一带一路"背景下面向东盟的语言发展体系构建研究 ［J］．广西社会科学，2023（3）：54—60．

美国研究中心［EB/OL］．［2022-09-19］．https://seis.bfsu.edu.cn/yjzx/mgyjzx.htm．

美国之音．改头换面的孔子学院无所不在的中国威胁？［EB/OL］．（2021-06-23）［2023-07-22］．https://webcache.googleusercontent.com/search?q=cache:JZKaWo0wkvcJ:https://www.voachinese.com/a/confucius-institute-china-2022-06-22/6628342.html&cd=3&hl=zh-CN&ct=clnk．

美花．"一带一路"国际合作中哈萨克斯坦国家语言教育政策研究［D］．沈阳：沈阳师范大学，2019．

美媒前主管：威胁关闭孔子学院是愚蠢之举［EB/OL］．（2018-07-04）［2023-08-01］．https://3g.china.com/act/news/11157580/20180704/32629337.html．

闵惠泉，邓炘炘主编．国际关系与语言文化［M］．北京：北京广播学院出版社，2003：1—2．

莫海文．东盟国家语言教育政策研究［M］．长沙：中南大学出版社， 2019：1—2．

穆雷，刘馨媛．重视并建设国家应急语言服务人才培养体系［J］．天津外国语大学学报，2020，27（3）：24—31，156—157．

南亚学系—系所概况［EB/OL］．［2022-09-04］．https://sfl.pku.edu.cn/xssz/54432.htm．

聂悄语．加强中国政治话语的国际传播能力［N］．求是，2014-11-26．

宁琦，中国俄语教育70年回顾与展望［J］．上海交通大学学报（哲学社会科学版），2019（5）：84．

宁琦．区域与国别研究人才培养的理论与实践：以北京大学为例［J］．外语界，2020（3）：36—42．

欧阳宏宇．报告：谷歌语言AI技术全球第一，BAT均入围前十［EB/OL］．

（2022-07-07）[2023-05-03]. https://www.sohu.com/a/564919578_120952561.

欧洲语言文化学院—国际交流[EB/OL].[2022-09-16]. https://europe.bfsu.edu.cn/gjjl.htm.

欧洲语言文化学院历史沿革[EB/OL].[2022-09-20]. https://europe.bfsu.edu.cn/xygk/lsyg.htm.

欧洲语言文化学院—名师风采：冯志成[EB/OL].[2022-09-17]. https://europe.bfsu.edu.cn/info/1071/1103.htm.

欧洲语言文化学院新增8个国家级一流本科专业建设点[EB/OL].（2022-06-16）[2022-09-24]. https://europe.bfsu.edu.cn/info/1100/3408.htm.

彭青龙. 论外语学科方向变化新特点与内涵建设新思路[J]. 外语电化教学，2018（3）：3—7.

葡萄牙语专业介绍[EB/OL].（2021-04-20）[2022-09-22]. https://xpyx.bfsu.edu.cn/info/1196/1503.htm.

戚义明. 周恩来与新中国的外事翻译工作：丛文滋访谈录[J]. 党的文献，2006（5）：41.

钱宗武.《尚书易解》的训诂成就[J]. 古汉语研究，1994（S1）：68—74.

强国必须强语，强语助力强国[EB/OL]. 国务院新闻办公室.（2016-10-09）[2022-10-24]. www.scio.gov.cn.

清华大学人工智能研究院. 人工智能发展报告（2011—2020）[R]. 清华-中国工程院知识智能联合研究中心，2021：1—6.

屈廖健，刘宝存."一带一路"倡议下我国国别和区域研究人才培养的实践探索与发展路径[J]. 中国高教研究，2020（4）：77—83，97.

屈哨兵. 我国语言活力和语言服务的观察与思考[J]. 学术研究，2018（3）：155—160，178.

全国外语外贸院校学生工作协作会. 新时代培养"讲好中国故事"的外语人才倡议书[EB/OL].（2021-12-15）[2023-10-30]. https://news.bfsu.edu.cn/article/289891/cate/4.

全球首发"国家语言能力指数"，中国位居第二[EB/OL].（2021-09-01）[2023-04-28]. https://zhuanlan.zhihu.com/p/407382835.

全球文明论坛"命运共同体：挑战与未来"分论坛在北外举行[EB/OL].（2023-09-19）[2023-10-25]. https://news.bfsu.edu.cn/archives/300415.

全省唯一！中冶东方获批国家语言服务领域特色服务出口基地[EB/OL].（2022-03-25）[2023-05-12]. https://baijiahao.baidu.com/s?id=17282407303985973

50&wfr=spider&for=pc.

人民日报评论员. 共建"一带一路"取得实打实沉甸甸的成就：论学习贯彻习近平总书记在第三次"一带一路"建设座谈会上重要讲话［N］. 人民日报，2021-11-21.

任贵祥. 新中国成立后周恩来与海外归国学人及华裔科学家的深切交往［EB/OL］. 中共中央党史和文献研究院官网.（2015-02-10）［2022-08-06］. https://www.dswxyjy.org.cn/n1/2019/0228/c423726-30923392.html.

任晓，孙志强. 区域国别研究的发展历程、趋势和方向：任晓教授访谈［J］. 国际政治研究，2020，41（1）：134—160.

任晓. 今天我们如何开展区域国别研究［J］. 国际关系研究，2022（4）：3—16，155.

僧伽罗语培养方案（2016版）［EB/OL］.（2017-06-18）［2022-09-24］. https://asian.bfsu.edu.cn/info/1050/1239.htm.

僧佑. 出三藏记集［M］. 苏晋仁，等点校. 北京：中华书局，1995：292.

上海文策信息科技有限公司获批国家专业类特色服务出口基地［EB/OL］.（2022-08-01）［2023-05-10］. https://sghexport.shobserver.com/html/baijiahao/2022/08/01/814514.html.

上外简介［EB/OL］.（2022-09）［2022-08-03］. http://www.shisu.edu.cn/about/introducing-sisu.

沈凡苇. 语言智库人才刍议［N］. 中国社会科学报，2022-08-16（003）.

沈骑，康铭浩. 面向重大突发公共卫生事件的语言治理能力规划［J］. 新疆师范大学学报（哲学社会科学版），2020（5）：131—141.

沈骑，魏海苓. 构建人类命运共同体视域下的中国外语战略规划［J］. 外语界，2018（5）：11—18.

沈骑. "一带一路"倡议下国家外语能力建设的战略转型［J］. 云南师范大学学报（哲学社会科学版），2015，47（5）：9—13.

沈骑. 中国外语教育规划：方向与议程［J］. 中国外语，2017，14（5）：11—20.

沈骑. 中国应用语言学的学科责任与学术担当［J］. 当代外语研究，2020（1）：26—30.

斯瓦希里语［EB/OL］. 联合国教科文组织官网.［2022-11-07］. https://zh.unesco.org/silkroad/silk-road-themes/languages-and-endanger-languages/siwaxiliyu.

斯瓦希里语培养方案（2016版）［EB/OL］.（2017-06-18）［2022-09-24］.

https://asian.bfsu.edu.cn/info/1050/1238.htm.

宋红波，沈国环."一带一路"共建国家语言教育政策研究［M］.武汉：武汉大学出版社，2020：1—2.

苏莹莹."一带一路"非通用语人才培养模式的思考与探索［J］.中国外语教育（季刊），2017，10（2）：3—7，95.

苏长和.全人类共同价值的深刻意蕴与理论贡献［N］.人民日报，2022-05-30.

孙芳.培养非通用语创新人才，服务"一带一路"倡议：北京外国语大学"俄语+中亚语"专业建设探索与思考［J］.中国俄语教学，2020，39（4）：68—75.

孙琪，刘宝存."一带一路"倡议下非通用语人才培养现状与发展路径研究［J］.中国高教研究，2018（8）：41—46.

孙宜学.中华文化国际传播：途径与方法创新［M］.上海：同济大学出版社，2016.

孙有中，唐锦兰.人工智能时代中国高校外语教师队伍建设路径探索："四新"理念与"四轮"驱动模式［J］.外语电化教学，2022（3）：3—7，101.

泰山北斗　光照后人——记波兰语专业易丽君教授［EB/OL］.［2022-09-16］.https://europe.bfsu.edu.cn/info/1071/1104.htm.

谭萌.道术之间：区域国别研究社会型学术的解潮与结浪——记"领潮行"写作营第一课暨"燕南66优创"第十期品鉴会［EB/OL］.（2022-11-15）［2022-11-24］.https://ias.pku.edu.cn/xwgg/xyxw/349b19e1b2c342e3a2a38e453f7a89af.htm.

谭天星.充分发挥华侨华人优势　推动中华文化走出去［EB/OL］.中国新闻网.（2019-12-20）［2022-07-05］.https://finance.sina.com.cn/roll/2019-02-20/doc-ihrfqzka7592793.shtml.

唐闻生.我国高端翻译人才队伍现状与对策建议［J］.中国翻译，2014，35（5）：7—8.

滕文生.人民要论：古丝绸之路与共建一带一路［N］.人民日报，2019-03-25.

滕延江.论应急语言服务规划［J］.语言战略研究，2020，5（6）：88—96.

滕延江.美国紧急语言服务体系的构建与启示［J］.北京第二外国语学院学报，2018，40（3）：31—43，128.

童超.有容乃大：中华文明绵延不绝的精神基因［EB/OL］.（2015-02-12）［2022-05-12］.http://www.kaogu.net.cn/cn/kaoguyuandi/kaogusuibi/2015/0212/49271.html.

推动共建丝绸之路经济带和21世纪海上丝绸之路的愿景与行动［EB/OL］.

新华社.（2015-03-28）[2022-08-20]. http://www.xinhuanet.com/world/2015-03-28/c_1114793986.htm.

外教社高教. 首届新文科背景下外语课程与教材建设高端论坛成功举办[Z]. 上海外语教育出版社—外教社高教公众号，2022-09-01.

汪波. 韩国非通用语发展新战略评析：韩国《特殊外语教育振兴相关法》对我国非通用语教育的启示[J]. 外语教育研究前沿，2020，3（4）：26—31，90.

王春辉. 学科建构视角下的语言治理研究[J]. 陕西师范大学学报（哲学社会科学版），2021，50（6）：155—163.

王春辉. 语言治理的理论与实践[M]. 北京：中国社会科学出版社，2021：6.

王东平. 先秦至唐汉文化在西域的传播[J]. 新疆大学学报（哲学社会科学版），1994（1）：68—73，92.

王鹤迦. 博物馆元宇宙：穿越上下五千年的文化之旅[EB/OL].（2022-11-02）[2022-11-05]. http://www.cww.net.cn/article?id=570051.

王珩，王玉琴. 区域国别学如何担当智库使命[N]. 中国社会科学报，2022-05-19（002）.

王寰. 我国复合型外语人才培养改革的政策演进研究[D]. 上海：上海外国语大学，2021：1.

王辉，史官圣. 我国区域国别语言政策研究的文献计量分析（2000—2020）[J]. 浙江外国语学院学报，2022（3）：53—64.

王辉，夏金铃. 高校"一带一路"非通用语人才培养与市场需求调查研究[J]. 外语电化教学，2019（1）：30—36.

王辉，周玉忠. 语言规划与语言政策：理论与国别研究：续[M]. 北京：中国社会科学出版社，2015：135—145.

王辉，周智婉. 从治理到"智理"：提升国家语言治理能力的新路向[N]. 中国社会科学报，2022-03-20.

王辉. "一带一路"国家语言状况与语言政策（第三卷）[M]. 北京：中国社会科学文献出版社，2019：1—2.

王辉. 区域国别中文教育：内涵、演进与展望[EB/OL]. 南京大学120周年校人文社科高端前沿座.（2022-06-20）[2022-06-21]. https://www.bilibili.com/video/BV17m4y1F7Je/.

王辉. 全球治理视角下的国家语言能力[N]. 光明日报，2019-07-27.

王辉. 提升适应国家治理现代化的应急语言能力[N]. 语言文字周报，

2020-04-01（002）.

王会花，施卫萍. 外语专业课程思政教学改革实践路径探析［J］. 外语界，2021（6）：38—45.

王缉思. 中国的区域与国别研究缺什么？［N］. 澎湃新闻，2018-12-27.

王立非，王铭玉，沈骑.“应急语言问题”多人谈［J］. 语言战略研究，2020（3）：75—79.

王立非. 京津冀长三角、粤港澳大湾区语言服务竞争力报告［M］. 北京：对外经贸大学出版社，2023：1—3.

王立非. 面对新冠疫情，应急语言服务不能缺位［EB/OL］. 锦州新闻网.（2020-02-26）［2023-05-20］. http://mlzg.1m3d.com/html/2020/1m3d_business_0226/522994.html.

王立非. 新时代中国特色新型高校语言智库建设与语言智库学科发展［J］. 山东外语教学，2021，42（1）：12—21.

王烈琴，于培文.“一带一路”发展战略与中国语言教育政策的对接［J］. 河北学刊，2017，37（1）：185—189.

王烈琴. 全球化背景下的语言观及其对国家语言教育政策的影响［J］. 外语教学，2013，34（5）：61—64，69.

王鲁男. 外语专业通识教育：历史、现状与展望［J］. 外语教学与研究，2013，45（6）：922—932.

王烁. 非通用语专业课程思政教学模式的探索与实践：以"芬兰文化"课程为例［J］. 天津师范大学学报（社会科学版），2022（6）：55—61.

王铁琨. 语言文字工作面临的挑战与对策［J］. 厦门大学学报（哲学社会科学版），2003（3）：110—116.

王婷. 混合式教学引发"跨空间"教学变革［N］. 中国教育报，2022-11-10（07）.

王文. 金台观察：重构中国智库理念 咨政启民、伐谋孕才［EB/OL］.（2014-10-10）［2023-05-26］. http://finance.people.com.cn/n/2014/1010/c365172-25802667.html.

王晓梅. 语言战略研究的产生与发展［J］. 中国社会语言学，2014（1）.

王晓明. 新时期华文教育研究［M］. 长沙：中南大学出版社，2019：1—5.

王学俭，石岩. 新时代课程思政的内涵、特点、难点及应对策略［J］. 新疆师范大学学报（哲学社会科学版），2020（2）：50—58.

王雪梅. 从"一带一路"视角探索我国高校非通用语种专业建设现状：以传

统外语类院校为例[C]//上海市社会科学界联合会.治国理政：新理念 新思想——上海市社会科学界第十四届学术年会文集（2016年度）.上海：上海人民出版社，2016.

王义桅."一带一路"为世界发展贡献中国智慧[N].人民日报，2016-07-07.

王瑜，刘妍.语言规划取向下双语教育政策价值逻辑分析[J].比较教育研究，2018，40（11）：98—105.

王卓."一带一路"背景下高校立体化外语教育建设[J].山东外语教学，2019，40（5）：54—59.

维基百科.2021年云南大象北迁事件[EB/OL].（2021-12-10）[2022-05-27].https://zh.m.wikipedia.org/zh-hans/2021%E5%B9%B4%E4%BA%91%E5%8D%97%E5%A4%A7%E8%B1%A1%E5%8C%97%E8%BF%81%E4%BA%8B%E4%BB%B6.

魏晖."一带一路"与语言文化交流能力[J].文化软实力研究，2020，5（1）：5—13，2.

魏晖.国家语言能力有关问题探讨[J].语言文字应用，2015（4）：35—43.

文明之美看东方：让世界文明百花园群芳竞艳 习近平这样倡导[EB/OL].人民网—中国共产党新闻网.（2022-07-22）[2022-05-22].https://m.gmw.cn/baijia/2022-07/22/35902910.html.

文秋芳，常小玲.中国共产党百年外语教育与中华民族伟大复兴[J].外语教育研究前沿，2021（2）：7—19，89.

文秋芳，苏静，监艳红.国家外语能力的理论构建与应用尝试[J].中国外语，2011（3）：4—10.

文秋芳，张虹.我国高校非通用外语教师面临的挑战与困境：一项质性研究[J].中国外语，2017（6）：96—100.

文秋芳.对"国家语言能力"的再解读：兼述中国国家语言能力70年的建设与发展[J].新疆师范大学学报（哲学社会科学版），2019（5）：57—67.

文秋芳.国家语言能力的内涵及其评价指标[J].云南师范大学学报（哲学社会科学版），2016（2）：23—31.

文秋芳.国家语言能力的内涵及其评价指标[J].云南师范大学学报（哲学社会科学版），2016，48（2）：23—31.

文秋芳.亟待制定"一带一路"小语种人才培养战略规划（教育部咨政报告）[R].2014.

文秋芳.建设语言人才资源库，提升国家语言能力[G]//李宇明.中法语言政策研究（第二辑）．北京：商务印书馆，2016：235—240．

文秋芳．实现国家语言能力与综合国力相适应［N］．光明日报，2021-11-14（05）．

文秀．习近平讲话的语言风格及特点［EB/OL］．新华网．（2013-12-09）［2022-07-12］．http://www.js.xinhuanet.com/2013-12/09/c_118481815.htm．

我国特色服务出口基地已覆盖7个领域 总数达112家［EB/OL］．（2022-03-25）［2023-05-13］．http://tradeinservices.mofcom.gov.cn/article/news/ywdt/202203/131939.html．

吴浩，欧阳骞．高质量共建"一带一路"的理念与路径探析：基于全球治理视角［J］．江西社会科学，2022，42（7）：197—205．

吴坚．粤港澳大湾区国际中文人才培养：机遇、挑战与对策［J］．广州大学学报（社会科学版），2023，22（1）：45—48．

吴小华．汉语国际教育与中国文化传播平台搭建：评《中国当代文化传播与汉语国际教育》［J］．中国教育学刊，2021（7）：110．

吴岩．积势蓄势谋势 识变应变求变［J］．中国高等教育，2021（1）：4—7．

吴岩．新使命 大格局 新文科 大外语［J］．外语教育研究前沿，2019（2）：37，90．

吴一凡．教育部外语教学指导委员会非通分指委2021工作会议在我校顺利召开［EB/OL］．（2021-10-21）［2022-08-20］．https://www.yxc.cn/news/2021/1021/c2728a44637/page.htm．

西班牙语葡萄牙语学院概况［EB/OL］．（2021-04-20）［2022-09-22］．https://xpyx.bfsu.edu.cn/info/1198/1505.htm．

西葡意语系—系所概况［EB/OL］．［2022-09-05］．https://sfl.pku.edu.cn/xssz/54434.htm．

西亚学系—系所概况［EB/OL］．［2022-09-06］．https://sfl.pku.edu.cn/xssz/54435.htm．

习近平．充分发挥我国应急管理体系特色和优势 积极推进我国应急管理体系和能力现代化［N］．人民日报，2019-12-01．

习近平．高举中国特色社会主义伟大旗帜 为全面建设社会主义现代化国家而团结奋斗：在中国共产党第二十次全国代表大会上的报告［EB/OL］．新华社．（2022-10-16）［2022-10-20］．http://www.gov.cn/xinwen/2022-10/25/content_5721685.htm．

习近平．坚持正确方向创新方法手段提高新闻舆论传播力引导力［N］．人民日报，2016-02-20（1）.

习近平.让开放的春风温暖世界：在第四届中国国际进口博览会开幕式上的主旨演讲［N］.人民日报，2021-11-05（02）.

习近平.提高软实力实现中国梦［N］.人民日报（海外版），2014-01-01.

习近平.习近平谈"一带一路"［M］.北京：中央文献出版社，2018：218.

习近平：讲好中国故事，传播好中国声音［EB/OL］.求是网.（2021-06-02）［2023-09-20］.http://www.qstheory.cn/zhuanqu/2021-06/02/c_1127522386.htm.

习近平提出：推进文化自信自强，铸就社会主义文化新辉［EB/OL］.新华网.（2022-10-16）［2022-05-19］.http://www.news.cn/politics/leaders/2022/10/16/c_1129066869.htm.

喜讯！北外新增国家级一流本科专业建设点 21 个［EB/OL］.（2022-06-15）［2022-09-20］.https://mp.weixin.qq.com/s?__biz=MzA3NDgyNzk4Ng==&mid=2653796781&idx=1&sn=4ef9b39b77cbbe545a9f8d023b536694&chksm=84a0c810b3d741069bb95b082a9d2b842da3ed7a87dfbecceeb920a1dc8fbda5bd9a7568f840&scene=27.

项江涛.推动外语学科融合发展［N］.中国社会科学报，2021-07-05（002）.

肖甦，时月芹."一带一路"视域下中国与中亚五国教育交流合作30年审思［J］.比较教育研究，2022，44（12）：3—15.

肖智立.英语专业人才培养从语言研究向国别与区域研究的转变［J］.现代英语，2021（12）：112—114.

谢倩.外语教育政策国际比较研究［M］.武汉：华中科技大学出版社，2013：1—2，141.

谢韬，陈岳，戴长征，赵可金，翟崑，李巍.构建中国特色的区域国别学：学科定位、基本内涵与发展路径［J］.国际论坛，2022，24（3）：3—35，155.

辛明，唐爱军.当代意识形态问题概论［M］.北京：中共中央党校出版社，2021：209.

新华社.世行报告：中国经济十年对世界经济增长贡献率超 G7 总和［EB/OL］.（2022-11-28）［2022-12-01］.https://www.gov.cn/xinwen/2022/11-28/content_5729266.htm.

新华社.中华人民共和国国民经济和社会发展第十四个五年规划和 2035 年远景目标纲要［EB/OL］.（2021-03-13）［2023-06-28］.http://www.gov.cn/xinwen/2021-03/13/content_5592681.htm.

新文科建设提速，外语人才培养如何重塑？这些专家有话说［EB/OL］.（2021-

04-11）［2022-10-12］．https://wenhui.whb.cn/third/baidu/202104/11/399691.html．

新文科建设要做到三个"新"［N］．北京青年报，2019-05-21（A02）．

新译成为全国首批语言服务出口基地受媒体关注［EB/OL］．（2022-03-29）［2023-05-12］．https://baijiahao.baidu.com/s?id=1728599242333874574&wfr=spider&for=pc．

新译科技入选全国首批语言服务出口基地，成为广东省唯一入选者［EB/OL］．深圳新闻网．（2022-03-25）［2023-05-05］．http://www.sznews.com/news/content/mb/2022-03/25/content_25020334.htm．

徐明徽．学科交叉、学科融合，高校外语教育发展应如何面对挑战？［N］．澎湃新闻，2021-03-11．

薛进文．孔子学院连通中国与世界人民的梦想［N］．中国社会科学报，2015-03-27（A4）．

讯飞翻译机4.0发布，引领AI翻译机标准再升级，交流够自然［EB/OL］．（2022-08-05）［2023-05-18］．https://baijiahao.baidu.com/s?id=1740303574464017653&wfr=spider&for=pc．

亚非语系—系所概况［EB/OL］．［2022-09-09］．https://sfl.pku.edu.cn/xssz/54436.htm．

亚洲学院—国际交流［EB/OL］．［2022-09-15］．https://asian.bfsu.edu.cn/gjjl/gjjl.htm．

亚洲学院—专任教师［EB/OL］．［2022-09-20］．https://asian.bfsu.edu.cn/szdw.htm．

严赋憬，陈炜伟（新华社）．我国已与152个国家、32个国际组织签署共建"一带一路"合作文件［EB/OL］．（2023-08-24）［2023-09-10］．https://www.gov.cn/lianbo/bumen/202308/content_6899977.htm．

阎莉．语言生态学视角下"一带一路"核心区跨境语言规划研究［D］．成都：西南大学，2018：1—2．

央视网．亚投行成员数量增至109个［EB/OL］．（2023-09-28）［2023-10-28］．https://ydyl.cctv.com/2023/09/28/ARTIlAGShBJWvzkxq4myapkE230928.shtml．

杨彬，蒋璐．课程思政视阈下中东欧非通用语教学模式的探索与实践：以"中东欧国家报刊阅读"为例［J］．当代外语研究，2022（3）：20—27．

杨丹．以"101工程"非通用语振兴计划服务国家语言能力建设［J］．外语界，2022（1）：8—13．

杨枫．国家意识与外语课程思政建设：兼论新文科视野下的外语教育实践

[J].外语教学理论与实践，2022（2）：1—5.

杨胜才.高等学校"三全育人"的实践要求［J］.红旗文稿，2022（17）：35—37.

杨晓京，佟加蒙.中国非通用语人才培养现状及发展对策研究［J］.世界教育信息，2008（5）：58—62.

杨亦鸣.新时代语言能力建设服务国家需求大有可为［N］.光明日报，2018-01-14.

姚喜明，张丹华，等."一带一路"背景下的汉语国际教育［M］.上海：上海大学出版社，2019：1—2.

易红波.泰国语言政策对我国外语教育政策的启示［J］.成都师范学院学报，2017，33（3）：50—54.

殷乐，梁虹.媒介、传播与文化系列之二：媒介融合环境下的国际传播研究［M］.北京：中国社会科学出版社，2016：6—8.

尹少君，邹长虹.越南语言政策及其对中国外语教育政策的启示［J］.广西师范学院学报（哲学社会科学版），2014，35（3）：105—108.

于飞.历史上的佛经翻译与佛教中国化［N］.中国民族报，2020-10-02.

于美灵.韩国语教材中的课程思政元素探究：以《新经典韩国语精读教程》1、2为例［J］.东北亚外语研究，2022，10（3）：38—49.

于秋阳.为共建"一带一路"培养语言人才［N］.人民日报，2022-02-17.

语联网：助力翻译工作效率提升30倍［EB/OL］.（2022-11-11）［2023-05-15］.https://www.donews.com/news/detail/4/3258352.html.

袁筱一."新文科"视域下的外语学科建设：挑战、构想与路径［J］.外语教学理论与实践，2022（3）：19—26.

院系简介［EB/OL］.［2022-09-22］.https://xpyx.bfsu.edu.cn/info/1194/1222.htm.

张宝林."'世界各国语言政策数据库'建设与研究"总体设计［J］.语言规划学研究，2015（1）：38—44.

张辉.朝鲜朝（1392—1910）语言规划研究［J］.语言战略研究，2023，8（2）：87—96.

张会，陈晨."互联网+"背景下的汉语国际教育与文化传播［J］.语言文字应用，2019（2）：30—38.

张慧玉，俞晔娇.明朝四夷馆的人才培养及其对MTI教育的启示［J］.上海翻译，2020（3）：80—84，96.

张瑾．全球化进程中语言多样化发展的思考［J］．经济与社会发展，2007（11）：146—148．

张丽丽．"一带一路"背景下朝鲜（韩国）语专业国别与区域学教学体系改革研究［J］．语言与文化论坛，2021（2）：152—160．

张莲．培养服务国家战略的外语人才［EB/OL］．中国教育新闻．（2021-09-30）［2022-10-26］．https://www.163.com/dy/article/GL4OCG5V0550CBNY.html．

张日培．服务于"一带一路"的语言规划构想［J］．云南师范大学学报（哲学社会科学版），2015，47（4）：48—53．

张日培．中国语言政策研究报告［R］．北京：商务印书馆，2020：267．

张荣建，卢旺达．教育、语言政策与社会发展研究［M］．北京：中国农业大学出版社，2018：1—2．

张思瑶．"一带一路"战略下东北地区非通用语种人才培养［J］．东北财经大学学报，2017（3）：92—97．

张天伟．国家语言能力视角下的我国非通用语教育：问题与对策［J］．外语界，2017（2）：44—52．

张天伟．国外应急语言研究的主要路径和方法［J］．语言战略研究，2020（5）：67—78．

张天伟．美国国家语言服务团案例分析［J］．语言战略研究，2016，1（5）：88—96．

张天伟．我国关键语言战略研究［J］．中国社会科学院研究生院学报，2015（3）：92—96．

张天伟．我国外语教育政策的主要问题和思考［J］．外语与外语教学，2021（1）：13—20，144．

张添．走出象牙塔：区域国别研究社会型学术的定界与跨界——记"领潮行"写作营第二课［EB/OL］．（2022-11-24）［2022-11-25］．https://ias.pku.edu.cn/xwgg/xyxw/424154e8ed8a430ba48bc170519ff926.htm．

张未然．新形势下孔子学院的舆情困境：特征、原因与对策［J］．现代传播（中国传媒大学学报），2021，43（3）：20—26．

张蔚磊．非英语国家外语教育政策与规划的焦点问题探究［J］．外国中小学教育，2018（11）：36—43．

张蔚磊．外语教育政策研究：理论基础与参考框架［J］．西安外国语大学学报，2022，30（3）：55-60．

张喜华，常红梅．高职非通用语专业人才培养存在的问题与对策［J］．教育与职业，2020（20）：103—107．

张晓丹．"一带一路"，语言铺路［EB/OL］．（2017-09-22）［2023-05-08］．http://keywords.china.org.cn/2017-09/22/content_41654679.htm．

张晓勤，欧阳常青．"专业+非通用语"面向东盟复合型人才培养的探索与实践：以广西民族大学为例［J］．当代教育论坛，2009（5）：65—67．

张学强，张军历．论"一带一路"战略背景下的语言政策动力［J］．西南民族大学学报（人文社科版），2017，38（8）：179—184．

张译心，卢敏．立足现实推动外语学科建设［N］．中国社会科学报，2021-05-07（001）．

张治国．中国的关键外语探讨［J］．外语教学与研究，2011（1）：66—74，159．

章一平．软实力的内涵与外延［J］．现代国际关系，2006（11）：54—59．

赵刚．欧洲非通用语［M］//文秋芳，徐浩．中国外语教育年度报告．北京：外语教学与研究出版社，2013：176—204．

赵华，等．中国外语非通用语种类专业建设和发展报告（2016—2019）［M］．北京：外语教学与研究出版社，2022：31—37，68—70，72，93，95—109．

赵培杰，王春涛．郑州文化传播与城市软实力："一带一路"倡议下郑州建设国家中心城市研究［M］．北京：中国社会科学出版社，2018：16．

赵强．加快构建中国话语中国叙事体系［J］．理论导报，2022（6）：40—42．

赵蓉晖，冯健高．区域国别研究视角下的语言能力：地位与内涵［J］．外语界，2020（3）：20—28．

赵蓉晖，冯健高．语言能力在区域国别研究能力体系中具有重要地位［G］//语言生活皮书：中国语言政策研究报告（2021）．北京：商务印书馆，2021：215．

赵蓉晖．国家安全视域的中国外语规划［J］．云南师范大学学报（哲学社会科学版），2010（2）：12—16．

赵世举，黄南津．语言服务与"一带一路"［M］．北京：社会科学文献出版社，2016：1—5．

赵世举．"一带一路"建设的语言需求及服务对策［J］，云南师范大学学报（哲学社会科学版），2015（4）：25．

赵世举．关于国家语言智库体系建设的构想［J］．语言科学，2014，13（1）：15—23．

赵世举．国家软实力建设亟待研究和应对的重要语言问题［J］．文化软实力研究，2016，1（2）：36—51．

赵守辉，张东波．语言规划的国际化趋势：一个语言传播与竞争的新领域［J］．外国语，2012，35（4）：2—11．

赵双花．来华留学生语言能力发展与教育规划研究［D］．上海：上海外国语大学，2021．

赵阳．"一带一路"背景下的多语种人才培养研究［M］．北京：社会科学文献出版社，2017：22—26，23—25，172—175，200—205．

赵洋，张瑶，崔希栋．做一天马可·波罗：发现丝绸之路的智慧［M］．北京：北京科学技术出版社，2021：1—3．

赵应云．让人文之光照亮未来［N］．人民日报，2021-05-18（04）．

郑峻．《指南》视域下高校德语精读教材的思政功能：基于语料库的分析［J］．外语教育研究前沿，2021（1）：69—76，90．

郑倩茹，杨庆存：丝绸之路与人文精神：兼论人类命运共同体与世界和平发展［J］．中国文化研究，2022（3）：64—72．

郑言．浩荡神州九万里 自信华夏五千年［EB/OL］．（2021-04-19）［2022-04-26］．http://www.wenming.cn/zyh/tsyj/202104/t20210419_6018859.shtml．

智慧宫文化产业集团有限公司［EB/OL］．（2022-03-29）［2023-05-13］．http://www.wisdomhouse.com.cn/lists/102.html．

中村光男．地域研究［M］// 松崎巌．国际教育事典．东京：株式会社アルク，1991：481—482．

中共中央国务院．中共中央国务院关于全面深化新时代教师队伍建设改革的意见［EB/OL］．（2018-01-31）［2022-10-18］．http://www.gov.cn/zhengce/2018-01/31/content_5262659.htm．

中共中央国务院．中国教育现代化：2035［EB/OL］．（2019-02-23）［2022-10-18］．http://www.gov.cn/zhengce/2019-02/23/content_5367987.htm．

中国国际广播电台环球资讯广播和中国旅游研究院．中国游客海外形象全球调查报告［N］．国际商报，2015-12-20．

中国国家主席习近平在哈萨克斯坦纳扎尔巴耶夫大学重要演讲［EB/OL］．新华社．（2013-09-08）［2022-03-02］．http://www.gov.cn/ldhd/2013-09-08/content_2483565.htm．

中国人民大学重阳金融研究院．智库报告：重塑全球话语，中国需要有无数场"长津湖战役"［EB/OL］．（2021-11-02）［2023-04-22］．http://www.china.com.cn/opinion/think/2021-11/02/content_77846308.htm．

中国研究生招生信息网．外语语言文学的学科内涵［EB/OL］．（2016-04-25）

[2022-09-17］．https://yz.chsi.com.cn/kyzx/other/201604/20160425/1530345847.htm．

中国印地语教育开创者之一殷洪元逝世，95岁时递交入党申请书［EB/OL］．澎湃新闻网．（2021-11-08）［2022-09-25］．https://baijiahao.baidu.com/s?id=1715818949432614446&wfr=spider&for=pc．

"中国语言智库联盟"成立［N］．科技日报，2015-11-09．

中国政策研究网编辑组编．"一带一路"建设：政策解读与经验集萃［M］．北京：中国言实出版社，2020：30．

中华人民共和国教育部．国家外语非通用语种本科人才培养基地［EB/OL］．（2001-01）［2022-08-10］．http://www.moe.gov.cn/s78/A08/gjs_left/moe_1035/tnull_9238.html．

中华人民共和国教育部．教育部办公厅关于做好2017年度国别和区域研究有关工作的通知［EB/OL］．（2017-02-23）［2021-09-21］．http://www.moe.gov.cn/srcsite/A20/s7068/201703/t20170314_299521.html．

中华人民共和国教育部．教育部关于印发《高等学校课程思政建设指导纲要》的通知［EB/OL］．教育部官网．（2020-06-05）［2022-05-15］．http://www.moe.gov.cn/srcsite/A08/s7056/202006/t20200603_462437.html．

中华人民共和国教育部．区域和国别研究培育基地第一次工作会议成功召开［EB/OL］．（2012-04-17）［2021-09-20］．http://www.moe.gov.cn/jyb_sjzl/s3165/201204/t20120417_134244.html．

中华人民共和国与各国建立外交关系日期简表［EB/OL］．（2022-04-29）［2022-10-05］．https://www.fmprc.gov.cn/web/ziliao_674904/2193_674977/．

中央纪委国家监委网．胸怀天下的中国抉择：国际社会热议中共二十大将对世界产生深远影响［EB/OL］．（2022-10-18）［2022-10-20］．https://baijiahao.baidu.com/s?id=1746953532932009464&wfr=spider&for=pc．

中译语通公司简介［EB/OL］．［2023-05-08］．https://www.gtcom.com.cn/?c=about&a=index．

仲伟合，张清达．"一带一路"视域下的中国特色大国外语教育战略的思考［J］．中国外语，2017，14（5）：4—9．

周谷平，阚阅．"一带一路"战略的人才支撑与教育路径［J］．教育研究，2015，36（10）：4—9，22．

周庆生．"一带一路"与语言沟通［J］．新疆师范大学学报（哲学社会科学版），2018，39（2）：52—59．

周庆生主编，国家语言文字工作委员会政策法规室编．国家、民族与语言：

语言政策国别研究［M］．北京：语文出版社，2003：1—3．

周玉忠，王辉．语言规划与语言政策：理论与国别研究［M］．北京：中国社会科学出版社，2004：1—3．

朱蒙．区域国别研究视域下泰语专业人才培养模式探究［J］．外语高教研究，2020（0）：87—92．

朱瑞平．论汉语国际传播的风险规避策略［J］．云南师范大学学报（哲学社会科学版），2021，53（1）：54—61．

朱献珑．回答时代之问，区域国别学大有可为［EB/OL］．光明日报．（2023-04-11）［2023-04-20］．http://theory.people.com.cn/n1/2023/0411/c40531-32661241.html．

驻泰国使馆．在复杂严峻的国际环境中实现稳步发展：驻泰国大使韩志强谈中国经济发展与对外政策［EB/OL］．中国外交部官方网站．（2022-08-12）［2023-05-20］．https://www.mfa.gov.cn/zwbd_673032/wjzs/202208/t20220812_10741986.shtm．

邹莉，俞洪亮．中国语言智库的国际传播能力建设［N］．中国社会科学报，2022-10-20（002）．

邹长虹，尹少君．菲律宾语言政策及其对中国外语教育政策的启示［J］．社会科学家，2016（4）：157—160．

邹长虹．文莱语言政策及其对中国外语教育政策的启示［J］．社会科学家，2019（3）：152—155，160．

Bloom B S. Taxonomy of Educational Objectives [M]. Boston: Allyn & Bacon, 1984: 1-5.

Charlene Tan. Change and Continuity: Chinese Language Policy in Singapore [J]. Language Policy, 2006 (1): 41-62.

Donald Lien, Chang Hoon, W. Travis Seamier. Confucius institute effects on China's trade and FDI: Isn't it delightful when folks afar study Hanyu? [J]. International Review of Economics and Finance, 2011 (21): 147-155.

Dunfield K A, Best L J, Kelley E A, Kuhlmeier V A. Motivating moral behavior: Helping, sharing, and comforting in young children with Autism Spectrum Disorder [J]. Frontiers in Psychology, 2019 (10): 1-12.

Gross R. Psychology: The Science of Mind and Behavior (7th edn.) [M]. London: Hodder Education, 2015.

Hartig Walk. Confucius Institutes and the Rise of China [J]. Journal of Chinese Political Science, 2012 (1): 53-76.

Jackson F H, Malone M E. Building the Foreign Language Capacity We Need:

Toward a Comprehensive Strategy for a National Language Framework [EB/OL]. (2009) [2022-10-07]. https://www.cal.org/publications/building-foreign-language-capacity.

Jamie P. Horsley. It's time for a new policy on Confucius institutes [EB/OL]. (2021-04-01) [2023-08-20]. https://www.brookings.edu/articles/its-time-for-a-new-policy-on-confucius-insti-tutes/.

Judith Shapiro. "Green" China on the Global Stage [EB/OL]. (2021-07-22) [2022-11-22]. https//www.newsecuritybeat.org/2021/07/greenchina-global-stage/.

Kevin Zi-Hao Wong, Ying-Ying Tan. Mandarinization and the construction of Chinese ethnicity in Singapore [J]. Chinese Language and Discourse, 2017 (1).

Kevin Zi-Hao Wong, Ying-Ying Tan. Mandarinization and the construction of Chinese ethnicity in Singapore [J]. Chinese Language and Discourse, 2017 (1).

Lobov W, Fanshel D. Thera peutic Discourse: Psychotherapy as Conversation [M]. New York: Academic Press, 1977: 1-10.

Saran Kanpur Gill. Language Policy in Malaysia: Reversing Direction [J]. Language Policy, 2005 (3).

Saran Kanpur Gill. Language Policy in Malaysia: Reversing Direction [J]. Language Policy, 2005 (3): 241-260.

Schiffman H F. Linguistic Culture and Language Policy [M]. London and New York: Routledge, 1996: 24.

Starr Don. Chinese Language Education in Europe: The Confucius Institutes [J]. European Journal of Education, 2009 (1): 65-82.

The Harvard Committee. General Education in a Free Society: Report of the Harvard Committee [M]. Cambridge, MA.: Harvard University Press, 1950: 1-10.

Yasemin Kirghiz. Globalization and English Language Policy in Turkey [J]. Educational Policy, 2008 (3).

后　记

　　本书是 2023 年度教育部中外语言交流合作中心国际中文教育研究重大课题"国际中文教育服务'一带一路'建设路径和效果评价研究"（23YH06A），国家语委"十三五"科研规划 2019 年度重大项目"'一带一路'建设中语言服务的现状、评价及对策研究"（ZDA135-11），2021 年广东省教育厅普通高校特色创新项目"国家认同视域下港澳地区多语多文教育政策对比研究"（2021WTSCX148）的部分研究成果。

　　后学关于语言教育政策研究的起点，可以追溯到十几年前攻读硕士研究生期间，当时的研究方向是关于"欧盟国家的语言教育政策"研究。毕业经年，亦初心不改，踏踏实实地沿着"区域国别语言教育政策"的研究方向前进。

　　此书得以写就，首先，我要把深深的感恩和敬意献给我的博士生导师吴坚教授[①]，吴老师是我的学术引路人，是老师的鼓励、指导和启发，才让我在学术道路上从蹒跚学步到独立行走，使骥不得伯乐，安得千里之足。其次，我亦深深感谢北京外国语大学文秋芳[②]教授，在北外跟随文老师学习的时光里，有太多的循循教导令学生时时铭记："清清白白做人，踏踏实实做学问"；"研究问题一定要深入、要有亮点和创新，研究方向要有可持续发展的潜力"……文老师的谆谆教导、悉心提点与叮咛鼓励，给予了那时候还是学术新人的自己坚持科研的勇气和信心。文老师为博一学生授课的所有课程中，Research Methods and Research Evaluation 这门课程的学习，为我奠定了外语教育学术研究的前期基础，对我后来的学习科研和学术创作影响深远。

　　在书稿即将付梓之际，我亦衷心的感谢本书所引用研究文献的作者们、学界专家们、前辈们，是他们的前期研究和真知灼见为我点亮了灵感的火花，为本书的写作提供了重要的分析维度和宝贵的前期文献支撑。知识的价值和文献对研究

[①] 吴坚，华南师范大学副校长，教授、博士生导师；教育部国别与区域研究基地华南师范大学东南亚研究中心主任。

[②] 文秋芳，北京外国语大学教授，博士生导师，北京外国语大学许国璋语言高等研究院院长；国家教材委员会外语学科专家委员会主任。

的意义使我坚信，研究文献的引用本身就包含着崇高的敬意。由于后辈才疏识浅，所引资料容或未周，而立论抑或有可以訾议之处，仍望方家批评指正。

黄杉杉

2023年11月9日书于广州